科技政策与管理科学系列丛书

自主创新能力建设与知识产权发展

以高技术产业为视角

高技术产业是一个国家的战略产业和先导产业。一个国家崛起的关键是产业的崛起，而产业崛起的核心是高技术产业自主创新能力崛起。知识产权是国家的战略资源和核心竞争力，是支撑自主创新能力建设的基础和保障。自主创新能力建设的实质是知识产权能力尤其是创造和运用能力的建设，推进高技术产业自主创新能力建设必须制定和实施有效的知识产权发展战略；制定实施高技术产业知识产权发展战略，必须面向自主创新能力建设。

◎宋河发　著

知识产权出版社
全国百佳图书出版单位

内容提要

本书通过我国与主要国家知识产权战略比较和高技术产业专利检索，分析我国高技术产业知识产权发展的主要问题；研究高技术产业的自主创新和创新自主性测度、自主创新能力和自主创新能力测度；从知识产权历史发展和创新、自主知识产权与自主创新能力建设的关系等方面，提出自主创新能力建设对知识产权发展的重大需求，提出高技术产业知识产权发展战略必须面向自主创新能力建设；构建了专利保护水平测度指标体系，研究了高技术产业的最优知识产权保护水平；利用定性与定量方法提出了高技术产业知识产权发展的目标、重点和重大任务；面向高技术产业自主创新能力建设，研究了知识产权体制机制改革和构建知识产权政策体系的思路与对策。

本书将理论分析、实证研究和政策实践相结合，突出问题的针对性和政策的可操作性，适合科技管理人员、政策研究人员、政府管理人员阅读，也可作为科技政策和知识产权研究生的教学参考书。

责任编辑：李　潇　　　　**责任校对**：韩秀天
封面设计：张　冀　　　　**责任出版**：卢运霞

图书在版编目（CIP）数据

自主创新能力建设与知识产权发展：以高技术产业为视角/宋河发著.
—北京：知识产权出版社，2013. 1
ISBN 978 - 7 - 5130 - 1731 - 2

Ⅰ. ①自…　Ⅱ. ①宋…　Ⅲ. ①高技术产业—知识产权—研究—中国
Ⅳ. ①D923. 404

中国版本图书馆 CIP 数据核字（2012）第 278722 号

自主创新能力建设与知识产权发展
——以高技术产业为视角
宋河发　著

出版发行：知识产权出版社
社　　址：北京市海淀区马甸南村 1 号　　邮　　编：100088
网　　址：http：//www. ipph. cn　　邮　　箱：bjb@ cnipr. com
发行电话：010-82000860 转 8101/8102　　传　　真：010-82000507/82000893
责编电话：010 - 82000860 - 8133　　责编邮箱：lixiao@ cnipr. com
印　　刷：北京中献拓方科技发展有限公司　　经　　销：新华书店及相关销售网点
开　　本：787mm×1092mm　1/16　　印　　张：21. 5
版　　次：2013 年 3 月第 1 版　　印　　次：2013 年 3 月第 1 次印刷
字　　数：403 千字　　定　　价：58. 00 元
ISBN 978 - 7 - 5130 - 1731 - 2/D · 1641（4575）

总 序

在经济全球化、科技发展日新月异的时代，面对日益增强的人口、资源、环境压力，中国未来发展充满了机遇和挑战。从把握科技革命及其引发的产业革命带来的战略机遇出发，需要加强国际科学技术发展趋势分析和前沿热点问题研究。加强国家经济社会发展对科学技术发展和创新能力设施建设的需求研究，加强自然科学与社会科学交叉重大问题研究，推进我国经济增长方式的转变，提高国家综合实力和竞争力。

中国科学院科技政策与管理科学研究所秉承“志同气合、经世致用”的所训，树立高度的社会责任感与崇高的历史使命感，瞄准国家发展需求，积极拓展学术研究应用推广，以知识创新报效国家、服务社会。研究所建所以来，一方面围绕国家宏观管理部门决策需要开展科学技术发展战略、科技政策与管理问题研究，提出了许多有科学支撑的政策思路，另一方面围绕产业和企业管理需求开展了大量的实证研究，为银行、民航、石油等行业和企业提供许多重要而且有效的解决方案。与此同时，加强科技政策与管理科学方向的理论方法应用。研究所先后多次获得国家级、省部级科技进步奖励，为国家宏观管理部门、地方政府、中国科学院发展与改革提供了重要支撑，为企业发展提供了大量高质量咨询服务。多年来，研究所先后获得国家科技进步奖项，省部级科技奖项。

出版“科技政策与管理科学系列丛书”主要目的有三点。一是丰富理论方法研究。鼓励长期从事科技政策与管理科学研究的专家系统整理以往的研究工作，并进行系统、深入的理论思考，以丰富科技政策与管理科学理论。二是加强学科队伍建设。通过出版本套丛书，促进学科交叉融合，为青年研究工作者和研究生进入科技政策与管理科学研究领域提供重要的入门参考书和教学参考书教材。三是推动学术交流合作。将丛书作为研究所学术交流与合作的平台，“以文会友”和传播知识，扩大研究所与政府、企业和学术界的交流与合作，以知识创新报效国家服务社会。

禀承“经世致用”思想，本丛书一方面浓缩研究所各个历史时期重要研究成果，另一方面展示研究所最新研究成果，力求兼顾理论方法研究和实证研究，书中无不凝聚了作者多年研究的心智。毋庸讳言，书中观点未必都很成熟，欢迎学术界同仁批评指正，以繁荣科技政策与管理科学研究。

穆荣平

中国科学院科技政策与管理科学研究所所长

2006 年 5 月 21 日

前　言

提升自主创新能力，建设创新型国家是党中央、国务院近年来做出的重大战略决策。改革开放三十多年来，我国经济社会取得了举世瞩目的成绩。但与我国经济世界第二的地位相比，我国科技和创新能力的排名还很落后。当前，我国已经进入创新型国家建设的攻坚时期，不但仍面临着人口、资源和环境等诸多问题，而且也面临着更为复杂的国际政治经济环境。加强自主创新能力建设，充分发挥自主创新对经济社会发展的引领支撑作用日益紧迫。

高技术产业是一个国家的战略产业和先导产业。一个国家崛起的关键是产业的崛起，而产业崛起的核心是高技术产业自主创新能力的崛起。知识产权是国家的战略资源和竞争力的核心，是支撑自主创新能力建设的基础和保障。自主创新能力建设的实质是知识产权能力尤其是创造和运用能力的建设。推进高技术产业自主创新能力建设必须制定和实施有效的知识产权发展战略，而制定实施高技术产业知识产权发展战略，必须面向自主创新能力建设。

本书共分十章。第一章，绪论，着重分析了我国自主创新、自主创新能力建设和知识产权战略的背景，对现有研究进行综述，提出本书研究的目的、内容和框架。第二章，中外知识产权战略与高技术产业知识产权发展环境，研究主要国家的知识产权战略，检索了我国高技术产业领域的专利分布，分析了我国高技术产业知识产权的发展环境，提出了我国高技术产业知识产权发展存在的主要挑战和问题。第三章，高技术产业自主创新与创新自主性测度，研究了自主创新的内涵、特征、模式和创新自主性测度方法，并研究了自主创新中的创新产权、自主创新与改进创新、产业安全和创新生态系统等重要理论问题，在技术、产品、产业三个层次开展了创新自主性测度实证研究，提出了自主创新的政策发展思路。第四章，高技术产业自主创新能力测度与建设，研究了自主创新能力的内涵、建设模式和分类，构建了高技术产业自主创新能力测度指标体系，分析和比较了我国高技术产业、不同类型企业和各行业 1995 ~ 2008 年的自主创新能力变化，并从创新型国家建设、创新体系建设和创新发展模式视角研究了自主创新能力建设的一些基本问题。第五章，知识产权发展与自主创新能力建设，研究了主要国家知识产权制度与技术创新关系的历史演变和自主知识产权与自主创新、知识产权与创新能力、知识产权战略与自主创新能力建设的关系，提出了高技术产业自主创新能力建设对知识产权发展战略的重大需求。第六章，高技术产业自主创新能力建设与知识产权保护水平，构建了专利保护水平指标体系，测度了我国1995～2009年和美国2004年、2009年的专利保护水平，构建了自主创新能力建设与专利保护水平关系的数学模型，并基于自主创新能力建设研究了我国优化的高技术产业专利保护水平，提出了加强专利保护的思路。第七章，面向自主创新能力建设的高技术产业知识产权发展战略，面向自主创新能力建设，提出了我国高技术产业知识产权发展战略的总体思路、战略目标、战略重点和重大任务，着重研究了高技术产业专利创造、转化实施和产业化环节，并提出了相应对策措施。第八章，面向高技术产业自主创新能力建设的知识产权体制机制与法律，在对比分析中外主要国家知识产权体制基础上，分析了我国知识产权体制机制和知识产权法律制度存在的问题，从自主创新能力建设角度提出了推进我国知识产权体制机制改革和知识产权法律制度修改完善的思路。第九章，面向高技术产业自主创新能力建设的知识产权政策及体系，分析了构建知识产权政策体系的必要性和合理性，构建了包括创造、运用、保护和管理政策的知识产权政策体系，并针对我国知识产权发展中的问题提出了高技术产业自主创新能力建设的知识产权政策的思路、建议。第十章，提出结论和建议。

本书得出的主要结论是：①我国高技术产业专利自主性不断提高，但自主性仍然较低，相当一部分产业不具有自主知识产权优势。②自主创新的关键是主导权，创新的主导权主要来自控股权和知识产权，创新具有自主性，自主性是可以测度的。③我国高技术产业自主创新能力增长较快，但与高技术产业整体创新能力差距呈拉大趋势，自主创新效率提升缓慢；民营集体企业自主创新能力提升较快，而国有企业自主创新能力提升缓慢。④知识产权制度是创新的产物，自主创新能力建设实质是自主知识产权创造、运用、保护和管理能力的体现。⑤我国专利保护水平不断提升，与美国的差距在不断缩小；高技术产业存在最优的专利保护水平，提升高技术产业自主创新能力应稳步渐进提高专利保护水平。⑥高技术产业知识产权发展战略的重点是专利战略和商标品牌战略，以及技术标准战略和创新与知识产权人才战略；专利战略重点包括专利创造、专利转化实施和专利产业化。⑦我国应建立集中统一并与产业创新发展紧密结合的知识产权体制机制，建立知识产权法院或专利法院，应进一步完善知识产权法律制度，尤其要完善促进知识产权创造和运用的法律法规，构建支撑知识产权创造、运用、保护和管理的知识产权政策体系。

目　录

第一章　绪　论

当今时代，经济全球化发展迅猛，科技变革日新月异，我国经济社会发展充满着机遇，也面临各种严峻的挑战。虽然我国已经进入工业化中期，经济发展迅速，但实际人均收入与世界许多国家差距很大，人口、资源和环境问题非常突出，核心技术仍严重依赖引进，投资、出口和依靠廉价劳动力驱动的经济增长模式已遇到困难。科技进步步伐的加快，经济科技全球化趋势的凸显，使隐含在和平背后的世界各国政治、军事、经济等方面的竞争越来越激烈，这些竞争的背后是综合国力的竞争。综合国力包括经济力、军事力、科技力、政府力等（周寄中，2006），其中最关键的是科技和创新的竞争，而科技创新竞争主要体现为知识产权（IPR，Intellectual Property Right）的竞争。近年来，我国国际竞争力不断上升，但创新能力和国际科技竞争力在国际上的排名还十分落后（Daniele Archibugi，Alberto Coco，2006），与我国在世界上的经济地位并不相称。我国必须通过自主创新能力建设突破人口、资源、环境等因素的制约，转变经济增长方式，促进经济社会的全面、健康和可持续发展。

自主创新战略和创新型国家的实质是要把创新作为发展的动力和途径（徐冠华，2006）。历史经验证明，追赶和跨越只能是自主创新能力的追赶和跨越，没有自主创新能力的追赶和跨越，任何国家都不可能成为创新型国家。高技术产业自主创新能力的高低直接决定着国家自主创新能力和竞争力的强弱，是国家自主创新能力建设的关键，推进自主创新，建设创新型国家要求我国必须加强高技术产业自主创新能力建设。

当今世界，创新能力强国无一不是知识产权创造运用强国，科技创新竞争的本质是自主知识产权创造和运用能力的竞争，自主知识产权是支撑高技术产业自主创新能力的战略资源和核心要素。我国已经加入世界贸易组织，全球化给我国带来了巨大的战略发展机遇，但日趋激烈的国际知识产权竞争与日趋强化的世界知识产权保护压力使我国在全球知识技术资源及财富分配中处于越来越被动的地位。随着我国经济规模的迅速扩大，我国面临的国内外知识产权保护压力将会越来越大。

知识产权战略是一种重要的公共政策，在全球化背景下，知识产权战略和政策必须注重国情和为实现国家目标服务。我国必须抓住科技革命及其引发的产业革命所带来的历史机遇，从根本上提升高技术产业自主知识产权创造与运用能力，突破知识产权的制约，加快高技术产业的创新发展。当前，我国正处于推进创新型国家建设和深入实施国家知识产权战略的关键时期，研究高技术产业自主创新能力建设与知识产权战略的关系，从提升高技术产业自主创新能力角度出发研究我国高技术产业的知识产权发展战略，不仅具有十分重要的意义，而且具有十分必要的意义。

1.1 研究背景

新中国成立后，我国十分重视依靠自己的力量发展科学技术。1960 年，党中央提出了“调整、巩固、充实、提高”八字方针之后，原国家科学技术委员会组织制定了《1963～1972 年十年科学技术规划》，确定了“自力更生，迎头赶上”的科学技术发展方针。1995 年 5 月 6 日，《中共中央、国务院关于加速科学技术进步的决定》首次正式提出了自主创新和自主创新能力的概念，“产业关键技术及工艺开发、装备研制，要逐步实现以国内为主，真正使民族工业的发展建立在以自主创新为主的基础上”，“把提高自主创新能力和经济竞争力、掌握知识产权、实现产业化作为高技术研究与开发的主要目标”。1999 年 8 月 28 日，中共中央、国务院《关于加强技术创新，发展高科技，实现产业化的决定》进一步指出，要“突出高新技术产业领域的自主创新，培育新的经济增长点”。

近年来，我国将自主创新提高到前所未有的战略高度，自主创新已成为我国新时期国家发展战略的核心。2004 年，中央经济工作会议提出了“自主创新是推进经济结构调整的中心环节”的重要论断。2004 年 12 月 29 日，胡锦涛在视察中国科学院时强调：“要坚持把推动科技自主创新摆在全部科技工作的突出位置，坚持把提高科技自主创新能力作为推进结构调整和提高国家竞争力的中心环节，加快建设中国特色国家创新体系”。2005 年 6 月 3 日，胡锦涛在中国科学院学部成立 50 周年“走中国特色自主创新之路”院士座谈会上，就提高中国科技自主创新能力提出三点要求：一是要进一步确立自主创新的战略目标，二是要进一步加强国家自主创新体系建设，三是要进一步造就自主创新的人才队伍。2004～2006 年，我国组织了两千多名二十个专题的专家学者开展了“国家中长期科学和技术发展规划战略研究”，并于 2006 年颁布了《国家中长期科学和技术发展规划纲要（2006—2020 年）》（以下简称《中长期科技规划纲要》）及配套政策，确立了我国今后15年的科技工作指导方针：“自主创新、重点突破、支撑发展、引领未来”，确立了我国2020年科学技术发展的总体目标：“自主创新能力显著增强”、“进入创新型国家行列”。《中长期科技规划纲要》还强调指出，“要把提高自主创新能力摆在全部科技工作的突出位置，必须把提高自主创新能力作为国家战略”。为落实《中长期科技规划纲要》及其配套政策，国家发改委、科技部等有关部门相继制定出台了78项政策实施细则。尤为重要的是，我国2011年发布的《国民经济和社会发展第十二个五年规划纲要》第二十七章着重强调提升科技创新能力，从“推进重大科学技术突破”、“加快建立以企业为主体的技术创新体系”、“加强科技基础设施建设”、“强化科技创新支持政策”等四个方面布局科技创新能力建设。为加大对自主创新能力建设的支持力度，在《国家自主创新基础能力建设“十一五”规划》的基础上，我国第一次以专项规划的形式组织制定《国家自主创新能力建设“十二五”规划》，部署科技基础能力、产业创新能力、创新机构核心能力、创新文化环境、社会事业创新能力和区域创新能力建设任务，从而开始了加快国家自主创新能力建设的进程。

21世纪的竞争是知识产权的竞争，知识产权是支撑产业尤其是高技术产业自主创新能力建设的关键与核心。1999年8月28日，中共中央、国务院《关于加强技术创新，发展高科技，实现产业化的决定》第一次提出了发展自主知识产权的要求，“在电子信息特别是集成电路设计与制造、网络及通信、计算机及软件、数字化电子产品等方面，在生物技术及新医药、新材料、新能源、航空航天、海洋等有一定基础的高新技术产业领域，加强技术创新，形成一大批拥有自主知识产权、具有竞争优势的高新技术企业”。2003年1月，科技部出台的《关于加速国家高新技术产业开发区发展的若干意见》指出，“高新区要积极扶持具有自主知识产权的高新技术产业，形成特色支柱产业，辐射和改造传统产业”，“要认真调查研究在高新技术前沿阵地的外国企业知识产权的分布格局，探讨中国高新技术产业的知识产权策略，对于外国企业已拥有知识产权的领域，要力争通过创新实现跨越发展。在外国企业尚未取得知识产权的领域，努力扩大中国高新技术产业的知识产权空间”。2005年1月，国务院办公厅发文成立国家知识产权战略制定工作领导小组，正式启动了国家知识产权战略的制定工作。2006年我国发布的《中长期科技规划纲要》也提出要求，“把获取装备制造业和信息产业核心技术的自主知识产权，作为提高我国产业竞争力的突破口”，并要求“实施知识产权战略和技术标准战略”。2008年6月5日，国务院原则同意并发布《国家知识产权战略纲要（2008—2020年）》，提出了“激励创造、有效运用、依法保护、科学管理”的方针，制定了“把我国建设成为知识产权创造、运用、保护和管理水平较高的国家"的目标，还提出了"五个战略重点"、"七大专项任务"和"九项战略措施"。2009年后，国家知识产权战略实施工作部际联席会议办公室牵头制定并实施了年度《国家知识产权战略实施推进计划》和《中国保护知识产权行动计划》。我国发布的《国民经济和社会发展第十二个五年规划纲要》也提出要求实施知识产权战略，"完善知识产权法律制度，加强知识产权的创造、运用、保护和管理，加大知识产权执法力度。鼓励采用和推广具有自主知识产权的技术标准"。

改革开放以来，我国对高技术产业自主创新和自主创新能力建设给予了高度重视，出台了大量鼓励和支持高技术产业创新发展的政策，实施了一大批高技术产业计划项目。1986年，为迎接全球新技术革命和高技术竞争的挑战，加快我国高技术及其产业的发展，我国启动了高技术研究发展计划，即"863"计划，选择了生物技术、航天技术、信息技术、激光技术、自动化技术、能源技术和新材料7个高技术领域作为我国高技术研究发展的重点，1996年又增加了海洋技术领域。1999年，中共中央、国务院《关于加强技术创新，发展高科技，实现产业化的决定》强调"加强技术创新，发展高科技，实现产业化，是坚定不移地实施党的十五大提出的科教兴国战略和可持续发展战略的重大举措"，并要求"促进企业成为技术创新的主体，全面提高企业技术创新能力"。2006年我国颁布的《中长期科技规划纲要》指出了我国"高技术产业和现代服务业发展滞后"等问题，并提出要"完善促进高新技术企业发展的税收政策"等。2010年初，为更好地促进高技术产业的创新发展，国务院发布了《关于加快培育和发展战略性新兴产业的决定》。2011年《国民经济和社会发展第十二个五年规划纲要》在第三篇关于"转型升级，提高产业核心竞争力"一章中提出"改造提升制造业"，"培育发展战略性新兴产业"，把高技术产业发展放在更加重要的位置。2011年12月，国务院办公厅下发了《关于加快发展高技术服务业的指导意见》，提出要重点发展研发设计服务等八大高技术服务业。2012年5月，国务院通过和发布了《"十二五"国家战略性新兴产业发展规划》，提出了七大战略性新兴产业的重点发展方向和主要任务。

1.2 文献综述

1.2.1 创新与知识产权

创新一词来源于拉丁语"innovatus"，"in"是"into"，"novus"是"new"，

是更新和变化的意思。最早的创新研究来自于塔第（Gabriel Tardee）1903年关于创新扩散的定义，他在研究技术扩散的S形曲线时，提出创新决策的过程包括首次知识、形成态度、采纳决策、实施与应用、确认决策。熊彼特（Joseph. A. Schumpeter，1911）在德文版《经济发展理论》中首次使用创新一词并在1939年的《商业周期》、1943年的《资本主义、社会主义和民主》中提出了创新的概念和理论，他认为创新是企业家对于生产要素的新组合，创新就是建立一种新的生产函数或供应函数，是在生产体系中引进一种生产要素和生产条件的新组合，创新是一个内在因素，企业家在创新中具有独特作用，企业家是创新；生产要素的新组合以及经济发展的主要组织者和推动者。熊彼特还认为，创新是一个经济范畴而非技术范畴概念，它不仅仅是指科学技术上的发明创造，更重要的是要把发明的科学技术引入到企业中，形成一种新生产能力，其目的是获得一种潜在的利润，从而推动社会和经济的不断发展。熊彼特的创新理论强调生产技术革新和生产方法变革在经济发展过程中的作用，正是创新打破了传统经济边际递减规律，促进了现代经济的不断增长；强调创新是经济发展的最根本特征，重大创新是长周期经济增长的主要动力。熊彼特提出创新理论之后，一批经济学家如曼斯菲尔德（Edwin Mansfield，1968）、弗里曼（Christopher Freeman，1982）、斯通曼（Paul Stoneman，1989）、厄特巴克（James M. Utterback，1996）等从不同视角对创新概念进行了界定和研究。曼斯菲尔德指出，技术创新是一种新产品或新工艺被首次引进市场或为社会所使用的活动，并将产品创新视为从企业对新产品的构思开始，以新产品销售和交货为终结的探索性活动。弗里曼指出，技术创新是指第一次引进某项新产品、新工艺过程所包含的技术、设计、生产、管理和市场活动的诸多步骤。斯通曼指出，技术创新是首次将科学发明输入生产系统并通过研究开发努力形成商业交易的完整过程。厄特巴克指出，创新是从新发明到商业上成功的产品或工艺的转变过程。经济合作发展组织（OECD，1992）提出，技术创新包括新产品和新工艺，以及产品和工艺的显著技术变化，创新包括科学、技术、组织、金融和商业的一系列活动；OECD还将技术创新的定义和测度从制造业扩大到服务业。中共中央、国务院（1996）在《关于加强技术创新，发展高科技，实现产业化的决定》中给出了一个比较规范的定义："技术创新是指企业应用创新的知识和新技术、新工艺，采用新的生产方式和经营管理模式，提高产品质量，开发生产新的产品，提供新的服务，占据市场并实现市场价值"。

作为长周期经济增长动力的创新总是倾向于积聚性的（Schumpeter，1939）。创新具有复杂性、不稳定性，商业创新受到相互作用的两种力量的影响，一种是包括收入、价格等因素的市场力量，一种是有利于开发新产品、改进老产品和降低成本的科学技术进步力量，创新实际上呈主体沿着从新思想到商业化过程并不断与外界交换信息资源的链环模型（Stephen J. Kline and Nathan Rosenberg，1986）。创新的基本动力一是创造的知识与发明的基础，二是经过累积性学习与扩散过程得到的收益（Bronwyn H. Hall and Nathan Rosenberg，2009）。创新需要一个公共部门和企业支持的良好环境，尤其是充足的研发投入、高水平的科学研究、大学与产业的密切合作和知识产权保护，开放的创新战略必须包括政府数据公开、鼓励市场透明、培育创新社会、建立创新团队四个要素（World Economic Forum，2011）。知识经济时代的国家创新体系强调在互动中学习（B. - A. Iundvall，1992），而不仅仅是干中学和用中学。创新体系是创新政策形成参考最多的框架（Paraskevas Caracostas，2008），会影响国内和国际的创新政策制定与协调，实际的创新政策必须考虑知识、技术、市场、制度要素及它们之间相互作用的创新条件变化，创新政策工具应当促进研究合作，孵化大学的创意，使用公共采购建立网络或者创造联系（Stan Metcalfe，2008）。

技术创新是企业把技术实现为商品和服务而盈利的过程，但随着科学与技术的紧密性和技术创新的复杂性的增加，技术创新也需要做研究开发甚至基础研究等知识创造工作。所以，创新是指人类在认识和改造客观世界和主观世界的实践中获得新知识、新方法的过程与结果，它是包含了科学发现和创造、技术发明和商业化或社会价值实现的活动，主要包括科学发现和技术创新，并主要指技术创新。

技术创新与技术发明不同，创新与知识产权也不同。知识产权一词最早出现在 1845 年美国法庭关于 Davoll v. Brownc. C. Mass 一案（案件号 3662）支持棉花纺织机专利的文件中，并主要指智力劳动❶。知识产权 1893 年被世界知识产权组织（前身为保护知识产权国际局）正式采用，是一种智力创造：发明、文学与图书作品和符号、名称、图像与商业上使用的设计，包括工业产权和著作权，工业产权包括专利、商标、外观设计与地理标记，著作权包括小说、诗歌、戏剧、电影及包括绘画、摄影、雕刻、建筑设计等艺术作品的文学艺术作品❷。知识产权是指人们对其在工业、科学、文学艺术领域创造的以知识形态表现的成果依法应当享有的民事权利（Kamil Idris，2001），是一种智力成果权，包括专利、版权、掩模作品、商业秘密、商标与不正当竞争、机密信息，以及其他类似的权利（Jay Dratler Jr，2002）。知识产权从分类上主要包括创造性权利和标示性权利两

---

❶ Davoll v. Brownc. C. mass. 1845. Case No. 3，662，1，Woodb. & M. 53. 见：http：//rychlicki. net/inne/3_ West. L. J. 151. pdf。

❷ http//www. wipo. int/（2012 年 5 月 20 日）。

种，前者包括专利权、集成电路布图设计专有权、植物新品种权、反不正当竞争权中的技术秘密专有权、著作权（包括计算机软件著作权）及其邻接权，后者则包括商标权、商号权、地理标志，还包括其他与反不正当竞争有关的权利等。但知识产权概念是难以概括全部客体的，它应是一种规则管理的特权，这种特权规定了人类活动许多领域抽象客体的拥有与利用（Peter Drahos，1996）。

经济增长中的创新实际上涵盖了以新技术为代表的新思想产生和应用，研究开发、技术转移、成果应用是创新过程的主要环节，而创新活动是与创造性活动和商业化实现紧密联系在一起的，目的是促进经济增长。研究科学技术和知识产权的发展历史可以发现，人们的创造性活动及对商业化利益的追求不但催生了知识产权制度，而且反过来成为知识产权制度激励和保障的客体。知识产权制度产生与发展的历史是技术创新与制度创新交互发展的历史，也是科技、经济、法律协调发展的历史，它与科技、经济有着天然的联系（吴汉东，2001）。知识产权制度对技术创新不仅仅是一种包括利益机制、资源配置机制、激励机制、动力机制、保护机制等在内的机制体系（Michael A. Gollin，2008；罗玉中，2001），更是一种经过优化设计与创新过程密切联系的制度安排。第一，知识产权制度是一种较低交易成本的制度安排。与有形财产相比，知识产权具有易扩散性和消费的非竞争性，存在较高的交易成本。易扩散性是指知识产权很容易被他人利用，非竞争性是指它可以为多人使用而不会造成贬值，这种特性决定了如果没有一个有效的制度安排，知识产权创造利用的积极性就会大大降低。因此，柯武刚、史漫飞（2003）指出，“技术知识和组织知识的巨大进步并非突如其来，而完全依赖于资本积累和市场交易制度的逐步演变”，“制度具有极端的重要性”。1937 年，科斯（R. H. Coase，1988）首次提出了交易费用的概念，后来他又进一步指出，在交易费用为正的情况下，不同制度安排的资源配置效率是不同的，制度结构以及制度变迁是影响经济效率及经济发展的重要因素。在此基础上，科斯、诺斯等（Douglass C. North，1985）将资源产权理论扩展到技术创新资源，认为对经济增长起作用的是制度性因素，而非技术性因素，通过产权界定，降低交易成本是提高技术创新效率的主要途径之一。以诺斯等为代表的新制度经济学家普遍认为，产业革命是由于一系列制度创新产生的，正是知识产权制度的建立才启动了工业革命并创造了现代经济增长的奇迹（Dale Neef，1993）。蒂斯（David J. Teece，1986）在研究技术交易问题时，发现交易成本占总成本的 20% ~59%，如果把技术确定为专利权或商业秘密，交易成本就可以大大降低。由于知识产权制度的重要特征之一是可以将技术创新外部性内部化（杨武，1999），所以，500 多年前的威尼斯和 400 多年前的英国建立专利等知识产权制度的目的主要是通过降低交易成本，促进技术引进和发明创造。第二，知识产权制度能够激励和保障创新活动的投入收益。知识产权制度是保护发明创造的独占权，激发人们发明创造积极性的重要制度，由于知识产权制度的保护，发明创造者能够获得技术创新垄断租金，对垄断租金的预期促进了知识与技术的生产。阿罗（Kenneth Arrow，1962）、史本斯（Michael Spence，1984）等在研究研究开发（R&D）活动时，发现当发明者产生的知识或技术被不情愿地扩散到竞争者那里时，一个企业从事R&D投资的激励将会减少，企业占有发明和生产知识或技术的程度会影响R&D的投入。OECD（2005）的一项研究发现，各国在欧洲、美国和日本三大区域专利申请的数量与其研究开发支出呈高度相关性。知识产权制度能够保障发明者不被侵权而能获得预期的收益，而这种利益驱动又是知识产权制度产生和存在的关键，所以，美国前总统林肯（Abraham Lincoln）提出了一句名言，“专利制度是智慧之火添加利益之油”（江镇华，2001）。第三，知识产权制度能够激励和保障创新成果的有效扩散。德瓦赫（Vishwas Devaiah，2002）在研究专利制度的历史时指出，英国1624年颁布的《垄断法》是最接近现代意义的一部专利法，专利（Patent）是英国王室的公开文件（letters patent），专利授权的前提条件是公开。当时，虽然专利权是英国王室赐予的一种特权，但专利文件的公开促进了技术信息的交流，现代专利制度更是把充分公开技术内容作为发明人获得专利授权的对价（国家知识产权局，2000），并以达到本领域的普通技术人员不用花费创造性劳动能够再现为标准。据研究，世界上有90%～95%的最新技术首先反映在专利文献中，利用专利文献可节约大量的研发时间和研发投入。知识产权制度既保护了发明创造的积极性，也扩散了创新成果，这种制度安排使具有知识产权的技术和信息为公众所知，社会可以得到更多的新技术知识，选择新知识和创新技术来源的机会也就会越多，从而增加了全社会技术知识的总量，有利于科学研究和技术进步，所以，社会创造财富的动力和可能性也就大大增加了。第四，知识产权制度能够促进新技术和新产品贸易。知识产权制度授予知识产权权利人一定时期的垄断权，有利于促进新技术与新产品的正常流动与交易。这种垄断权虽然保护的是无形财产，但它却是延及产品的保护，使包含了知识产权的有形物也具有了垄断权，任何人未经权利人许可不得制造、销售（包括许诺销售）、使用和进口知识产权产品。因此，知识产权制度是一种保护机制，它保护具有商业价值的信息，其最本质的特点是能够通过无形的信息产权控制有形的商品贸易和服务贸易（张玉敏，2004）。在经济全球化的今天，贸易的扩展更加促进了知识产权保护机制的发展，建立知识产权国际协调保护机制甚至全球统一的知识产权审批机构已成为一些发达国家的共识。第五，知识产权制度是吸收外资和引进先进技术的重要手段。事实证明，在专利制度建立以来的500年时间里，知识产权制度极大地促进了技术引进和外部投资。当今时代，有效的知识产权保护不仅能够吸引外国的先进技术和投资，而且也能够促进先进技术的扩散。因此，一个好的知识产权保护环境有利于技术创新成果的传播（刘月娥，2003），只有充分保护知识产权才能吸收大量的外来投资或技术扩散（邓寿鹏，1996）。第六，知识产权制度能够提高竞争优势。由于知识产权制度既能保障发明创造者研究开发投入的积极性，又能促进技术的传播和应用，权利人能够获得垄断租金，能够拥有他人无法拥有的竞争优势，所以知识产权制度就成为许多国家尤其是发达国家的基本市场制度之一。实际上，世界工业中心的转移是知识产权中心的转移，有效的知识产权制度会激励一个国家或地区追求有竞争力技术的研究开发、生产和利用，从而提高竞争力。日本岛本久寿弥（1989）在《专利战略》一书中指出，专利之间的竞争就是技术和创新领域的竞争，谁在技术创新领域取得了专利权，谁就能赢得胜利。恩斯特（Holger Ernst，1995）经过研究发现专利活动强的企业其经济绩效也较好，国际专利申请、专利授权率和高引用率专利与经济绩效呈正相关。我国许多学者也认为，自主创新只有充分利用知识产权制度保护自己的知识产权，才能发挥自身优势并在产业中保持有利地位。

1.2.2 创新能力与知识产权

近年来，在创新研究中，能力研究成为学术界研究的一个重点，逐渐形成了企业技术能力、核心能力、创新能力和竞争力等几个流派。企业能力理论研究始于20世纪60年代的潘罗斯（Roland Penrose），他的企业增长理论为熊彼特创新理论注入了新的实质性内容（路风，2003）。卡尔松和埃里森（Carlsson and Eliasson，1994）将经济竞争能力定义为“识别、扩大和开发商业机会的潜力，认为它是将技术可能性转变为经济活动的工具”。演化经济学家温特（Sidney G. Winter）、纳尔逊（Rechard R. Nelson）等则将能力称为连续学习的路径依赖过程，他们指出能力是具有累积性的。在企业技术能力或技术创新能力研究中，埃里克森、米克尔森（Erricsson and Miclsen，1989）认为企业技术能力是企业所能拥有的特殊资产，这些资产是与知识相关的、看不到摸不到但可感受到，难以买卖和在企业各部门之间分割的资产。企业技术能力对于创新具有非常重要的作用，有效的创新依赖于浓厚的创新文化，以可见的竞争力、创造性为基础，并恰当地定位、激发和聚焦于技术能力（Nigel H. Banks，2000）。在网络时代，技术能力和网络化能力对企业的创新成功具有非常重要的正面影响，企业创新成功的程度与其技术能力正相关（Homas Ritter and Hans Georg Gemunden，2004）。技术能力研究分为四个学派，即结构学派、过程学派、资源学派和知识转移与创造学派，结构学派把技术能力定义为寻找、引进、改进技术的能力，将技术能力表示为生产能力、投资能力和创新能力，过程学派强调技术引入、调整和再改进的过程，资源学派重视产生和管理技术变化所需资源的投资以及促进变化的经济收益和政策工具，知识转移与创造学派则重视知识在企业内部的流动、累积和提高企业的技术能力（安同良，2003）。

核心能力研究的代表人物主要是普拉哈勒德和哈密尔（Prahalad and Hamel）。他们（1990）在《哈佛商业评论》上提出了核心能力理论，并指出核心能力是指其他企业无法获得的独特能力，是企业用以识别和形成自我特殊技能的功能集合体。他们还认为，核心能力是具有路径依赖性和累积性的学识，特别是关于如何协调不同生产技能和有机结合多种技术流派的学识。核心能力是竞争对手难以模仿的，是其他企业所无法达到的一种资源整合力，具有模糊性和历史继承性（Lippman and Rume，1982；Sidney G. Winter，1987）。核心能力呈现出较强的路径依赖性，是使企业保持竞争优势的源泉（J. Barney，1986）。核心能力不仅由技术因素决定，而且还与企业组织因素有着密切的关系（Rod Coobms and Albert Rechard，1993）。企业核心能力审计体系可以采用层次分析法、多元回归法以及高标定位法等，从企业战略能力、企业核心技术能力、企业市场化能力、企业组织能力和企业界面能力等五个方面构建（郭斌等，2003）。

潘罗斯企业能力理论创建以来，创新能力的研究和评价成为能力研究的一个热点。创新能力是驱动企业能力提升的基础（Alberto Petroni，1998）。创新能力是一个组织促进和支撑其技术创新战略特征的集合（Robert Burgelman，Clayton Christensen and Steven Wheelwright，2004）。创新能力是有效吸收、掌握和改进已有技术和创造新技术需要的技能和知识（Sanjaya Lall，1992）。但是，早期的创新能力研究主要集中于企业技术创新能力的研究。弗兰斯曼（Fransman，1984）较早开展了技术创新能力支持系统的研究，他认为发展中国家企业技术创新能力不足的一个原因在于国家技术基础设施薄弱，科技环境不完善。博格曼等（Robert A. Burgelman，Thomas J. Kosnik，Martine van den Poel，1985）指出，创新能力由可利用的资源、对竞争对手的理解、对环境的了解能力、公司的组织结构与文化以及开放性战略等构成。斯迪勒（Steele，1988）在对企业技术创新能力进行评价时用核对表（Checklist）的形式对 R&D 活动进行了评价。劳里斯和菲舍尔（M. Lawless and R. Fisher，1990）指出，技术创新能力包括学习能力、研究开发能力、资源配置能力、制造能力、市场化能力、组织能力和战略规划能力。阿德尔和沈柏（P. Adler and A. Shenbar，1990）则将技术创新能力分为开发满足市场需要的产品的能力、应用合适工艺生产新产品的能力、开发和调整新产品和工艺技术满足未来需要的能力、应对竞争对手造成的意想不到的技术活动和技术机会的能力四个方面。谢里夫（Nawaz Sharif，1994）在研究企业技术能力框架时认为，企业技术创新受到所有者与供应者、政策法规、用户与社会、竞争者等四方面环境因素的制约。克里斯特森（J. Christensen，1995）将技术创新能力分成科学研究资产、工艺创新资产、产品创新资产和美学设计资产。齐斯（V. Chiesa，1996）等开发了一个模型，用过程审计和效果审计两个方法考察了技术创新能力。傅家骥（1999）指出，技术创新能力是技术能力的核心，最具有攻击性，企业提高技术能力最终应以提高技术创新能力为依托，他将技术创新能力分为创新资源投入能力、创新管理能力、创新倾向、研究开发能力、制造能力、营销能力等六种能力，通过专家打分求得各子指标权重然后加总得到企业技术创新能力。理查德（C. Richard）、官建成等（2004）则建立了一个包括学习能力、R&D 能力、制造能力、市场化能力、资源开发能力、组织能力和战略能力的衡量创新和竞争力的框架。《中国创新发展报告》（2010）指出，创新能力是指一个国家在一定发展环境和条件下，从事科学发现、技术发明、社会文化创新并将创新成果商业化和社会推广应用以促进发展的能力，是指一个国家整合创新资源并将其转化为财富的能力，是创新效率效益及其影响程度的集中体现。此外，泰德（J. Tidd，2000）以及魏江（1997）、郭斌（1999）等中外学者还从不同方面用不同方法测度了企业的技术能力。

在国家创新能力研究上，弗尔曼、波特和斯特恩（Furman，Porter and Stem，2002）认为，国家创新能力是指作为政治和经济主体的国家在其创新基础上产生和商业化创新技术的能力，他们将国家创新能力决定因素分为三类，一类是公共制度、资源禀赋和支持创新的政策，一类是创新集群中的特别创新环境，一类是上述两者之间的联系。弗里曼（Freeman，1992）指出，国家能力的增长实际上是激励、能力和制度交互作用的结果。波特和斯特恩还指出，国家创新能力是国家工业长期竞争力的关键。1989 年，联合国亚太经社理事会（UNESCAP）在分析国家技术能力时指出，创新组织要提高技术创新能力，必须与外部环境相匹配。隆德沃（Lundvall，1992）认为国家技术能力包括许多知识和创新的来源，只有综合性方法才能够说明显性和意会的知识与创新。隆德沃（B. Lundvall，1992）、爱奎斯特（Charles Edquist，1997）、弗里曼（Freeman，1997）、安德森（M. Andersen，2002）等一批国家创新体系理论研究的学者还认为，国家技术能力应当按国家的领土分析。OECD（2002）从国家创新体系角度出发来研究国家创新能力，认为国家创新能力包括四大类影响因素：一国国家创新体系的国际化及其边界、国家创新体系内不同主体的知识基础、公共资助的研究基础设施与企业部门之间的相互作用、创新企业及其内部特点和网络等（徐勇、王福今等，1997）。《第三世界国家的技术能力》报告通过对韩国、巴西、印度、香港等一些新兴工业国家和地区在20世纪70～80年代迅速的经济增长进行研究，论证了技术能力宏观上对国家持续竞争优势的影响（Martin Fransman and Kenneth King，1984）。德赛（Desai，2001）等学者还研究了联合国开发计划署（UNDP）的技术成就指数TAI（Technology Achievement Index）。

在国家创新能力评价中，阿特拉斯（ATLAS）研究小组的《基于技术的发展框架研究报告》提出了一个四要素技术能力评价框架，这四个要素是技术件、人员件、信息件和组织件。阿迟布格（Daniele Archibug，2004）从联合国开发计划署（UNDP）的技术成就指数（TAI）和联合国工业成就记分牌（UNIDO）的技术指标出发，根据技术变化和过去各种测度技术能力的方法提出了一个新的国家技术能力评价指标体系，其指标体系共有三个方面的八个数据，包括以在美国的专利数与SCI科学论文为代表的知识创造，以互联网、电话和电力千人拥有量为代表的基础设施，以高等教育与工程师数量和文盲率为代表的人才，他把三个方面的八个数据进行简单加权，最后将被评价的国家分成领导者、潜在领导者、后来者和边缘化者四组国家。后来，阿迟布格又和科克（Alberto Coco，2005）对世界经济论坛（WEF）的技术指数、联合国开发计划署（UNDP）技术成就指数（TAI）、联合国工业发展组织（UNIDO）工业发展记分牌、兰德公司及其合作伙伴的科学技术能力指标RAND的测算方法进行了回顾，并用自己的方法即“ArCo”法对这些权威性方法进行了比较，他认为各种方法评价的结果并不一致。尤为重要的是，中国科学院创新发展研究中心（2010）在《中国创新发展报告2009》中从创新实力、创新效力、创新投入、创新条件、创新产出和创新影响等维度构建了国家创新能力、产业创新能力、区域创新能力等评价指标体系并进行了国际比较研究。

在各种企业或国家创新能力评价体系中，以专利为代表的知识产权是最重要的指标之一。帕特尔和帕维特（Pari Patel and Keith Pavitt，1998）、马里诺娃（Marinova，2001）等指出，专利数量代表了国家的技术能力。阿迟布格和科克（Daniele Archibugi and Alberto Coc，2003）指出，技术能力包括技术创造、技术基础设施、人力技能开发三方面，其中技术创造包括专利和科学论文。理查德和官建成（Richard C. M. Yam and Jian Cheng Guan，2004）指出，R&D和资源配置能力是技术创新能力最重要的两个能力，在R&D能力中，专利拥有数是一个主要的指标。瓦萨卡里斯（Varsakelis，2001）、坎瓦和埃文森（Kanwar and Evenson，2003）发现专利与国家的 R&D 投资水平呈正相关。范格伯格和夫斯帕金（Jan Fagerberg and Bart Verspagen，2003）在《创新发展与经济增长》一文中指出，知识创造包括专利、研发投入和人力资本。阿迟布格（2005）认为，专利数是衡量创新能力的最主要指标。波特等（2002）也认为国际专利量是一个最好最具有可比性的创新产出衡量指标。我国学者连燕华等（2002）指出，应当将专利权列入科学技术产出的形式之一。孔令丞和谢家平（2002）指出，在企业技术创新能力评价指标体系中应包括拥有自主知识产权的产品数、品牌数和专利权数。魏江（1997）等在企业技术能力相关研究中也把专利等知识产权放在重要的位置，并纳入企业技术能力评价指标体系。

专利申请介于研究开发和经济活动之间，并将研究开发和经济产出联系起来，它既是产出也是投入，既能反映 R&D 活动的产出，又能反映经济效果，所以，专利指标是衡量创新的时间和空间数据（A. Pilkinton，D. Romano ，T. Omid，2002）。美国化学会（ACS）等利用发明专利和美国技术创新数据库所提供的创新产出数据，利用知识生产函数进行回归分析，发现专利数据是非常可靠的衡量创新活动的指标，发明专利比其他专利指标更接近于创新的商业活动（D. Archibugi，1988）。因此，联合国人类发展报告的技术成就指数（TAI）和联合国工业成就记分牌的技术指标均包括有专利指标（D. Archibug，2004）。世界经济论坛《全球竞争力报告》（2002）在评价国家创新能力时，把各国在美国的有效专利数作为自变量通过与各子指标回归求得权重。弗尔曼（Jeffrey L. Furman，2002）把发明专利作为衡量国家创新能力的指标，并对 17 个国家的创新能力进行了测度。毛塞斯（P. B. Mauseth，1998）等把专利申请量作为衡量区域创新能力的测度指标，研究了欧洲的区域创新能力。在我国，专利也反映了一个地域创新能力随时间的变化情况（赵捷、柳卸林，1999），《中国区域创新发展报告》对我国 30 个省市自治区的创新能力及其影响因素进行了定量分析与比较，以发明专利作为区域创新能力测度指标，利用创新人力资源和财力资源作为创新投入要素，定量分析了不同要素对创新能力的影响。

1.2.3 知识产权战略

战略是一种决定全局或对全局具有决定性影响的谋划，韦伯斯特词典（Webster，2008）将战略定义为：①运用政治、经济、心理和军事的力量最大支持采取和平和战争政策的科学与艺术；②军事指挥官在优势环境下与敌人战斗的科学与艺术；③精心的计划或方法：聪明的计谋；④设计或利用计划或计谋或达成目标的艺术[1]。战略主要包括战略环境、战略思想、战略目标、战略任务和战略措施等要素或内容。开放和互联的战略将带给尝试新方法的人意想不到的利益（John Palfrey，2012）。20世纪60年代，随着管理理论的发展与实践，战略管理理论开始出现。战略管理是在竞争中制胜的关键，70年代以钱德勒（Chandeller）为代表的"结构追随理论"、80年代波特（Porter）的"竞争力"战略理论、80年中后期以明茨伯格为代表的"雕琢（Crafting）"理论以及90年代普拉哈拉德与罕默尔的核心能力理论将战略管理理论研究推向了深入（王毅，2002）。

制定和实施有效的知识产权战略具有极为重要的意义。强化知识产权制度已成为世界各国发展科技、经济和增强国力的必然选择（谢天勇，2005）。发展中国家采用与西方国家协调的知识产权制度将增加外国投资，这样可创造新的就业机会和有利于技术转移（P. Yu，2001）。战略性知识产权管理是指系统使用知识产权工具帮助组织达成目标的艺术，主要包括制定目标、评估人力资源、评估知识产权资源、评估知识产权实务、研究竞争环境、开发知识产权管理计划和实施计划等步骤，主要包括总体战略、专利战略、商业秘密专利、商标战略和著作权战略（Michael A. Gollin，2008）。战略性使用专利等知识产权可以提高竞争对手的成本，从而巩固自身的竞争优势（Daniel Rubinfeld and Robert Maness，2004）。知识产权战略已超越知识产权法律的矛与盾，而是一种战略性资产，柔性和创造性是能够获利的知识产权长期战略的关键（John Palfrey，2012）。知识产权战略有八个类型：定义知识产权商业模式、定位盈利性知识产权、创造和获取知识产权、知识产权实验、准备和处理知识产权、组合管理、诉讼、收益（Bill Meade，2010）。专利是最重要的知识产权战略之一，专利及其战略与信息时代的企业成功越来越相关，无论从影响企业获得税收优惠的价值，还是到提高上市后产品的单位价格，专利战略指明了专利对技术型企业策略努力的影响（Anthony L. Miele，2001）。专利战略（产品线）是运用企业的商务、技术和法律资源最大支持采取竞争政策或不采用竞争政策的科学和艺术，是达到发明目标的精心计划。可耐特（H. Jackson Knight，2012）提出了适用于研究人员和研究管理人员的专利战略模式和专利发明开发战略。企业专利战略包括管理战略、技术战略、国际战略和法律战略，日本专利申请的目的45%是为了防止他人生产销售同样的产品，41%是防御性申请，10%是为了进行交叉许可（JPO，1998）。伯克维兹（Leonard Berkowitz）也认为，战略是保证保持以获竞争优势的工具，并提出了从

---

[1] http：//www. merriam－webster. com/directory/strategy（2012年5月20日）。

专利中获利的一系列策略（陆新明，1996）。

20世纪70年代以来，以美国为代表的许多国家为了提高创新能力和竞争优势，纷纷制定知识产权战略，把知识产权的创造、利用和保护作为重点。现有关于知识产权战略的研究多集中于企业层次。知识产权是企业为提高竞争优势试图获得和控制的无形知识和信息（Erik A. Borg，2001），知识产权战略是企业单独或与企业其他资源结合使用知识产权，以达到企业战略目标的谋划，包含两个方面，一是外部的法律事务与策略，二是知识产权作为内部资源的创造和管理（Robert H. Pitkethly，2001）。知识产权战略是企业结合自身科技、经济发展的实际情况，通过对知识产权信息及其有关信息的搜集和研究，获取有关技术发展信息、市场竞争信息、法律信息等，预测相关的技术、经济发展趋势与方向，争取赢得知识产权竞争乃至整个市场竞争的主动权，而在知识产权方面采取的相应对策的总和（范德成、贾爱梅，2004）。专利战略则是根据企业方针进行的战略性专利活动，从战略上进行进攻和防卫，充分发挥专利的作用（高桥明夫，1990），企业知识产权战略分为进攻性战略和防御性战略两种战略（徐棣枫、解亘、李友根，2005）。此外，刘平、张静、戚昌文（2006）利用项目管理方法研究了企业的专利战略规划，翁建兴、罗建华（2006）则利用SWOT分析法和战略聚类模型研究了企业的知识产权战略模式。

在国家层次上，知识产权战略的概念要宽得多，它主要是指国家知识产权发展的总体谋划，是指国家在知识产权法律制度、政策体系、管理机构和社会支撑环境等方面的改革或调整。国家知识产权战略是在国家层面上，通过加快发展我国的知识产权创造、管理、实施、利用、保护、信息、人才、中介和法规、国际合作等各个环节，促进我国全面小康社会经济总体目标实现的总体谋划（张勤，2005）。国家知识产权战略的基本内涵是富民强国，是国家重大发展战略，是与科教兴国战略、可持续发展战略、人才强国战略并行的国家重大发展战略（郭民生，2006）。知识产权战略是指国家充分利用知识产权制度促进创新，同时吸引外资和技术的引进，保证国家的经济社会发展，并逐步通过技术和资金的经济要素储备，获得国际竞争优势的谋划（张志成，2004）。知识产权战略是指通过加快建设和不断提高知识产权的创造、管理、实施和保护能力，加快建设和不断完善现代知识产权制度，造就宏大的高素质知识产权人才队伍，以促进经济社会发展目标实现的总体谋划（耀星，2004）。

有许多学者研究了美国、日本、韩国的知识产权战略。美国是全球化外向型知识产权战略，日本是系统性模仿型知识产权战略（孙宏飞，2009）。日本将知识产权战略提升到国家事务高度，谋求经济和文化的持续发展，着力推进大学和科研机构知识产权，加强官产学研结合推进知识产权利用，大力培养知识产权人才（王绍媛，2009）。韩国知识产权发展战略以提升知识创造力和知识产权竞争力作为战略目标（包海波，2004）。随着日本、韩国制定和发布知识产权战略，我国应有符合我国国家利益的知识产权战略体系（周春慧，2004），应将知识产权战略纳入国家经济、科技发展战略的具体规划（黄平，2003）。

一些学者研究了知识产权战略的制定原则。我国应当建立以自主知识产权为核心的主导型产业发展政策体系（周肇光等，2005），我国知识产权战略关键是要形成正确的专利战略意识，要构建以企业专利为基础的经营机制和以专利为基础的技术创新机制（张玉敏，2004），制定国家知识产权战略应坚持建立与我国发展阶段相适应的知识产权保护制度，保护权利人利益与保护公共利益相结合，保护与鼓励创新并举，保护与合理利用、扩散并举，市场选择与重点扶持相结合，普遍性与特殊性相结合的原则（吕薇，2005）。在知识产权战略目标上，我国制定国家知识产权战略要立足于国情，着眼于构建和谐社会的长远目标（李晓秋、宋宗宇、刘婧，2006），我国国家知识产权发展战略最基本的核心目标首先应当定位于知识产权的价值实现（蒋坡，2005），我国知识产权战略的目标是在规划期内成为知识产权中等强国，并最终成为知识产权强国（张勤，2005），国家知识产权战略的目标是从国家整体利益出发，以保护知识产权为龙头，推动创新和技术扩散，提高国家竞争力（吕薇，2005），国家知识产权战略应以大幅度提高我国的自主创新能力和国家核心竞争力为目标（吴汉东，2006）[1]。在知识产权战略重点上，我国知识产权战略制定的关键在于构建一个有利于其实施的非价格竞争的市场基础（李炼，2006），我国国家知识产权战略的重点是确立适合国情的知识产权保护强度，一个稍微超前于经济发展水平的知识产权保护强度是较佳的保护策略（董涛，2006）。

知识产权保护是知识产权制度建设的重要内容，也是国内外知识产权战略研究的一个重点，知识产权保护研究又较多地集中于专利保护研究上。在知识产权保护研究上，支持加强知识产权保护和对知识产权保护负面影响的担心出现分野并呈日益扩大趋势（William Van Caenegen and Christopher Arup，2009）。杜拉豪斯（Peter Drahos，1997）将知识产权保护分成本土保护、国际保护和全球保护三个阶段。杜斯尼特斯基和利诺斯（Gary Dushnitsky and Michael J. Lenox，2005）发现知识产权保护弱时，风险投资与高质量专利有强相关关系。高尔德和格鲁本（David M. Gould and William C. Gruben，1996）指出，知识产权保护是经济增长

---

[1] 吴汉东．发扬自主创新精神，加快知识产权建设．见：http：//www. tjipo. gov. cn/news/ showonenews2. asp？ id＝777（2006 年 5 月 3 日）。

的重要决定因素。焦恩斯和威廉姆斯（C. Jones and J. Williams，1998）认为，弱知识产权保护会降低R&D投资的积极性，他们经过研究发现，美国因专利保护不力造成R&D要素降低2～4个百分点，根据对美国的研究，焦恩斯（C. Jones，2001）指出，过度的知识产权保护造成的社会福利损失是有限的，相反，弱知识产权保护造成的损失较大。莱（Lai，E.，1998）发现美国等北方国家因强有力的知识产权保护提高了技术创新的速度。曼斯菲尔德（Edwin Mansfield，1994）指出，如果发展中国家提高其知识产权保护水平，他们将吸引外国投资和技术转移。格利诺尔斯等（Earl Grinols and Hwan C. Lin，2004）也指出，在强专利保护情况下，南方国家会比北方国家有较多的收益。但是，哈尔德（Paul J. Heald，2004）却认为发达国家对发展中国家知识产权水平的关心可能是由于发展中国家缺乏商业秘密法或合同法，而不是专利法，因为任何人都可以通过计算机和互联网从专利局的数据库中得到公开的信息，他告诫，发展中国家应当认真考虑对TRIPs专利条款的最小依从，并最大地遵从其商业秘密条款的规定。顾文理和桑亚（Turgut Guvenli and Rajib Sanyal，2003）还指出，国内生产的比例越高侵权可能越小，投资越大越易被侵权。也有一些学者研究了专利的保护水平，如卢海君（2006）指出中国应采取知识产权强保护战略。寇宗来（2004）将专利保护程度（或宽度）定义为累积创新厂商之间的许可比率❶。但也有许多学者指出，知识产权保护应当适合国情，郑成思（2006）特别强调，在构思中国知识产权战略时，还应积极思考如何主动地保护我们自己的长项。

还有一些学者研究了行业或产业知识产权战略。张勤（2005）指出，我国应加快行业协会的建设和完善，并在行业内以实现企业共同利益为目标，实施行业自律，联合开发能支撑行业可持续发展的具有自主知识产权的核心技术与配套技术，努力形成技术标准和联盟，以便有效保护自身利益，有效防范和突破他人的技术壁垒，有效应对知识产权的国际竞争，提高行业的整体竞争力。房红琳、杨玲莉（2004）通过对我国高技术产业和知识产权发展现状的分析，提出了我国实施知识产权战略的基本原则和知识产权战略目标、任务、措施。还有一些学者研究了医药、集成电路、软件等产业的知识产权战略。跃丹（B. Delano Jordan，2009）利用美国法院的一些案例及对企业决策的影响，研究了快速变化知识产权法律制度环境下清洁能源和可再生能源的知识产权战略。

然而，也有一些学者反对在不具备条件的情况下制定国家知识产权战略，或

---

❶ 寇宗来．最优专利保护宽度：创新、模仿与垄断竞争。见：http：//www. cenet. org. cn/cn/CEAC/2005in/micro015. doc（2006年10月20日）。

指出制定国家知识产权战略可能存在的问题。知识产权不是战略，在国家的政治和社会层面来讨论知识产权问题，或把问题定位于国家发展战略的层次上来展开讨论，大概也只有中国了，与其不断谈论知识产权的战略问题，不如先谈细节的技术性问题（柯瑞莲，2005）。制定知识产权战略可能并不是最优的政策选择，国家战略应当谨慎，因为很难构建一套合适的政府政策而不产生冲突或负面影响，即使是美国也从任务导向项目中寻求技术溢出的战略变得不可行了（Jong - Tsong Chiang，1999）。知识产权保护并不是知识产权战略的全部内容，创造知识产权的最终目的在于产生收益，对大部分知识产权创造主体而言，这种收益主要体现在商业利益上（薛澜，2005）。

经过长期的研究和讨论，我国终于在2008年我国发布了《国家知识产权战略纲要（2008—2020年）》。此后，我国又相继修订了《专利法》和《科技进步法》，新修改的《著作权法》《商标法》即将发布，科技部出台了《国家科技重大专项知识产权管理暂行办法》。2009年，国务院办公厅《关于印发实施国家知识产权战略纲要任务分工的通知》，提出了60余项实施知识产权战略的任务。为推进知识产权战略实施，国家知识产权战略实施部级联席会议每年发布《国家知识产权战略实施推进计划》和《中国知识产权保护行动计划》，推出了一系列政策举措。尤其重要的是，国家知识产权局2010年发布了《全国专利事业发展战略（2010—2010年）》，国家工商总局2008年发布了《关于贯彻落实〈国家知识产权战略纲要〉大力推进商标战略实施的意见》，提出了中长期国家专利和商标发展战略。2011年，国家发改委、科技部、国家知识产权局等部门发布了《国家知识产权事业发展“十二五”规划》、《国家自主创新能力建设“十二五”规划》、《国家“十二五”科学和技术发展规划》，这些规划无不强调要深入实施国家知识产权战略。到目前为止，我国已有近20个省份制定发布了地方知识产权战略。

与此同时，知识产权战略研究重点也转向了战略实施、绩效评价上。我国竞争法、消费者权益保护法、质量法等市场规制法律制度在国家知识产权战略实施过程中具有重要作用，但都存在一定问题（董新凯、俞佳，2009）。国家知识产权战略制定存在不足，实施国家知识产权战略建设创新型国家应重点解决十大问题（董涛，2009）。我国知识产权战略实施存在的主要问题有：惩罚力度不够与部分保护标准超越发展阶段并存，缺少维护知识产权公平竞争的反垄断措施，知识产权权属政策缺乏系统性，制度建设滞后，多头分散管理，缺乏协调和预警机制，立法程序透明度低，征求意见不广泛，与产业界联系不够，工业产权分散管理，行政管理与执法一体化，保护经费不足，适用人才短缺（李月明，2009）。为此，一些学者研究了国家知识产权战略绩效评估的基本问题，分析了国家知识产权战略绩效评估的内涵、评估意义、评估主体、指标体系、评估难点、评估结果运用等，提出了提高国家知识产权战略实施绩效评估效率的建议（乔永忠、文家春，2009）。一些学者研究了日本1999年和2004年知识产权战略的指标（唐杰、黄颖，2009），设计了包括知识产权制度建设、知识产权规则运用、知识产权资源创造、知识产权资源运营和市场主体状况等6个一级指标的知识产权战略实施综合评价指数（郭民生，2009），包括知识产权人力与物力投入、知识产权产出、知识产权运用、知识产权收益四大类指标的国家知识产权战略绩效评估指标体系（林小爱、林小利，2009），包括专利质量指标的知识产权战略的绩效评价体系（万小丽，2009），以及包括知识产权立法、知识产权执法的知识产权战略实施法制环境的评价指标体系（詹映、余力焓，2011），对我国国家知识产权战略实施的绩效进行了评价。随着《中长期科技规划纲要》和《国家知识产权战略纲要》的发布，越来越多的学者和政策制定者认识到中国的知识产权制度要突出支持创新（陈小洪、王怀宇，2011），深入推进知识产权战略实施，要加大力度强化基础专利的研发、注重自主知识产权的发展，要进一步加强知识产权管理，强化知识产权保护，要进一步强化立法，进一步强化行政执法功能，要加大人才培养力度，发展知识产权战略（陈高翔、吴少锐，2011）。

1.2.4 知识产权政策

政策是执政党和政府采取的用以规范、引导有关机构团体和个人的行为准则和行动指南，是具有普适性、权威性和强制性的政治方案，不仅包括法律、规章、规定，还包括政府计划、首脑指示、大会决策等（张金马，2004）。知识产权政策是针对知识产权的权利界定及权利行使而制定的策略措施，从狭义角度看，是通过对知识产权制度的调整，来影响个体的行为决策，实现效率的改进或协调利益冲突，从广义角度看，可以将知识产权权利行使产生直接影响的各种政策措施都看成知识产权政策（吴欣望，2007）。国际知识产权政策学术研究主要集中于保护宽度、利益平衡等基于知识产权法理学的知识产权政策研究，如光一二神等（Koichi Futagamia Tatsuro Iwaisako，2007）研究了专利政策及其对社会福利的影响，认为专利长度不能最大化社会福利。维斯（Pia Weiss，2010）将专利制度作为柔性政策工具，以专利长度和宽度作为政策工具研究最优的专利政策。李墨尔和伯克（Mark A. Lemley and Dan L. Burk，1989）从期望理论、竞争理论、累积创新理论、知识产权丛林理论研究了知识产权的政策杠杆。加夫（Adam B. Jaffe，2000）研究了美国专利政策的演变，尤其是专利范围、等同原则、专利研究工具、软件专利和先申请制与先发明制的变化。田村善之（2009）通过自然权利论与激励论、劳动所有论与精神所有权论研究了知识产权法的政策。马斯库斯（Keith E. Maskus，2002）认为应将知识产权政策与发展政策结合考虑。波特瑞（Bruno van Pottelsberghe de la Potterie，2008）等研究了比利时的专利政策，提出给予专利申请资助，降低中小企业专利申请费用等十大政策建议。

我国学者近年来也开始关注知识产权政策。彭茂祥（2006）指出，我国知识产权公共政策体系逐渐成型，其中法律形态的知识产权政策已比较完善，但非法律形态的知识产权政策还存在不全面、不系统，不协调、不全面，低主动、低水平，低结合、低运用等问题。刘华、孟奇勋（2009）研究了知识产权公共政策的模式选择与体系构建，研究了与知识产权相关的产业政策、区域政策、科技政策、贸易政策、文化教育政策、社会保障政策，提出了政策协调的思路。张志成（2009）指出，知识产权法律制度的移植需要公共政策的支撑，要在TRIPs协议下实现国家利益和目标必须辅之以相应的公共政策，如促进市场主体创造和运用知识产权，明确知识产权授权标准，加强人才培养等。吴汉东（2007）指出，知识产权制度在公共政策体系中也是一项知识产权政策，是在国家层面上制定、实施和推进的，即政府以国家的名义，通过制度配置和政策安排对于知识资源的创造、归属、利用以及管理等进行指导和规制，中国应建立以知识产权为导向的公共政策体系，在建设创新型国家的总政策目标引导下，中国知识产权政策必须调整、完善和提高，知识产权制度应与国家的科技政策、产业政策、文化政策、教育政策、外贸政策相互配合，并在有关政策出台时增加知识产权条款。

从现有研究可以看到，企业和国家创新能力的评价是当前创新理论研究的重点之一，企业的技术能力和技术创新能力或核心能力是国家科技竞争力的基础；知识产权与创新有着紧密的关系，无论是企业或国家的创新能力，知识产权都占有非常重要的地位，尤其是发明专利，它是创新能力评价不可缺少的指标；知识产权战略的核心是专利战略，知识产权战略需要相应的知识产权政策。然而，尽管现有关于创新和创新能力的研究较多，但仍然存在一些不足之处。首先，缺乏对自主创新和自主创新能力的理论研究，自主创新的内涵外延、特征、模式、创新自主性测度研究较少、自主创新能力的内涵、分类、建设途径研究缺乏。第二，对产业创新能力研究不足，尤其缺乏对高技术产业自主创新能力的研究和测度评价。第三，创新能力评价存在指标和权重选取问题。《世界经济论坛》国家创新能力指标体系中的许多子指标数据是通过对经理人的调查获得的，存在一定的主观性；指标权重是通过将它们与各国在美国获得专利授权量进行回归得到的相关系数得到的，而用专利授权量作为因变量衡量国家创新能力存在一定的局限性（K. Pavitt，

D. Archibugi and M. Pianta，1992)。实际上，许多国家在美国的专利授权量十分不稳定，对于俄罗斯、中国、印度这样一些大国来说，它们相当一部分创新成果可能不需要在美国申请专利，这种权重选取方法会导致子指标权重不符合实际，而且，专利授权量与实际创新活动有较长的时间滞后（2000 年约 35 个月)，专利授权反映的往往不是当年的创新活动，两者的对象也不同（Poul – Erik Nielsen，2004)。

同时，国家知识产权战略与实施理论研究也存在不足。首先是国家知识产权战略研究多采用定性研究方法，定量方法较少。由于理论研究不足，一些重大的深层次知识产权问题尚未解决，尤其是我国还没有构建起一套相对完整的与国家创新能力建设相适应的知识产权政策体系。第二，高技术产业知识产权战略内涵、目标、重点和政策措施研究不足。现有产业知识产权战略研究比较零散，所提思路还不深入，知识产权战略思路和政策与实际需求差距还很大，对面向自主创新能力建设的高技术产业知识产权战略的战略目标、战略重点和政策措施的研究则更少。第三，对知识产权战略和自主创新能力建设关系研究不足，现有创新能力研究主要将知识产权作为评价指标，对知识产权尤其是专利和创新能力、自主知识产权和自主创新的关系、自主专利对自主创新能力的贡献、知识产权战略与政策支撑自主创新能力建设的研究不足。第四，缺乏深入具体的知识产权政策研究，尤其是缺乏面向自主创新能力建设的高技术产业知识产权发展战略配套政策的研究。

1.3 研究内容与框架

本书的研究目的主要是通过研究自主创新、自主创新能力和知识产权等基本问题，以高技术产业为例构建自主创新和自主创新能力建设的理论框架和测度指标体系，构建面向自主创新能力建设的高技术产业知识产权发展战略和政策体系，以期对我国高技术产业和战略性新兴产业等产业自主创新能力建设和知识产权发展战略制定实施提供一定的理论与实证参考。本书主要有以下几个方面的研究内容。

（1）从自主创新、自主创新能力建设、高技术产业发展和国家知识产权战略背景出发提出本书的研究主题。从创新理论和知识产权理论演变，对现有研究进行文献综述，凝练出本书要研究的主要问题，并阐述研究意义，确定研究内容和研究框架。

（2）研究主要国家知识产权战略制定和实施情况，从知识产权强国角度进行比较研究。设计高技术产业专利逻辑检索式，检索我国国内外高技术产业专利分布状况，研究我国高技术产业自主知识产权优势产业。分析我国高技术产业知识产权发展战略面临的国内外环境，结合文献研究确定我国高技术产业知识产权发展中的突出问题。

（3）研究高技术产业自主创新。主要研究自主创新的内涵、特征和自主创新的模式、机制。研究自主创新与技术引进、自主创新与产业安全、自主创新与创新生态系统建设的关系。从单项高技术创新、高技术产品或工程创新和高技术产业创新三个方面研究创新的自主性，并进行实际测度。对现有自主创新政策进行梳理，提出了自主创新政策发展的思路。

（4）研究高技术产业自主创新能力与建设。首先研究自主创新能力的内涵、分类和自主创新能力建设的分析方法。然后构建高技术产业自主创新能力测度指标体系，测度我国高技术产业整体、主要类型企业和主要行业的创新能力与自主创新能力。从高技术产业自主创新能力建设实证研究出发，研究了自主创新能力建设与创新型国家建设、国家创新体系发展和创新发展模式的关系，提出了自主创新能力建设的方向。

（5）研究知识产权战略与自主创新能力建设关系。研究知识产权制度尤其是专利制度发展与技术创新关系和知识产权垄断对创新的影响，重点研究了自主知识产权与自主创新、创新能力建设与知识产权战略管理的关系，提出了自主创新能力建设对高技术产业知识产权发展战略的重大需求。

（6）研究高技术产业知识产权保护。首先构建专利保护水平测度指标体系，研究了我国1985年以来的专利保护水平，并比较了中国1985～2009年和美国2004年与2009年的专利保护水平。之后，以高技术产业自主创新能力建设为目标，研究我国高技术产业最优的专利保护水平，并提出加强高技术产业知识产权保护的对策。

（7）研究高技术产业知识产权发展战略。首先研究分析了我国高技术产业知识产权发展战略的总体思路。然后从高技术产业自主创新能力建设出发，运用定性分析法与定量方法确定和研究了我国高技术产业的专利、商标品牌、技术标准、创新与知识产权人才战略，重点研究了高技术产业专利创造、转化和产业化战略。

（8）研究知识产权体制机制改革。从我国高技术产业自主创新能力建设角度出发，比较主要国家和中国的知识产权政府与司法组织体系、职能设置，分析了知识产权法律制度不适应自主创新能力建设的主要方面，提出了推进我国知识产权体制机制改革的对策措施。

（9）研究高技术产业知识产权政策。从国外知识产权政策分析出发，研究了构建知识产权政策体系的必要性和可行性，提出了实施高技术产业知识产权发展战略所需要的相关政策。从知识产权创造、运用、保护和管理出发，研究现有政策的现状与问题，提出了构建知识产权政策体系的思路，提出了促进高技术产业自主创新能力建设的知识产权创造、运用、保护和管理政策措施。

本书研究框架如图1－1所示。

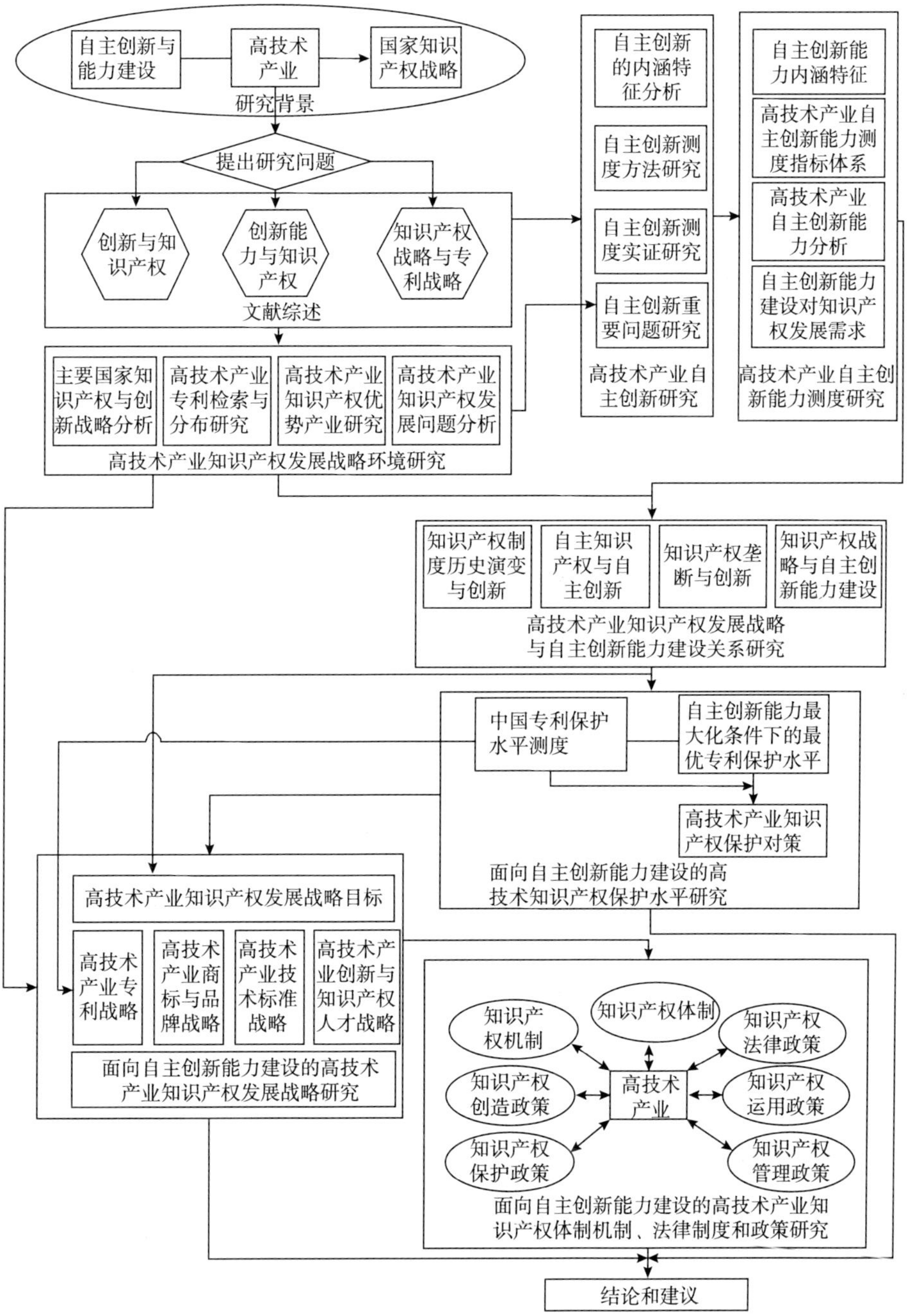
自主创新与能力建设
高技术产业
国家知识产权战略
研究背景
提出研究问题
创新与知识产权
创新能力与知识产权
知识产权战略与专利战略
文献综述
主要国家知识产权与创新战略分析
高技术产业专利检索与分布研究
高技术产业知识产权优势产业研究
高技术产业知识产权发展问题分析
高技术产业知识产权发展战略环境研究
自主创新的内涵特征分析
自主创新测度方法研究
自主创新测度实证研究
自主创新重要问题研究
高技术产业自主创新研究
自主创新能力内涵特征
高技术产业自主创新能力测度指标体系
高技术产业自主创新能力分析
自主创新能力建设对知识产权发展需求
高技术产业自主创新能力测度研究
知识产权制度历史演变与创新
自主知识产权与自主创新
知识产权垄断与创新
知识产权战略与自主创新能力建设
高技术产业知识产权发展战略与自主创新能力建设关系研究
中国专利保护水平测度
自主创新能力最大化条件下的最优专利保护水平
高技术产业知识产权保护对策
面向自主创新能力建设的高技术知识产权保护水平研究
高技术产业知识产权发展战略目标
高技术产业专利战略
高技术产业商标与品牌战略
高技术产业技术标准战略
高技术产业创新与知识产权人才战略
面向自主创新能力建设的高技术产业知识产权发展战略研究
知识产权机制
知识产权体制
知识产权法律政策
知识产权创造政策
高技术产业
知识产权运用政策
知识产权保护政策
知识产权管理政策
面向自主创新能力建设的高技术产业知识产权体制机制、法律制度和政策研究
结论和建议

图 1－1 研究框架

第二章　中外知识产权战略与高技术产业知识产权发展环境

我国是一个经济发展迅速但知识产权发展仍很落后的国家。2008 年发布的《国家知识产权战略纲要》提出了我国知识产权发展的总目标和总方针，深入实施知识产权战略已成为当务之急。由于高技术产业在国民经济中占有重要地位，创新型国家目标的实现，国家知识产权战略的实施，关键取决于高技术产业知识产权的发展。制定实施高技术产业知识产权发展战略是实施国家知识产权战略的必然要求，是提升高技术产业自主创新能力的重要举措。而制定实施高技术产业知识产权发展战略必须研究主要国家知识产权战略的发展状况，分析我国高技术产业知识产权发展的现状，分析其面临的重大挑战和存在的突出问题，把握高技术自主创新能力建设对知识产权发展的重大需求。

2.1　主要国家知识产权战略与我国知识产权差距

2.1.1　主要国家知识产权和创新战略

（1）美国知识产权战略。1968 年，美国 CHI 研究公司创设“专利记分牌”，运用文献计量分析方法对科学论文和专利指标进行研究，分析世界各大公司在美国知识产权市场的竞争态势。实际上，美国在 1979 年就开始将知识产权作为国家发展战略，卡特总统提出“要采取独立的政策提高国家的竞争力，振奋企业精神”，知识产权成为美国企业与政府的统一战略（杨起全、吕力之，2005）。1980 年，美国通过了著名的拜杜法案（Bayh – Dole Act）和《斯蒂文森 – 怀特勒技术创新法案》，拜杜法案统一了美国的专利政策，极大地促进了项目承担者转化实施专利技术的积极性，技术创新法案明确了支持国内的技术转移和促进联邦政府科学技术资源开发利用的政策。1985 年，美国里根政府设立了“产业竞争力委员会”，该委员会提出，“为了给美国经济注入国际竞争力，必须强化知识产权保护”。

美国从战略高度重视知识产权主要始于2002年。2002年，美国专利商标局（USPTO）制定了《21世纪战略计划》，提出了50项行动，其重点是提高专利商标局知识产权审查质量、推行电子化、减少审查延迟时间、雇佣更多审查员、减少不必要收费、减少局内重复性工作，从而建立面向21世纪的以质量为中心、高效、负责的组织，支持市场驱动的知识产权体系。2006年8月，美国专利商标局颁布了《2007～2017年战略计划》，其战略框架是“通过高质量和较短时间的专利商标申请审查，指导国内外知识产权政策，向全世界提供知识产权信息和教育，促进创新和竞争力提高”，其愿景是“在知识产权保护和政策上领先世界”，其战略目标包括提高专利和商标的质量，减少审查时间，促进知识产权保护和国内外执法等，保障措施是“建设高绩效的文化，变成雇员愿意选择的组织，保证资源管理责任明确”，指导原则是“确定性＋效率＋可得性＝质量”。美国专利商标局新发布的《2010～2015年战略计划》提出的目标包括：①加快专利审查，专利申请得到处理的平均时间降到10个月，专利平均未决期降到20个月；②改进专利审查质量；③改进专利复审和授权程序；④优化商标质量；⑤知识产权政策发展全球全方位领先；⑥改进信息基础设施和工具；⑦实施可持续资助运作模式；⑧改进雇员和利益相关人的关系。

与此同时，美国国会和政府也积极在立法上推进知识产权法律制度改革。2004年，美国国家科学技术与经济政策委员会发布了《21世纪的专利制度》的报告，反思美国的专利质量等问题，强调了专利的创造性标准，建议设立异议程序。2006年，美国参议院提出《2006年专利改革法案》，提出采用“先申请制”、限制故意侵权三倍赔偿金适用范围、设立新的授权后异议程序、扩大在先使用权、所有申请均适用18个月公开原则等措施。2007年9月，美国众议院通过了《2007年专利改革法案》（Patent Reform Act of 2007），为美国1952年《专利法》实施55年来最全面的一次修正，提出采用“先申请制”取代“先发明制”，在USPTO设置再审查程序，第三方可在专利授权后借助该程序向USPTO申请该专利无效，而无需向法院提起诉讼，修改损害赔偿金计算依据，由以往按照含有侵权技术的商品数量计算赔偿金改为以实际专利技术价值来判断。新修订的专利法（美国法典第35部分）在2011年1月23日第12届国会第一次会议上正式由参议院通过并实施。

近年来，美国也加强了对创新的计划和干预。2004年12月15日，美国民间机构美国竞争力委员会发表了《创新美国》（Innovate America）的报告，该报告提出创新得以成功的四个决定因素：创新供给、创新需求、政策环境和国家基础设施，并提出三大目标，其中之一是建立21世纪知识产权制度，主要包括提高专利质量、将专利数据库作为创新工具，为全球合作制定标准提供最佳经验。2005年10月，美国科学院发布了《站在风暴之上》（Rising Above the Gathering Storm：Energizing and Employing America for a Brighter Economic Future）的报告，建议关注以下三个领域：人才、投资和基础设施，并提出重新强调尖端和跨学科研究，将物质科学基础研究的80亿美元经费增加一倍；改革现有专利制度，鼓励工业界从事研究和开发；实施永久性的R&D减税；制定国家创新教育战略，以培养多样化并具有创新精神和专业技能的劳动力；增强美国制造业能力，确保美国成为全球最具有创新力的地方。2006年1月31日，布什政府根据《站在风暴之上》的建议迅速制定了《美国竞争力计划》，提出在10年之内将国家自然科学基金会（NSF）、能源部（DOE）、国家卫生研究院（NIH）、国家标准与技术研究院（NIST）和国防部（DOD）的研究开发投入翻一番；实施"一个都不落下"的儿童教育计划，加强理工科研究，让学生都能接受高质量的教育；保持低税率，培养企业家精神。

奥巴马政府上台后，出台了一系列经济刺激方案。2009年9月，美国国家经济委员会、经济顾问委员会和科技政策办公室发布了《美国创新战略——确保经济增长和繁荣》。一是投资于基础设施，用21世纪的技能教育培养美国人并创造一流的劳动力，强化基础研究领导能力，建立基础设施，开发先进的信息技术生态系统。二是促进市场导向的创新，强化企业研究开发税收信贷的创新，通过有效知识产权政策促进智力投资，鼓励高增长和创新为基础的创业，促进创新、开放和市场竞争的发展。三是激励优先领域的突破，包括推进清洁能源革命，加快生物技术、纳米技术和先进制造技术的开发，促进关键应用突破，促进教育技术的跃迁。关于知识产权问题，美国创新战略提出要通过有效的知识产权政策促进支持创造性和有效保护知识产权，主要措施包括优化专利质量和及时性；通过PRO-IP法案（美国法典第15篇第107章）设立美国知识产权执法协调人（IPEC）职位；建立免费在线美国专利数据库；签订协商反假冒贸易协议。2011年1月4日，美国总统签署了《美国2010年竞争复兴法》，其中一项重要的工作是成立创新咨询委员会。

虽然美国没有一套整体的国家知识产权战略，知识产权战略主要散布于美国专利商标局和相关部门的战略计划之中，但美国实际上仍有一个积极的与创新紧密结合的知识产权战略。归纳起来，美国知识产权战略重点主要包括：①激励知识产权创造。美国致力于通过知识产权制度保持科技创新的全球领导地位，极为重视知识产权创造。美国加大研究开发投入尤其是科学和工程领域的投入，加大知识产权的保护力度，根据国家和企业竞争需要修改知识产权法规，将先发明制改为先申请制，将新兴技术例如计算机软件、基因技术、商业方法技术等列为专利法保护的客体，同时加大对权利人利益的倾斜力度，如降低专利创造性标准，加大知识产权侵权犯罪打击力度，提高侵权赔偿标准等。②强化知识产权转化实施。美国知识产权战略的成功不仅仅得益于有关部门的战略计划，更得益于其比较完备的法律和政策体系，尤其是知识产权的转化实施政策。1980 年颁布的《拜杜法案》允许大学、小企业和非营利公共机构拥有政府资助项目的知识产权。此后，1980 年颁布《技术创新创新法案》，1986 年颁布《联邦技术转移法》，1998 年颁布《技术转让商业化法》，1999 年通过《美国发明家保护法令》，2000 年通过《技术转移商业化法案》等法案，鼓励建立国家或大学技术转移中心或成果完善化机构，加速产学研合作，简化联邦政府科技成果利用程序，极大地提高了大学和产业界知识产权创造和转化利用的积极性。美国斯坦福大学技术转移办公室和国家技术转移中心的模式成为许多国家学习的榜样。③加强国际协调保护。在国际贸易中，美国每年通过其综合贸易法案的“特殊 301 条款”，设立观察国名单和重点观察国名单，对不遵守知识产权规定的国家实行贸易制裁。美国主导了 TRIPs 协议的制定，继续保留 1930 年关税法中的“337 条款”，对外国不公平竞争行为特别是侵犯知识产权行为进行单独处罚。近年来，美国加大知识产权保护国际协调的力度，政府、民间机构和学术界等不断发布有关发展中国家知识产权状况的报告，尤其是美国国际贸易委员会 2009 年根据美国驻华大使馆的调查提交了一份《中国知识产权侵权、自主创新政策及其对美国经济的影响》的报告。2011 年，欧盟中国商会发布了一份《创新迷途：中国的专利政策如何阻碍了创新的脚步》的报告，加大了对中国知识产权侵权和自主创新政策的批评力度。还有一些学者（Stephen J. Ezell and Robert D. Atkinson，2009）将中国现行的汇率政策、贸易政策和知识产权转移政策称为丑陋的创新政策。美国还积极推进国际一体专利制度的建立，与日本、欧盟、中国积极建立了专利审查高速公路和诉讼高速公路。④重视企业知识产权战略。美国始终把企业作为知识产权战略的基础和实施主体，不仅通过各类科技创新计划向企业投入大量的财政科技经费，而且还通过研发税收信贷政策鼓励和支持企业进行研究开发，创造和获得知识产权，美国企业获得的政府财政经费占企业研发投入的比例曾高达 50%，近年仍保持在 20% 以上。强调知识产权与技术标准的结合，美国拥有一大批世界领先的跨国公司和高技术企业，在世界各类技术标准组织中具有较大的发言权和控制力，美国公司通常拥有大量的专利，常常基于专利技术制定国际技术标准，构建专利联盟，从而占领世界大部分市场，而且美国还通过控制国际标准为他国产品的进入设置技术贸易壁垒（崔伟，2004）。

（2）日本知识产权战略。日本是制定国家知识产权战略比较系统和实施知识产权战略比较成功的国家。20世纪70年代，在与美国存在较大技术差距的情况下，日本企业普遍采取改进专利的专利网战略，通过在美国基础专利基础上进行改进形成具有一定交叉垄断势力的大量改进专利，谋取竞争优势。80年代，随着日本制造业竞争力增强，日本企业逐渐转向自主知识产权战略，保护自己市场和进攻国外市场并举，以知识产权为基础的创新能力有了显著提高。90年代以后，日本逐渐向原始创新倾斜，加大基础研究和高技术研究开发的力度，加强知识产权保护，加强专利审查与产业部门的结合。

进入21世纪后，日本开始由技术立国战略转向知识产权立国战略。2002年4月16日，民间设立了知识产权论坛，2002年7月3日，日本发布了《知识产权战略纲要》，提出了"知识产权立国"的基本方针，推出了100项知识产权政策。知识产权战略大纲包括创造战略、保护战略、利用（活用）战略、知识产权人才培育和基础研究战略共四大战略。创造战略目的在于促进大学和企业等的发明创造活动，促进创新教育，保护战略主要是改革知识产权审查和审判职能，建立面向世界的知识产权战略，强化知识产权保护，应用战略强调大学和公共科研机构成果的转化和产业化，人才战略则主要是培养知识产权专门人才和提高国民知识产权意识。为落实该方针，2003年3月1日，日本颁布实施《知识产权基本法》，成立了内阁知识财产战略本部。2003年7月，日本总理内阁知识财产战略本部又推出《创造、保护及利用知识财产推进计划》，此后每年都制定发布知识产权战略推进计划。

日本《知识产权推进计划2007》的优先措施包括知识产权创造、知识产权保护、知识产权利用、努力创造基于内容的文化产业以及开发人力资源提高公众意识。《知识产权推进计划2008》的目标主要是增强知识产权相关领域的国际竞争力，培育国际市场的知识产权产业发展，促进共同的全球和泛亚知识产权进步，加快反假冒商品协定的制定。《知识产权推进计划2010》提出成立首相领导的知识产权政策总部，要在具体战略领域获得国际标准，实施强化为核心内容的增长战略和制定跨产业知识产权强化政策，还提出修改专利制度，减免法人、个人和中小企业的专利费用，简化大学和研究人员的专利申请手续等措施。

日本重视对中小企业专利申请的政策优惠，日本特许厅自2000年1月就开始对缺乏资金的中小企业给予减免实审请求费、缓交前3年年费等优惠政策，2006年8月又进一步扩大减免适用范围，只要企业成立未满10年均可享受该优惠政策。2005 年 12 月，日本成立了以经济产业大臣为本部长的“加快专利审查推进本部”，并于 2006 年 1 月推出了《加快专利审查行动计划》，主要措施包括延长审查工作时间、大幅度增加审查员和扩大现有技术检索外包等。日本特许厅还积极与美国专利商标局、欧盟专利局达成“专利审查高速公路”项目方案，互认专利检索结果。2006 年 7 月，日本经济产业省制定了《日本经济发展战略大纲》，也对加快专利审查、制定防止假冒产品对策等提出了多项政策。2007 年，日本特许厅规定，对于专利性不足的申请人在审查结束之前提出请求放弃专利的，可以返还一半的审查费用。

日本十分重视知识产权与创新的结合。日本 1998 年的机构改革将研究与教育部门统一设立在文部科学省，将特许厅与经济、贸易、制造业、中小企业等部门统一设立在经济产业省。2010 年将知识产权推进计划列入日本政府经济增长新战略，主要内容包括建立官方和民间的联合基金，支持大学培养动画、音乐等内容产业人才；促进日本内容产业在海外的发展，设立可进行自由创作的“内容产业特区”；以在智能电网、电动汽车和家用机器人等特定领域获得国际标准为目标，促进上述技术领域的研发；将加强官方与民间的联合，与欧美和亚洲国家合作进行全球标准技术开发，向国际标准化组织提交相关标准方案。

日本知识产权战略的特点主要有：①建立和完善知识产权立法与组织体系。通过制定《知识产权基本法》和加强组织建设，保证知识产权战略的实施。建立了政府、企业和学术界组成的知识产权战略会议，明确了各政府部门在知识产权战略中的职责，并在特许厅成立了专门的知识产权保护机构。将特许厅与经济、贸易和制造业等经济部门划入一个政府部门。②知识产权改进战略转向知识产权原创战略。随着创新能力的提升，日本从 20 世纪 90 年代开始加大了原创知识产权的创造力度，研究开发经费和人才投入向原创性技术研发和基础研究倾斜。为了进一步激励创新，日本近年来不但放松知识产权反垄断标准，而且还取消了强制许可规定（Sadao Nagaoka，2005）。日本每年发布的知识产权推进计划不仅仅是知识产权部门的事情，而且将新兴技术等关键核心技术突破作为年度知识产权推进计划的重点，并列出了详细的清单。③推进国际协调保护战略。随着日本制造业的向外转移，日本特别重视知识产权的国际保护，越来越重视通过知识产权许可获得收益。日本明确提出要在海外实施全面取缔侵犯日本知识产权的行动，甚至还在“知识产权立国战略”中明确指出要将矛头指向“凭借低廉劳动力成本及生产技术，已经对日本产业竞争力构成威胁的亚洲国家”。日本经产省、日本贸易振兴会等每年投入大量费用在中国等发展中国家推进知识产权教育、培训和交流。日本经济产业省已经组织了六次中国知识产权侵权实地调查，第六次调查指出“中国对日本知识产权互联网侵权和非法商标注册数量呈上升趋势”，但是日本企业仍将加强向中国申请知识产权保护作为知识产权战略的重点之一。

（3）欧盟知识产权战略与政策。欧洲1883年制定巴黎公约，并在1967年进行了修订。欧洲议会1949年就倡议成立欧洲专利局，1971年建立了欧洲专利局（以下简称“欧专局”）。欧洲专利公约1973年生效，欧洲专利组织1977年成立，该组织是一个不属于欧盟的自负盈亏机构，欧专局是其执行机构。欧洲1994年以后又相继颁布了《欧亚专利公约》和电子商务指令等一系列政策法规。

欧专局在整个欧洲专利授权中处于中心地位，欧专局基于高水平的信息技术系统和财务基础，不断调整其战略。2011年5月管理委员会采纳了专利局长的建议，采取了一系列措施提高效率，主要有：①提高产品与服务的质量，控制成本，维持总体费用水平；②通过引用信息技术工具和简化过程，改进欧专局数据库的免费接入和利用，与谷歌（Google）合作建立涵盖28种语言的专利文献机器翻译系统，允许国际电信联盟（ITU）以及欧洲标准院（ETSI）和国际电工协会（IEEE）将其专利数据库与欧专局涉及其技术标准的专利数据链接；③引入新的工作模式和改善工作条件提高效率，尤其是简化审查和授权的复杂度，利用信息技术推进员工部分时间在家工作；④增强欧专局和成员国国家局之间、欧专局与内部市场协调局（OHIM）之间的合作，建立智能EPN（European Patent Network）网络，通过培训、对知识产权与专利信息了解、信息技术工具、服务与标准等推进合作；⑤在国际合作中发挥领导作用，致力于建设欧洲单一专利制度，降低申请人的金钱和时间成本。欧专局还努力与五大知识产权国协调合作，使全球专利系统对用户更加友好，与美国专利商标局合作联合开发基于欧洲专利分类体系ECLA的专利分类体系❶。2012年2月23日，欧专局成立经济与科学咨询委员会，2012年5月7日到8日召开了第一次工作组会议，专门讨论专利质量和专利费用与价格问题，并形成了初步政策改革建议。

近年来，欧盟认识到由于知识产权不足，成员国的创新能力低于美国而且分布不平衡（Annual Report of Europe Innovation Trend Chart 2003）❷，积极协调各成员国调整创新政策和知识产权政策，通过政策调整加强知识产权的创造、利用和保护，提高创新能力和竞争力。2000年3月，欧盟出台了“里斯本战略”，旨在

---

❶ 见 European Patent Office. Our Strategy：Facts and Figures 2011. http//www. epo. org。

❷ 2001年后欧洲专利局收到的来自欧洲申请中有55%为高技术专利申请，而来自美国的为67.8%。Annual report of Europe innovation trend chart 2003. http//www. trendchart. org。

通过制订一系列的战略目标和措施，使欧盟在2010年之前成为“以知识经济为依托的、世界上最有竞争力”的经济体。2005年，欧盟又制定了“里斯本战略”计划修改方案，重新启动了该计划，鼓励科学研究与发明、增强劳动者的流动性，要求各国改善投资环境和中小企业生存环境，并大幅提高科研经费。2005年4月，欧盟提出第七研究框架计划建议，提出了研究开发投入强度达到3%的目标，致力于建设知识型欧洲。欧盟比较重视中小企业知识产权工作，如法国工业产权局与法国工商联合会在2006年6月签署《推动中小企业工业产权工作计划》，通过宣传、培训和战略分析，加强中小企业的知识产权工作。2006年1月，欧盟发布《构建创新型欧洲》报告，提出制订《研究与创新公约》，以推动创建创新型欧洲进程，在继续推动里斯本议程外，重点要加强了三个方面的工作：一是为企业提供一个创新友好型市场，二是实现研发支出占国内生产总值（GDP）3%的目标，三是提高人力资源、金融、组织机构的灵活性。报告还建议将电子、医疗药品、运输物流、环境、数字内容产业、能源以及安全作为重点资源投入的领域。该报告指出，欧洲知识产权制度存在不足，不透明和高成本阻碍了跨境的技术合作与交易，呼吁制定欧洲专利诉讼协定，平衡权利人与使用者的利益，加强公共资助机构专利的转移，强化知识产权教育培训。2010年，欧盟发布《欧洲2020：创新、绿色增长和就业》报告，替代里斯本战略，将知识、创新、绿色增长作为欧盟竞争力的核心，推进成员国的改革并提出了五项重要目标❶，该改革计划设立了七个旗舰计划，其中的创新联盟计划提出要促进欧洲知识产权制度的现代化，制定欧洲专利协定，还提出制定专利许可转让的知识市场政策。

欧盟的知识产权战略主要是欧专局的知识产权战略与政策，而且欧盟的知识产权战略政策与创新政策又是相一致的。欧盟知识产权与创新战略的特点主要有：①改善法律框架。近年来，欧盟把知识产权政策作为创新政策的中心和新的实践性措施，扩大专利保护范围，降低专利申请和维持费用，优化费用结构，激励发明创造。尤为重要的是，欧盟已颁布统一的欧洲专利公约，正研究建立单一的专利制度。②强调原始创新。欧盟把原始创新作为提高创新能力和国际竞争力的关键，鼓励公共机构申请专利，在知识产权立法、信息和服务上加大对公共机构的支持，在各种战略中均强调要把研究开发投入强度提高到3%。开展多次技

---

❶ 五个目标是：将20~64岁人口的就业率提高到69%~75%，研发投入强度达到3%，温室气体排放减少20%，能源需求的20%来自可再生能源，将小学失学率从15%降低到10%，至少40%年轻人获得学位或文凭，将贫困线下人口数量降低到25%，使8000万人口的2000万人口脱贫。

术预见，前瞻部署重要知识产权创造。③强调内部协调和国际协调。欧盟十分重视成员国内部知识产权保护的协调，通过协调简化程序，通过 EPN 加强合作，并积极与外国开展知识产权合作和交流培训，应对国外知识产权侵权行为。欧盟及成员国政府还积极帮助企业识别和应对侵权。欧盟积极推进欧洲专利协定实施，在欧洲《创新 2020 战略》中，通过创新联盟计算，欧洲专利协定实施后每年将减少企业 2.5 亿欧元的成本。2007 年，欧盟与美国、日本等国协商起草反假冒贸易协定，目标是建立起打击假冒的跨境机制。2010 年，与中国、日本、韩国、美国专利局协商，降低专利系统不必要的重复性，提高审查效率和质量，与美国专利商标局联合，开发新的专利分类体系，简化协调专利局和创新型企业的程序。④加大对企业知识产权工作的支持。欧盟一直把企业作为知识产权创造和利用的主体，在资金、人才、信息等各方面对企业进行大力支持。⑤采取比较保守的知识产权政策。在计算机软件与商业方法可专利性问题上，欧盟一直采取保守的政策，虽然欧盟在 2002 年 2 月就向欧洲议会提交了计算机相关发明可专利性的指令建议，并于 2003 年 9 月 23～24 日在欧洲议会通过一读，于 2005 年 7 月 6 日通过二读（European Patent Office，2005），但欧洲议会 2005 年仍然否决了该指令建议。即使到目前，欧盟计算机软件发明专利审查通过率仅仅为 50% 左右。

（4）韩国知识产权战略。韩国的技术发展呈典型的由技术引进到技术模仿再到自主创新的模式。韩国政府结合本国相关产业发展的实际需要，及时调整知识产权发展战略的重点，使知识产权政策与国家产业政策、经济体制以及企业的需求相匹配（包海波，2004）。20 世纪 70 年代中期到 80 年代中期，韩国通过引进外国先进技术逐步实现了一定的技术能力积累。80 年代中期到 90 年代中期，韩国通过加大研发投入和引进外国技术而推动韩国自身技术能力快速发展，国内专利申请量占国内外专利申请量的比例迅速提高。90 年代中期到现在的 20 多年时间里，韩国继续加大国内研发和技术引进的投入力度，知识产权取得了成功（李根，2005）[1]。

近年来，韩国开始实施积极、全面的知识产权发展战略。2002 年，韩国知识产权局启动了“地方政府品牌支持项目”，旨在通过知识产权创造刺激地方经济发展。2004 年，韩国知识产权局颁布了新的知识产权政策，其愿景就是“成为 21 世纪的知识产权强国”，该政策提出了六项原则和七大政策目标（章璠、朱瑾，2005）。2006 年，韩国国家科学技术咨询机构向国会提交了“构筑向着发达

---

[1] 李根．韩国知识产权政策的启示与借鉴．http：//www.sipo.gov.cn/sipo/ipzlbft/t20050221.40452.htm.（2005 年 10 月 20 日）。

经济挺进的韩国知识产权战略”的提案，建议设立负责国家级知识产权政策综合协调和知识产权管理体制的专门机构，并建议制定《韩国知识产权基本法》。2009 年，韩国国家竞争力强化委员会与 13 个政府部门联合制订发布《知识产权强国实现战略》，采取六大措施以保护知识产权，鼓励知识创业。一是建立“创意资本”，成立由政府和民间共同出资的大规模知识产权管理公司（Intellectually Discovery），资本规模将在 5 年内扩充到 5000 亿韩元。二是鼓励成立技术股份公司，促进知识创业。政府研发预算中的创业资金比重将由 2008 年的 0.7% 提高到 2013 年的 3%。三是改进补偿制度，保护研发人员的劳动成果，制订并实施针对共同研究成果的标准规则。四是加大对韩国企业的知识产权保护力度。建立知识产权纠纷应对机制，建立知识产权纠纷预警机制，建立民间专家咨询体系以及实施知识产权诉讼保险制度等，通过建立网上监督和申报机制等措施加大对盗版行为的打击力度。五是加强知识产权信息基础建设。建立网上知识产权交易所，建立国家技术创业综合信息网。六是改进行政和司法体系。设立国家知识产权委员会，统管国家知识产权政策的调整，负责知识产权相关工作计划的制订和实施。在大法院设立专门的咨询委员会，通过改善司法管辖制度，针对知识产权诉讼提高专业化水平和判决效率（国家知识产权局，2009）。2009～2010 年，韩国与美国实施了申请快速审查的战略性处理项目（SHARE，Strategic Handling of Applications for Rapid Examination），专门审查燃料电池和半导体申请。2010 年 12 月，韩国知识产权局采取一系列措施便利申请人，申请人可以刷卡支付专利费用或分期付款。韩国还根据与 5 个主要国家知识产权局的比较研究修改了 39 项审查标准。

韩国知识产权战略的特点主要有：①完善知识产权制度。韩国 1961 年制定专利法，1979 年加入世界知识产权组织（WIPO），1980 年签署《保护工业产权巴黎公约》，1984 年签署《专利合作条约》（PCT），1995 年加入 WTO 及 TRIPs 协议，1999 年采用实用新型快速登记制度，前后修改专利法达 30 多次。韩国知识产权局 2005 年成为全球首个“审查员利用互联网在家办公”制度的知识产权局，韩国知识产权局 2006 年又改制为企业性质，成为全球首个实行自负盈亏的知识产权局。2008 年的大部制改革将知识产权局与经济部进行了整合，划归以原工商部为基础成立的知识经济部。韩国知识产权局将信息技术用于知识产权管理，专利电子申请比例接近 90%。韩国知识产权局大力缩短专利审查周期，2010 年发明专利审查周期下降到仅 24 个月，实用新型和外观设计专利审查周期下降到 5 个月以下。韩国知识产权局建立高技术专业化审查模式，重点加强信息技术、生物技术、网络技术、新能源与半导体技术专利申请的审查。②提升知识产权创造能力和竞争力。韩国政府非常重视扩大知识产权的创造基础，制定了研究开发投入加计扣除政策、研发经费结转政策和技术开发准备金制度，将政府工作人员职务发明报酬的比例提高到30%以上，通过税收优惠和财政补贴鼓励企业加大对雇员职务发明的奖励。韩国知识产权局支持企业创新，2005年全面实行了中小企业专利费用减免制度，中型企业、国家研究机构和大学专利申请阶段减免费用50%，小企业和个人减免70%，并对其国外申请提供资助。还通过建立审查员与企业的姊妹关系、扩大专利技术信息服务、举办产业咨询会、支持品牌开发、深化中小企业知识产权咨询服务、指定专利代理机构提供申请前服务等措施支持中小企业知识产权创造与申请。2005年，韩国知识产权局推出了地方展示集团标志系统，加强对地方名牌的国际保护，提高其国际竞争力，地方政府可由该系统进行国内商标注册和商标国际注册，进军国际市场。2006年，为帮助大学提高知识产权管理能力，形成大学知识产权创造和利用的管理体系，韩国知识产权局开始向仁川大学、国立全南大学等一些高校派驻专利管理顾问，帮助解决高校知识产权规章制度制定、知识产权管理、知识产权投资等问题。③强化知识产权保护，激励研发和技术引进。虽然韩国创新能力已有显著提高，但韩国仍然重视技术的引进和消化吸收。近年来，韩国先进技术产品对外依存度大幅度下降，并已成为主要的输出国，但技术引进的规模仍然很大，特许权和专有权利使用费的技术依存度仍在不断提高❶。④积极促进企业参与全球知识产权竞争。韩国近年来十分重视大企业在国外专利的申请和保护，韩国在美、日、欧和中国的专利申请量急剧增加，是仅次于美国、日本在中国高技术产业领域申请专利的第三大国家。同时，韩国政府十分注意国际协调，尤其是在亚洲的协调，以保护自有知识产权。三星、LG、现代等企业充分利用知识产权制度，实施知识产权战略，取得了明显的竞争优势。⑤加强知识产权利用和商业化。1994年，韩国起草了《发明促进法》，2000年组建了专利技术商业化理事会，2001年出台《促进技术转让法》，成立了技术交易所，2003年建立了知识产权服务中心，专门用于专利的转化利用。韩国将专利技术商业化机构上升为政府机构，通过专利技术评估、提供财政支持和税收优惠以及网上专利技术交易平台，鼓励专利技术的商业化，2010年成立韩国知识产权管理公司“Intelectuall Discovery”。韩国知识产权局协助中小企业试制专利技术，资助专利商业化，减免有关税费，建立权利人与资本方的对接关系和待交易专利技术的数据库。⑥扩大知识产权的社会基础，

---

❶ 特许权使用费技术依赖度＝（特许权使用费出口－特许权使用费进口）/（特许权使用费出口＋特许权使用费进出口）×100%。先进技术产品贸易代表的依存度计算方法与此相同。

努力在全社会培育创新文化。韩国重视在全社会培育知识产权和创新文化，尤其重视青少年的知识产权教育，建立了遍布全国的发明教育基地。仅 2005 年，韩国政府等公私部门就在学校开设知识产权阶段课程 94 个，训练课程 55 个，训练人员 4977 人，开设的校外促进学生发明创造课程 124 次，培训 18 324 人（Korean Intellectual Property Office，2005）。

2.1.2 主要国家知识产权战略启示

归纳主要国家知识产权战略的战略重点、战略行动计划、战略措施、战略目标和战略特征，可以发现他们具有许多共性，但也有较大的差异。这些共性特征和差别对于我国制定实施国家知识产权战略尤其是高技术产业知识产权发展战略具有重要的借鉴意义。

美国知识产权战略的目标定位于全面领先战略，日本、韩国定位于成为知识产权强国战略，欧洲定位于提高创新能力和知识产权竞争力。我国高技术产业知识产权战略的目标应当是成为高技术产业的知识产权强国。美、日、欧、韩的知识产权战略不仅包括专利、商标、专有技术等战略，而且还包括人才、技术标准、贸易等战略，知识产权法律政策完善，涵盖知识产权创造、运用、保护和管理的全过程，强调知识产权的创造和利用，强调与创新的紧密结合。我国高技术产业知识产权战略是关于高技术产业知识产权发展的总体谋划，也应当是一个积极和全面的发展战略，涵盖主要的知识产权客体及知识产权的全过程，也要将知识产权创造和运用作为重点，服务于高技术产业自主创新和自主创新能力建设的需要。

美国、日本和欧盟的德国等是当前世界公认的知识产权强国，韩国正在由知识产权大国迈向知识产权强国，发展势头迅猛，一些发展中国家如印度正在建设知识产权大国，中国正致力于建设成为知识产权水平比较高的国家。知识产权大国不一定是知识产权水平较高的国家，但知识产权强国必定是知识产权大国和知识产权高水平国。知识产权强国是知识产权创造、运用、保护和管理的规模大、效率高的国家。

从比较认可的美、日、韩等国知识产权发展来看，世界知识产权强国主要有以下几个方面的特征。一是知识产权创造能力强。国内居民发明专利申请量超过 15 万件，万人均居民发明专利申请量超过 3 件，拥有量超过 2 件/万人，居民商标申请量超过 4 件/万人，研发投入强度（R&D 投入占 GDP）超过 2%，居民专利申请量占本国国内外专利申请量的 50% 以上，职务发明专利申请量占本国专利申请量 50% 以上，PCT 专利申请量占国内专利申请量的比例在 20% 以上，世界500个知名品牌中占20个以上，由特许权许可代表的对外依存度在30%以下，或由先进技术产品贸易代表的技术依存度在30%以下。二是知识产权运用水平高。大学、科研机构和企业能有效运用知识产权制度提升自主创新能力和竞争力，知识产权能有效转移转化为生产力，知识产权转化实施率较高，专利实施率在30%以上。知识产权产业占GDP的比例超过30%。三是知识产权保护水平适应自主创新和经济社会发展的需要。知识产权法律法规完善，符合TRIPs协议要求，知识产权保护涵盖主要的知识产权客体并具有特色，知识产权保护水平较高，知识产权侵权假冒数量较低，知识产权保护与不同阶段的创新和发展需要相适应。四是知识产权管理水平高。政府制定和实施清晰的知识产权规划、战略、政策，知识产权管理职能与科技创新和产业发展职能紧密结合，知识产权战略是一个各部门协调配合的战略。知识产权审查能力强，有较为完善的知识产权政策尤其是财税政策，总发明专利审查周期不超过50个月，知识产权管理信息化水平较高，普及电子申请与审查自动化技术。企业事业单位知识产权管理水平较高，有清晰的战略和制度，有专职的管理人才队伍，知识产权能得到充分保护。

2.1.3 中国知识产权战略与实施

《国家知识产权战略纲要》的发布实施极大地提升了知识产权在我国创新型国家建设中的地位，提高了全社会的知识产权意识，知识产权对国家自主创新能力建设和产业创新发展的支撑和保障作用得到了显著提高。从时间来看，我国知识产权战略实施已开始取得显著成效。各类知识产权发展很快，已显著缩小了与美、日、欧等知识产权强国的差距。根据世界知识产权组织和世界银行的统计数据，我国国内居民发明专利占全球各国国内居民申请量和授权量的比例由2004年的6.55%和5.04%提高到2008年的18.2%和10.96%，2010年每万人发明专利申请量达到1.7件，接近法国2.2件和英国2.5件的水平。2008年每万研发人员的居民发明专利申请量达到1598件，超过法国（645件）、英国（601件）和美国（1570件），接近德国（1635件）；万人口有效发明专利拥有量达到1.57件，接近法国（1.8件）和美国（2.02件）。每百万美元研发经费居民专利申请产出达到2.92件（2009年汇率），除韩国（4.78件）外，超过英国（0.8件）、法国（1.8件）和美国（2.016件）；万人研发人员科技论文产出达到396篇。2011年，我国居民发明专利总申请量已超过日本，居世界第1位。

但从重要知识产权数量来看，与日本和韩国等国家相比，我国知识产权发展还存在一定的差距。

首先，我国知识产权对产业经济和社会发展的支撑保障作用还远远没有充分显现出来。如果按购买力平价计算，我国的知识产权投入产出效率还不高。我国的专利质量亟待提高，在国际上的知识产权布局还较少。2009 年，我国 PCT 专利申请量居第 5 位，只有 7946 件，占世界全部申请量的 4.97%，而日本占 18.67%，韩国占 5.04%，美国占 28.64%，我国远远落后于居民发明专利数量的国际排名。我国仍存在知识产权与经济社会发展“两张皮”的现象，专利技术实施率低的问题未有根本改观，以特许权和专有权利使用费表征的技术依存度依然很高，2009 年仍高达 -92%。

其次，知识产权战略实施缺乏有效和具体的政策措施。《国家知识产权战略纲要》提出了明确的目标、任务与措施，但所提政策措施多为指导性政策措施，缺乏有效的配套政策和实施细则，可操作性显得不足，也无法进行有效的监督考核。虽然部际协调会也要求各成员单位制定相关政策措施，完成有关任务，但这些政策措施并不系统，一部分政策不完善，一部分政策还没有出台，尤为重要的是缺少有力的促进知识产权运用的财税政策。目前我国知识产权政策局限在保护和管理层次，知识产权政策与科技、教育、经济、文化、贸易、投资等政策不协调，既相分离又相重叠，知识产权创造政策偏离实际的政策目标，知识产权运用政策不系统。

另外，我国地方知识产权战略可操作性也不足。虽然大多数省份都制定了知识产权战略，或知识产权促进法规政策，但可以发现这些知识产权战略都很相同，无论是文本格式，还是目标和专项任务以及政策措施都很近似，只有一部分具有明确具体的政策措施，政策也大多是财政投入政策。我国还缺乏产业知识产权战略，国家知识产权战略实施要取得成效，关键是要在产业和企业层次上推进战略实施。我国近年来发布了一大批产业发展战略、规划，虽然都涉及知识产权，但并不全面和深入，我国还没有制定和实施有效的制造业、高技术产业、战略性新兴产业和现代服务业等产业的知识产权战略，对通过知识产权发展战略提升产业自主创新能力和竞争力还缺乏明确的思路。

2.2 中国高技术产业知识产权现状

2.2.1 高技术和高技术产业

高技术是相对于传统技术而言的新兴技术和尖端技术，高技术产业是高技术研发、应用和生产的工业企业和相关服务业的统称。自第二次世界大战以来，世界科学技术呈现高度分化和高度综合的发展态势，产生了以电子信息技术、生物技术、新材料技术、新能源技术和航空航天技术为代表的高技术群。随着世界高技术的迅猛发展，高技术产业已成为各国发展的先导产业和战略产业，也成为一些国家的支柱产业。

高技术产业有很多种定义，美国科学基金会（1991）用指标定义高技术产业，是指每1000名职工中有25%的科学家工程师，并把销售额3.5%以上用于研究实验工作的公司所生产的任何产品的产业（David Roessner，2001）。美国劳工部认为，高技术产业是研究实验费用及科技人员在整个职工总数中的比重占整个制造业的平均数高出一半以上的产业（何树平，2000）。纳尔逊（Rechard M. Nelson，1984）认为，高技术产业是指那些以大量投入研究开发资金以及迅速的技术进步为标志的产业。OECD将R&D经费支出占工业增加值的比重作为界定高技术产业的标准，认为高技术产业极大地依赖于能够产生新产品和服务的科技创新，并将具有较高R&D比重的产业确定为高技术产业，只有研究开发投入大，R&D雇员比例至少达到所有产业平均R&D雇员的比例，R&D所占比重至少要达到2%的产业才可能成为高技术产业（Cincinnati USA，2000）。由此可知，高技术产业具有如下一些特征：①创新性。高技术产业属于知识和技术密集型产业，研究开发投入强度高，创新人员比重和生产制造水平高。②利润率高。高技术产业的最重要特征之一在于它有较高的利润率。③成长性好。高技术产业的增长速度快。目前，发达国家信息产业的产值已占国民生产总值的40%～60%，年增长率为传统产业的3～5倍。④战略性。高技术产业对国民经济和国家安全具有重要的先导作用和战略作用。⑤渗透性。高技术产业具有较强的渗透性，它对于其他产业尤其是传统产业的发展具有较大的渗透和带动作用。

20世纪80年代前后，美国技术商业化促进机构（AeA）建立了高技术产业的四位码，并于1987年进行了更新，虽然该体系没有包括新出现的许多技术，但仍一直被许多机构采用。1990年，美国、加拿大、墨西哥开始建立新的北美产业分类体系，并用新北美产业分类标准（NAICS）代替原先的产业分类标准（SIC）。在原有分类基础上增加了光纤通讯、半导体器件、卫星通讯、因特网服务、万维网搜索、工程服务，物理、工程和生命科学的研发以及测试实验室等，而去掉了计算记账机器、办公机械、预录磁带、实验室仪器、计算机租赁与维护等小类目。在新的分类体系中，许多特殊产业还设有6位码类目。1997年，美国政府开始采用NAICS。2002年，美国又对NAICS代码进行了修改，加进了信息部门，现在许多私营企业也正在转向使用新的分类代码（Aeanet，2003）。新的北美高技术产业分类体系如表 2－1 所示。

表 2－1　北美高技术产业分类体系

大　类	小　类
制造业	计算机与外围设备、通讯设备、消费电子、电子部件、半导体、防务设备、测控仪器、电子医疗设备、光学设备
通讯服务业	包括通讯服务
软件与技术服务	软件出版、计算机体系设计与相关服务、因特网服务、工程服务、研发与测试实验室、计算机培训

2002 年，我国国家统计局印发了《高技术产业统计分类目录的通知》，将核燃料加工业、信息化学品制造业、医药制造业、航天航空器制造业、电子及通信设备制造业、电子计算机及办公设备制造业、医疗设备及仪器仪表制造业和公共软件服务业纳入我国高技术产业的统计范围。

2.2.2　高技术产业发展概况

新中国成立后，我国十分重视高技术与高技术产业的发展，在第一个五年计划期间即聚集了大批科技工作者消化吸收前苏联的技术，并开展高技术研究开发，但由于西方封锁高技术对我国的转移，也由于中苏关系恶化，我国高技术和高技术产业长期处于封闭的环境中，发展十分缓慢。1986 年，随着改革开放政策的实行，我国启动了“863”计划，即高技术研究发展计划，加上海洋产业，在八大重要高技术领域组织大规模研究开发活动。经过 20 年的发展和积累，我国高技术产业取得了举世瞩目的成绩，已成为我国国民经济的先导产业、战略产业，为我国经济和社会发展作出了突出贡献。随着经济科技全球化的迅猛发展，尤其是加入世界贸易组织以来，我国高技术产业虽然呈加速发展态势，但也出现了一些不容忽视的问题。本书以《中国高技术统计年鉴》统计数据为基础，研究范围主要包括医药制造业、航天航空器制造业、电子及通信设备制造业、电子计算机及办公设备制造业、医疗设备及仪器仪表制造业五大类❶。

---

❶ 高技术产业的统计范围是：1995～1997 年工业企业范围为全部独立核算工业企业，1998～2001 年为全部国有及销售收入在 500 万元以上的非国有工业企业。高技术产业占制造业产值的比重是根据全部企业的推算数据计算的，计算口径：1995～1997 年包括全部乡及乡以上工业企业，1998～2008 年包括全部规模以下企业。本书高技术产业特指大陆的高技术产业，不包括台港澳的高技术产业。

（1）高技术产业规模迅速扩大，竞争力逐步提高，但增长质量仍然不高。

总体来看，我国高技术产业发展迅速。按照现价计算，1995～2009年，我国高技术产业总产值从4098亿元增加到60430亿元，年均增长21.19%，远远超过世界平均增长速度。企业数从18834家增加到27128家，从业人员从448万人增加到958万人。高技术产业利润从178亿元增长到3279亿元，年均递增23.13%，利税从326亿元增加到4660亿元，年均增长20.92%。我国高技术产业工业总产值占制造业总产值的比重从8.41%提高到12.61%，高技术产业利润占制造业利润的比重超过10%。高技术产业的投入产出效率也在提高，高技术产业人均利税由1995年的0.73万元增加到2009年的4.87万元，人均利润由0.40万元增加到3.42万元。

我国高技术产业的竞争力也不断提高。首先，高技术产业对外依赖度逐步降低。根据美国科学基金会《科学工程指标》的数据，我国（内地与香港）先进技术产品对外依赖度1995年为－4.85%，2000年提高到－0.33%，2008年则提高到11.44%[1]，如图2－1所示。

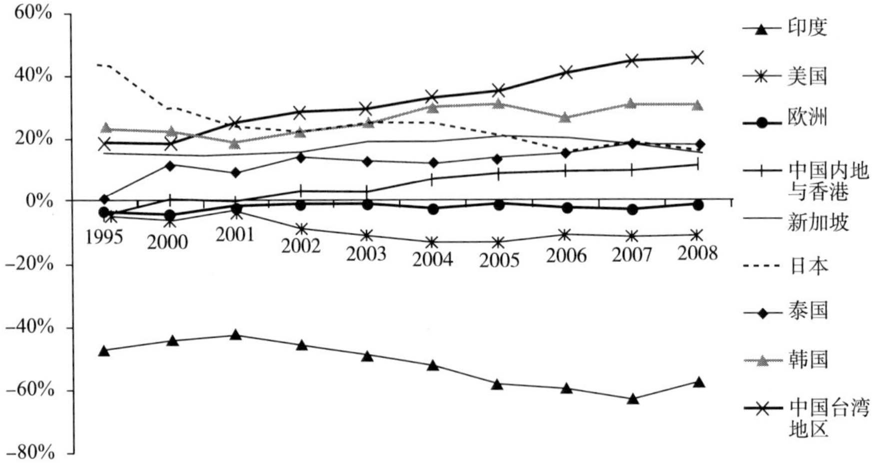

图2－1 主要国家和地区先进技术产品贸易依赖度

其次，我国高技术产业出口额占制造业出口的比例不断提升，由2001年的20.6%提高到2008年的28.7%，高于许多发达国家，与美国接近。但是，我国高技术产业呈典型的加工贸易型，增长质量不高。我国高技术产业利税率比制造

[1] 技术贸易依赖度＝（技术出口－技术引进）／（技术出口＋技术引进）×100%

业平均利税率低，而且呈下降趋势，高技术产业利润占制造业利润的比例也呈下降趋势，如表2－2所示。

表2－2 高技术产业与制造业的增加值率、利税率比较

项目＼年份	1996	2000	2004	2005	2006	2007	2008	2009
制造业增加值率（%）	26.5	26.2	33.8	26.2	26.4	26.8	26.8	33.8
高技术产业增加值率（%）	25.9	26.5	23.0	26.5	25.2	25.0	24.0	23.0
高技术产业利润占制造业的比重	14.53	24.62	14.67	13.87	12.21	12.57	11.72	14.67
制造业平均利税率（%）	7.59	9.34	6.38	8.47	8.62	9.57	9.07	10.38
高技术产业利税率（%）	8.45	10.3	4.65	6.08	6.22	6.65	7.05	7.71

数据来源：http：//www.nsf.gov/statistics/seind10/appendix.htm

（2）高技术产业对“三资”企业依赖性逐步下降，但“三资”企业仍起重要作用。

从经营和研发情况看，我国高技术产业对“三资”企业的依赖程度逐渐减小。“三资”企业经营状况和研究开发活动占高技术产业的比重总体呈先上升后下降趋势。1995年，我国高技术产业“三资”企业在研究开发投入、科技人员全时当量投入方面的比重还不大，但到2007年，“三资”企业研究开发投入占我国高技术产业研究开发投入的比重提高到44.17%，2009年又下降到38.62%。“三资”企业研发人员全时当量占全部全时当量投入的比例由1995年的4.28%提高到2004年的27.20%，但2009年又下降到10.70%。“三资”企业主营业务收入占高技术产业主营业务收入的比例在2004年曾高达74.02%，利润占比高达70%，2009年分别下降到38.23%和48.69%。“三资”企业在占我国高技术产业的比例如图2－2所示。

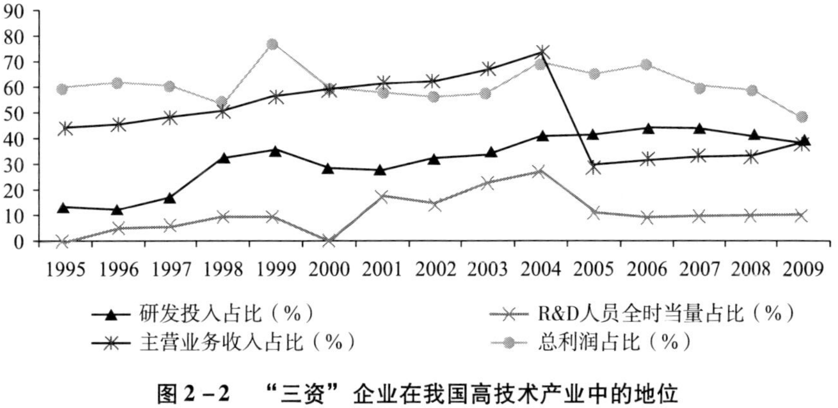

图2－2 “三资”企业在我国高技术产业中的地位

但我国高技术产业投资的半壁江山仍然属于“三资”企业。根据2008年《中国工业经济年鉴》数据，2008年我国全部规模以上工业企业中实收资本104 086.06亿元，其中港、澳、台资本9619.3亿元，外商投资17 278.27亿元，我国（大陆）自有投资占比为74.16%，而涉及高技术产业的通讯设备、计算机及其他电子设备、医药制造业、仪器仪表及文化办公机械制造业所有者权益中实收资本10 586.8亿元，其中台港澳投资1951.39亿元，外资投入4015.8亿元，我国（大陆）高技术产业自有资本投入仅占43.69%[1]。

（3）高技术产业研究开发投入与产出增长迅速，但创新能力弱，缺乏关键核心技术。

1995~2009年，我国高技术产业研究开发投入和技术消化投入增长迅速，研究开发投入从17.85亿元增加到774.05亿元，技术消化投入从2.27亿元增加到10.62亿元，技术引进也从29.16亿元增加到64.42亿元。同时，高技术产业新产品销售收入从538.37亿元增长到12595亿元，增长了22.4倍，专利申请数量也从612件迅速增加到51 513件，增长了83.1倍，专利授权量从410件增加到31 830件，增长了76.63倍。

但是，我国高技术产业研究开发投入强度和消化吸收强度极低，而且近年呈下降趋势。研究开发投入强度太低是制约我国高技术产业发展的最大问题，我国高技术产业研究开发投入占主营业务收入的比重由1995年的0.45%提高到2001年的1.31%，2002年开始下降，2004年下降到1.05%，2009年为1.30%，近年虽有所提高，但远没有达到国际公认的高技术产业研发投入强度为3%的标准，而美国为16.41%（2006）、日本为10.64%（2006）。消化吸收投入占技术引进的比重也由1995年的7.80%提高到2009年的16.45%，仍远远低于日本和韩国约1000%的比例。我国高技术产业具有知识产权的关键核心技术仍然非常不足，企均专利申请量和有效专利数量很少，2009年分别只有1.89件和1.17件，无法有效支撑高技术产业自主创新能力建设需要。

虽然我国是高技术产品的出口大国，但从我国与主要国家近年专有权利和特许费进出口来看，我国对外的依存度相当高，2006年为-94.02%，2010年有所降低，但仍然高达-88.02%，与菲律宾、印度尼西亚、印度差不多，而主要发达国家均为正值，如图2-3所示。

---

[1] 本书用所有者权益中的实收资本比例表示股权比例。国家统计局工业交通统计司．中国工业经济统计年鉴（1996—2009）[M]．北京：中国统计出版社。

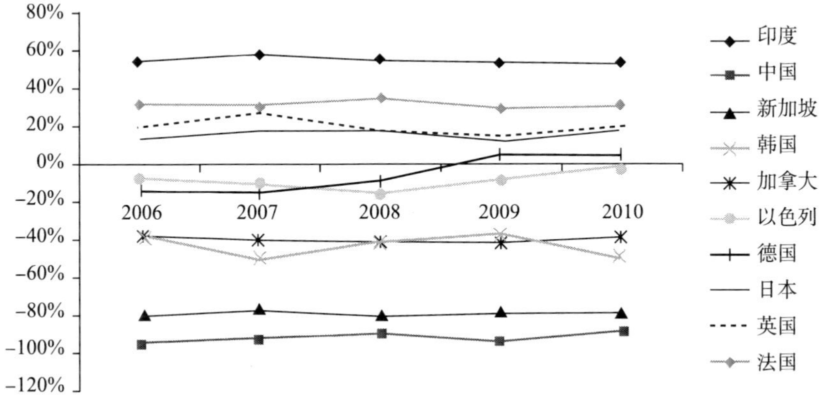

图 2-3　主要国家和地区专有权利和特许费依存度

数据来源：http：//data. worldbank. org. cn/indicator/BM. GSR. ROYL. CD

（4）高技术产业政策环境明显改善，但内外资不公平政策依然制约着高技术产业的健康发展。

首先，《中长期科技规划纲要》及其配套政策和一系列实施细则颁布以来，我国高技术产业的创新和发展政策环境明显改善，2009 年颁布新的《企业所得税法》改变了“三资”企业的超国民待遇问题，但由于利用外资政策和地方招商引资政策的惯性，我国内外资企业仍然存在税收优惠等政策的实际不公平问题，内资企业平均税收负担仍普遍高于“三资”企业。据统计，我国 2009 年高技术产业所得税占主营业务收入的比重为 2. 32%，国有企业为 3. 05%，民营集体企业为 4. 75%，而“三资”企业仅为 1. 35%，是国有企业的 1/2，民营集体企业的 1/3。我国全部“三资”企业和国有企业总纳税负担如表 2-3 所示。其次，我国的财政政策不公平，国有企业体制改革不到位，机制僵化，但却能得到政府大量的财政支持，一些地方政府采用变相优惠政策吸引跨国公司投资，而本地民营集体等企业却很难得到政府的支持。第三，一些部门和地方一味强调世界贸易组织规则，对高技术产业安全考虑不够，任由跨国公司兼并收购内资高技术产业龙头和骨干企业，使我国高技术产业自主创新能力建设的基础受到影响。

表 2-3　高技术产业“三资”企业和国有企业纳税负担

年份 企业类型	1995	2000	2005	2006	2007	2008	2009
高技术产业	3. 78%	3. 59%	1. 96%	2. 01%	1. 93%	2. 33%	2. 32%

续表

年　份 企业类型	1995	2000	2005	2006	2007	2008	2009
“三资”企业	2.72%	2.49%	1.16%	1.22%	1.08%	1.46%	1.35%
国有及国有控股企业	4.38%	3.97%	3.06%	3.27%	3.03%	3.47%	3.05%
集体民营企业	5.09%	—	5.99%	4.60%	4.97%	5.02%	4.75%

资料来源：中国高技术统计年鉴（2010）［M］. 北京：中国统计出版社，2011。

2.3 高技术产业专利检索

在各类型知识产权中，专利是最重要的知识产权，它与自主创新能力有着最密切的关系，因此，研究高技术产业自主创新能力建设和知识产权发展战略、政策时，有必要全面分析我国高技术产业专利申请分布情况和高技术产业知识产权的发展环境。

在高技术产业专利分类和分布研究中，国家知识产权局年报（2000）比较全面和系统地给出了高技术产业五大类 24 个小类高技术行业的专利国际分类号（IPC，International Patent Category），并给出了 1997～1999 年国内外在各小类行业专利申请的数量。根据该分类方法和检索结果，马晓光、连燕华（2002）研究了我国高技术产业领域发明专利的申请与授权态势，并提出了相应的政策建议。但是，该分类存在一些不足，一是高技术产业分类不符合我国新的高技术产业分类目录，信息化学品制造业、计算机软件服务业、核燃料加工业、通讯服务等没有纳入。二是有些类目没有给出 IPC 分类，如中成药制造业和仪器仪表制造业。三是有些类目分得过粗，如雷达制造业，使得有些不应纳入的也被检索出来，有些分得过细，到了三点小组，使本来属于高技术产业的一些小组分类号专利申请被排除在高技术产业之外。四是只检索了发明专利，没有检索高技术产业领域实用新型专利申请和国内高技术产业领域大学、科研院所和个人的专利申请数据。

本书采用国家统计局《高技术产业统计分类目录的通知》中的高技术产业分类法，根据《国际专利分类表》对高技术产业进行专利分类，给出了高技术产业 74 个小类行业的国际专利分类号及检索方法，见附录 1。本书在对高技术产业专利申请进行分类和检索时坚持以下原则：一是分类大小适中原则，不过于宽泛也不过于细微。二是专利分类号 SIC 与关键词结合的逻辑检索原则。这样不仅可以避免无关专利申请进入该类，也可避免本属于该类的一些专利申请被排除在外。三是全面反映原则。本书从高技术产业总体出发，既检索《中国高技术产业统计年鉴》五大行业专利申请，也检索国家统计局已发布而没有检索的核燃料、软件、信息化学品等技术领域的专利申请，既检索发明专利申请，也检索实用新型和外观设计专利申请。

高技术产业74个小类行业所属国际专利分类号和检索策略如附表-1所示。本书研究的样本是我国高技术产业领域的专利申请，研究工具是国家知识产权局中国知识产权检索系统（http：//www. cnipr. com），检索策略是利用分类号SIC的逻辑表达式检索，研究的内容包括我国高技术产业领域国内外专利申请分布、专利年度申请分布、专利申请类型分布、高技术产业（高技术企业总体，下同）专利申请分布以及专利授权和专利有效状况。

2.4 高技术产业专利分析

本书将检索出的高技术产业领域74个小类行业归为15个行业[1]，检索结果如附录2所示，结果显示我国高技术产业专利分布主要有以下几个特点：

1. 高技术产业领域国内专利申请量超过国外申请量，有效发明专利数量持平

检索公开的专利数据截止到2012年3月。从数量上看，国内外在我国高技术产业领域共申请专利130.49万件，其中发明专利申请98.19万件，实用新型32.32万件，外观设计很少，可忽略不计；外国在我国高技术产业领域申请专利58.46万件，其中发明专利50.34万件，实用新型8.12万件；国内高技术产业领域专利申请72.04万件，其中发明申请量47.85万件，实用新型24.19万件；发明专利授权总量38.83万件，其中国外22.7万件，国内16.13万件；有效专利86.90万件，其中发明67.65万件，实用新型19.25万件，国外有效发明专利33.97万件，实用新型5.12万件，国内有效发明专利33.67万件，实用新型14.13万件，如图2-4所示。

2. 高技术产业领域专利申请量增长迅速，国内发明专利申请量增速低于实用新型专利申请量增速

从年度趋势上看，1995~2009年，国内外在我国高技术产业领域的专利申请量从16439件增长到185680件，年均增长速度达到18.91%；其中发明专利申请量由12489件增加到133706件，年均增长速度达到18.45%；实用新型专利申

[1] 国内专利申请和高技术产业专利申请不包括中国台湾、香港和澳门特别行政区。高技术产业指高技术企业总体，高技术产业领域包括高技术企业总体和大学、科研院所与个人。

请量由3950件增加到51 974件，年均增长速度为20.21%，如图2－5所示。

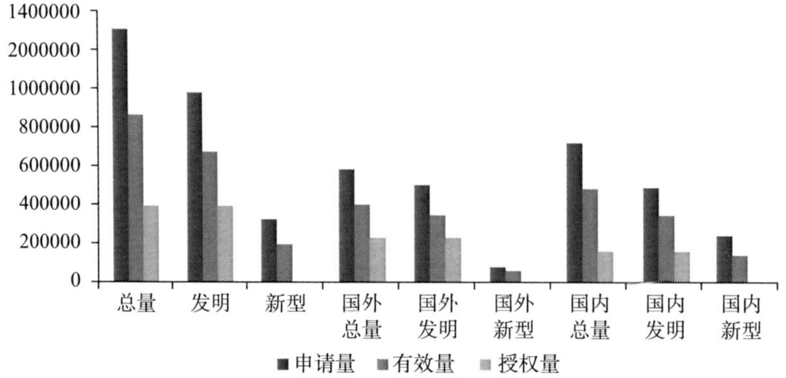

图2－4 高技术产业领域国内外专利申请量与授权量

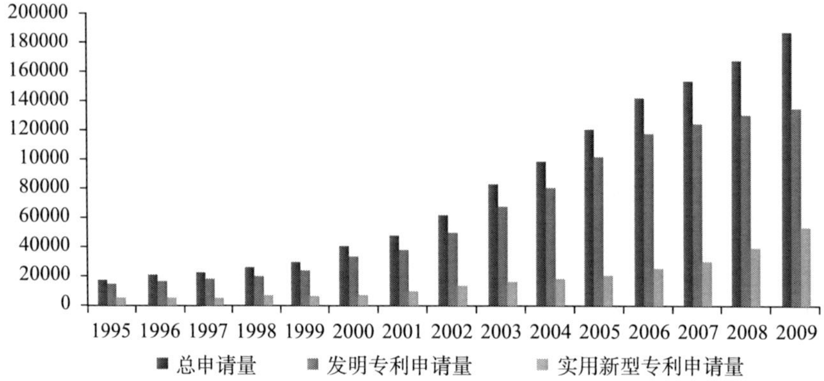

图2－5 高技术产业领域专利年度申请量趋势

3. 高技术产业领域国内发明专利申请量增速超过国外并呈差距拉大趋势，但实用新型专利申请量增速低于国外

我国高技术产业领域国内发明专利申请量年均增速超过国外发明专利申请量年均增速，国内外年均增速分别为23.28%和14.81%。国外发明专利申请量2006年后开始呈下降趋势，国内发明专利申请量在2007年超过国外发明专利申请量，并呈差距逐渐拉大趋势。国内实用新型专利申请年均增速低于国外实用新型专利申请量年均增速，国内外的年均增速分别为19.27%和23.23%。每年国内实用新型专利申请量一直超过国外实用新型专利申请量，而且也呈差距逐渐拉大趋势，但近年国外实用新型专利申请量增长较快，如图2－6所示。

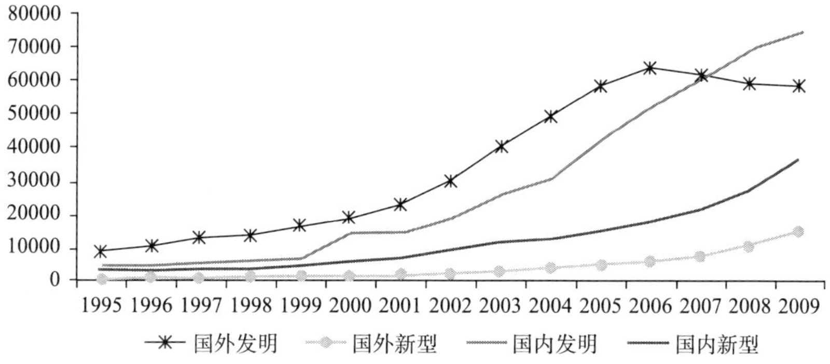

图 2-6　高技术产业领域国内外专利专利申请量趋势

4. 高技术产业领域发明专利申请量占比较高且呈下降趋势，国外比例高于国内，但差距逐渐变小

从总体来看，我国高技术产业领域发明专利申请量占总申请量的比例维持在 72% ~84%，1995 年为 75.97%，2005 年达到最高的 88.36%，2009 年又下降到 72.00%。其中国外高技术产业领域发明专利申请量占总申请量的比例高于国内，基本维持在 80% ~93.3%，最高为 1998 年的 93.22%，2005 年后开始逐渐下降，2009 年为 79.95%。国内高技术产业领域发明专利申请量占总申请量的比例一直处于上升趋势，但 2006 年后又逐步下降，2009 年下降到 66.82%。但总体上看，国内外发明专利占比的差距在逐步缩小，如图 2-7 所示。

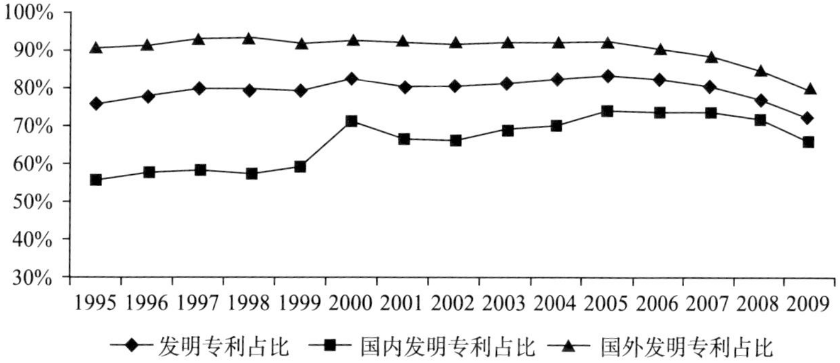

图 2-7　高技术产业领域发明和实用新型专利申请量所占比例

5. 高技术产业国内专利申请量、授权量和有效量与国外有较大差距

从截止到 2012 年 3 月检索到的公开数据看，国内外在我国高技术产业共申请专利 94.77 万件，其中发明专利申请 75.86 万件，实用新型 18.91 万件；国外

在我国高技术产业申请专利 56.30 万件，其中发明专利 48.24 万件，实用新型 8.06 万件；国内高技术产业专利申请 38.46 万件，其中发明申请量 27.62 万件，实用新型 10.85 万件；发明专利授权总量 30.46 万件，其中国外 21.38 万件，国内 9.08 万件。有效专利 68.30 万件，其中发明 54.43 万件，实用新型 13.86 万件，国外有效发明专利 33.93 万件，实用新型 5.09 万件，国内有效发明专利 20.50 万件，实用新型 8.78 万件，如图 2－8 所示。

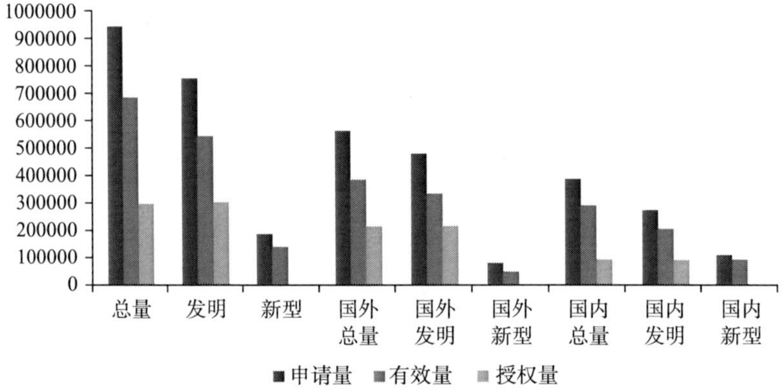

图 2－8　高技术产业国内外专利申请量、授权量与拥有量

6. 高技术产业专利申请增长较快，国内发明专利申请量增速低于实用新型专利申请量增速

1995～2009 年，国内外在我国高技术产业专利申请量从 9773 件增长到 141557 件，年均增长速度达到 20.43%，其中发明专利申请量由 8534 件增加到 102311 件，年均增长速度达到 18.58%；实用新型专利申请量由 1239 件增加到 39245 件，年均增长速度为 28.00%，如图 2－9 所示。

7. 高技术产业国内发明专利申请量与国外差距较大

1995～2009 年，我国高技术产业国外发明专利申请量 2006 年后开始呈下降趋势，国内发明专利申请量增速在 2008 年也出现减缓。国内发明专利和实用新型专利申请量均远远低于国外申请量，尤其是发明专利申请量差距更大，但国内发明专利申请量年均增速高于国外发明专利申请量年均增速，国内外年均增速分别为 37.00% 和 14.92%。国内外实用新型专利申请量均保持较快上升趋势，年均增速分别为 32.91% 和 23.00%，如图 2－10 所示。

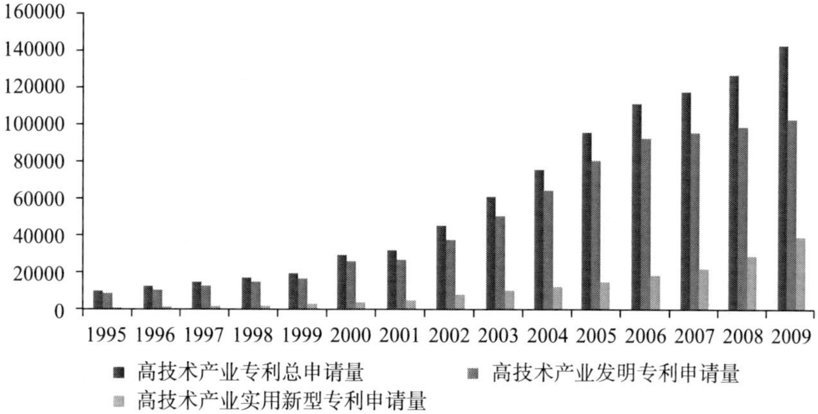

图 2-9　高技术产业发明和实用新型专利申请量趋势

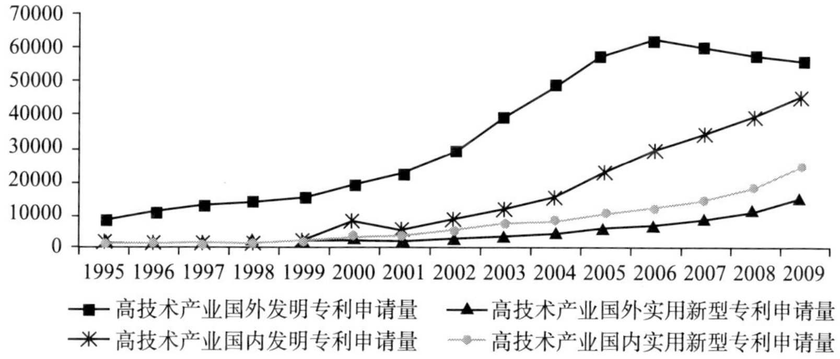

图 2-10　高技术产业国内外专利申请量趋势

8. 高技术产业国内发明专利申请量占整个高技术产业领域和国内高技术产业全部专利申请量的比例不断提高，但仍然较低

我国高技术产业国内实用新型专利申请量占高技术产业领域和高技术产业实用新型专利申请量的比例相对较高，2009 年分别为 47.30% 和 62.64%，虽然该比例不断提高，但近年比例提高较慢。从国内来看，高技术产业国内发明专利和实用新型专利申请量占国内高技术产业领域和高技术产业专利申请量的比例不断提高，2009 年分别提高到 60.75% 和 65.97%。我国高技术产业国内发明专利申请量占高技术产业领域和高技术产业国内外发明专利申请量的比例虽不断提高，但比例仍很低，而且近年有所放缓。最高的 2009 年分别为 34.10% 和 44.56%，这说明我国高技术企业在高技术产业知识产权创造中的主体地位已初步建立，但主体地位还不高，如图 2-11 所示。

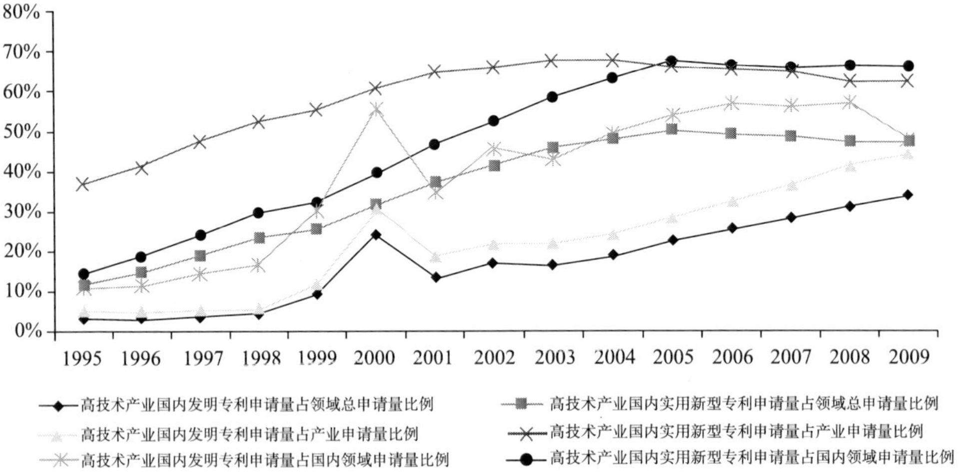

图 2-11 高技术产业国内专利申请量占高技术产业领域申请量比例

9. 高技术产业国内有效发明专利极不平衡，部分产业有效专利数量较少

我国高技术产业国内有效发明专利数量分布极不平衡，电子通讯、医药、计算机与办公设备制造业居前三位，分别为 34330 件、32341 件和 27417 件，而核燃料加工、航空航天、雷达与配套设备制造业有效发明专利较少，只有 26 件、72 件和 244 件，如图 2-12 所示。

图 2-12 高技术产业国内有效发明专利数量行业分布

10. 高技术产业国内行业发明专利申请量增长迅速，部分行业专利申请量下降

总体上看，我国高技术产业各行业国内发明专利申请量均呈快速上升势头。从发明专利申请量增长速度来看，我国高技术产业中软件、电子通讯、计算机办公设备、专用仪器仪表制造业年均增速较高，其中软件服务业年均增速达到52.62%，其他行业也保持较快增速，即使最低的核燃料、通用仪器仪表、雷达与配套、航空航天等制造业增速也在12%～29.17%。近年来，高技术产业领域中的医药、计算机与办公设备、电子元器件、家用视听等行业国内发明专利申请量位居前列，而核燃料加工、雷达与配套设备、航空航天、信息化学品通用仪器仪表制造业国内专利申请量相对较少，并且电子通讯、广播电视等少部分制造业国内专利申请量近年有所下降，如图2－13所示。

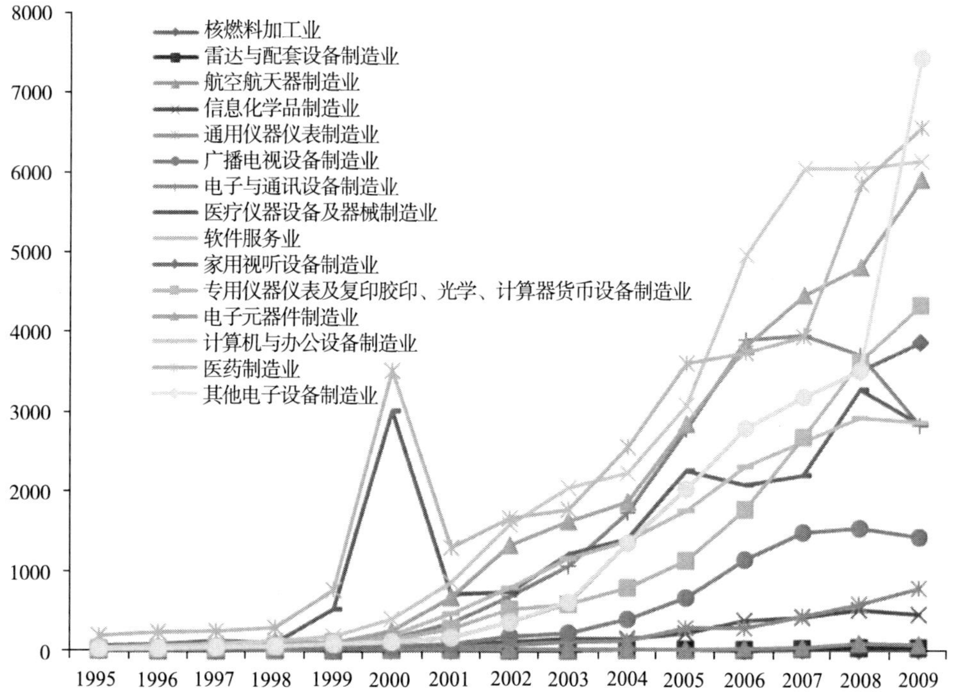

图2－13　高技术产业发明专利申请量行业分布

2.5　高技术产业自主知识产权优势产业

自主知识产权优势是指在特定地域范围内，一个地区、产业或单位拥有和运

用的知识产权数量在该地域与主要竞争对手知识产权数量中具有绝对和相对控制地位。由于高技术产业的特殊地位，本书的自主知识产权优势产业是指在特定产业领域中，一国国籍的企业整体上拥有和运用的知识产权数量居绝对或相对优势或控制力的产业；是指竞争优势主要来自于自主知识产权的产业。仅拥有一部分自主知识产权优势的产业或者优势来自于其他方面而不是来自于自主知识产权优势的产业，不是自主知识产权优势产业。

自主知识产权优势产业中的自主是指最终收益的自主，而收益自主来自于对权利的控制，自主权不仅体现在资产控制权，也体现在以知识产权为主要表现形式的技术控制权上。优势包括绝对优势和相对优势，权利超过 50% 的属于绝对优势，权利份额不超过 50% 但所占份额最大则属于相对优势。知识产权优势包括潜在优势、显在优势和实际优势。潜在优势主要是由研究开发能力形成的，是知识产权创造优势，也是申请优势，显在优势是显现出控制力的优势，是知识产权授权量的优势，而实际优势是产业中运用的知识产权优势，包括在产业中正在和已转化实施知识产权的优势或用于竞争知识产权的优势。

自主知识产权优势要综合考虑这三个方面的优势，没有申请的优势，也就没有显在的优势，产业运用优势也就无法建立，即使具有产业运用优势也可能主要是引进的知识产权优势。具有潜在优势也必须具有显在优势，要将创造转化为权利，并在产业中运用，没有权利保护的创新成果难以产生垄断优势，不能运用的知识产权实际上是一种浪费。引进的知识产权也可以是自主知识产权，也可能产生优势，但由于缺乏创造，如果没有控制力，长期也不是自主知识产权优势产业。产业运用优势主要指有效知识产权的数量优势，是指除了无效、驳回和撤回外的专利申请和授权的数量优势。同时，自主知识产权优势主要指专利优势尤其是发明专利的优势。商标、著作权也是重要的知识产权，但这些知识产权保护的是表达形式，而非创意。另外，高技术产业自主知识产权优势产业应当以国民经济分类为主，不应该分的太细，应当与国家发展战略结合尤其是与高技术产业和战略性新兴产业分类相一致。因此，自主知识产权优势产业可以按照下述公式进行测度。

自主知识产权优势产业指数 =（（自主专利申请优势指数 + 自主专利授权优势指数）/4 + 自主专利运用优势指数）/2

我国高技术产业自主知识产权优势产业主要是与国外知识产权相比的国内知识产权优势，国内和国外不同（子）技术领域专利数量比较优势指数（RTCA），可揭示国内和国外各（子）技术领域专利数量的比较优势。当国内或国外特定技术领域专利数量技术比较优势指数大于 1 时，则国内或国外在该技术领域具有比较优势。该指数计算公式如下：

$$RTCA_{ij} = \frac{P_{ij}}{\sum_i P_{ij}} \Big/ \frac{\sum_j P_{ij}}{\sum_{ij} P_{ij}}$$

其中，P_{ij}是国内（外）（i）某个领域（j）专利数量，$\sum_i P_{ij}$是国内（外）所有领域专利数量，$\sum_j P_{ij}$是某个领域（j）所有专利数量，$\sum_{ij} P_{ij}$是我国国内外专利总量。

实用新型专利也属于一种重要的知识产权，本书提出的高技术产业自主知识产权优势综合指数 =（自主发明专利优势指数）2/3 + 自主实用新型专利优势指数）1/3。

为充分了解我国高技术产业的知识产权优势，本书利用专利分类号和上述高技术产业专利逻辑进行检索计算相关产业的比较优势，并分别计算发明和实用新型专利的优势指数，最后计算高技术产业知识产权综合优势指数。虽然我国高技术产业内外资双方投资基本形成 50%∶50% 的格局，自主知识产权数量并不等于国内知识产权数量，但国内知识产权优势指数仍主要是自主知识产权优势指数。我国主要高技术产业小类产业自主知识产权优势指数如图 2－14 所示。

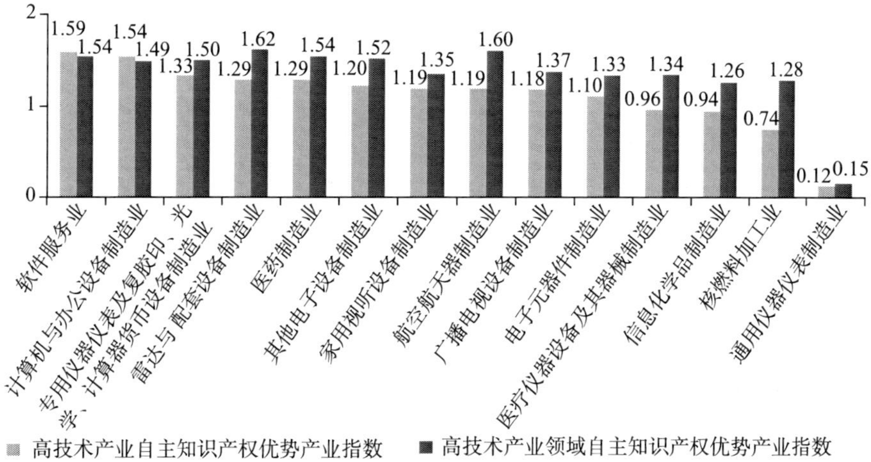

图 2－14　高技术产业领域与高技术产业自主知识产权优势指数

从图 2－14 可以看出，我国大多数高技术小类产业具有国内知识产权优势，只有通用仪器仪表、核燃料、信息化学品、医疗仪器设备制造业国内知识产权优势指数低于 1，而软件服务业、计算机与办公设备、专用仪器设备、雷达与配套设备、医药、其他电子设备、家用视听、航空航天、广播电视设备制造业具有较强的知识产权优势，电子元器件制造业也具有一定知识产权优势。值得关注的是，除了软件和计算机与办公设备制造业之外，几乎所有其他高技术产业领域的国内知识产权优势指数均高于高技术产业国内知识产权优势指数，说明在这些产业领域，我国高校、科研机构和个体发明人具有一定的自主知识产权优势，因此需要加强产学研之间的合作，尤其是知识产权转化和研发合作。

从上述综合指数来看，我国高技术产业很多小类产业具有知识产权优势。由于国外在我国高技术产业申请的专利多数为发明专利，如果单从发明专利优势指数来看，可以发现我国高技术产业相当多的小类产业发明专利知识产权优势不高，在15个小类产业中，有9个小类产业的发明专利优势指数小于1，只有电子通讯、软件服务、计算机与办公设备、专用仪器仪表、雷达与配套设备、医药制造业的优势指数大于1，而通用设备、核燃料、信息化学品的指数很低。尤其需要注意的是，雷达与配套设备、医药、其他电子设备、航空航天、核燃料、通用仪器仪表制造业的发明专利优势指数小于高技术产业领域的发明专利优势指数。因此，我国不仅需要加强产学研合作和发明专利的转移，还要增强这些小类产业的知识产权创造能力。我国高技术产业及其自主发明专利优势指数如图2－15所示。

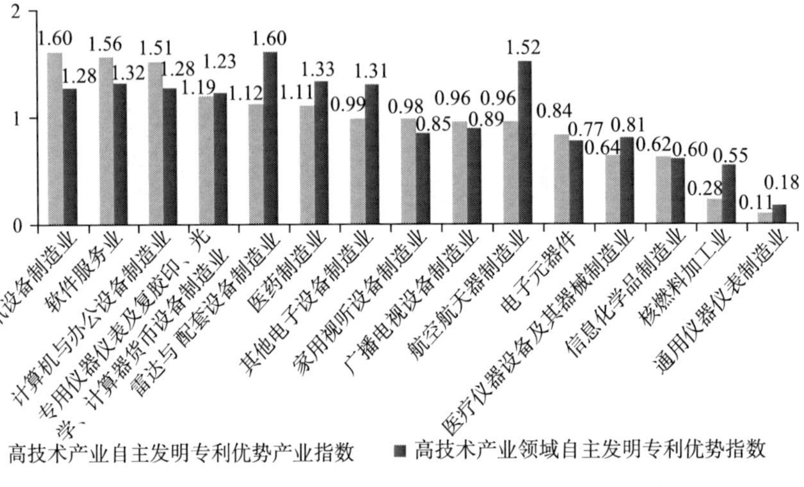

图2－15　高技术产业领域与高技术产业自主发明专利优势指数

2.6　高技术产业知识产权发展环境

从上述检索分析可以发现我国高技术产业专利知识产权还存在一些突出问

题，主要表现在以下几个方面：

一是高技术企业知识产权创造主体地位和自主性还不高。虽然我国国内高技术产业领域专利申请量已开始超过国外，但大量的国内申请量尤其是2004年之前的申请来自企业之外的科研机构、大学和个人，直到2005年之后，高技术产业国内发明所占的比例才超过50%。虽然我国高技术产业专利申请量增速很快并已达到较大规模，而且计算机软件著作权登记量2010年已超过8万件，集成电路布图设计专有权公告数量已达到3727项，但高技术产业知识产权自主性还不高。1985年以来，全部高技术产业国内发明专利申请量占高技术产业领域国内外发明专利申请量的比例仅为28.13%，实用新型申请量比例仅占33.57%，发明专利授权量仅占23.39%。同样，虽然我国已连续九年成为世界商标申请大国，但每万人均商标申请量只有5.5件，而美、日、韩分别为7.3件、7.1件、22.4件；2010年由世界品牌实验室（World Brand Lab）编制的《世界品牌500强》排行榜中，我国仅有包括中国移动、国家电网、华为、中国电信四家高技术企业在内的17个本土品牌，而且排名还都较落后❶。

二是知识产权创造运用能力弱。我国国内高技术产业知识产权创造运用能力较弱，对产业创新发展支撑不足。尤其是研究开发投入强度与美、日、欧等发达国家差距很大，即使与韩国相比也很低。1985年以来，我国全部高技术产业国内有效发明专利数量占高技术产业领域国内有效发明专利数量的比例为60.98%，占高技术产业国内外有效发明专利数量的比例为37.67%，但高技术产业国内有效发明专利数量占高技术产业领域国内外有效发明专利数量的比例仅为23.29%，有效实用新型专利仅占45.61%。

三是高技术产业重要产业知识产权分布差异性较大，许多产业没有自主知识产权优势。我国高技术产业中只有电子通讯、软件服务、计算机与办公设备、专用仪器仪表、雷达与配套、医药制造业具有自主知识产权优势。一些专利申请量较大的行业，如电子元器件、医疗仪器设备及器械、电子通讯、家用视听、广播设备、通用设备、其他电子设备等产业却不具备自主知识产权优势，一些具有自主知识产权优势的产业，如雷达与配套设备制造业的国内发明申请量相对较少，难以构成规模优势，核燃料、信息化学品、航空航天等行业不仅专利数量少，而且也不具有自主知识产权优势。一些产业如电子通讯、广播电视设备制造业自主知识产权优势正在下降。

四是我国高技术产业面临日益强化的国际知识产权强化保护压力。近年来，

---

❶ 见http：//www.worldbrandlab.com/world/2010。

美国等发达国家不断强化知识产权保护，我国高技术产品出口以及一般商品贸易由于知识产权引发的各种问题越来越多，海关查扣、法院签发禁令的案件迅速增加。知识产权侵权案件的迅速增加，已开始影响我国高技术产业知识产权的引进转移和技术学习。据美国海关与边境保护局（2010）统计数据，我国2010年商品出口被美国海关查获的侵犯知识产权的高技术产品已有光学媒体、消费电子、计算机及硬件等高技术产品❶。一些主要贸易伙伴对我国高技术产业低价产品，如太阳能、风能产品等发起反补贴调查，也严重影响高技术产业的发展。我国高技术企业往往远离或被排斥在国际主流高技术标准制定之外，不仅造成我国高技术产业知识产权无法形成全球竞争优势，也使我国高技术产品出口受到国际技术标准壁垒的影响越来越大。另外，一些专门经营知识产权的专利钓饵公司正寻求以低价收购我国高校和科研机构的知识产权，我国高技术产业知识产权存在空心化的可能，一些跨国公司主要靠收取专利费为生，也使得我国高技术产品成本大幅度提高，出口竞争力降低，国内外市场受到影响。

2.7 本章小结

本章比较了主要国家和我国的知识产权与创新战略，构建了高技术产业专利逻辑检索式并进行了专利检索和分析，研究了高技术产业自主知识产权优势产业，提出了高技术产业知识产权发展的突出问题，全面分析了我国高技术产业知识产权发展环境。

中外比较研究专利检索表明，我国目前虽已成为专利申请和授权大国，但我国离知识产权强国还有较大差距。虽然我国高技术产业专利申请量增长迅速，占高技术产业领域国内申请量的比例迅速提高，但以专利为主要表现的高技术产业自主知识产权创造和运用能力较弱。许多产业缺乏知识产权优势，高技术企业自主知识产权创造和运用的主体地位还不高。我国还面临着日益复杂的知识产权国际环境，知识产权发展充满各种挑战。为改变高技术产业目前严峻的知识产权形势，我国必须制定有效的知识产权发展战略与政策。

---

❶ 据美国海关统计，每年美国海关查获的侵犯知识产权商品中，我国（大陆）连续十年居第一位，2005年占案值的69%，2010年占66%，案值1.24亿美元，主要为烟草、鞋类和轴承。见 Department of Homeland Security U. S. Customs and Border Protection and U. S. intellectually property rights - fiscal year 2010 seizure statistics - final report. http://www. cbp. gov/linkhandler/cgov/trade/priority_ trade/ ipr/pubs/seizure/seizure_ stats_ fy2010. ctt/ seizure_ stats_ fy2010. pdf.

第三章　高技术产业自主创新与创新自主性测度

近年来，我国把提高自主创新能力，建设创新型国家作为国家发展战略的核心和提高综合国力的关键。我国经济规模已居世界第二位，竞争力等指标在世界上的排名不断上升，但与发达国家相比，我国各种人均资源拥有量和人均年收入水平仍居世界后列，创新能力排名远远落后于经济地位排名。我国近年来实施的一些重大装备项目如高端数控机床、航空发动机等还遇到不少技术困难，三峡、西气东输、西电东送、高速铁路等一批重大工程急需很多关键技术和成套装备，而国内尚无法满足需要，不得不依赖进口，其主要原因在于高技术产业的自主创新能力不强。要建设与经济实力相适应的创新型国家，必须推进高技术产业自主创新，加强自主创新能力建设。

3.1　自主创新及类型

3.1.1　自主创新内涵

《中长期科技规划纲要》提出十六字方针前后，我国学术界围绕自主创新和自主创新能力展开了大量热烈的讨论，但一直没有形成一致和普遍被接受的定论。有关自主创新理论的研究主要集中于探讨“自主创新概念”、“自主创新与技术引进关系”、“自主创新与西方创新理论对应关系”、“自主创新环境与中国科技发展战略”等问题，对自主创新的研究多集中于企业层面，少有对产业以及国家层次自主创新的研究，国内外文献关于自主创新的内涵界定还不明确，关于创新的“自主性”测度和自主创新能力评价研究也较少。

一些学者从企业角度对自主创新内涵进行了定义，自主创新主要指企业的自主创新，是企业通过自身努力和探索产生技术突破，攻破技术难关，并在此基础上依靠自身的能力推动创新的后续环节，完成技术的商品化，获取商业利益，达到预期目标的活动（傅家骥，1996）。一些学者认为自主创新应从国家层面来加以审视，自主创新是指以获取自主知识产权、掌握核心技术为宗旨，以我为主发展与整合创新资源，进行创新活动，提高创新能力的科技战略方针（郭昌欣，2005）；是指通过本国自身的学习与 R&D 活动，探索技术前沿，突破技术难关，研究开发具有自主知识产权的技术，形成自主开发的能力（万君康，2000）。一些学者研究了自主创新的内涵，自主创新是寻求本土化发展路径（洪蔚，2005），是中国公民（自然人）、法人或非法人单位经过其主导的创新活动而形成的、依法拥有的、能够自我控制的创新成果，不仅包括从其他国家自然人、法人或非法人单位处购买的创新成果或购买后经过自我消化、吸收再创新而形成的创新成果，还包括将不同创新成果集成起来为我所用并最终形成能够满足自身需求的创新成果（王昌林等，2006），自主创新要从自主主体、自主成果和自主程度三方面解释（万君康，2008）。也有一些学者从政治角度定义自主创新，自主创新不仅是一个经济概念，它还凸现政治和战略意义，是科学发展观的重要内涵，是具有明显时代特征的发展战略层面的一个重要核心理念，是一种奋起自强的精神状态（路风，2006），自主创新是一种政治选择（梅永红，2006）。

有些学者从与技术引进对比角度定义自主创新，自主创新是与技术引进相对的概念（丁湘城、罗勤辉，2006）。自主创新显然是相对于从国外获取技术供应而言的，所谓自主创新就是能够独立控制和把握创新目标、创新方式与创新进程的技术创新，其核心内容主要有两个方面：一是以我为主，二是综合集成（王春法，2006）。而一些学者认为自主创新与技术引进并不对立（路风，2004），自主创新与利用外部技术资源之间是一种良性互动关系（江小娟，2005），自主创新是技术创新的高级阶段（张景安，2003），自主创新不是自力更生，在经济全球化的新时期更要加强国际合作、科技合作（王德禄，2012）。还有学者深入研究了自主创新的控制权问题，自主创新的关键是开发关键技术，掌握控制权和主动权（万君康、李华威，2008），创新具有自主性，创新是可以测度的，自主创新的自主主要是创新的主动性和主导性（宋河发、穆荣平、任中保，2006）。

在与西方国家创新类型的比较中，我国学术界和政府界一些观点认为自主创新是独立创新（Independent Innovation）、自主开发或自我研究开发，一些观点认为自主创新是内生创新（Endogenous Innovation）、本土创新（Indigenous Innovation），还有些观点认为自主创新是依靠自己的创新（Innovation Self - reliance）。也有一些国外学者（Ricahard P. Suttmeier and Xiangkui Yao，2012）认为自主创新是真正的创新（Genuine Innovation）。

我国发布《中长期科技规划纲要》及其配套政策以来，由于自主创新学术研究没有形成定论，再加上一些文件和学术研究关于自主创新的不准确翻译，美、日、欧等一些国家对中国的自主创新政策产生了很大的质疑，发布了一系列关于中国自主创新政策、侵犯知识产权的研究或调查报告，认为中国的自主创新是本土创新（Indigenious Innovation），夺走了他国的就业和经济增长，对我国的自主创新政策提出了激烈批评，也给我国自主创新政策实施产生了一定的影响。

已有研究从不同角度观察了自主创新，极大丰富了自主创新的内涵。本书认为，自主创新是指创新主体通过创造性努力获得主导性创新产权，并能获得主要创新收益的创新活动。自主创新是一个从新思想产生到商业化的过程。从创新价值链来看，自主创新强调创新的价值实现、价值增值及主导权，创新价值实际上是创新中的有效劳动。自主创新要求必须从创新价值链出发寻找创新源，沿着创新价值链合理布局创新行为主体和创新要素，设计创新环节和要素流动交互过程，构建具有主导权的创新机制，有效实现创新价值。自主创新的主体是企业，大学和科研机构是重要主体，创新产权主要指专利等技术类知识产权❶和由股权形成的创新控制权，创新收益包括创新获得的利润或增加值和技术进步。此概念不仅涵盖了自主创新的主体、创新程度、创新地域范围、创新过程，而且体现了创新的自主性。

自主创新是主动的创新，它不仅仅是迫于竞争压力而进行的被动式创新。自主创新是需要付出努力的具有重大或较大技术进步的创新，它不是小打小闹的小革新，更不是简单的模仿。自主创新是能够获得主导性创新产权和主要创新收益的创新，它不是丧失主导的创新产权或不能获得主要创新收益的创新。自主创新包括内生技术变化所导致的创新，而且还包括对外在技术的消化吸收再创新，不仅包括完全依靠自己的独立创新，也包括对引进技术的消化吸收再创新和与他人的合作创新。自主创新可以是所有高技术企业作为一个系统整体的自主创新，也可以是单个高技术企业的自主创新。自主创新是特定区域尤其是关税区内的自主创新，超过特定区域可能不是自主创新。自主创新绝不是违反法律、国际规则和通过不正当竞争手段获得主导权的创新，而是通过公平竞争和内在激励获得主导权的创新。

---

❶ 技术创新涉及的知识产权主要有专利权、专有技术秘密专有权、著作权、计算机软件著作权、动植物新品种专有权、集成电路布图设计专有权等。

3.1.2 自主创新类型

自主创新是一个过程，是从创新思想经过研究开发和工程化，到商业化尤其是经济规模化和社会应用，获取可主导的经济价值和其他价值的过程。自主创新是一个完整的过程，可以包括研发、工程化、商业化和社会应用环节，但不能划分为这些环节的创新。

在创新的程度上，可以分为突破性自主创新和渐进性自主创新。突破性自主创新是指技术范式发生了重大变化的自主创新，对在先技术的依赖性较小，而渐进性自主创新是在在先技术基础上改进的具有主导权的创新。也有学者在两者之间提出实质性创新的概念（Paul Wright，2007）。

在创新的方式上，自主创新可以分为原始创新、集成创新和消化吸收再创新。其中，原始创新是指具有重大技术进步，不依赖于他人技术，完全不受他人知识产权影响的创新；集成创新是将现有技术进行整合的创新方式，如果能够产生协同效果，不受或较少受到他人知识产权影响，则是自主创新（European Patent Office，2005）[1]；消化吸收再创新是基于国内外现有技术的创新活动，有可能会受到他人知识产权的影响，如果他人知识产权的影响较小，也可以是自主创新。

在创新的地域上，自主创新包括本土创新和在本土之外的创新。本土之外的创新是指由本国法人或自然人所控制的创新，如果获取了本土之外创新的主导权，这种创新也可以成为自主创新。

在创新机构的独立性上，高技术产业自主创新可以分为独立创新和合作创新，自主创新不仅包括自我独立进行研究开发的创新，而且还包括拥有主导权或控制权的合作创新。

3.2 自主创新特征

（1）新颖性与创造性是自主创新的基本特征。自主创新的最重要特征在于其自主性，最基本特征是创造性与新颖性。自主性一是指通过创造性劳动获取创新产权和主要创新收益的主动性，二是指对创新产权获取与创新收益分配进行控

---

[1] 在专利创造性判断标准方面，欧洲专利局特别强调具有协同效果的结合发明，简单排列和组合不具有创造性，所以技术的简单排列和组合不能称为集成创新。见：European Patent Office. Guidelines for examination in the European patent office. 2005。

制的主导性，两者相互结合，缺一不可。主动性体现了自主创新是一种需要付出创造性努力的行为，这种创造性努力是指对现有科学技术具有创造性和新颖性的贡献，自主创新的成果应当具有明显的进步。给引进的外国产品起一个合适的中文名字而自誉为自主创新，把赚取利润的合资、引进行为模式称为自主创新，或者把没有经过自身创造性努力的合资基础上所谓的自主品牌称为自主创新，都不符合自主创新的原意，甚至不能称为创新，只能称为改变、照搬甚至创旧、拾人牙慧。

（2）自主创新是掌握主导权的创新。创新主导权对于从企业微观到国家宏观各个层面长远利益和现实经济利益的实现非常重要。从长期来看，自主创新主要是创新收益分配的自主，主导性是指创新主体具有主导权，对创新收益分配有主导权，因为创新目标、创新方向、创新过程和创新成果无不受创新产权的控制。主导权表示创新主体在创新产权主导下对创新收益分配具有控制力，能谋取主要利益和为自己争取主动。首先，创新产权表现为由有形和无形资产投资所形成的股权，股权是指由投资形成的决策权、分配权，它直接决定着创新方向、创新过程和创新收益的分配。其次，创新产权表现为知识产权，知识产权包括专利权、著作权、技术秘密专有权等，它是一种潜在的收益分配控制权。在失去股权主导权的合资企业，虽有创新但无法自主，因此不能成为自主创新，如我国大陆境内的外国与台港澳独资企业和部分“三资”企业，我国大陆法人和自然人股权小，企业创新行为不受我国大陆法人或自然人控制；没有知识产权主导权或丧失主导权的创新不可能争取主动或获取主要创新收益，也不是自主创新，如缺乏主要专利权的 DVD 产品创新；简单技术改进创新和简单技术集成创新虽然也能获得知识产权，但所获知识产权的影响力或市场价值不大，不能掌握主导权，在实施中有可能因难以得到在先或他人知识产权的许可而不能实施，也不是自主创新。由于创新成本不同，成本过高导致创新利润较低或亏损时创新也难以自主。

在当前技术复杂度越来越高，知识产权尤其是专利与技术标准日益紧密结合的情况下，许多创新产品集成了大量的必要专利或必要专利权利要求，技术标准往往拥有成员贡献技术的专利池或专利组合，专利池或专利组合的许可政策往往是成员之间免费许可，根据成员必要专利数量的多少确定每个成员的收益分配比例，而对第三方要收取一揽子许可费，这已成为一种很重要的技术创新模式。贡献必要专利的成员虽然可以不受他人知识产权的影响，但也无法利用自己的知识产权影响他人，也会无法主导技术标准产品的创新。在专利池中必要专利数量多的成员在技术标准中的发言权或投票权就多，在向第三方进行的专利许可中得到的许可费分配比例一般就高，而必要专利少的成员虽然在制造技术标准产品时可以遵循免费许可原则不用支付许可费，但其对技术标准和专利池的投票权较少，在对第三方许可中也只能得到与自己贡献相应的许可费收益，无法把握技术标准产品的许可费收益的分配，获得超出其贡献的收益。而在专利池中没有贡献必要专利的成员或第三方在制造技术标准产品时只能接受专利池或专利组合的许可，支付相应的许可费，更无法主导技术标准产品的许可费收益分配。

（3）自主创新是以知识产权为制度保障的创新。知识产权是对他人未经许可制造、销售（许诺销售）、使用、进口等行为的禁止权。在股权确定的情况下，影响创新收益分配最重要的是知识产权，知识产权具有对创新收益进行控制的权利，也将会影响创新投入和研究开发以及工程化和商业化的过程。因此，如果知识产权不能自主，则创新很难自主，如果创新能够自主，则一定是知识产权能够自主。对自主创新来说，最重要的知识产权是专利权，因为专利权保护的主要是创意而非形式。华为技术公司自主创新的案例就是典型的以知识产权为保障的创新，从拥有部分知识产权形成交叉许可势力掌握一定的控制权，到部分产品拥有大量知识产权从而掌握一定的主导权。缺乏知识产权尤其是专利保护的创新难以自主，我国有这方面大量教训深刻的案例，如目前我国仍然有相当一批科研人员在申请专利之前发表论文。我国发明专利从申请到失效平均年限只有5年多一点，自主创新丧失知识产权后就变成非自主创新，因为丧失权利后任何人可以无偿使用这些技术而没有控制力。知识产权未覆盖地域的创新也难以自主，我国大多数自主创新成果在国内取得了专利权但没有在国外取得专利权，则对国外的使用行为毫无办法。有些创新活动由于无知或检索不全面而侵犯了他人知识产权，受法院签发诉前或永久禁令、法院诉讼查封、知识产权执法机关查处或海关扣押等不得不中止而不能自主。有些创新由于不堪高额许可费重负而终止也不是自主创新，我国的DVD产业由于外国许可费过高利润率太低而萎缩的案例就是一个明显的例子。

（4）科技创新和获取经济价值是自主创新的核心。从历史来看，创新主要是指技术创新。随着科学技术和经济社会的快速发展，创新的范围逐渐扩大，科学研究已成为创新的主要源头，社会需求和应用已成为创新的主要动力，因此创新主要是科学技术创新。现在有很多人将组织调整、管理变革、文化发展、体制机制改革等也泛化为创新，这是不准确的。实际上，组织、管理、文化、体制机制各有相对独立的理论体系，与科学技术及其成果商业化的过程是并列和相辅相成的，而且也涉及科学技术创新。组织调整、管理变革、文化发展、体制机制改革等对自主创新很重要但不能称为自主创新，必须牢牢坚持自主科技创新这个自主创新的核心。将自主创新的价值主要泛化为管理价值、文化价值、精神价值等也是不准确的，自主创新概念虽要求不能忽略创新带来的其他价值，但决不能忽略获取经济价值这个主要目的。从一个国家和区域来看，不强调经济价值的创新必然是一个低效率的创新和没有竞争力的创新。

（5）自主创新不排斥技术引进。技术引进是技术学习和再创新的基础，因此是自主创新不可缺少的条件。技术引进只是一种单纯的引进行为，虽然会产生一些溢出效应和再创新成果，但这种效应和成果却不是必然会产生的。技术溢出效应只是技术引进的附带效应，技术引进缺乏学习模仿环节，更缺乏创新环节，缺少消化吸收环节则更谈不上学习和创新。自主创新是强调基于引进基础上的消化吸收和再创新，强调的依靠自己的创造性努力和主导性，有较强的目标导向性和针对性。自主创新指导下的技术引进是有选择性的、针对性的，非重复的，它服务于创新主体的需要，集成于创新的过程。只进行技术引进而不进行再创新，把技术引进当成创新，或者将技术引进与自主创新对立起来都不符合自主创新的原意。

（6）市场公平竞争是自主创新的动力基础。满足市场需求，追求最大化利益是企业自主创新的根本动力，但公开、公平和充分的市场竞争是促进自主创新和获得创新收益的保障。市场公平竞争不但给企业传递市场信号，从销售和盈利水平等方面给企业产生压力，促使企业降低价格、提高质量、完善服务，否则企业将会被市场淘汰，市场公平竞争也降低了各种寻租的机会，企业产生不创新就死亡的压力。美、德、日、韩等国高技术产业和汽车、机械等产业崛起的历史已经证明，政府干预不能代替市场竞争，市场公平竞争是自主创新动力产生的基础。虽然政府推动是促进自主创新的重要力量，但自主创新必须强调充分和公平的市场竞争。法律和政策在弥补市场失灵的同时，不但不能干预市场竞争，反而应为市场充分竞争提供制度保障。

（7）自主创新必须与能力基础和发展需要相适应。在科学技术研究和知识产权布局越来越复杂的情况下，自主创新面临投入大、创新过程难以把握、知识产权“雷区”较多的风险，需要付出很大的代价和勇气。因此，自主创新必须坚持“有所为，有所不为”的原则，必须坚持符合自身实际和发展需要的原则。脱离自身能力基础和发展需要的创新不仅是不需要的，而且也会造成极大的浪费，所以它不应是自主创新。同时，自主创新还要与国际主流相协调，20 世纪日本脱开世界主流技术标准单独制定电视技术标准最终失败的案例为我们敲响了警钟，独辟蹊径固然可嘉，但也有可能被主流所抛弃。我国制定的一些高技术自主知识产权标准不能成为国际标准固然有多方面的原因，但脱离国际发展需求主流也是主要原因之一。与发展需要相适应的自主创新还应当具有不同的阶段目标，要与能力和发展需要相匹配，并不断进行调整。

（8）社会应用是自主创新的重要环节。自主创新离不开创新的经济规模化和社会应用过程，亦即所谓的“社会创新”。简单的商业化无法表明整个创新过程已经终结，更无法涵盖规模化的经济价值和其他价值创造环节。社会应用不仅仅是指对市场和公共部门尚未表现需求的创新，也是带来应对当前主要社会挑战的行为变化，它赋予人们力量，还创造新的社会关系和合作模式（Europe Union，2010）。创新的经济规模化只是反映了创新的阶段目标，社会应用不仅是经济规模化的条件，也是创新的最终目标。从整个高技术产业来看，通过创新获得规模化的收益固然重要，但创新满足社会需求，促进人民生活水平提高，增进全社会的福利更为重要。社会应用一方面反映了自主创新要满足社会需求这个最终目的，另一方面也反映了社会应用是自主创新不可忽视的巨大动力。从满足全社会需求出发则可以产生更多的新思想，开拓更大的市场，将极大地促进自主创新。

3.3 创新产权与自主创新

创新产权是指在创新中能保障创新投入、转化、产出和收益的产权，它是创新主导权的源泉。创新产权主要分为股权（或权益[1]）和知识产权，并首先表现为股权，自主创新是股权的自主和知识产权的自主。

创新的主导权是一种控制权，它首先来源于股权。依据创新理论，创新是由创新主体进行的创新，而创新主体是属于不同国家或组织的，自主创新主体只能是具有支配权和控制权的创新主体。在高技术产业创新中，这种支配权和控制权来自于而且只能首先来自于控股权，股权的多少决定了创新活动的决策权和创新收益分配权的大小。在经济全球化背景下，国内外企业的合资合作和兼并收购活动异常普遍，但由内外资所产生的股权划分并没有混淆，与本国企业国外分支机构在国外进行的创新不被外国认为是外国的自主创新一样，外国在本国境内进行的创新也无法被认作或全被认作是本国的自主创新。外国企业在本国境内进行创新受制于其所拥有的股权，而股权主要依据投资形成，很大程度上受到国家主权尤其是经济主权的控制。由于国外的股权不受本国主权支配或控制，所以其创新

---

[1] 股权与所有者权益不同，股权是指股东对公司的财产权利，主要体现在一种请求权。所有者权益是企业投资人对企业净资产的所有权，企业净资产等于企业全部资产减去全部负债后的余额，包括企业投资人对企业的最初投入的实际到位的资产及资本公积金、盈余公积金和未分配利润。见：国家统计局工业交通统计司．中国工业经济统计年鉴（1996—2009）[M]．北京：中国统计出版社。

就不应当是自主创新。例如在我国大陆境内的“三资”与台港澳独资企业、部分合资企业、跨国公司研发中心等，虽然他们具有较强的创新能力，但我国（大陆）法人和自然人无法控制和支配“三资”企业中外方的股权，不具有对台港澳资企业台港澳方股权的支配与控制权。因此，我国高技术产业自主创新的创新产权是属于中国（大陆）的内资高技术企业和部分能掌握控股权的非内资高技术企业的知识产权，以及在部分不能掌握控股权的非内资高技术企业中属于我国（大陆）的股权。

在具有控股权的情况下，创新产权则主要来自于知识产权。由于创新的主导权是一种控制权，此时的知识产权就成为一种控制权。知识产权控制权包括两个方面的含义，一是在单项技术创新层次上由于创新对他人现有专利或专有技术等知识产权的依赖性产生的控制权问题，二是由于包含多项技术的不可再细分产品或服务创新中对他人现有知识产权的依赖性产生的控制权问题。事实证明，在单项技术的改进创新中，即使是自己独立进行的创新，获得了知识产权，但如果创造性或技术进步程度不够大，这种技术之间的前向依赖性也会使得创新难以自主。在多项技术集成创新中，如果自有知识产权技术数量较少或价值不大，这种创新也难以自主。

自主创新可分为知识创新和技术创新两种，其中知识自主创新的知识产权主要指科技论文与科技专著的著作权，技术自主创新的知识产权则包括专利权、著作权、技术秘密专有权等。在知识产权形成的创新产权中，不同知识产权的垄断程度和新颖性不同，保护创意的专利垄断性最强，保护形式的科技论文和专著的著作权等的垄断性较弱。虽然专有技术也是一种重要的创新产出，但是由于专利尤其是发明专利主要保护创意，而且具有法定的权利，专利在市场竞争中的作用一般要高于其他知识产权。

自主创新的股权和知识产权有时又是可以转化的。具有股权优势不一定能产生知识产权优势，例如，我国“三资”企业建立的合资企业企均专利申请数量要比国有和民营集体企业少（宋河发，2005），但没有股权优势一定难以产生知识产权优势，一些股份低于50%的“三资”企业不可能有国内的知识产权优势。具有知识产权优势有可能也会产生股权优势，例如，在合资过程中，具有知识产权优势的一方可能会要求更大的股权比例，股权比例会超过实际投资产生股权的比例，而没有知识产权优势的一方将不得不让出一部分股权换取另一方的知识产权投入许可。

3.4 自主创新机制

一些发达国家和发展中国家大都经历了引进—模仿—创新三个发展阶段。日本经历了一个较长时期的技术引进和消化过程，最终实现了自主创新（Keidanren，1997）。韩国正是沿着这三个阶段在短短30年内实现了科技和经济的起飞（金麟洙，1998）。因此有人认为，目前我国创新能力弱，应该借鉴20世纪60～70年代日本、韩国的发展经验，大量引进和模仿国外先进技术，而不是自主创新。一些人将我国的发展称为转型发展和追赶发展（Caching up），也有人认为我国只有对引进技术进行模仿、消化吸收并具备了一定的创新能力之后才能进行自主创新。

在科技全球化和开放创新的条件下，强调技术引进和学习是有益的和必要的，不重视对前人和他人技术的学习，自主创新的基础是不牢固的，但技术引进会也会产生路径依赖和“锁定”效应，反而损害自主创新。特别是在知识产权制度全球化条件下，知识产权保护越来越严，知识产权与贸易、科技交流甚至外交结合，已很难从引进中模仿，在模仿基础上的再创新也大多会受到在先和他人知识产权的影响。我国汽车产业以合资为荣，全球主要汽车品牌在中国都有合资产品，而我国自主品牌汽车和高端品牌汽车发展却受到许多影响，我国汽车产业虽已进入不是改革开放初期的为引进先进技术的阶段了，但却陷入了对外国技术的路径依赖，被外国品牌锁定的困境了。我国现在与日、韩当时所处的国际环境不同，而且我国在一些领域已经具有较强的自主创新基础，现实因素决定了我国发展模式不能与韩国和日本相同。这是由于我国建设创新型国家的时间不允许，发达国家也不会主动给予模仿学习的机会。我国必须以自主创新为目标，有针对性地技术引进，将之作为自主创新的一方面，而非一个前端环节。

我国自主创新的模式应当如图3-1所示：确立自主创新目标→自主创新设计→存量技术扫描→研究开发→获得自主知识产权→必要的知识产权许可→自主实施→创新收益。首先确立自主创新目标，自主创新的目标是某一领域科学技术的发展需要，这个需要可以是适应我国经济社会跨越式发展要求的重大创新技术，也可以是国外已有技术的替代技术或者保密技术的相同技术和改进技术。发现科学技术问题，把握重大需求是自主创新目标设计的核心。苹果、微软、索尼、三星等诸多企业成功的例子表明，有效把握未来十年甚至二十年的重大需求是创新取得成功的根本。在自主创新目标确定后，从目标出发进行自主创新设计，设计自主创新要达到的主要功能、指标和参数等，这种设计包括产业共性技术设计和具体竞争技术设计，设计的主体包括大学、科研院所和企业，其中产业共性技术的设计必须有政府和企业参与，竞争技术的设计则可由企业自己进行。在创新设计完成后，扫描存量技术，研究国内外现有技术的发展状况，确定自主创新方式，当然自主创新设计和存量技术扫描并不是一次能够完成的，自主创新设计需要经过多次扫描现有技术和反复修正才能确定。如果没有现有技术而且自己能够完成创新任务，进行独立创新，此时的创新为原始创新，否则需要开展合作创新，通过对现有存量技术的扫描确定合作创新对象，原始创新能够获得全部知识产权。如果有现有技术，则需进一步分析这些技术的可获得性，如果现有专有技术不能获得或者专利技术不能进行许可引进，则只能进行独立创新、委托创新或合作创新，也能获得部分知识产权。如果现有技术可以获得，现有技术是自有技术则可以与他人进行集成创新。如果是他人技术则需要进行消化吸收再创新。如果所依赖的现有技术为专利等知识产权保护技术，即使是独立创新、集成创新和消化吸收再创新也只能得到部分知识产权。如果现有技术为未受知识产权保护的技术，则集成创新和消化吸收再创新有可能获得全部知识产权。在一个不可再拆分销售产品的技术系统中，创新商业化必须获得全部知识产权才能实施，由于合作创新和部分消化吸收再创新以及部分集成创新只是获得了部分知识产权，创新商业化时还要引进其余的知识产权。在通过引进获得了全部知识产权后，才能自主实施创新技术或许可他人实施创新技术，获得主导的创新收益。

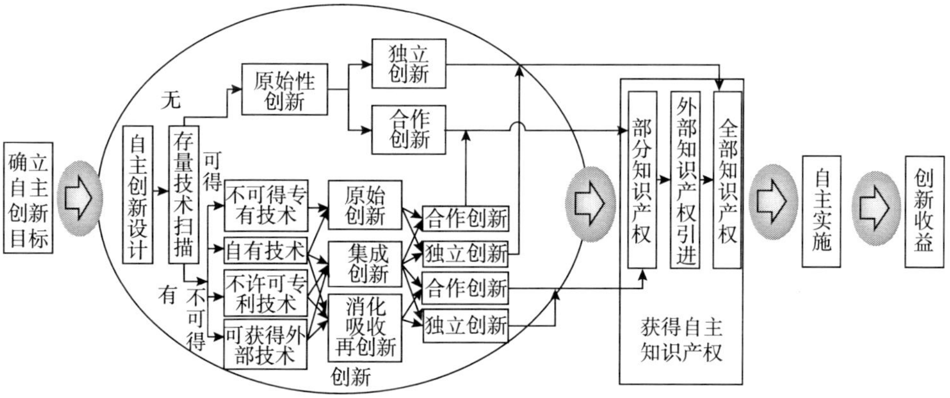

图 3－1　高技术产业自主创新模式

自主创新成功的关键是勇气、信心和方法。自主创新不是一项简单的事情，也不是一蹴而就即可以完成的，自主创新需要付出艰苦的努力，需要坚持不懈。因此，自主创新必须要有藐视各种困难的勇气，“两弹一星”的成功就充分证明了勇气的重要性。自主创新成功必须要有能够成功的信心，改革开放三十年我国已拥有丰富的创新资源，打下了坚实的创新基础，比以往任何时候都有更大的成功把握，我们决不能再迷信他人，妄自菲薄。自主创新需要掌握科学的方法，坚持科学的方法和自主创新模式至关重要，通过紧跟世界科技前沿和通过技术预见把握重大自主创新需求，以知识产权为导向推进自主创新，制定和落实好激励与保障自主创新的政策等是重要的方法。

3.5 自主创新及其影响

我国《中长期科技规划纲要》配套政策提出了包括科技投入、税收优惠、金融支持、政府采购、创造和保护知识产权、消化引进吸收再创新、人才队伍、教育科普、科技基础条件平台建设等10个方面的60条政策，极大地改善了我国自主创新的政策环境。但这些政策也引起国际上的关注，尤其是美国2009年发布的《中国知识产权侵权、自主创新政策及其对美国经济的影响》报告，对中国自主创新政策进行了批评。美中贸易委员会2010年5月公开发布《关于开展2010年度自主创新产品认定工作的通知（征求意见稿）》的修改建议。欧盟中国商会2011年5月发布《创新迷途：中国的专利政策如何阻碍了中国创新的脚步》，批评了中国的知识产权政策和自主创新政策。新《企业所得税法》颁布实施后，国外在华企业的税收超国民待遇情况发生了很大变化，企业所得税率实现了内外一致，虽然国外在华企业对此没有提出意见，但一些在华企业却认为中国的自主创新政策尤其是研发经费投入政策和自主创新产品政府采购政策存在歧视，他们认为其创新也属于中国的自主创新，要求获得政府研发经费投入，还要求将其产品纳入自主创新产品采购目录。在发达国家的压力下，我国财政部2011年7月宣布废止自主创新政府采购的三个文件，在国务院的统一部署下，各省市对自主创新产品认定政策进行了全面清理。

造成批评质疑和政策混乱的主要原因有三。第一，很多研究文献和一些政府文件将自主创新翻译成“Indepentant Innovation”、“Indigenious Innovation”等不准确的用语，引起外国人的误解和恐惧，即使是中国人也不大容易搞清是什么意思。本书认为自主创新对应的应该是自己可主导的创新（Self - dominatedable Innovation）或者自我可控制的创新（Self - contorlable Innovation）或者真正的创新（Genuine Innovation）（Ricahard P. Suttmeier and Xiangkui Yao，2012）。或者采用穆荣平研究员等的建议，自主创新还是用“Innovation”为好，或者直接用“Zizhuchuangxin”，而不必刻意找到一个对应准确的英文单词。第二，我国出台的支持自主创新的政策过分强调知识产权，一些政策还强调完全自主知识产权，存在歧视嫌疑。国家发改委、科技部、财政部2010年5月发布的《关于开展2010年度自主创新产品认定工作的通知（征求意见稿）》虽然接受美中贸易委员会的修改建议，将自主创新产品认定条件改为“依法在我国享有知识产权或知识产权许可权”和“依法在我国拥有产品注册商标专用权或使用权”，但仍然存在一些问题。自主创新产品的认定标准存在混乱，商标权也属于知识产权，商标不是品牌。在科技飞速发展的今天，要掌握完全自主知识产权是不可能的，这种提法只能导致歧视的嫌疑。美中贸易委员会修改建议就多次提到要删除知识产权的规定。第三，“进口替代”等政策确实存在歧视性问题。进口替代属于《补贴与反补贴协议》禁止的内容，中国要加入WTO政府采购协议就应当考虑这个问题，而一些地方政策甚至明确提出要支持进口替代。

由此可知，一些国家关于中国自主创新政策的批评和建议是合理的。但深入分析一些批评和建议也是有误解的或者没有必要的，美国联邦贸易委员会发布的报告存在一定的科学性和合理性问题。第一，美国联邦贸易委员会的报告对中国的自主创新政策研究还不深入，采用了先入为主的观点。由于中国的自主创新政策尤其是政府采购政策刚刚开始实施，尤其是国家发改委、科技部、财政部2010年5月才发布《关于开展2010年度自主创新产品认定工作的通知（征求意见稿）》，将自主创新产品认定条件中有关必须具有自主知识产权和自主品牌的两个要求改为“依法在我国享有知识产权或知识产权许可权”和“依法在我国拥有产品注册商标专用权或使用权”，而其报告2010年9月份就得出中国的政府采购政策影响了美国的就业和经济增长的结论，显然该结论得出的有点早，也有点突兀。另外，由于当时中国自主创新政府采购政策还没有出台给予自主创新产品多少幅度价格优惠、优先签订采购合同、支持中小企业等方面的详细政策，国外创新产品和中国创新产品一样都没有得到这些方面的优惠，所以是无法得出歧视国外在华企业创新产品的结论的[1]。第二，调查问卷设计存在不足。两份报告的结论是基于对在华企业的问卷调查得出的，但调查问卷里面设计了大量的诸如“你认为中国自主创新政策对您企业未来就业的影响有多大”等不确定性的问题和诱导性问题，中立立场坚持得不够，由于国外长期对中国科技创新和保护知识

---

[1] 美国1933年通过的《采购美国货法案》规定，美国国内企业可以在竞争程序下得到政府采购合同，而外国企业只有符合以下条件的才可以得到采购合同，一是最终产品必须全部在美国装配，二是超过50%的最终产品在美国国内生产，三是外国公司与美国公司提交的竞标报价差额不超过6%。见41 U.S.C. § § 10a through 10d。

产权的努力比较忽视，这种问卷设计问题的方式正好迎合了填写问卷的在华企业的所谓担心。第三，统计方法存在不科学的问题。统计采取大企业权重大，小企业权重小的方法，可能导致结论缺乏科学性和公正性。第四，中国自主创新采购政策实际有利于在华国外企业扩大垄断范围。中国自主创新产品定义标准实际上有利于激励外国企业在中国申请专利和取得垄断保护，尤其是促进国外企业将在优先权期内的国外专利、商标通过 PCT 或《巴黎公约》、《马德里条约》途径到中国申请保护，如果他们不到中国申请知识产权保护，根据 TRIPs 规定，中国企业在中国境内可以无偿使用，该标准实际上是扩大了国外企业知识产权保护的数量和垄断的范围，有利于他们在华的业务发展。从专利、商标等知识产权数据来看，美国等发达国家的重要专利和商标都在华取得了知识产权保护，对该标准的质疑有点文不对题。第五，自主创新政策根本不排斥在华外国企业的创新产品。只要创新产品在华拥有了相应的知识产权，就可以列入自主创新产品目录，中央政府和许多地方政府的自主创新产品目录并没有规定排斥在华国外企业的创新产品。中科院创新发展研究中心 2007 ~ 2008 年的一项调查显示，产品被列入自主创新产品目录的“三资”企业数量占全部列入目录被调查企业数量的比例已达 5% 左右而且不断增长，一些“三资”企业产品没有列入目录是因为很多三资企业主要以出口为导向，尚不符合标准要求或者不知道这个政策而已。第六，国外相关限制出口政策不支持中国对其创新产品进行政府采购。即使中国将国外企业的创新产品或者在华“三资”企业的产品列入自主创新产品目录，这些国家也不允许向中国出售，不允许中国进行政府采购，因为他们一直在采取措施禁止向中国出售高技术产品。

同时，中国在知识产权保护上的努力和成效是有目共睹的，即使中国的知识产权的质量还不高，但中国 2011 年成为国内发明专利申请量世界第一、PCT 专利申请量世界第四，连续多年实用新型专利和外观设计专利申请量居世界第一、连续多年国内商标申请与注册量居世界第一等事实，已经充分证明中国知识产权保护状况已得到显著改善，中国知识产权保护取得了举世瞩目的成绩。正是由于坚持实行改革开放政策，坚持不懈地保护知识产权，坚持世界贸易组织规则，中国才能在取得科技快速进步和经济飞速发展的同时，给世界许多国家提供了大量的发展机会、就业机会和生活便利，提供了物美廉价的商品，使许多国家包括发达国家低收入人群的生活水平在金融危机和债务危机时期没有出现大幅度下降。对外国企业来说，如果对中国自主创新政策和知识产权发展的了解越多，就越会认为中国的自主创新政策和知识产权发展政策并不是威胁，而是机遇。

因此，我国没有必要废止自主创新政策采购的三个文件，而应当积极吸收美国与欧洲的合理建议，完善自主创新政策尤其是政府采购政策。第一，任何一个国家保护和发展民族产业都是无可厚非的。由于政府采购资金主要来自于本国国民所缴纳的税收，政府采购是支持民族产品、支持自主创新的重要手段，美国、欧盟和日本等许多国家实质都采取了政府采购促进本国创新的做法。世界贸易组织强调国民待遇原则，美国与欧洲对我国政府采购政策担心最大的问题主要是政策歧视，我国《关于开展2010年度自主创新产品认定工作的通知（征求意见稿）》应该说已解决了歧视问题，体现了内外资企业无差别原则。我们完全可以通过解释打消国外对我国自主创新产品认定中知识产权要求的担心。第二，要加大政府采购对中小企业产品的支持力度。对中小企业进行支持是美、欧、日等许多国家的通常做法，我们完全没有必要全部废止自主创新政府采购三个文件中对于中小企业创新的支持政策。根据美国的做法，我国政府采购政策要支持中小企业产品，但企业必须在我国境内运营，有一名或者多名中国公民持有并控制该企业至少51%的股份，雇员不多于500人，满足公共利益需求、符合国家技术标准规定的产品应优先采购，公共利益包括政府公共管理需要、公共健康、国家安全等。在现有政府采购支持中小企业政策基础上，要制定中小企业创新产品政府采购具体政策，在招投标、合同和价格方面给予中小企业一定比例的优惠，尤其是要明确中小企业采购在政府采购中的比例，如不低于30%。第三，要完善细化政府采购的首购和订购政策，支持我国高技术产业、装备制造业和战略性新兴产业发展。首台首套产品实际上是大中型企业的自主创新产品，我国应制定具体的政府首购和订购政策，在招投标、合同和价格方面给予首台首套产品政策优惠。对技术含量高的首台首套产品，在符合《补贴与反补贴协议》情况下，可以实行后补偿式研发采购政策，即根据首台首套设备的研发成本补贴其研发经费。第四，为保护我国高技术等产业的健康发展，有必要借鉴美国做法，增加政府采购的就业和国家安全标准。当然欧盟一直反对美国的《采购美国货法案》。但为了保护国内就业和创新，我们可以借鉴美国的做法，只有在国内增值部分超过50%并最终产品在国内装配的产品才可纳入政府采购范围，这至少是一个谈判的筹码。

3.6　改进创新与自主创新

当前，科技创新的速度越来越快，开拓发明、组合发明、改进发明、用途发明等各种创新方法层出不穷，并主要集中于原始、改进创新和集成三种自主创新的方式上，而且改进创新已成为很重要的创新模式。在浩如烟海的科技创新文献中，大多数的创新成果是基于前人创新基础上的成果，脱离前人创新成果的创新活动不仅没有必要，也不可能，利用好现有科技文献尤其是专利文献可以节省大量的研发时间和成本。

阿里索和李墨雷（John R. Alliso & Mark A. Lemley，2001）发现，专利对美国主要高技术和中技术领域的专利贡献很大。美国专利对现有技术的参考量很大，其中医疗设备和生物技术的参考量更大。美国专利申请参考量尤其是对专利文献参考量普遍高于非专利文献参考量，美国专利对美国专利文献的参考量则普遍高于对其他国家专利文献的参考量。所以，即使在创新能力很强的美国，在他人基础上进行再创新和集成创新仍然是重要和无法规避的创新模式。

在参考现有专利文献的基础上，有一部分专利会造成对现有专利的侵权，但这仍然是一种重要的改进创新模式，包括美、日、欧在内的多数国家并不禁止这种造成侵犯在先权利的专利申请，因为这是一种重要的改进创新方式。从技术发展过程看，中国与其他国家一样，实施在后专利可以要求对在先专利实施交叉许可（Cross License），并须向在先专利支付相应的许可费用，实施在先专利也可以要求对在后专利实施交叉许可，但也需要支付相应的许可费用。专利的交叉许可已成为一种避免侵权和进入他人技术领域与市场的重要手段，发达国家的企业之间进行专利交叉许可的情况也很普遍。TRIPs 协议虽然规定了非常严格的条件，但并没有取消强制许可，还规定对授权后一定期限未实施专利的强制许可。但中国更规定了严格的条件，一是在后专利必须具有显著经济意义的重大技术进步，二是在后专利的实施有赖于在先专利的实施，三是在后专利权人提出申请。到目前为止，中国尚未颁发过一张强制许可证。此外，和美、日、欧等发达国家一样，中国也有为了公共利益如重大疾病、传染病需要可以对专利进行强制许可的规定，但至今也没有进行过一次为公共利益的强制许可。

当前，许多国家都鼓励充分吸收前人成果的改进创新和集成创新，拥有 100 多个成员国的 TRIPs 协议不仅不限制改进创新和集成创新，而且还专门规定了专利授权的必要条件，只要专利申请符合新颖性、创造性和实用性的规定就可授予专利权。与美国等实行专利制度的国家一样，中国也规定了符合国际规则和与多数国家相一致的专利授权条件，鼓励和支持改进发明和组合发明等创新活动。美国《专利审查程序手册》（Manulal of Patent Examination Procedure）在多处提到改进的部件或改进发明❶，并不禁止改进发明的专利授权，中国《专利审查指南》

❶ Manual of Patent Examination Procedure – edition 8 有多处规定：608. 01 （i） Claims ［R – 3］，608. 02 （d） Complete Illustration in Drawings ［R – 3］，704. 01 Search，716. 02 （d） Unexpected Results Commensurate in Scope with Claimed Invention ［R – 2］，2173. 05 （j） Old Combination。

也特别提到了发明的几种类型，包括改进发明和组合发明，中国专利法规在改进发明的授权条件和审查标准上与美国并没有实质性不同。

自主创新不排斥技术学习，尤其是对公开专利技术的学习，更不能因为知识产权保护而限制技术消化吸收和阻碍改进创新。技术秘密也是一种知识产权，但技术秘密专有权无法阻挡他人通过研究开发等合法手段得到。从近年来跨国公司向中国技术转移和专利许可的数据可以看到，跨国公司技术转移内部化的倾向却越来越明显，技术转移主要是跨国公司向在华企业的内部转移，对中国的专利许可主要是普通许可。是否侵犯他人知识产权需要根据法律规定进行判定，如果从感觉上或以片面方式调查而得出他人侵犯知识产权或强迫转让知识产权与技术的结论，显然缺乏科学性，也不符合竞争法或反不正当竞争法的有关规定。

3.7 产业安全与自主创新

国家安全很重要的一个方面是经济安全，而经济安全很重要的一个方面是产业安全，产业安全最重要的是高技术产业的安全。美国近年来禁止华为技术公司等竞购美国公共部门电信设备的设备供应合同，禁止华为技术公司等参与美国政府采购，禁止华为技术公司收购美国 3Leaf 公司，其原因在于美国认为这可能影响到美国的国家安全。中国自改革开放以来引进了美国、加拿大、欧洲的电信设备甚至还放弃自主研发的电信设备，没有认为这影响到中国的国家安全。加入世界贸易组织以来，中国更是批准了大量跨国公司对中国企业尤其是基础产业企业和高新技术产业企业的兼并收购，没有认为影响到中国的产业安全，甚至还令国有银行让出大量股份给跨国公司持有以引进现代管理技术方法，也没有认为影响到了中国的金融安全。

产业安全是国家经济安全的重要组成部分，是指在公平的国际经济贸易环境下，本国资本对关系国计民生的重要经济部门或产业具有控制力，这种控制力最终体现在本国产业发展中经济利益分配的比例上。产业是否安全主要表现为一个国家或地区的特定产业在国际竞争中是否能保持独立的产业地位和竞争优势。资源安全和市场安全是产业安全的外在表现，而技术安全和资本安全则是产业安全的核心。产业安全不仅受本国资源、人力、技术等要素的影响，受国内外市场需求状况和容量大小以及市场竞争激烈程度的影响，而且还受到本国产业政策、外资政策以及参加的国际组织或条约的影响。

判断产业安全与否可以采用产业集中度，即规模最大的前几家企业占产业总产量或市场总销量的比重来衡量。产业内本国企业的集中度越高，所占总产量或总销量的比重越大，本国企业对该产业的控制力就越强，产业就越安全。由于高技术产业对一国或一地区经济发展的先导性、战略性作用，其安全对产业安全的作用尤其重要。

在我国，除了资源和人力之外，对高技术产业安全影响最大的因素莫过于产业技术和外资政策。产业技术是产业竞争优势的核心，最重要的是专利技术，外资政策影响到高技术产业的内外资布局，最重要的是国内外资本控制比例。所以，高技术产业的安全指数可以表征为专利数量的比例和内外资的比例。产业技术具有优势会影响外资的进入，但不一定能阻隔外资的进入。产业技术缺乏优势，即使是严格的外资政策，产业仍然是不安全的，而产业技术具有优势，宽松的外资政策又会导致高技术产业安全的丧失。

在合理的外资政策下，实现高技术产业的技术安全最重要的是提升高技术产业的自主创新能力和竞争力。自主创新是高技术产业技术安全的不二选择，是实现高技术产业安全的重要基础和途径。在具有一定自主创新优势的基础上，必须审慎利用外资政策。虽然过分谨慎使用外资，强调产业保护会影响高技术产业参与国际竞争，影响产业国际竞争力的提升，但过分强调所谓的世界贸易组织国民待遇原则而放任外资兼并收购，必然会影响高技术产业的安全。外国投资必须有一个合理的限度和范围，这不仅是产业安全的必要条件，也是许多国家的共识。在此方面，韩国和北欧一些国家的做法很值得借鉴。因此，有必要开展高技术产业的安全预警和测度。

我国高技术领域国内发明专利申请量在2006年已开始超过国外申请量，但实际上其中有40%左右的国内发明专利申请来自“三资”企业。2009年我国国内高技术产业国内发明专利申请量仅占高技术产业领域发明专利申请量的34.10%左右，可见我国高技术产业的技术安全形势是多么不容乐观。同时，我国高技术产业国内投资所占比例也在持续下降，2008年已经降低到43.69%左右，一些细分领域的我国投资比例更低，投资安全更是不容乐观。我国高技术产业已处于不安全边缘绝不是危言耸听。

3.8 自主创新生态系统

创新生态系统是在创新系统中考虑生态元素，将技术创新与环境进行复合的系统，是一个有“生命”活力的创新系统（葛霆、周华东，2007），它具有营养结构，即物质能量和信息的流动，也具有形态结构，即创新种群数量和创新种群的空间配置（刘友金、易秋平，2005）。当前，最典型的区域创新生态系统是美国硅谷，企业创新生态系统是苹果公司。区域创新生态系统的关键是区域政府、高校、科研机构、企业等各类创新机构在创新上的有机联系与互动，企业成为创新主体，创新效率高。企业创新生态系统最关键的是建立以自身为联系互动核心的平台，构建将上下游厂商、投资人、用户和竞争对手以及政府、高校和科研机构、个人在内的具有合理利益分享机制的网络化创新系统。

高技术产业创新生态系统是指在高技术产业领域以企业为创新主体，由政府、高校、科研机构、企业等有机联系互动，以创新链和价值链为纽带，创新环节有机衔接，具有群落、网络、自组织特征，创新活跃、高效、可持续的创新系统。当前，我国已成为高技术产品业进出口大国，但高技术产业创新系统发展水平较低，各类主体联系互动性不足，“三资”企业占有较大比重，在开放创新条件下对全球创新资源利用不够，缺少具有群落特征的建立有创新生态系统的高技术企业，政府在培育政策环境、建设创新文化和鼓励公平竞争发展方面还有许多不足。建设高技术产业创新生态系统不仅有利于提高高技术产业创新系统的效率，而且也有利于提升高技术产业的自主创新能力和国际竞争力。

高技术产业创新生态系统主要有四个方面的特征。

一是创新主体的有机联系互动。高技术产业自主创新参与的机构不仅有企业，还有政府、高校、科研机构和中介组织，企业既包括内资企业也包括外资企业。创新机构之间的有机联系互动是自主创新成功的条件，是高效率自主创新的保障。这种联系和互动表现在知识的高质创造、高效流动和顺利应用上，表现在利润流的产生和合理分配上，表现在创新资源的高效配置和优化布局上，不存在资金、技术、信息、人才等创新资源的梗阻、断接等问题。

二是企业是创新生态系统的核心。政府、高校和科研院所等其他创新机构除了自身的功能外，它们在高技术产业生态创新系统中存在的重要目的都是为了提升高技术产业的自主创新能力。中外和历史经验已经证明，产业自主创新能力建设必须以企业为主体，主要科技和创新计划部署都要大力向企业倾斜，忽略企业创新主体地位的创新系统很难成为生态创新系统。

三是创新资源整合和利益分享机制。在高技术产业创新生态系统中，创新资源需要加强整合，资源配置要遵循效率与公平兼顾的原则，既要发挥政府的能动作用，集中组织重大技术突破和综合集成，也要充分发挥市场竞争对创新的激励和促进作用，建立公开、公平的资源投入机制。既要强调高校、科研机构、企业在创新生态系统中的职能和自身利益，也要强调企业之间创新利益的合理分配。这就要求推进体制机制改革，尤其是组织体系和职能改革、经费管理制度改革和创新政策完善。

四是创新链是创新生态系统的纽带。在高技术产业创新生态系统中，产业链是企业之间联系的纽带，在高技术产业中，创新链是各类创新机构联系的纽带。创新链是科学、技术及其转化的经济价值流动的链条，内在表现为资本、人才、技术、信息的投入产出，外在表现为现金和利润，连接的方式是研发机制和知识产权。创新链的断裂必然造成创新成本与风险过高。构建创新链就要改变目前各类创新机构独立创新的局面，改变基础研究和应用基础研究不能面向经济社会发展和产业重大需求，高校和科研院所承担过多竞争性技术开发任务，而自主创新成果不能快速向企业转移和应用，培养的人才不能满足产业创新发展需要，企业自主创新能力弱，研发强度低，技术来源主要依赖引进，又招不到合适的创新人才等问题。构建和完善创新链，最重要的是合理界定创新机构的职能，提升创新中介服务能力，切实推进产学研合作。创新政策要有更加清晰、明确的指向性，企业要面向经济社会发展需要提出重大创新需求，高校和科研院所要面向高技术产业创新需求组织基础和应用基础研究以及关键核心技术开发，培养创新人才，企业组织竞争技术和核心关键技术研发，通过企业生产系统获取创新收益，并将一部分创新收益通过政府税收和再投入方式投入新的创新过程。

3.9 高技术产业创新自主性测度

由于创新并不是都能够自主的，所以有必要研究创新的自主性问题。在熊彼特五种创新模式中，“开辟了一种新的市场”、“掠取或控制原材料或半制成品的新供应来源”、“实现一种新的工业组织或打破一种垄断地位”等涉及的是市场、原材料和组织模式，本书只对产品创新和工艺创新的自主性进行研究。

3.9.1 高技术创新自主性测度

在技术层次上，用专利的技术特征分析法可以较好地分析一项高技术创新是否是自主创新和是否具有创新的自主性。根据我国专利法的规定，专利技术的独立权利要求应“完整、简要”地记载全部必要技术特征，清楚是指技术特征要准确，不产生歧义，简要是指技术特征要简洁，不能太过具体、繁琐，全部必要技术特征分为与现有技术共有的技术特征和具有独创性的区别技术特征。根据专利技术特征可以区分自主创新的类型，如表 3 - 1 所示。

表3-1　基于专利技术特征分析的自主创新类型

	非自主创新	原始创新	消化吸收再创新	集成创新
受到他人知识产权影响（侵权）	1. 创新技术所包含的技术特征与在先专利技术独立权利要求的必要技术特征对应并且相同		1. 创新技术所包含的技术特征多，但却包含了在先专利技术独立或某一权利要求的全部必要技术特征	1. 创新技术至少包含两项在先专利技术的独立或某一权利要求的全部必要技术特征
	2. 创新技术所包含的一部分或全部技术特征是在先专利独立权利要求部分或全部技术特征的同等变换		2. 创新技术所包含的技术特征与在先专利独立或从属权利要求的某一技术特征相比属于下位概念特征	2. 创新技术至少包含两项在先专利技术中一项的独立或某一权利要求的全部必要技术特征
	3. 创新技术的技术特征是在先专利技术独立权利要求全部技术特征的部分特征，但技术效果相同或变劣			3. 创新技术的某一技术特征是至少两项在先专利独立或某权利要求一项必要技术特征的同等变换
不受到他人知识产权影响（不侵权）		1. 创新技术的技术特征与在先专利技术区别技术特征完全不同	1. 创新技术有一个或一个以上技术特征与在先专利独立权利要求保护的技术特征不相同	1. 创新技术只包含了至少两项中一项在先专利技术独立或某任一权利要求的部分必要技术特征
		2. 创新技术的技术特征与在先专有技术包含的技术特征相同	2. 创新技术至少有一个技术特征与在先专有技术的技术特征不相同	2. 创新技术只是包含至少两项在先专有技术的全部技术特征
				3. 创新技术只是包含至少两项技术，其中有一项未专有技术，该创新技术包含了在先专有技术的全部技术特征

假定所有现有技术和创新技术均可用专利技术特征的形式表达，并假定用英文字母代表专利保护范围最宽的独立权利要求的技术特征。假定一项在先专利技术 X 独立权利要求的必要技术特征为 A、B、C、D，其中 A 为共有技术特征，B、C、D 为区别技术特征。另一项在先专利技术 Y 独立权利要求的必要技术特征为 A、B、K、L，其中 A、B 为共有技术特征，K、L 为区别技术特征。

① 一项创新技术凝炼出的技术特征为 A、B、C、D；

② 一项创新技术凝炼出的技术特征为 A、B、C、D、E；

③ 一项创新技术凝炼出的技术特征为 A、B、C，但在先专利技术 X 的技术特征 D 为附加技术特征；

④ 一项创新技术凝炼出的技术特征为 A、B、C、F，但 F 与在先专利技术 X 的技术特征 D 实质相同；

⑤ 一项创新技术凝炼出的技术特征为 A、B、C、G，但 G 为 A 或 C 的下位概念特征；

⑥ 一项创新技术凝炼出的技术特征为 A、B、D 或 A、C、D 或 B、C、D；

⑦ 在先专利技术独立权利要求必要技术特征步骤为 A→B→C→D，一项“创新”技术凝炼出的技术特征 A→C→B→D，或 A→C→D→B，B→A→C→D 等；

⑧ 一项创新技术凝炼出的技术特征为 A、B、C、K 或 A、C、D、K、L。

如果说明书公开的技术方案与专利权利要求涵盖的技术方案是一致的，从专利技术特征角度看，如果一项创新技术凝炼出的技术特征与在先专利独立权利要求的必要技术特征完全相同，则难以产生创新成果，这不是自主创新，也不能申请专利，如①；如果一项创新技术凝炼出的技术特征多于在先专利独立权利要求的必要技术特征，则能产生创新成果，而且能够获得从属专利，则是消化吸收再创新，如②；如果一项创新技术凝炼出的技术特征中缺少在先专利独立权利要求必要技术特征中的附加技术特征，由于附加技术特征对解决在先专利技术问题无关或者不起主要作用，则不是自主创新；如果技术效果不如专利技术，则可能是创旧技术，如③；如果一项创新技术凝炼出的技术特征与在先专利独立权利要求的必要技术特征不同部分属于等同替换，则不是自主创新，也不能获得新的专利，如④；如果有至少一项技术特征不相同，则能申请专利，不全部相同的是消化吸收再创新，全部不同的属于原始创新；如果一项创新技术凝炼出的技术特征中有一个特征是在先专利独立权利要求或从属权利要求中的一个技术特征的下位特征，则能申请专利，属于消化吸收再创新，如⑤；如果一项创新技术凝炼出的技术特征中缺少在先专利独立权利要求中的一个或以上必要技术特征而没有变步，则能申请专利，属于消化吸收再创新，如⑥；如果一项创新技术凝炼出的技术特征的步骤与在先专利独立权利要求的步骤不一样，则属于消化吸收再创新，可以申请专利，如⑦；如果一项创新技术凝练出的技术特征集成了至少两项在先专利独立权利要求的技术特征中的各一部分特征，形成新的技术特征组合并产生协同效应，则属于集成创新，可以申请专利，如⑧；如果在先技术为未公开的专有技术，则该创新技术不是自主创新技术，可申请专利，但创新模式仍然基本相同。

判断一项技术创新的自主性主要看后续改进创新技术的技术特征与在先现有专利技术必要技术特征总体上造成相互影响的大小。本书认为，如果创新技术对现有技术的影响大于现有技术对创新技术的影响，则创新技术具有自主性，属于自主创新。单项高技术创新的自主性测度应当从价值评价入手。在评价一项高技术是否是自主创新技术时，首先要考察该创新技术是否有在先技术。如果在先技术为可得到的公开技术或专有技术，由于在先技术没有知识产权尤其是专利的保护，在先技术不对创新高技术产生影响。如果在先技术为专利技术，则应当进一步考察该改进创新技术的价值在其与在先技术总价值中的大小。由于改进创新技术的实施必须依赖于在先专利技术的实施，在评价改进创新技术价值大小时必须要考虑以下因素：对现有专利技术或专有技术的依赖性、技术进步的大小、市场实现的可能性、是否取得法定知识产权保护尤其是专利保护等。这四个因素对于创新技术十分重要。

在评价技术价值时，有多种方法，其中收益现值法是一种比较常用的方法。采用收益现值法对创新技术进行评估时，将资本和技术在经济寿命期内产生的年净收益和期末资产余值按一定的折现率折成现值，该现值即为在此收益率下资本、劳动、管理和技术等全部要素产生的总价值，总价值乘以技术超额利润分成率即为创新技术的价值。其计算公式为：

$$V = \theta NPV = \theta\left(\sum_{i=1}^{n} \frac{p_i}{(1+r)^i} + \frac{F_n}{(1+r)^n} \right)$$

式中：V 为技术的价值；θ 为知识产权技术超额利润分成率[1]；F_n 为期末资

---

[1] 分成率的理论基础是要素贡献率，即利润分享原则。由于专利技术必须与其他资产有机结合才能创造效益，在价值分析过程中，专利技术带来的超额利润一般无法单独测算，通常采用从专利技术运作后企业的总净利润分成的办法进行分析测算。根据国际上通行的 LSLP 原则，企业获利由资金、管理、劳动和技术这四个因素综合形成，比重各为 1/4。而实际上联合国工业发展组织对印度等发展中国家引进专利技术的价格进行分析后，认为专利技术的利润分成率的取值一般为 16% ~33% 较为合理。超额利润提成率的多少取决于众多因素，例如产品对该项专利技术的依赖程度、市场上对该项专利技术的需求程度、对使用该项专利技术所施加的限制等。

产残值；p_i 为第 i 年技术和资本产生的净收益；p_i = 销售收入 - 经营成本 - 折旧费 - 无形资产摊销费 - 利息支出 - 维简费 - 销售税金及附加 - 所得税；r 为资金折现率；n 为技术产品寿命期。

向在先技术支付许可费并将许可费摊入成本时（不考虑 150% 加计扣除摊销），设改进创新技术和在先技术在整个寿命期内的总净现值为 NPV_1（$v_1 = \theta_1 NPV_1$，θ_1 为技术超额分成率，v_1 为知识产权技术本身的价值），没有向在先技术支付技术许可费时的净现值为 NPV，则创新自主性为：

$$I = \frac{NPV_1}{NPV}$$

假设在先专利技术和不付费难以获得的专有技术以及受其他类型知识产权（如软件著作权、集成电路布图设计专有权或植物新品种权等）保护的技术在其整个寿命期内的净现值为 $v_2 = NPV_2$，技术许可费为 $= \theta_2 v_2$，θ_2 为技术超额利润分成率，则该项改进创新技术可按下式测度创新的自主性：

$$I = \frac{NPV_1}{NPV} = \frac{\sum_{i=1}^{n_1} \frac{p_{1i} - \frac{\theta_2 v_2}{n_1}}{(1+r)^i} + \frac{F_{n_1}}{(1+r)^{n_1}}}{\sum_{i=1}^{n_1} \frac{p_{1i}}{(1+r)^i} + \frac{F_{n_1}}{(1+r)^{n_1}}}$$

$$= \frac{\sum_{i=1}^{n_1} \frac{p_{1i} - \frac{\theta_2 v_2}{n_1}}{(1+r)^i} + \frac{F_{n_1}}{(1+r)^{n_1}}}{\sum_{i=1}^{n_1} \frac{p_{1i}}{(1+r)^i} + \frac{F_{n_1}}{(1+r)^{n_1}}}$$

假设可以忽略残值，技术摊销年限与项目计算期相同，则创新自主性计算公式可以简化为下式：

$$I = 1 - \frac{\theta_2 v_2}{n_1 p_{1i}}$$

如果在先技术价值大而创新技术寿命期短或者年净利润较小，或在先技术分成率高而在先技术价值大，则创新自主性就会变小；反之则创新自主性就变高。由此可知，要提高创新的自主性，可通过降低在先技术价值、降低在先技术分成率、延长创新技术寿命期、提高创新技术年净利润的办法实现，但最好的办法是开发出创造性大、技术质量高的创新技术并实现市场化，质量高的创新技术经济价值往往较大，实现市场化的创新技术会使在先技术市场价值减小。

3.9.2 高技术产品或工程创新自主性测度

随着科技进步的加速，技术复杂程度提高，高技术产品创新或工程创新往往是多项技术的集成创新，集成创新不仅集成自有技术，也集成外部技术。判断一项高技术产品创新或高技术工程创新是否属于自主创新，首先要考察该产品创新或工程创新所使用的全部必要技术尤其是必要专利技术，也就是说要考察自有技术与现有技术是否处于不能再拆分的同一产品或工程技术系统如技术标准中。如果处于同一系统，还要进一步考察自有技术总价值与外部技术总价值的大小，如果自有技术总价值在该产品或工程技术总价值中占主导，则属于自主创新。

在评价处于同一技术系统或产品系统创新的自主性时，应当考虑该技术在实施时是否要得到他人在先专利或专有技术的许可问题。如果可以获得许可，还应当考虑以下因素：对现有必要知识产权技术的依赖性、技术进步的大小、市场实现的可能性、是否取得法定知识产权保护。在能够获得许可情况下，许可费支付一般有三种方式，一是一次总付，二是入门费加提成，三是产量或销售额提成。设自有高技术的价值为 $NPV_1 = v_1 \ (t_i) \ (i = 1, \cdots, m)$，产品或工程创新中用到的自有技术与必须支付费用购买的必要外部技术的总价值为 $NPV = V \ (t_{1i}, t_{2j}) \ (i = 1, \cdots, m; j = 1, \cdots, n)$，外购技术许可费用为 $\theta_2 v_2 \ (t_{2j}) \ (j = 1, \cdots, n)$，则该高技术产品或工程创新的自主性如下：

$$I = \frac{NPV_1}{NPV} = \frac{\sum_{i=1}^{m} \sum_{j=1}^{n} \left(\frac{p_{ij} - \frac{\theta_i v_{ij}}{n_i}}{(1 + r)^{ij}} + \frac{F_{in}}{(1 + r)^{in}} \right)}{\sum_{i=1}^{m} \sum_{j=1}^{n} \left(\frac{p_{ij}}{(1 + r)^{ij}} + \frac{F_{in}}{(1 + r)^{in}} \right)}$$

假设可以忽略残值，技术摊销年限与集成创新项目计算期相同，则集成创新自主性计算公式可以简化为下式：

$$I = 1 - \frac{\theta_i v_{ij}}{n_i p_{ij}}$$

如果要集成的他人技术价值大，分成率较高，或者集成创新技术寿命期短或者年净利润较小，则创新自主性就会变小；反之则创新自主性就变高。由此可知，要提高集成创新的自主性，可通过降低他人技术价值、降低分成率、延长集成创新技术寿命期、提高集成创新技术年净利润的办法实现。

一项合作高技术创新也存在创新自主性问题，创新是否属于自主创新主要看合作创新中的主导权的大小，主导权大小可通过计算具有知识产权的自有技术与资本总价值在全部技术、资本价值总和中的比例得到。但这种方法实际上难以实现，简单的办法是计算自有知识产权数量在全部必要知识产权数量中的比例来测度创新的自主性。

3.9.3 高技术产业创新自主性测度

高技术产业也存在创新自主性问题，由于高技术产业在经济发展中占据重要地位，研究高技术产业创新的自主性具有极其重要的意义。目前，相当多的文献认为我国高技术产业出口规模大，竞争力很强，但却忽视了我国高技术产业竞争力主要来自于“三资”企业这一事实。由于自主创新是创新主体能够主导的创新，所以高技术产业自主创新首先表现为自有创新，即本国国籍高技术企业整体所从事的创新。由此可知，高技术产业创新中我国不具有控制权或主导权的跨国公司在华和台、港、澳在大陆的独资企业与部分合资合作企业的创新并不属于我国（大陆）高技术产业的自主创新。

测度高技术产业创新自主性的方法也可用自有知识产权价值占其与在先或他人知识产权所构成的技术总价值的比例来测度，但是由于我国高技术产业专利申请量超过130万件，要对每一项知识产权技术是否具有前向依赖性进行判断和进行价值评估是不可能的。虽然高技术产业自主创新包含了创新的整个过程，但主要包括技术投入、知识产权产出和获得的利润，知识产权申请量既是创新技术投入的结果，也是利润产出的输入，创新投入的自主性、发明专利数量的自主性和创新收益的自主性基本反映了高技术产业创新的自主性。

创新投入的自主性。虽然单纯的技术引进不属于自主创新范畴，但根据熊彼特的五种创新模式，技术引进及其商业化也属于一种创新方式，而且自主创新不排斥技术引进，技术引进对自主创新有较大的贡献。本书用自有技术创新投入在高技术产业技术投入中的比例来反映高技术产业创新的自主性。如果创新资金全部用于技术引进，则创新投入自主性为零，不可能有自主创新，如果全部用于自有研究开发，则创新投入的自主性可以达到最大。

知识产权的自主性。高技术产业知识产权的自主性包括两类情况：一类是高技术产业实际采用知识产权的自主性，一类是潜在知识产权的自主性。实际采用知识产权的自主性是指已经实施的知识产权的自主性，潜在知识产权的自主性是指在创新产品的未来市场已经获得授权知识产权的自主性。为简便起见，本书知识产权的自主性用自有发明专利申请量占全部高技术产业领域国内外发明专利量的比例来表示。

创新收益的自主性。创新收益自主性主要指通过创新所形成的新产品收益和技术许可收益的自主性，自主性可用对外技术许可收入和新产品利润中己方分得的比例表示。技术转移利益的实现有两种方式，一种是一揽子许可；一种是作为技术股份，将创新收益的自主性考虑进来，主要是为了避免技术引进时只将引进技术作为股份而导致不能全面评价创新收益自主性的问题。在评价创新收益自主性时，全部规模及规模以上非国有医药、通讯计算机与办公仪器仪表设备工业企业中非外商和台港澳投资的比例反映了我国大陆高技术产业的股权配置，也基本反映了创新收益分配的自主性❶。

高的技术投入自主性不一定能够保障知识产权和创新收益的自主性一定高，但技术投入自主性不高，知识产权的自主性必然不可能很高，同样，高的知识产权自主性也不一定能够保证创新收益的自主性一定高，但知识产权自主性不高时创新收益的自主性一定不高。因此，可从技术投入、知识产权和创新收益自主性三个主要方面对高技术产业创新自主性进行综合测度。假设我国高技术产业研发经费投入为 t_a，技术引进经费为 t_b，购买国内技术经费为 t_c，我国高技术产业中台港澳和外国由于股权控制的研究开发投入为 t'，技术投入自主性对高技术产业创新自主性的贡献率为 α，高技术产业知识产权数量为 p_a，外国法人和个人在我国大陆高技术产业拥有知识产权数量为 p_b，中国大陆非高技术产业（即大学、科研院所、其他组织和个人）知识产权数量为 p_c，我国高技术产业中台港澳和外国由于股权控制的知识产权数量为 p'，知识产权自主性对产业创新自主性的贡献率为 β，我国高技术产业创新收益为 i_a，“三资”与台港澳高技术企业获得的创新收益为 i_b，创新收益自主性对高技术产业创新自主性的贡献率为 γ，则我国高技术产业创新自主性可用下述公式测度：

$$I=\left(\frac{t_a-t'}{t_a+t_b+t_c}\right)^{\alpha}\left(\frac{p_a-p'}{p_a+p_b+p_c}\right)^{\beta}\left(\frac{i_a}{i_a+i_b}\right)^{\gamma}$$

3.10 创新自主性测度实证研究

3.10.1 高技术创新自主性测度

本书实证研究所举专利技术属于网络订票技术领域，其中创新技术的发明专

---

❶ 虽然我国多数高技术企业不掌握研发和市场，只是掌握制造部分，利润率较低，但实际上，投资形成的股份仍然是高技术企业利润分配的主要依据。

利名称为“一体化电子购票管理系统”，其独立权利要求是：一种一体化电子购票管理系统包括票务信息管理中心、终端装置、银行结算系统、公安管理中心和出票装置，其中票务信息管理中心取票数据管理器接收用户自终端装置发出的身份证码和想要购票的取票数据，对两者作为相互关联的数据存储于存储器中，然后将该数据与存储器中的票务数据进行分析比较做出能否取票的判断信息，由通信单元将该信息与终端装置通信直至得出结果数据，再由银行付款信息管理器及通信单元将该身份证和票款数据与银行结算系统进行数据通信。同时，通信单元还将购票身份证数据传送到公安管理中心并和出票装置交换各种数据，购票身份管理器还对购票身份证数据做出分析做出是否有倒票行为的判断，并据此做出是否允许购票的动作。出票装置包括接收票务信息管理中心的取票数据管理器传送的身份证数据和取票数据，并存入其存储器、出票管理器和通信单元，出票管理器根据购票者现场输入的取票数据出票。

相关的在先技术有两个，在先技术1的发明专利名称为一种电子购票系统，专利号为CN0324 43××.5，专利权人为×××通信技术有限公司，其独立权利要求是：一种电子购票系统，其特征是至少包括通信终端、CTI信息处理中心、通信信道、票务数据库、银行结算系统及取票机。通信终端用于客户信息传输及菜单显示，CTI信息处理中心在CTI系统软件的支撑下，接受通信终端、票务数据库、银行结算系统、取票机指令，并根据指令进行数据检索、数据传输及数据处理，通信信道用于数据传输，票务数据库根据CTI信息处理中心指令提供票务数据信息，银行结算系统根据通信终端客户确认的购票金额从客户账户中结算，取票机根据CTI指令打印出票或根据客户输入的订票信息选择打印出票。

对比创新技术和在先技术1，可以看出创新技术独立权利要求比在先技术1增加了一个技术特征，即安全监测，如果设此技术特征为区别技术特征，根据全面覆盖的原则，则在后专利技术被在先专利技术1的权利要求所覆盖，创新技术属于改进创新技术。

在先技术2的发明专利名称为移动电子票务系统及其方法，专利申请号为011427××.4，申请人为××××股份有限公司，其独立权利要求是：一种移动电子票务系统，用以提供一使用者订票取票及验票的服务，该系统包括：①票务中心，用以接收该使用者传送的一订票信息与一取票者移动装置唯一码、根据该订票信息产生一电子票券，并输出该电子票券，其中该电子票券包括该取票者移动装置唯一码；②移动通讯装置，用以接收该电子票券，其中，该移动通讯装置包括一安全认证机制，用以核对该电子票券内的该取票者移动装置唯一码与该移动通讯装置内的一移动装置唯一码；③验票端，用以验核该移动通讯装置内的该电子票券。其从属权利要求 7 为：如权利要求 1 所述的系统，其中该取票者移动装置唯一码为一用户识别卡码。

对比创新技术与在先技术 2，创新技术的装置比现有技术 2 多了一个必要技术特征，即公安管理中心，虽然它也集成了现有技术 2 的一些技术特征，但缺少一个必要技术特征，即验票端，可以认为没有落入在先技术 2 的权利保护范围。在先专利技术 2 对创新技术的实施没有影响。

首先，对在先技术 1 和创新技术进行价值评估[1]。在先技术 1 和创新技术价值评估采用相同的方法和基础数据，建设期 7 年，第 1 年达产 30%，第 2 年 40%，第 3 年 50%，第 4 ~ 7 年 60%，折旧期为 6 年，年折旧率为 13.3%，残值率取 20%，销售税金及附加按简易办法取销售收入的 6%，所得税率取 33%[2]。根据对该产品寿命周期及技术更新速度的分析，项目有效期取 6 年较为合适，超额利润分成率定为 24.5%[3]，资金折现率定为 12%。在不考虑创新技术对现有技术 1 影响的情况下，设实施在先技术 1 的产品市场生命周期为 7 年，在先技术 2 项目总投资 493 万元，7 年总成本为 206 万元 ~ 259 万元，7 年后资产残值预计为 31.2 万元，现有技术累计净现值为 1578.133 万元，则现有在先专利技术的价值为：$V_{在先技术1} = 1578.133 \times 24.5\% = 386.6426$ 万元。

创新技术项目总投资 1077 万元，其中购买专利技术 386.64 万元，销售收入预计为 535 万元 ~ 1340 万元，年总成本为 350 万元 ~ 400 万元，6 年后资产残值预计为 35.2 万元，累计净现值为 1635.001 万元，如果在项目初建时不考虑支付在先技术许可费而在项目结束时支付，则累计净现值为 1756.343 万元。则该创新技术的价值为：$V_{创新技术} = 1635.001 \times 24.5\% = 400.5752$ 万元。

然后，计算创新自主性。如果事前支付许可费，则改进创新技术“一种一体化电子购票管理系统”技术创新的自主性为：

$$I = \frac{1635.001}{1756.343} \times 100\% = 93.09\%$$

运用上述公式计算，该项创新技术创新的自主性为 93.09%。实际上，在先技术由于受到创新技术的影响，其生命周期一定会缩短，市场一定会受到改进创新技术的影响，其技术价值会变小，则改进创新的自主性就会较高。所以，在单

---

[1] 《一种电子售票系统可行性研究报告（2006）》。

[2] 2009 年我国颁布的新《企业所得税法》，规定企业所得税税率为 25%，高技术企业所得税税率为 15%。

[3] 在综合考虑了有关文献对各国、各地区、各行业专利技术转让分成率的统计平均值以及本项目中相关专利在产品收益中所起的作用等因素后，本书确定专利技术的超额利润分成率为 24.5%。

项高技术创新中，要提高创新的自主性，关键在于开发出有较大价值的新的改进技术。

3.10.2 高技术产品创新自主性测度

产品创新的自主性可以用该产品自有知识产权技术价值占所采用全部技术价值的比例来表示，但是由于产品创新可能实际采用的知识产权技术很多，很难对全部技术价值进行评估，所以可从发明专利申请量多少来进行创新自主性测度。

DVD（即数字视盘机，Digital Video Disk；或数字多功能盘，Digital Versatilc Disk）是一种能够存储高质量图像和声音的大容量光盘，具有轨道细、精度高和存储量大等特点，DVD 播放机是一种集激光技术、精密机电控制技术、数字压缩技术为一体的具有高清晰画质和高保真音质的产品。DVD 播放机技术主题主要为小类 G11B（基于记录载体和换能器之间的相对运动而实现的信息存储）下的四个小组，其中大组类号为 G11B7/00、G11B20/10、G11B27/00，小组类号为 G11B7/08、G11B7/09、G11B7/12、G11B20/10、G11B27/02、G11B27/03、G11B27/10，二点小组类号为 G11B7/125、G11B7/13、G11B7/135、G11B7/14、G11B7/16、G11B7/18、G11B7/20、G11B7/22、G11B20/12、G11B20/14、G11B20/16、G11B20/18、G11B20/20、G11B20/22、G11B20/24。

通过对中国专利数据库的检索，在上述所述核心技术领域中，1992 年至 2011 年 10 月底，国内外在中国申请已公开的专利为 5929 件，其中发明 5720 件，实用新型 209 件；失效专利 2311 件，其中发明 2227 件，实用新型 84 件。我国（大陆）专利申请公开 687 件，其中发明 555 件，实用新型申请量 132 件；失效专利 331 件，其中发明 283 件，实用新型 48 件；外国和港、澳、台地区发明专利申请量 5175 件，实用新型申请量 67 件。从数据分析可以知道，各技术领域专利申请增长很快，但 2004 年以后明显下降，如图 3－2 所示。

过去二十年，我国在 DVD 机技术领域的专利申请量增长迅速，发明专利申请量从 1992 年的 1 件增加到 2009 年的 78 件，其中 2004 年达到最高的 139 件。单从专利数量上来说，我国 DVD 产品技术创新的自主性有所提高，但是该技术领域仍然为外国所主导。在外国申请人中，日本的企业有 4 家，韩国有 3 家，而我国尚没有企业申请量进入前 10 名。外国在华主要企业发明专利量排序和研发能力见表 3－2。

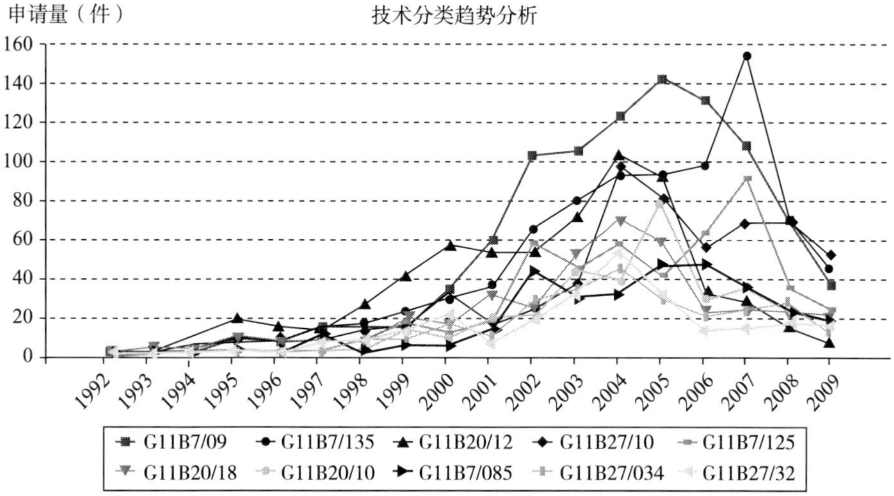

图 3－2　DVD 机主要技术领域专利申请分布

表 3－2　1985～2009 年 DVD 专利技术申请人申请量排序

申请人	专利所属国家	专利件数	占本专题专利百分比	申请人研发能力比较		
				活动年期	发期人数	半均专利年龄
松下电器产业株式会社	CN［716］	716	22.47%	19	664	7.88
三星电子株式会社	CN［554］	554	17.38%	19	452	8.6
皇家飞利浦电子股份有限公司	CN［493］	493	15.47%	9	536	6.51
索尼株式会计	CN［367］	367	11.52%	15	490	6.38
索尼公司	CN［274］	274	8.60%	22	398	11.32
上海乐金广电电子有限公司	CN［216］	216	6.78%	6	182	6.78
联发科技股份有限公司	CN［151］	151	4.74%	10	148	5.06
三洋电机株式会社	CN［148］	148	4.64%	16	158	6.18
LG 电子株式会社	CN［141］	141	4.42%	14	103	7.77
皇家菲利浦电子有限公司	CN［127］	127	3.98%	8	162	11.16

从中国（大陆）和国外（及中国港、澳、台地区）发明专利申请的数量（见图3－3）上来计算，在中国（大陆）市场上，我国（大陆）DVD 产品自有专利所占比例代表的自主性为 9.84%，计算公式如下：

$$I_i = \frac{v_i}{\sum_{i=1}^{n} v_i} = \frac{687 - 331}{5929 - 2311} \times 100\% = 9.38\%$$

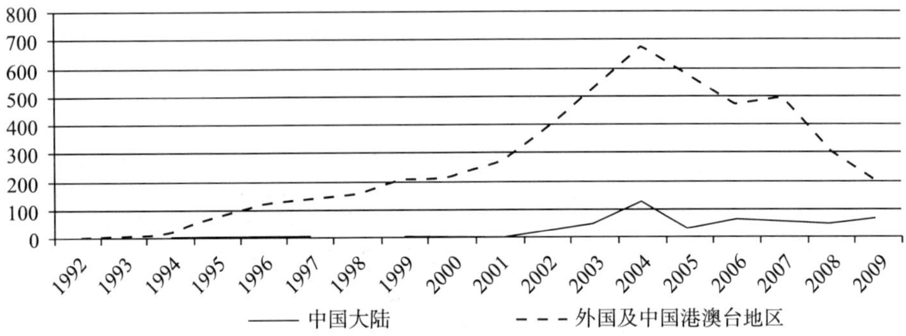

图 3－3　国内外 DVD 机发明专利申请量趋势

然而，从收益分配上来看，我国 DVD 产品创新收益的自主性更低。2005 年前后，我国国内市场一台 DVD 机的售价为 600～800 元，成本为 580 元左右，其中专利费为 26. 2 美元，将专利费计入成本后，我国 DVD 生产企业利润也只有 1 美元/台左右，国内市场专利费占到销售价 30% 左右，我国（大陆）企业利润分成的比例仅为 3. 68%。在当时的国际市场上，我国（大陆）生产的普通 DVD 机的出口价仅为 40. 6 美元，专利费已占到 60% 以上，企业因没有利润可赚，销售量大大下降。目前，我国许多生产 DVD 机的企业已破产。2006 年前后我国每生产一台 DVD 机所需交纳的专利费如表 3－3 所示。

表 3－3　每生产一台 DVD 机所需交纳的专利费

专利组织	成员企业	协议时间	专利许可费/美元
6C	日立，松下、JVC、三菱、东芝、时代华纳、IBM	2002. 04	4
4C	索尼、先锋、菲利浦、LG	2002. 10	3. 75
1C	汤姆逊	2005. 03	1
DTS	美国迪提斯公司	1999（新科）	10
1C	杜比公司	2002. 04	4. 95
1C	MPEG－LA 公司	2006. 04	2. 5
合计			26. 2

从收益上计算，我国 DVD 产品创新的自主性为：

$$I_{收益} = \frac{1}{1+26.2} \times 100\% = 3.68\%$$

由此可以看出，即使我国也拥有一部分 DVD 播放机自主专利，但自主专利占的比例过低，产品收益占的比例更低。由于专利数量太少，需要支付的专利许可费过高，不掌握主导权或相对的主导权，所以 DVD 产品的创新收益分配不能自主，加上高清音视频技术进步因素，所以出现了我国 DVD 机市场急剧萎缩的现象。

3.10.3　高技术产业创新自主性测度

1. 股权自主性

股权自主性主要指所有者权益合计实收资本中内资、外资与台港澳资本所占比例的高低。根据《中国工业经济年鉴》的数据，我国全部规模及规模以上非国有工业企业中属于高技术产业的医药、通讯与计算机、仪器仪表与办公设备制造业所有者权益合计实收资本中内资占其与外资和台港澳投资比例如图 3－4 所示❶。

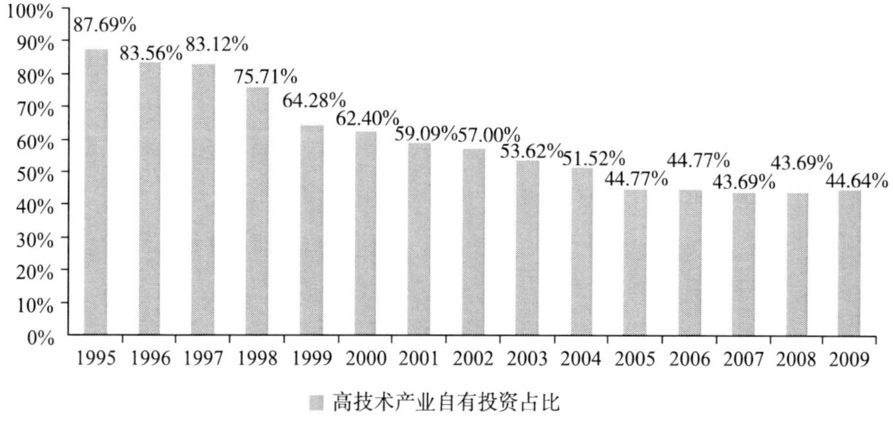

图 3－4　高技术产业主要行业自有投资比例

由图可知，1995～2009 年，我国主要高技术产业自有投资所占的比例呈较快下降趋势，从 87.69% 下降到 44.64%，2008 年最低，仅为 43.69%。

2. 技术投入自主性

高技术产业需要的技术投入为研究开发投入、技术引进费用和购买国内技术费用的总和，技术投入自主性等于自有研发投入占技术投入的比例，如图 3－5 所示。

❶ 《中国工业经济统计年鉴》的统计口径为全部国有及规模以上非国有工业企业，《中国经济普查年鉴》统计口径为全部国有及规模以上非国有工业企业，《中国高技术产业统计年鉴》统计口径为大中型工业企业。

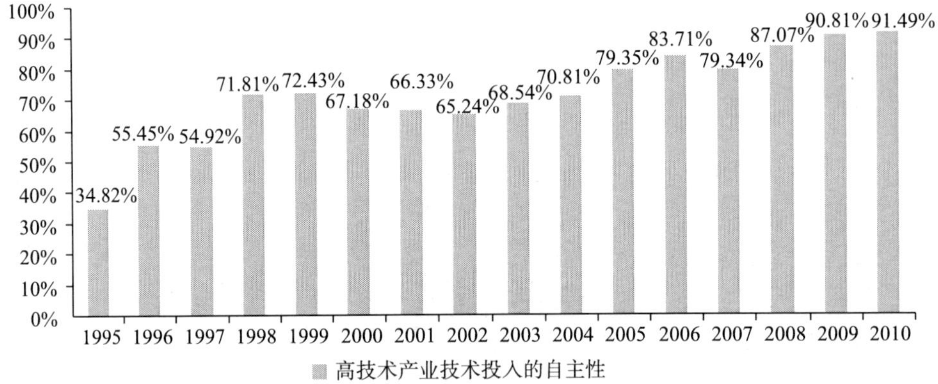

图 3-5　高技术产业技术投入自主性

从 1995 ~ 2010 年，我国高技术产业技术投入的自主性有了较大提高，从 34.82% 提高到 91.49%，其中最主要的是研究开发投入的快速增加。

3. 知识产权自主性

对于高技术产业创新来说，发明专利是最重要的知识产权之一，专利的自主性可用专利授权量占该领域全部专利授权量的比例表示。由于专利授权比较滞后，而且专利申请授权率基本保持稳定，高技术产业专利的自主性可用发明专利申请量占高技术产业领域全部发明专利申请量的比例来表示。专利自主性应当用自有专利申请量占特定地域范围尤其是统一关税区中所有专利申请量的比例进行计算，由于当前我国专利申请的特定区域主要为我国（大陆）区域，在不考虑“三资”企业国内高技术产业专利的申请情况下，所以本书以我国（大陆）高技术产业自有专利申请量占我国（大陆）所有专利申请量的比例计算专利的自主性。根据第二章的检索结果，可计算我国高技术产业发明专利的自主性。我国高技术产业发明专利的自主性如图 3-6 所示。

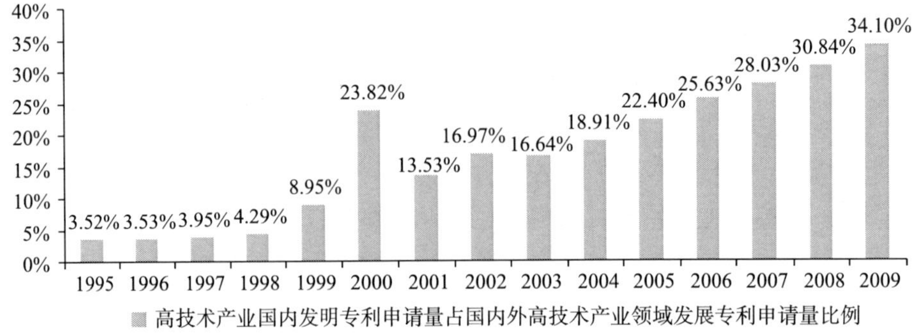

图 3-6　高技术产业发明专利自主性

1995~2008 年，我国（国内）高技术产业发明专利占我国国内外高技术产业领域发明专利申请量的自主性有较大提高，从 1995 年的 3.52% 提高到 2009 年的 34.10%。但由图 3-6 可以看出，我国高技术产业发明专利占比表示的知识产权自主性还不高。如果再考虑我国境内“三资”企业和台港澳高技术企业的发展专利申请，我国高技术产业知识产权的自主性将会更低。

4. 创新收益的自主性

在高技术产业中，创新收益是高技术产业自主创新的主要成果和目的，创新收益分配是高技术产业分配的主要部分。创新的自主性主要体现在创新收益的分配上，研究开发自主性只是创新自主性的基础，知识产权自主性是创新收益自主性的保障，只有最终的创新收益自主性才是创新自主性的关键。而收益自主性不可能离开对股权的控制，高技术产业中股权的比例实际就是创新收益分配的比例。因此，可以用自有投资所占比例代表的股权比例表示创新收益的自主性。由于医药、通讯与计算机、仪器仪表与办公设备制造业所有权合计实收资本中自有投资的比例代表了整个高技术产业自主投资的比例，高技术产业创新收益分配的自主性如图 3-7 所示。

5. 高技术产业创新自主性

运用层次分析法，分析技术投入、专利和收益分配三个要素对高技术产业创新自主性作用强度的大小，可以计算我国高技术产业的创新自主性。层次分析结果如表 3-4 所示。

表 3-4　利用层次分析法得到的贡献率

项　目	技术投入	专利产出	创新收益	自主性	
技术投入	1	1/2	1/3	技术投入自主性	16.67%
专利产出	2	1	2/3	专利自主性	33.33%
创新收益	3	1.5	1	收益自主性	50%

根据上述研究和公式计算，可得如图 3-7 所示的我国高技术产业创新自主性。由该图可知，1995~2008 年，我国高技术产业创新自主性呈缓慢下降态势，创新自主性由 50.21% 下降到 37.45%，几乎每年下降 1 个百分点。在创新自主性中，技术投入的自主性提高较快，由投资权益形成的创新收益自主性呈下降趋势，由 87.69% 下降到 43.69%，已低于一半。最值得注意的是，我国高技术产业发明专利自主性较低。我国高技术产业专利等知识产权形势虽不断好转，但仍不容乐观，大量的研发投入尚未转化为知识产权，知识产权对创新收益的自主性

保障还很不足。

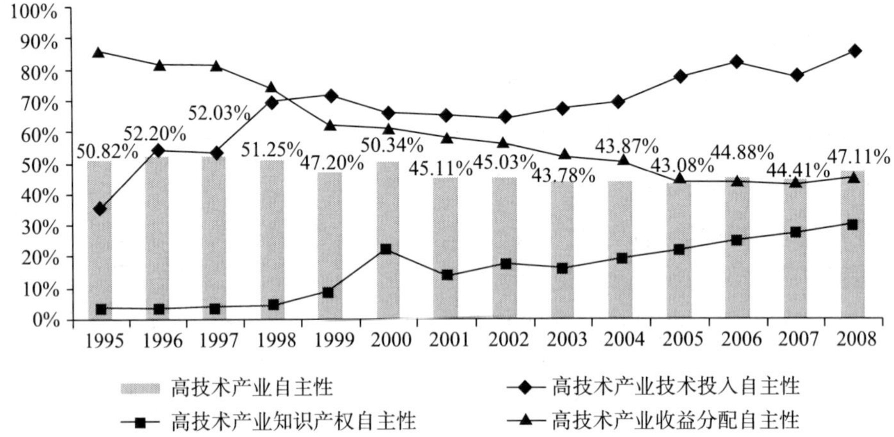

图 3－7　高技术产业创新自主性

3.11　自主创新政策

自主创新的主要特征是主导性和主动性，自主创新所需要的政策工具主要包括财政投入、税收优惠、政府采购、知识产权保护、金融和人才政策。虽然我国颁布的《中长期科技规划纲要》配套政策与 70 余项实施细则受到了企业和全社会的热烈欢迎，包括高技术产业在内的整个自主创新政策环境大大改观，但我国目前的自主创新政策措施制定还存在一些不足，主要有：配套政策和实施细则系统性仍有不足，实施细则存在与配套政策存在不一致和不支撑问题，一部分实施细则存在可操作性不足甚至缺陷问题，还有一些实施细则与其他实施细则或法规政策之间存在重复和冲突，部分外资政策和竞争政策还不适应自主创新的要求。

为提升高技术产业自主创新能力建设，在财政投入政策上，我国应加快制定《科学技术进步法》实施细则，明确规定高技术产业研究开发经费投入占政府研发支出的比例和高技术企业研究开发经费投入占销售收入的比例。应将技术预见和预测研究与科技项目筛选结合，引导和支持一批高技术行业龙头企业建立尖端技术研究院（所），支持行业龙头企业开展前瞻性、战略性研究开发。应大幅度减少竞争性经费投入的比例，“863”计划和支撑计划等要以企业为主要牵头单位，还要明确企业产学研合作的条件和程序以及经费使用，应明确地方和企业自筹资金的到位条件和比例。

在税收政策上，要扩大增值税优惠范围。对具有专利等自主知识产权优势的战略性新兴高技术企业，或列入国家重大专项和重点支持的并经过认定的企业，可以实行享受增值税按销售收入3%～6%，或实际增值税赋超过3%～6%部分纳入即征即退优惠范围的政策。修改《会计准则》和税法规定，统一使用“研究开发费”科目，取消“研究机构研究开发人员工资”的限制，允许企业将经认定的全部研究开发费用纳入扣除范围，允许企业将研究开发费计入当期费用。地方政府应建立政策落实专家会商机制，简化审批手续，统一150%税前加计扣除政策申报的时间。减免为创新提供服务的中介机构的营业税或增值税，提升创新中介服务机构的高水平、国际化、专业化服务能力。

在金融政策上，进一步创新科技与金融合作模式，应在建立中小企业银行或科技发展银行、推进金融工具创新、建立自主创新贷款担保和创新保险制度、发展风险投资等方面突破一些制度性瓶颈和障碍，完善投融资服务体系，支持科技型中小企业成长，促进战略性新兴产业发展。

在政府采购政策上，不应简单地废止我国已制定的自主创新产品采购政策，而应坚持2010年征求意见稿确定的标准，并借鉴国外的做法，要进一步完善自主创新产品标准，或采取替代政策如新产品政府采购政策。自主创新产品主要是中小企业的产品与首台首套产品并要与高技术产业安全相结合，而且只有在境内增值部分超过50%的才可列入采购范围。在继续完善现有自主创新政策的基础上，还要制订实施《政府采购法实施细则》，明确自主创新产品首购和订购的主体、使用的主体、采购预算编制、采购合同、采购评审、采购程序等。各级政府财政部门还要给予企业和财政预算包干单位采购自主创新产品和共性技术一定的市场差价补偿。还要建立自主创新产品目录快速更新机制，制定需要引进技术的国外高新技术产品政府采购目录。允许采购人以市场价格采购纳入自主创新产品目录的非主流产品，政府采购应给予自主创新产品首购的采购人一定比例的经费补偿，探索推行自主创新首台首套产品研发经费后补助政策，可根据企业、大学、科研机构投入的研发成本和前期财政科技经费投入，按照实际需要摊销的年限，给予一定额度的补助，降低首台首套创新的风险。

在外资政策上，应改变单纯引进的外资政策观念，从以引进为主专项的政策转向以有效利用为主的政策，而且要与有利于促进我国自主创新能力建设尤其是高技术产业自主创新能力建设相结合。在高技术产业上应进一步加大关键核心高新技术的引进，鼓励通过市场机制降低重复引进和低端产品引进。支持高技术产业通过合资合作、兼并收购方式引进外国中小企业技术。跨国公司合资合作和兼并收购必须符合国家的产业安全政策。

在竞争政策上，应加快《反垄断法》实施细则的制定，明确市场垄断的条件和处罚程序，制定限制行政垄断的明确规则。限制对企业创新的不当行政干预行为，尊重企业的自主创新决策。建立一体化和平等的基本社会保障制度和税收优惠制度，建立公平、竞争的市场环境。减少行政审批，缩减企业寻租行为，激励高技术企业内在创新动力。

3.12 本章小结

本章重点研究了自主创新的内涵、特征、分类，自主创新与改进创新、产业安全的关系以及自主创新机制、创新生态系统和自主创新政策，重点研究了创新自主性的测度。自主创新最重要的特征是自主性，自主性主要是主动性和主导性。自主创新是股权的自主和知识产权的自主。当前，制约我国技术产业创新自主性的瓶颈是知识产权尤其是发明专利权太少，根本问题是研究开发投入强度太低，极低的知识产权自主性和不断下降的股权自主性制约高技术产业的自主创新。

自主创新最重要的是有藐视创新困难的勇气，坚定创新成功的信念和采取科学的创新方法。要提高高技术创新的自主性，关键在于加大高技术的研究开发投入强度，开发出具有较高价值的具有知识产权的创新技术。提高产品或工程创新自主性的关键是要拥有具有知识产权的必要技术，并使知识产权能够保障创新收益分配。要提高高技术产业创新自主性，不仅要努力掌握高技术产业的股权控制权，尤其是关系国家产业安全和重大经济利益的高技术产业企业的控股权，更要大幅度提高高技术企业的研发强度，强化专利等知识产权的申请和布局。

第四章　高技术产业自主创新能力测度与建设

提升自主创新能力是建设创新型国家的必由之路。我国2006年颁布《中长期科技规划纲要》后，又出台了一系列提升自主创新能力的政策和措施。尤为重要的是，我国专门把《国家自主创新能力建设》列入“十二五”期间国民经济和社会发展的13个重要国家专项规划，第一次开始系统布局国家自主创新能力的建设。规划自主创新能力建设必须明确自主创新能力的内涵、特征、类型，必须建立国家、产业、区域和企业层次的自主创新能力监测指标体系，必须制定自主创新能力建设配套政策和发展路线图。推进国家自主创新能力建设，必须大力推进包括高技术产业自主创新能力建设在内的产业自主创新能力建设。

4.1　创新能力测度

4.1.1　创新能力测度指标体系

自20世纪90年代以来，竞争力、创新绩效和创新能力一直是学术界的一个研究重点。国内外一些重要的报告和研究多集中于技术指数或竞争力评价，并把技术创新能力作为竞争力的一个组成部分，如联合国工业成就记分牌UNIDO技术指数、瑞士洛桑国际工商管理学院竞争力评价体系、联合国发展组织UNDP的技术成就指数TAI（Desai M.，Fukuda－Parr S.，Johansson C.，Sagasti F，2001）、美国科学工程指标高技术竞争力评价体系（2006），科技国际竞争力评价体系（科技竞争力联合研究组，1999）、高技术产业国际竞争力评价体系（穆荣平，2000）、产业国际竞争力评价体系（王昌林、史清琪等，2001）等。美国信息技术与创新基金会与考夫曼（Ewing Marion Kauffman，2012）基金会发布的全球创新政策指数，用七个核心领域的84个指标评价了全球55个国家的创新政策绩效，包括贸易与外部直接投资、科学与研发、市场竞争、知识产权、信息通讯技术、政府采购和高技能人才流入，其全球创新指数主要是创新效率指数，包括创新投入和创新产出两大子指标，前者包括制度、企业发展，后者包括科学产出和创造性产出。德国弗朗霍夫创新系统研究所、联合国大学等（2011）发布的创新指标从教育、社会、政府、企业和公共研究等方面建立了38个创新指标的测度指标体系，测度了26个国家的创新体系绩效。

创新能力主要包括国家、产业、区域和企业四个层次。国家创新能力是指创新能力理论在国家层面的应用，还涉及教育、知识产权制度和法律环境等驱动因素（Suarez - Villa L，1990），是国家持续创新互动的制度潜力（Mei - Chih. Hu and John A. Mathews，2005），它还指一国创造和运用新知识，或者通过新的方式重新组合已有知识，以创造新产品和新服务，进而提高生产效率和社会管理水平的能力（刘凤朝，2009）。波特、斯特恩（2002）从科学工程人力、创新政策、创新集群环境、联系、创新趋向等几个方面测度了主要国家的创新能力。美国普渡大学区域发展中心和印第安纳企业研究中心等（2009）开发的创新能力指数包括人力资本、经济动力、生产率与就业、经济福利四类指标，比较了美国各州、各地区的创新能力指数。经济合作组织也建立了一套国家创新能力评价体系，其所指的国家创新能力包括一国国家创新体系的国际化及其边界、国家创新体系内不同主体知识基础、公共资助的研究基础设施与企业部门之间的相互作用、创新企业及其内部特点与网络等四大类因素。卡洛斯（Augusto López - Claros，2009）等多国学者完成的创新发展报告则提出了包括人力资源禀赋、规制与法律框架、制度环境、研发基础设施、信息通讯技术四大类60多个指标的创新能力指数体系，测度了131个国家的创新能力。欧洲工商管理学院商学院和印度产业联合会（2008）联合开发的全球创新指数用包括制度、人力能力、总体ICT、市场和企业的投入类，以及包括知识、竞争力、财富的产出类两大类指标测度了各国的创新能力。

我国许多学者也研究了企业的创新能力。傅家骥教授（1996）较早开展了企业创新能力研究，其创新能力指标体系包括创新倾向、创新资源投入能力、创新管理能力、研究开发能力、制造能力和创新产出能力六大指标，通过对企业家和科学家的调查求得各子指标的权重，再将各子指标乘以权重加总得到企业技术创新能力指数。随着《中长期科技规划纲要》发布，我国学术界也掀起了一股创新能力和创新型国家研究的热潮。比较重要的国家创新能力评价指标体系一是中国科学院创新能力评价指标体系（2010），它从创新投入、创新产出、创新条件和创新影响四个子指标的实力与效力两个维度构建了国家、区域和产业的创新能力测度指标体系，通过专家赋权置、设置相关指标的标杆值和进行标准化，最后得出能进行横向和纵向比较的各类创新能力指数。二是《中国区域创新能力报告》（中国科技发展战略研究小组，2003），它通过专家打分赋予各子指标权重，将经过标准化处理后的知识创造、知识流动、企业技术创新能力、技术创新环境和创新经济绩效分值加总，得到我国各省、自治区和直辖市的区域创新能力。三是国家统计局自主创新能力评价体系（国家统计局中国国情研究会，2005），它包括潜在技术创新资源指标、技术创新活动评价指标、技术创新产出能力指标和技术创新环境指标共四个一级指标，通过调查和专家赋权得到总的企业自主创新能力指数。

目前，已经有一些学者和机构开始研究和测度自主创新能力。如万君康等（2008）提出，自主创新能力由自主创新投入能力、自主创新产出能力、自主创新运行能力和自主创新环境支撑力四部分构成。宋河发、穆荣平（2009）从自主创新管理能力、自主创新投入能力、自主创新转化能力、自主创新产出能力提出了自主创新能力测度指标体系方法，并以高技术产业为例进行了实证研究。

4.1.2　创新能力测度方法

测度方法的不同会影响企业或国家创新能力的测度结果。在创新能力测度研究中，主要涉及子指标权重赋权的方法和将各子指标指数汇总的方法。在初期，创新能力测度方法多采用专家赋权线性加总的方法，近年来，模糊数学、层次分析法、主成分分析法、灰色系统理论方法、数据包络分析法（DEA）、最优解法等相继应用于创新能力测度。

目前，主要的创新能力测度方法有六种。一是专家赋权线性加和法。如曲国禹、刘学铭（1999）采用“线性加权和法”对设置的创新能力三类指标进行了量化测度研究；郑春东等（1999）采用综合指数法对企业技术创新能力进行了测度研究。这种方法是比较常用的方法，但最大缺陷是主观性较大，需要对专家进行培训。二是层次分析赋权加总法。如李琪（2004）用层次分析法测度了企业技术创新能力。游达明（2003）用此方法构建了高技术企业的技术创新能力测度评价体系。这种方法也较常用，但也存在主观性缺陷，专家群体受限，指标两两对比赋值不一定准确等问题。三是模糊综合评价法。如陈晓慧（2002）、王坚强（2002）等运用模糊综合评价方法测度了企业的技术创新能力。但不易定量化，如果定量化也存在一定不足。四是回归求权重加总法。《2003 ~ 2004 年全球竞争力报告》在评价各国创新能力时采用美国专利授权量的对数与四个子指数的 30

多个独立调查指标的对数进行回归分析，求得每个变量相应的权重，然后将次指数进行非加权加总。该方法比较客观，但弊端在于采用美国专利数据库的数据有较大的局限性，一些国家如中国、印度在美国的专利授权量很小而近年增长很快。五是灰色系统理论法。唐炎钊、方旋（2001）利用该方法测度了广东省的科技创新能力。孔令丞、谢家平（2002）运用灰色系统评估原理综合测度了企业的创新能力。其最大的问题是得出的权重或灰色关联度依赖于数据序列的特征，而非真正意义上的作用大小。六是指数连乘法。魏江（1997）根据专家调查得到的各子指标的贡献率采用指数连乘法分阶段测度了企业的技术能力。该方法比较符合测度创新能力指数的要求，一个子指标指数大不一定导致创新能力指数也大，但一个子指标指数小必然导致创新能力指数小，子指标之间须具有一定的因果或相关关系。

除这些方法外，何亚琼、秦沛、苏竣（2006）测度了中国31省市区域创新能力增长效率。吴凤平、葛敏（2005）用主成分分析法测度了企业的技术创新能力。张凌、刘井建（2005）运用数据包络法测度了工业企业的创新能力。曲世友（2004）先用层次分析法（AHP）测算了技术创新综合指数状态，再用数据包络法中的BCC模型测算二次相对评价值来测度企业的技术创新能力。杜栋、庞敏（2005）则分析了用主成分分析法、数据包络法、神经网络法等测度技术创新能力和技术创新绩效的几种主要方法。刘凤朝等（2009）总结了基于数理的赋权方法、基于统计的赋权方法和基于计算机模拟仿真的方法，提出了用语气算子和熵值相结合赋权的加乘混合创新能力测度方法。

现有研究极大地丰富了自主创新能力研究的基础。国外创新能力研究或报告较多包括了经济社会指标，使创新能力测度指标体系范围较宽，而国内创新能力研究又较少体现出创新的自主性特征，一些研究提出的自主创新分类可能实际上难以测度。现有研究也较少涉及高技术产业自主创新能力研究与测度指标，尤其是符合自主创新能力理论的测度指标体系。一些指标体系则没有考虑创新的过程特点，创新能力测度不完全符合创新的规律。一些指标体系采取指标的归一化方法存在不足，原始数据标准化的方法较少考虑归一化后的权重分配，最大、最小值一般选取序列中的最大、最小值，不仅无法进行未来的比较，有可能导致数据溢出，也有可能引起指标数据归一化后的值相差较大，扭曲了各指标权重的真实含义。一些指标体系采用客观判断方法取得权重，但权重很大程度上依赖于数据序列的特征，有可能与实际判断不相符合，专家判断得出的权重有一定的主观性局限。

4.2 自主创新能力内涵

本书认为，创新能力建设是指从创新思想经过研究开发和工程化，到商业化和规模化，再到社会应用，获取经济价值和其他价值的能力，自主创新能力是指创新主体通过创造性努力获得主导的创新产权并取得主要创新收益的能力。高技术产业中的企业整体是高技术产业自主创新能力建设的主体，创新产权是指能够主导创新方向、创新过程和创新收益分配的控制权，创新收益是指能够获得超过行业平均利润的垄断利润即创新租金（Innovation Rent）以及超过平均水平的其他收益。

自主创新能力是从自主创新投入到自主创新转化再到自主创新产出和产业化的一个累积性能力，是各组成部分能力相互支撑、相互作用、相互融会的一个综合性能力，它不仅具有自主创新过程的线性特征，而且还具有能力演变和发展的网络化特征。它不仅注重对外部资源的有效利用，还强调对创新方向、创新过程和创新收益分配的主导或控制。从创新价值链来看，自主创新能力强调以价值创造和价值增值为基础的能力建设和积累，自主创新能力各组成部分能力以价值创造和价值增值为基础，集聚和配置创新资源而实现积累。自主创新能力建设是一个全面的能力建设，它不仅包括自主创新投入能力和自主创新产出能力建设，而且还包括自主创新组织管理能力和自主创新基础能力建设，各部分能力建设不可偏废，任何一个部分的能力建设不足，高技术产业自主创新能力建设就会受到较大影响。同时，高技术产业自主创新能力建设要求必须抓住重点和关键，通过突出重点环节解决影响自主创新能力建设的瓶颈问题和突出问题，实现自主创新能力各部分能力的协调发展。高技术产业自主创新能力建设要求必须以高技术产业内资企业为主体实现能力建设和积累，而不能将能力建设寄托于国外和寄托于大学、科研机构。高技术产业自主创新能力建设还要求必须以自主创新为主线，努力掌握关键高技术、高技术产品创新或工程创新、高技术产业创新的主导权。

从创新的过程来看，高技术产业自主创新能力可分为科学为主的知识自主创新能力和应用为主的技术自主创新能力，但主要是指技术的自主创新能力。除了股权外，知识自主创新能力中的创新产权主要指科技论文与科技著作的著作权，创新收益主要指著作权收入和具有学术声誉的同行认可度，而技术自主创新能力的创新产权则包括专利权、著作权、技术秘密专有权等知识产权，其创新收益主要指新产品利润和知识产权许可收入。

从创新的主体来看，高技术产业自主创新能力也涉及创新对他人知识产权有前向依赖性产生的控制权问题和由于不同创新主体的股权所产生的控制权问题。具有前向依赖性的高技术创新、高技术产品创新或工程创新以及高技术产业的创新都会产生创新自主性问题，创新自主性主要来自于知识产权。因此，高技术产业自主创新能力并不等于高技术产业本身的创新能力。在由股权产生的创新产权上，虽然在我国大陆境内的“三资”与台港澳独资企业、部分合资企业等具有较强的创新能力，但我国主权无法控制和支配外资企业中外方的股权，我国（大陆）法人或自然人不具有对台港澳资企业台港澳方股权的支配与控制权。因此，高技术产业自主创新能力不等于高技术产业整体的创新能力。

由于内资企业的投资主要为国内投资，不存在或较少存在股权控制权问题，内资企业的创新产权可以由知识产权产生和保障，而对于非内资高技术企业，知识产权的创造、实施和收益从属且受制于股权，创新产权则主要由股权产生和保障。所以，高技术产业自主创新能力主要包括两部分，一是内资高技术企业的创新能力，二是“三资”企业和台港澳资高技术企业中从属于中国（大陆）股权的创新能力。

4.3 自主创新能力建设模型

建设乃建立、设置之意，是一个从无到有和优化布局的过程。能力建设是一个设立能力并优化布局能力的过程，是一个价值不断增值的过程，不仅是指量的积累，也是质的提高，两者缺一不可。从创新活动的过程看，自主创新能力建设是对从创新思想产生到研究开发和工程化，到商业化尤其是产业化和社会应用的能力进行设置和优化的过程。从规模和效率的有机统一看，自主创新能力建设是统筹协调扩大自主创新规模能力和提升自主创新效率能力的过程，规模和效率两个维度的能力缺一不可。高技术产业自主创新能力建设可以从以下三个维度展开分析，如图4－1所示。

1. 主体维

主体维是指参与高技术产业自主创新能力建设的各类机构，尤其是创新机构，包括企业、高等院校、科研机构，还包括政府、创新社会中介组织和社会自然人。在创新机构中，企业是高技术产业自主创新能力建设的主体，大学和科研机构是重要主体。不可忽视的是，政府在高技术产业自主创新能力建设中起着重要的政策引导、资源配置和检查监督职能，创新中介组织在创新体系中承担着促

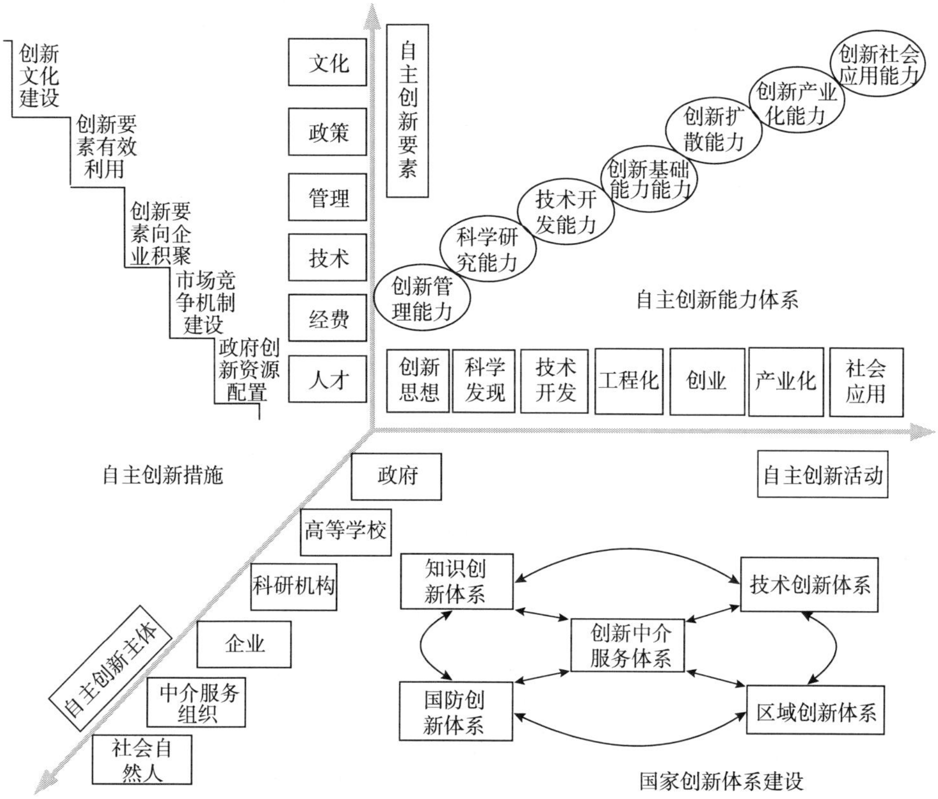

图4－1　自主创新能力建设三个模型

进知识和技术信息转移应用，提高创新效率的重要作用，承担着为高技术产业自主创新能力建设提供创新服务的职能。社会自然人尤其是非职务发明人也是高技术产业自主创新能力建设的重要组成部分，而这一点经常被人忽视。

2. 过程维

过程维是指高技术产业自主创新的过程，涵盖从创新思想及重大需求识别到自主创新投入、自主创新转化再到自主创新产出和自主创新支撑引领经济社会发展的整个过程。其中，自主创新中重大需求识别主要是从科学研究和市场需求两方面把握。自主创新投入包括经费、人才、技术及创新基础设施的投入。自主创新转化主要指研究开发、工程化和创业三个环节。自主创新产出主要是指各类创新成果的产出，无论是中间产出还是最终产出，最终产出主要是高技术产业新产品销售收入和增加值，中间产出是指科技论文、专利以及人才培养等。自主创新支撑引领作用表现在自主创新产出对产业和经济结构调整的作用，对经济增长和社会事业发展的贡献。

3. 要素维

要素维是指高技术产业自主创新能力建设的要素。要素分为三类，一是基础要素，包括资金、技术、人才；二是实体要素，是将基础要素集成组合的组织化实体，主要包括实验室、企业技术中心、工程（技术）研究中心等；三是环境要素，主要包括管理、政策、文化以及制度、道德等。

4. 维度组合

一是要素与过程组合。人、财、物是基本要素，研究开发机构尤其是企业研发机构以及高校和科研机构是整合基本要素的实体要素，基本要素只有在实体要素中才能进行组合，产出创新中间成果如论文、专利等各类知识产权成果，而这些成果只有经过企业生产系统才能变为产品，产生增加值和创造出利润。自主创新的过程实际上是在环境要素的组织、管理和催化下，各种基本要素在实体要素中有机组合产生协同效应，从而产出创新成果和获得收益的过程。自主创新管理、科学研究、技术开发、创新扩散、创新产业化和社会应用的过程不仅是价值增值的过程，也是自主创新能力不断形成和积累叠加的过程。自主创新过程结束后将会产生新的人、才、物要素，这些基本要素是增值了的创新要素，再投入到自主创新过程的开始，将会获得更大的价值增值。要素与过程的组合反映的主要是创新管理问题，因此自主创新管理能力建设要有利于加快要素流动和价值增值，最重要的是要有利于要素的转化和价值积累。

二是主体与过程组合。主体与过程组合反映的是国家创新体系中不同阶段不同创新机构的功能定位问题。自主创新初期阶段的很多新思想主要来自于经济社会的重大需求，而政府在此阶段能发挥十分重要的作用，尤其是中长期规划和战略。在基础研究和应用基础研究阶段，高校和科研机构及部分有实力的企业承担着知识创新的重任，大量的技术开发和商业化及社会应用工作是由企业完成的，企业是技术创新体系的主体，知识创新体系产生的新知识输出到技术创新体系实现产品化。区域创新体系是在特定范围内具有特色和优势的创新体系，是知识创新体系和技术创新体系的载体。社会自然人也是自主创新各环节的重要角色，也应成为国家创新体系的重要组成部分。国防创新体系是国家创新体系的重要组成部分，与国家创新体系其他体系既不相同但又有紧密联系。创新服务体系中的社会中介组织在创新过程中承担着联系其他主体和创新环节的重要作用，承担着将知识创新体系、技术创新体系、区域创新体系和国防创新体系联系起来促进创新要素联动的重任。各创新机构职能交叉、重复、缺失和弱化，创新过程各环节的矛盾和不衔接均不利于高技术产业自主创新能力建设。政府过度干预自主创新活动，高校和科研机构基础研究不足而过度参与技术开发，社会中介组织和社会自然人创新资源配置不足等，也会影响自主创新能力建设。

三是要素与主体组合。要素与主体组合反映的主要是自主创新能力建设所需要的重要政策措施。政府的主要职责是优化配置公共创新资源，但市场竞争机制对自主创新具有重要的基础性作用，市场机制是自主创新和能力建设的最重要动力，政府的职责是促进市场竞争机制发挥作用而不是代替它和干扰它。在创新资源配置中，企业不仅应是技术创新体系的主体，也应是整个国家创新体系的主体，因为只有企业创造财富，所以无论是基本创新要素还是实体创新要素都要向企业倾斜。各创新机构在国家创新体系中的功能定位不同，其投入产出方式也不同，但都要强调创新要素的有效利用。要促进创新要素的有效利用，必须增强各创新机构的动力，而创新动力可来自于有效的政策，但创新动力根本上是来自于创新需求和创新文化。

4.4 自主创新能力分类

根据自主创新能力的内涵特征和三维度分析，高技术产业自主创新能力建设应主要包括以下六个方面的能力建设。

（1）科学研究能力。科学发现和基础研究是技术创新的源泉，是新思想产生的基础。重大的科学前沿和重大的社会需求都是科学研究新思想产生的来源。高技术产业科学研究能力是指高技术产业整体从事科学发现和基础研究的能力，主要包括基础研究经费投入能力、基础研究人力资源配置能力、基础研究产出能力等，可用基础性研发经费和科学论文的数量与质量测度。

（2）技术创新能力。技术创新能力是指依靠技术创新促进创新资源高效利用，增强自主创新实力和提高效率的能力，目的是获得创新产出，促进经济和社会事业发展。高技术产业技术创新能力不仅仅是高效利用创新资源，并将创新资源转化为能获得商业化价值的产品和服务的能力，它也是在创新投入、创新产出、创新基础条件建设和创新影响等方面充分进行了技术创新的能力。

（3）创新基础能力。高技术产业创新基础能力包括支撑科学研究、技术开发、工程化和商业化的能力。创新基础能力建设重点包括研究实验基础设施、工程技术开发设施、商业化基础设施以及创新服务设施等。科学研究能力很大程度上依赖于大科学装置、大科学工程和实验室建设，而技术创新能力很大程度上依赖于企业技术中心、工程（技术）研究中心、工程实验室的建设。

（4）创新商业化能力。创新商业化主要包括创业和产业化，创业是自主创新成果的转化和实际应用，产业化是自主创新实际应用要达到一定经济规模。自主创新要能够产生较大规模的经济价值，突出表现在高技术产业的增加值和劳动生产率上，只有增加值才是创新真正产生的财富，只有劳动生产率才表征了自主创新的成效。创新产业化能力体现在高技术产业较大规模和较高比例地采用了自主研发的高技术，制造了创新的高技术产品，而非依靠落后技术制造的低成本廉价产品。产业化能力要在总体上能够支撑经济发展，提高人均收入水平，促进社会财富的积累。

（5）社会应用能力。社会应用能力建设是指自主创新活动不仅能够促进社会事业发展，而且社会事业发展能够对自主创新活动产生重大的拉动作用。自主创新的目的除了获取规模化的利润之外，还要增进社会福利，让人民群众过上更加安全、舒适和幸福的生活，促进社会的和谐发展。以社会应用为导向，充分挖掘科技、教育、医疗卫生、环境保护和公共安全事业等方面的创新需求，将会极大地提升自主创新的动力和经济收益能力，而且也会带来思想观念、社会关系的深刻变化。

（6）创新管理能力。创新管理能力也是管理变革能力。主要是政府组织体系调整、政府职能转变能力，以及法律制度和政策层面政府引导机制、市场作用机制的变革能力，是为高技术产业自主创新创造完善的外部环境，培育创新文化，疏通创新渠道，提高创新效率的能力。

4.5 自主创新能力测度指标体系与方法

4.5.1 自主创新能力测度指标体系

由于创新基本上是一个投入到产出的过程，创新理论发展到现在，无论出现了包括连环模式、网络模式在内的多少创新模式，也无论需求拉动的作用有多大，创新都无法离开从投入到产出的基本过程，因此创新能力实际是一个以投入能力和产出能力为基本构成的能力。创新能力更是一个累积性能力，即使投入不是产出当年的投入，但创新能力本身绝不是简单的产出能力本身，当年的投入反映的也是能力，只不过投入能力反映的是潜力，而产出能力反映的实力。创新能力更不是投入产出的绩效本身，虽然绩效很重要，但绩效只是创新能力的一个方面。另外，创新能力也绝不是量的简单叠加，规模较小而效率较高的国家也可能有较强的创新能力，如以色列；规模较大而效率较低的国家也有可能创新能力不强，如中国（中国科学院创新发展研究中心，2010）。

从上述分析出发，也从数据可获得性和可测度性出发，本书所指的高技术产业自主创新能力是自主创新管理能力、自主创新基础能力、自主创新投入能力和自主创新产出能力四个方面能力的总和。这四个方面的能力与上述六个方面能力是一致的。科学研究能力和技术开发能力均涉及自主创新的投入和产出，是从科学和技术两个方面表征的自主创新的投入能力和产出能力。创新基础能力是国家在基础设施、创新载体上为创新提供基础条件的能力，在产业则主要是指产业创新的基础条件，包含了促进自主创新投入转化为自主创新产出的投资、装备和工程化手段。自主创新产出能力既包含了自主创新的直接产出能力，如专利和新产品，也包含了间接产出能力，如产业的竞争力，产业竞争力也是产业自主创新的影响和应用能力。因此，我国高技术产业自主创新能力评价体系包括自主创新管理能力、自主创新基础能力、自主创新投入能力和自主创新产出能力四个二级指标，14 个三级指标，38 个四级指标。我国高技术产业自主创新能力测度指标体系如表 4 - 1 所示。

表 4 - 1　高技术产业自主创新能力测度指标体系

一级指标	二级指标	三级指标	单位	最小值	最大值
自主创新管理能力（0.242204）	科技创新规划、计划与战略（0.3）	科技发展规划		0	3
		主体科技计划		0	5
		科技条件与环境建设计划		0	20
		科技创新战略		0	4
	自主创新政策（0.4）	财政投入政策		0	3
		税收优惠政策		0	7
		政府采购政策		0	3
		知识产权保护政策		0	3
		人才政策		0	3
		公平竞争政策		0	3
	企业自主创新倾向（0.3）	企业科技机构数量	个	500	4000
		科技经费筹集中来自企业的部分	%	0.5	1.2

续表

一级指标	二级指标	三级指标	单位	最小值	最大值
自主创新基础能力（0.252537）	基础投资能力（0.33）	新增固定资产投资额	亿元	0	700
		项目建成率	%	0	120
	装备能力（0.34）	微电子设备原值	亿元	0	650
		微电子设备原值占年末固定资产的比重	%	0	0.4
	工程化能力（0.33）	工程人员数量	万人	0	100
		工程技术人员占从业人员比	%	0	0.2
自主创新投入能力（0.235655）	研发经费投入能力（0.35）	R&D 投入总量	亿元	0	180
		R&D 投入强度/销售收入	%	0	0.25
	研发人力投入能力（0.3）	R&D 活动人员全时当量	万人年	0	35
		科学家工程师占科技活动人员比例	%	0.35	1
	技术消化能力（0.2）	技术消化投入	亿元	0	7.8
		技术消化投入占技术引进经费比例	%	0	0.33
	技术改造投入能（0.15）	技术改造投入	亿元	0	100
		技术改造投入占销售收入比例	%	0	0.025
自主创新产出能力（0.269604）	专利产出能力（0.3）	发明专利申请数量	件	0	40000
		R&D 投入产出专利数量	件/万元	0	330
		R&D 全时活动人员产出专利	件/万人年	0	1600
	新产品产出能力（0.4）	新产品利润	亿元	0	270
		R&D 投入产出新产品利润	元/元	0	5.2
		R&D 全时活动人员产出新产品利润	万元/人年	0	18
	竞争能力（0.3）	工业增加值	亿元	0	4000
		工业增加值率	%	0	0.7
		总利润	亿元	0	680
		增加值利润率	%	0	0.5
		出口额	亿元	0	7910
		出口占比	%	0	1.2

由上述分析可知，高技术产业自主创新能力不能包含“三资”企业中非中

国股权产生的创新能力，也不能包含港澳台资企业中非大陆股权产生的创新能力，所以，在测度高技术产业自主创新能力时，必须先划分股权，求得自有或自主数据，而股权主要由自有投资形成。1995～2008 年我国高技术产业规模以上工业企业的内外资投资情况如图 3－4 所示。由于自主创新首先离不开自有进行的创新，没有自有创新能力也不可能有自主创新能力，所以，本书在测度自主创新能力时只考虑内资企业的创新能力和在“三资”与港澳台资高技术企业中的属于中国（大陆）股权控制下的创新能力。对于子指标总量数据，本书直接用高技术产业原始数据乘以自有投资比例得到，对于比例或效率数据，由于是采取自有总量数据相除的办法，它与高技术产业原有比例或效率数据相同。同时，由于高技术产业发明专利申请数量很大，要对专利技术的前向依赖性进行判断和对其价值进行评价是不可能的，所以，本书在测度高技术产业自主创新能力时，暂不考虑由技术依赖性产生的创新自主性问题。

（1）自主创新管理能力。

自主创新管理能力是指一个国家或地区根据经济社会发展需要，有效整合创新资源促进高技术产业自主创新的能力。自主创新管理能力主要包括国家高技术产业自主创新政策、国家高技术产业自主创新规划与战略、高技术企业自主创新意识三个三级指标。其中，国家高技术产业自主创新政策用我国每年发布的高技术产业创新政策表示，支持高技术产业自主创新的政策主要包括财政政策、税收优惠政策、政府采购政策、知识产权保护政策、引进消化吸收再创新政策、鼓励出口政策、创新条件平台政策、产业化政策、人才政策等，其中最重要的是财政投入政策、税收优惠政策、政府采购政策和知识产权保护政策、人才政策、公平竞争政策。

国家支持自主创新的规划和战略用国家科技发展规划、国家主体科技计划、科技条件环境与创新能力建设计划、科技创新战略四个指标表示，其中国家科技发展规划是指我国制定的《中长期科技发展规划》和五年科技发展规划。国家主体科技计划主要指“973”计划、“863”计划和科技支撑计划。科技条件环境与创新能力建设计划主要涉及国家工程实验室、国家工程（技术）研究中心、国家企业技术中心、火炬计划、科技成果重点推广计划、国家重点新产品计划、高技术产业化项目、产业结构优化升级计划、高新技术产业开发区、大学科技园 10 个计划。国家科技创新战略包括科教兴国战略、人才强国战略和知识产权战略，只有这三个战略才能称为国家战略。

从产业整体看，高技术企业是否有自主创新倾向、意愿是十分重要的。高技术产业自主创新倾向用高技术产业企业科技开发机构数和企业自筹的科技经费占科技经费筹集额的比例表示。前者表明高技术企业自主创新活动建制化的情况，后者表明高技术产业自主创新能力建设中企业自主创新的努力程度。

（2）自主创新投入能力。

自主创新投入能力是指自主创新活动的资源投入能力，主要包括自有研究开发经费投入能力、自有研究开发人力投入能力、自有技术消化吸收投入能力和自有技术改造投入能力四个三级指标。其中自有研究开发经费投入能力主要指自有研究开发投入的总量和研究开发投入强度，自有研究开发人力投入用自有研究开发人员全时当量和科技活动人员中科学家工程师占的比例表示，自有技术消化投入能力和自有技术改造投入能力分别用自有消化吸收和技术改造投入量及其投入强度表示，自有技术消化投入强度用自有消化吸收投入与技术引进经费之比，自有技术改造投入强度用自有技术改造投入与销售收入或者主营业务收入之比表示。

（3）自主创新基础能力。

自主创新基础能力也是自主创新的转化能力，主要包括自有新增固定资产投资能力、自有先进设备装备能力和自有工程化能力三个三级指标。自有固定资产投资能力指标包括自有高技术产业年新增固定资产投资额及自有项目建成率，自有装备能力指自有微电子设备原值及自有微电子设备原值占年末自有固定资产投资额的比重，自有工程化能力主要包括工程技术人员数和工程技术人员数占从业人员数的比例两个指标。

（4）自主创新产出能力。

自主创新能力是指一定创新投入条件下获得创新成果以及产生价值和影响的能力。自主创新能力首先表现为自主创新直接产出能力。在高技术产业自主创新产出中，自有发明专利和自有新产品是最能代表自主创新直接产出的两个指标，自有发明专利产出指标不仅包括自有发明专利申请量，而且还包括发明专利产出的效率，发明专利产出的效率用研究开发经费产出的专利申请量和研究开发人员全时当量产出的专利申请量表示。自有新产品产出也反映了自主创新的直接商业化能力，自有新产品产出用自有新产品利润和自有新产品产出效率表示，新产品产出效率用研究开发经费产出的新产品利润和研究开发人员全时当量产出的新产品利润表示。

自主创新产出能力还包括将自主创新产出转化为竞争优势的能力，或者对产业竞争的影响能力。竞争力主要指高技术产业通过自主创新活动所形成的整体竞争力，包括反映整个产业财富创造能力的自有工业增加值与自有工业增加值率，反映盈利能力的自有总利润与自有增加值利润率，反映出口竞争力的自有出口交货值与自有出口销售率。

4.5.2　高技术产业自主创新能力发展态势

（1）自主创新管理能力。

① 科技创新规划、计划与战略。科技发展规划是制定不同阶段科技发展方针、目标和政策的重要科技活动。新中国成立后，我国共编制了8次科技发展规划，1991年组织制定了《1991年—2000年科学技术发展十年规划和“八五”计划纲要》，1994年编制了《全国科技发展“九五”计划和2010年长期规划纲要》，1995年制定了“科教兴国”战略。2006年发布了《中长期科技规划纲要》，确立了我国新时期的科技发展方针，明确了科技发展的中长期目标。

1982年，在启动国家科技攻关计划后，我国又相继推出了一系列科技计划，形成了“3+2”的国家科技计划体系。三个国家主体科技计划是“863”计划（1986）、国家科技攻关计划（1982，后改为科技支撑计划）、国家重点基础研究发展计划（“973”计划）（1997），高技术产业自主创新能力建设主要涉及前两项。两个国家科技计划是研究开发条件建设计划和科技产业化环境建设计划。涉及高技术产业的研究开发条件建设计划主要包括国家工程（技术）研究中心计划（1992），科技产业化环境建设计划包括星火计划（1996）、火炬计划（1991）、科技成果重点推广计划（1997）、国家重点新产品计划（1997）、科技型中小企业技术创新基金计划（1999）、“科技兴贸”行动计划（1999）、国家级高新技术开发区（1991）计划等。涉及高技术自主创新能力建设的还包括创新能力建设计划，主要有国家重点实验室建设项目计划、国家工程实验室计划、国家重大科学工程计划、国家工程研究中心计划、国家企业技术中心计划，以及高技术产业化项目计划、产业机构优化升级项目计划、专利产业化计划等。

改革开放以来，我国实行了吸引外商投资的技术引进消化吸收战略。1995年，《中共中央国务院关于加速科学技术进步的决定》首次提出在全国实施“科教兴国”战略。2001年，为应对加入世界贸易组织后激烈的世界科技竞争，同时受美国、日本、韩国制定科技立国战略和知识产权战略的影响，科技部提出了组织实施“人才、专利和技术标准战略”的决定。2003年，《中共中央、国务院关于进一步加强人才工作的决定》提出了实施“人才强国”的战略。2008年，在长期研究和论证的基础上，我国发布了《国家知识产权战略纲要（2008年—2020年）》。科技部2002年实施的人才、专利、标准战略虽然只是部门战略，但也是国家战略，而且是一个与高技术产业自主创新能力建设紧密相关的战略。自主创新并不是一个国家战略，虽然我国已明确要把自主创新作为国家发展战略的核心，但并没有制定发布所谓的自主创新战略。

② 自主创新政策。我国财政政策一直支持高技术产业的自主创新，2006 年颁布的《中长期科技规划纲要》进一步加大了对高技术产业自主创新的支持力度，尤其是明确了涉及高技术产业自主创新的优先主题、先导技术、共性关键技术的研发投入。2007 年新修改的《中华人民共和国科学技术进步法》更明确了科技经费的“法定增长要求”。我国一直对高新技术产业开发区内的高新技术企业实行所得税“两免三减半”政策，在《中长期科技规划纲要》及其配套政策发布后，我国取消了区内外的不同政策，而且都实行高技术企业所得税税率由25%调整为15%的政策，真正实现了内外资企业税收法规政策的平等，还修改了高技术企业的认定标准，尤其是要求企业研究开发投入强度不低于3%，必须有1 件发明专利或6 件实用新型专利。2006 年我国发布的《中长期科技规划纲要》及其配套政策与相关实施细则优化了技术开发费 150% 所得税税前加计扣除政策，明确了加计扣除的范围和程序，取消了技术开发费每年必须增长 10% 的门槛，并且允许在 5 年内结转集中使用，极大地调动了高技术企业自主创新的积极性。

我国以前的政府采购法规和政策缺乏对自主创新产品的支持，自主创新产品研发和销售受到较大影响。2006 年我国开始实行对自主创新产品的政府采购政策，并出台了支持自主创新的标准，只要在中国境内拥有专利、商标所有权和一定期限使用权的产品都可被认定为自主创新产品。我国知识产权政策主要是保护政策，最重要的是高技术知识产权的审查和司法保护政策，从颁布专利法、著作权法、商标法等法规以来，一直采取内外无差别的知识产权审查标准和保护政策。我国一直比较重视高技术人才的引进、培养和使用，2003 年发布的《关于进一步加强人才工作的决定》提出了“人才强国”战略，近年来实行了“百人计划”、“千人计划”等一系列人才计划，进一步加大了引进培养和使用高技术人才的力度。2006 年的《中长期科技规划纲要》及其配套政策还进一步完善了各项人才政策。公平竞争环境是高技术产业自主创新的基本要素，改革开放以来，我国大力推进公平、竞争、有序的市场环境建设，1993 年制定了《反不正当竞争法》，但长期缺乏对市场垄断和行政垄断的限制政策，直到 2008 年我国出台的《反垄断法》才从法律上真正开始了限制垄断影响公平竞争的行为。

③ 企业自主创新倾向。1995～2009 年，我国高技术产业建立的自有科技机构数量呈缓慢下降而后又上升趋势，自有企业科技机构数量从 1875 家下降到1131 家，但自有科技经费筹集额中来自企业的比例一直在提高，自有科技经费筹集额中自筹的比例从 64.30% 提高到 86.97%。

（2）自主创新基础能力。

1995～2008年，我国高技术产业自主创新基础能力发生了较大变化。在固定资产投资能力上，高技术产业完成自有新增固定资产投资额从123.84亿元增加到1149.11亿元，年均增长18.69%，但项目建成率从46.28%下降到2002年的35.73%，2008年又提高到50.27%。在装备能力上，我国高技术产业自有微电子设备原值从117.69亿元增长到1137.92亿元，年均增长19.07%，微电子设备原值占年末固定资产的比重由8.09%提高到17.66%，年均提高近1个百分点。在工程化能力上，高技术产业自有工程技术人员从28.49万人下降到16.39万人，工程技术人员占从业人数的比重也有所下降，从7.25%下降到3.88%。

（3）自主创新投入能力。

总体上看，我国高技术产业自主创新投入能力呈较快上升趋势。首先，高技术产业自有研究开发资金投入有了较大增长，R&D投入能力有了显著提高。1995～2008年，高技术产业自有R&D资金投入从15.65亿元增长到292.48亿元，年均增长速度为25.26%，占销售收入的比重从4.97%提高到8.30%，自有R&D投入增长速度高于整个高技术产业工业增加值和销售收入的增长速度。第二，高技术产业自有科技活动人员全时当量和整体素质有了较大提高。高技术产业自有研发活动人员全时当量从5.07万人年增长到12.73万人年，年均增速2.34%，自有科学家和工程师占自有科技人员的比重也从37.18%提高到71.58%。第三，自有非R&D投入有明显增长。自有技术消化吸收投入从1.99亿元增长到6.70亿元，年均增速9.77%，占自有销售收入的比例由7.8%提高到17.81%，自有技术改造投入增长较慢，从72.15亿元增长到97.58亿元，年均增速为2.35%，占自有销售收入的比重则有所下降，从2.1%下降到0.67%。

（4）自主创新产出能力。

在直接产出能力上，我国高技术产业自有发明专利申请量由1995年的537件增加到2008年的17702件，年均增速达到30.86%。每亿元R&D投入产出的发明专利申请量由103.83项增加到241.32项，翻了一番多，每万人年研发人员全时当量产生的发明专利申请量由105.81件增加到1391.05件，增加了10倍多。新产品利润由60.21亿元增加到425.66亿元，年均增长16.24%，每亿元R&D投入产出的新产品利润下降，从3.85亿元下降到1.46亿元，每万人年研发活动人员全时当量产出的新产品利润（税）从11.87万元增加达到33.45万元。

在自主创新竞争力上，自有工业增加值从947.53亿元增加到5995亿元，年均增长15.25%，工业增加值率有所下降，从26.37%下降到23.52%。高技术产业自有总利润从156.13亿元增加到1069.57亿元，年均增长15.95%，增加值利润率从16.45%提高到17.84%。自有出口额从986.54亿元增加到14063.39亿元，占销售额的比重由28.72%提高到63.37%。

4.5.3 高技术产业自主创新能力测度方法

（1）高技术产业自主创新能力指数计算方法。

本书主要采用主客观结合确定权重和线性加总的方法测度我国高技术产业1995~2008年的自主创新能力。用*SIC*代表高技术产业自主创新能力，*SMC*代表自主创新管理能力，*SFC*代表自主创新基础能力，*SIC*代表自主创新投入能力，*SOC*代表自主创新产出能力，则高技术产业自主创新能力可用下述公式表示：

$$SIC = F\ (SMC,\ SFC,\ SIC,\ SOC)$$

在该式中，如果能给出各个部分能力在高技术产业自主创新能力的权重α、β、γ、φ、λ，则我国高技术产业自主创新能力可以用下式表示：

$$SIC = \alpha SMC + \beta SPC + \gamma STC + \lambda SOC$$

在该式中，$\alpha + \beta + \gamma + \lambda = 1$，高技术产业自主创新能力是上述四个组成部分共同作用的结果，只有各组成部分都比较强，自主创新能力才比较强，如果某一或几个部分的能力较弱，自主创新能力就会较弱。

（2）高技术产业自主创新能力指数计算步骤。

第一步，按照测度指标体系获得高技术产业各指标数据。根据《中国高技术产业统计年鉴》得到高技术产业整体和五个行业的总量数据和效率或比例数据，对于某些年份缺失的数据，采取两端平均或过去2~3年平均增长率弥补的办法。

第二步，通过自有投资比例代表的股权求取各指标的自有数据。对于总量自有数据，直接用高技术产业原始数据乘以自有投资比例得到，对于效率或比例数据，直接采用高技术产业原有效率或比例数据。

第三步，对于研究开发投入、新产品产值等与费用有关的数据进行平减，平减指数采用GDP平减指数，以国家统计局公布的1995~2008年定基价格指数，以1985年为100。平减指数如表4-2所示。

表4-2 平减指数

年　份	1995	1996	1997	1998	1999	2000	2001	2002	2003	2004	2005	2006	2007	2008
平减指数	302.8	327.9	337.1	334.4	329.7	331	333.3	330.6	334.6	347.7	353.9	359.3	376.5	398.7

第四步，设定各指标的最大和最小标杆值。标杆值参考高技术产业整体及五个行业创新能力和自主创新能力中某一指标序列中的最大和最小数据。由于相对值和重标度值可能都会扭曲同一指标各年度数据之间的得分，因此，本书综合两

种标准化方法，对总量和效率或比例数据参考下述重标度公式进行标准化，并尽量将下限值设为0，同时将三级指标标准化后的数据进行平均然后调整标杆值，使各三级指标数据标准化后的数值平均值尤其是近几年数值的平均值大致相等，部分实在难以相等的在标准化后乘以适当的系数，使各序列归一化后的数值大致相等，从而不影响所赋值权重大小。

$$x_i^* = \frac{x_{ij} - B_{i\min}}{B_{i\max} - B_{i\min}} \quad (i=1, \cdots, 15; j=1, \cdots, 38)$$

第五步，根据专家调查得到的三级指标权重，将归一化处理后的三级指标数值乘以相应权重，得到各二级指标数值。三级指标权重基于专家判断得到，见表4-1。

第六步，将归一化后的高技术产业自有发明专利申请量作为特征序列，与四个二级指标标准化后的数值求灰色综合关联度，根据灰色综合关联度的大小，求得各二级指标的权重。由于综合灰色关联度既与序列观测数据大小有关，又与序列数据相对于始点的变化率有关，灰色综合关联度大小较好地反映了不同序列数据变动对高技术产业自主创新能力指数的影响大小。由此可得高技术产业自主创新能力指数计算公式为：

$$SIC = 0.234851 \times SMC + 0.236322 \times SFC + 0.276544 \times SIC + 0.252283 \times SOC$$

第七步，计算高技术产业自主创新能力指数，再将求得的自主创新能力指数与各二级指标标准化后的数值求灰色综合关联度，通过迭代求出稳定的权重和自主创新能力数值，最后再乘以100得到高技术产业自主创新能力指数，以及自主创新规模指数和效率指数。经过5次迭代运算二级指标权重基本趋于稳定，最后的高技术产业自主创新能力指数计算公式为：

$$SIC = 0.242204 \times SMC + 0.252537 \times SFC + 0.235655 \times SIC + 0.269604 \times SOC$$

从该式可以看出，自主创新产出能力的权重最大，自主创新基础能力次之，而自主创新投入能力权重最小。

第八步，利用灰色综合关联度方法得到的二级指标权重计算高技术产业创新能力、各类型企业和各行业的创新能力与自主创新能力指数。

4.5.4　高技术产业自主创新能力测度结果

（1）高技术产业自主创新能力。

1995～2008年，我国高技术产业自主创新能力指数从24.29上升到45.16，年均上升6.28%。我国高技术产业自主创新能力指数呈周期性加速发展态势，第一个周期在1995～2000年，年均上升3.15%，2000年达到28.37。2001年出现下降，降到了27.72，其主要原因在于1999～2000年自主创新基础能力出现较下降。第二个周期在 2001 ~2008 年，自主创新能力指数从 27.72 上升到 45.26，年均上升 6.29%。1995 ~2008 年，我国高技术产业自主创新的规模和效率均有了较大提高，自主创新规模指数从 17.06 提升到 41.75，年均增幅为 7.13%；自主创新效率指数从 31.53 提升到 48.56，年均增幅 3.38%。我国高技术产业自主创新能力指数如图 4 –2 所示。

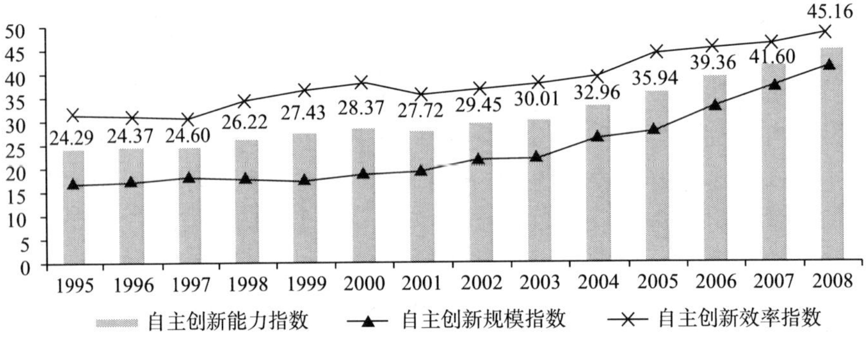

图 4 –2　中国高技术产业自主创新能力指数

在自主创新能力构成的各子指标中，自主创新管理能力指数具较高水平，自主创新产出能力提升最快。自主创新组织管理能力指数从 63.99 上升到 88.60，年均上升 5.12%，而且近年上升较快。自主创新投入能力指数持续上升，从 19.84 上升到 40.91，年均上升速度达到 5.73%。自主创新基础能力指数从 21.72 上升到 32.38，年均上升 3.12%，增速最慢，而且 2002 年以后处于最低位置。自主创新产出能力指数提升最快，从 19.50 上升到 46.60，年均上升 6.93%，如图 4 –3 所示。

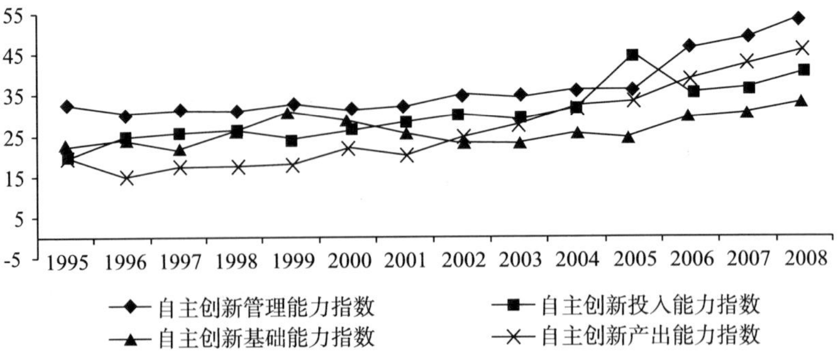

图 4 –3　中国高技术产业自主创新能力子指标指数

（2）高技术产业创新能力。

测度结果显示，我国高技术产业创新能力提升较快，1995~2008 年，我国高技术产业创新能力指数由 25. 12 上升到 64. 25，年均上升 7. 49%，高于自主创新能力指数提升速度。高技术产业创新能力的快速提升主要得益于创新规模的不断扩大，创新规模指数从 18. 71 提升到 79. 95，年均提升 11. 82%，远远高于自主创新规模指数 7. 13% 的提升速度。高技术产业创新效率指数也有较快提升，从 31. 53 提升到 48. 56，年均提升速度 3. 38%，如图 4 –4 所示。

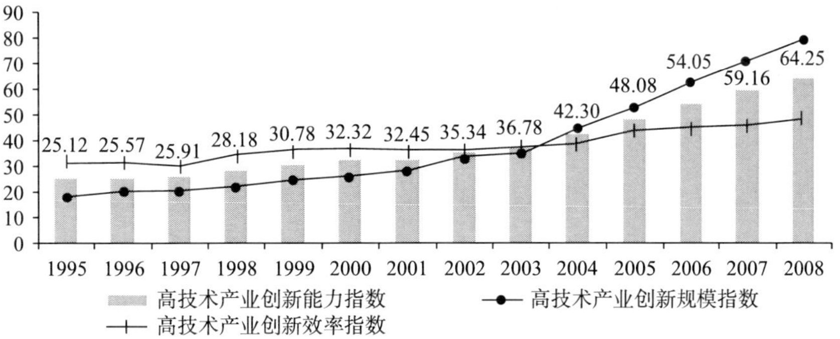

图 4 –4　中国高技术产业创新能力指数

在高技术产业创新能力构成的各子指标中，创新产出能力提升最快，指数年均增幅 10. 46%；其次是投入能力，指数年均增幅 8. 84%，创新基础能力和创新组织管理能力提升稍慢，指数年均增幅都超过 4. 5%。高技术产业创新能力各子指标能力指数普遍高于其自主创新能力指数，显示我国高技术产业自主创新能力在整个高技术产业创新能力中的相对差距在拉大，如图 4 –5 所示。

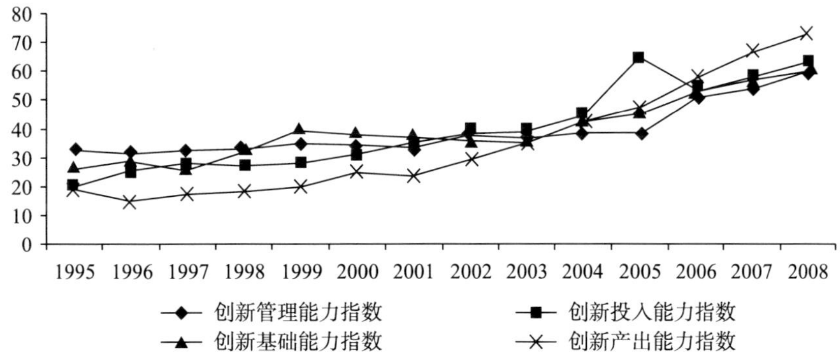

图 4 –5　中国高技术产业创新能力子指标指数

（3）各类企业创新能力。

在各类企业中，民营集体企业创新能力强，而且提升最快，民营集体企业创新能力指数从17.92上升到44.96，年均上升7.33%。“三资”企业创新能力指数从25.51上升到41.50，年均上升3.81%。国有企业创新能力指数最低，上升速度最慢，从23.66上升到35.28，年均上升3.12%。

“三资”企业创新能力指数上升总体比较平稳，近年上升速度加快。民营集体企业2000年创新能力指数开始超过国有及国有控股企业，2004年开始超过“三资”企业，但2008年开始放缓并出现较大幅度的下降。国有及国有控股企业创新能力指数波动上升，1999年后出现较大幅度的下降，2007年达到最高点，然后又出现下降，2008年创新能力指数位居民营集体企业和“三资”企业之后。高技术产业各类型企业创新能力指数如图4－6所示。

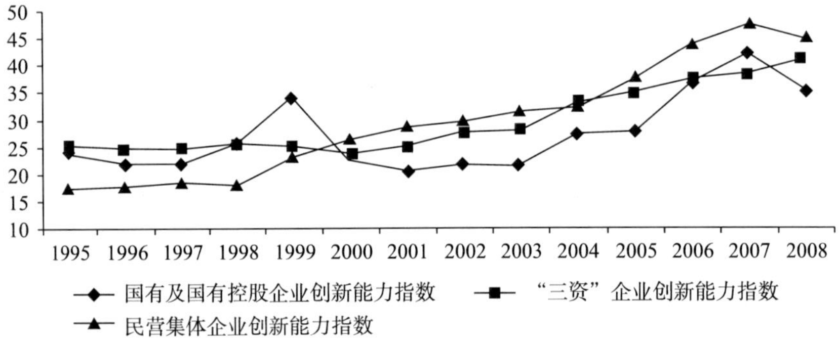

图4－6 高技术产业各类企业创新能力指数

（4）行业自主创新能力。

2008年，我国高技术产业中医疗与仪器设备制造业自主创新能力最强，电子通讯设备制造业和计算机办公设备制造业自主创新能力指数列第二位和第三位，医药制造业和航空航天器制造业自主创新能力指数分别处于第四位和第五位。

从自主创新能力指数上升速度上看，医疗与仪器设备制造业的自主创新能力指数上升最快，为5.44%，依次分别是计算机与办公设备制造业、医药制造业，年均增速分别为4.74%和4.60%，航空航天器制造业上升速度居第四位，为4.26%，而电子通讯设备制造业自主创新能力指数提升速度最慢，仅为3.31%。

从自主创新能力指数变化趋势看，各行业都出现较大的波动，航空航天器制造业早年波动较大，近年发展平稳，医药和电子通讯制造业长期比较平稳，但近年出现下降，医疗仪器设备制造业总体波动较大，近年呈加速上升趋势。1995～

2008年我国高技术产业五个行业自主创新能力指数变化如图4-7所示。

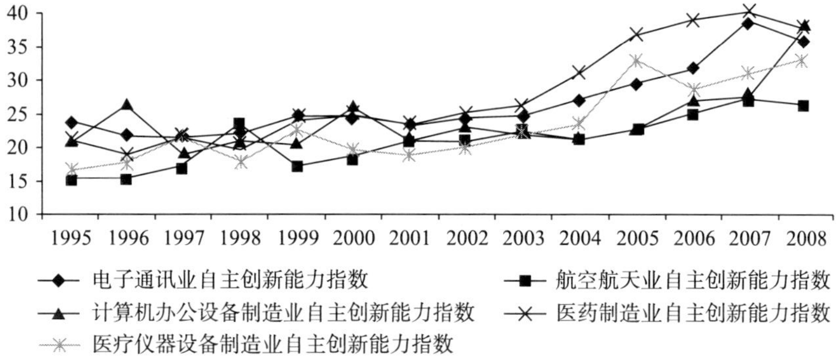

图4-7　高技术产业行业自主创新能力指数

从2008年的自主创新能力规模指数看，电子通讯制造业的自主创新规模最大，指数为24.99，而医药制造业和航空航天器制造业的自主创新规模最小，只有14.60和14.55。从自主创新效率指数来看，计算机与办公设备制造业的自主创新效率最高，指数达到61.90，而航空航天器制造业的自主创新效率最低，指数只有38.27，如图4-8所示。

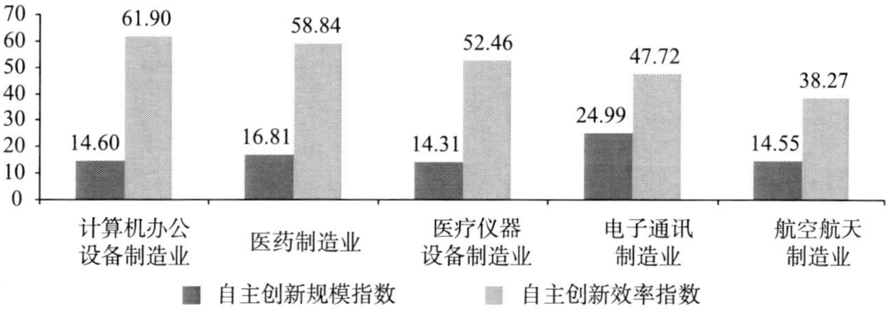

图4-8　中国高技术产业自主创新能力规模和效率指数

4.6　自主创新能力建设与创新型国家建设

1. 创新型国家目标导向的自主创新能力建设

创新型国家是指自主创新能力强，并以创新驱动经济和社会发展的国家。根据经济学理论，一国经济社会的发展离不开投资和人力，但在科技飞速发展的当代，虽然投资是组织生产和服务的基本条件，人力是产生价值增值过程的必要条件，但科技创新这类剩余要素已不可能与投资和人力投入区分开来，而是已经融入到了投资形成的设备、厂房、工艺和人的技能之中，技术已不再是希克斯中性的。当前，经济社会的发展仍主要依赖投资和人力资本，但却是融化了科技创新要素的投资和人力资本。所以，建设创新型国家，必须将经济社会的发展建立在融合科技创新要素的投资和人力资本之上。科技创新要素融合到投资和人力资本越多，就越有可能建设成为创新型国家。离开投资和人力资本，创新型国家建设就会缺乏基础，而离开科技创新与投资和人力资本的融合，就不能建成创新型国家。

创新型国家有许多特征（科技部，2007；郑伟、李廉水，2007；王冰、刘芳、张顺和，2009；创新型国家战略推进委员会，2011），但最重要的特征是创新体系完善、创新基础好、创新投入强度高、创新产出大、创新效率高、创新对经济社会发展支撑引领作用强。创新型国家测度指标体系要从国家创新体系、研发投入、创新产出、创新转化效率、创新基础设施和创新文化、创新对经济社会发展支撑程度等几个方面着手（宋河发、穆荣平、任中保，2010），并以此设定我国创新型国家建设的阶段目标，监测阶段目标和总目标的实现程度。

创新型国家实际上是一个国家在某一时间点科技创新要素融合到投资和人力资本中的状态。创新型国家测度指标与国家创新能力既紧密相关但又不相同。创新能力既包括规模又包括效率，而创新型国家最重要的是体现在效率指标和比例指标上，如挪威、瑞士不一定是创新大国但却是创新型国家，而中国还不是创新型国家。

创新型国家是自主创新能力建设的目标，自主创新能力建设是创新型国家建设的必由之路。建设创新型国家关键是高技术产业自主创新能力建设。实践证明，将一国自主创新能力依赖于引进和别的国家最后建设不了自主创新能力。建设创新型国家必须提高创新效率，但创新效率的提高必然依赖于创新投入的大幅度增加，而创新投入能力是自主创新能力的重要指标之一。建设创新型国家必须提高产业的自主创新能力，尤其是高技术产业的自主创新能力，由于其先导性、渗透性和战略性作用，高技术产业是带动国家整个产业优化升级的核心，是创新型国家建设的关键。

创新型国家目标的实现不是以时间界定的，创新型国家目标的实现最重要的是创新产出目标的实现，即创新支撑经济社会发展目标的实现，但创新产出目标的实现必须依赖于创新环境目标、创新投入目标和创新效率目标的实现。所以，实现创新型国家目标，重要的是要改善创新环境，营造有利于创新的社会文化氛围，提高创新效率，尤其是创新投入产出的效率。

2. 国家创新体系框架下的自主创新能力建设

自主创新能力建设与国家创新体系建设关系紧密。首先，自主创新能力建设离不开国家创新体系建设。国家创新体系是一个分析框架，也是一个客观存在。国家创新体系建设最重要的是创新资源的高效配置和流动，其具有重要的政策意义。自主创新能力建设既是国家创新体系建设的主要措施，也是国家创新体系建设的目标。完善国家创新体系，必须加强各创新机构的创新能力，尤其是企业的创新能力，完善国家创新体系目标是为了提升自主创新能力，建设创新型国家。

自主创新能力建设与国家创新体系建设的重点、目标和措施是不相同的。自主创新能力建设强调的是自己主导创新收益分配的能力建设，无论是管理能力、投入能力、产出能力，实际都是为了获得主导的创新收益，而国家创新体系强调的是各机构的能力要强和要素的高效联动，提高创新效率。要素联动主要是有利于资金、人才、知识向最高效的环节配置，这有赖于创新中介机构的服务支撑能力。自主创新能力包括大学、科研机构和企业的创新能力，其中最主要的是具有本国国籍特征的创新能力，但国家创新体系还包括在国内设立的外国研发机构和企业。自主创新能力主要是企业的创新产出能力，尤其是财富创造能力，也强调知识创新能力、技术创新能力等各种能力的建设，而国家创新体系强调企业技术创新的主体地位，尤其是在自主创新决策、创新高端要素和政府创新资源配置上的主体地位，如果这些方面企业所占比例很低，国家创新体系就是一个比较低级的创新体系。

当前，有很多学者将国家创新体系作为一个分析框架，但国家创新体系是包括大学、科研机构、企业和中介服务机构在内的一个客观存在的系统，而系统最重要的是整体效能要大于简单相加的个体效能。虽然我们将国家创新体系分为知识产权创新体系、技术创新体系、区域创新体系、国防创新体系和创新中介服务体系，但经典的国家创新体系理论主要强调的是以企业为核心的政府、大学科研机构和企业的三重螺旋关系，政府主要是创造有利的政策环境，弥补国家创新体系中的失灵和不足，大学科研机构主要是企业创新的来源和支撑，培育创新人才，而企业才真正是创新的主体，因为只有企业才是创新利润的产生载体。虽然大学科研机构也会产生科学知识，有利于科学价值和社会价值的产生，但他们并不创造利润。由此可知，将国家创新体系人为划分为各种类型的体系，虽然有利于政府管理和系统内部管理，但却分割了知识创造和运用的一体化，弱化了企业作为国家创新体系主体的地位，不利于国家创新体系整体效能的发挥。

目前将企业定位为技术创新的主体也存在不足。在国家创新体系中，除了政府和大学科研机构之外，企业显然是技术创新的主体，这是毋庸置疑的。然而，目前这种将企业仅仅局限于技术创新的观点，实际是把大学和科研机构定位为知识创新的主体，而且也可以成为技术创新的次要主体；企业只能定位为居知识创新之后技术创新的主体，更不能成为知识创新的主体。这不仅会影响企业自主创新主体地位的建立，也会影响大学科研机构和企业的正确功能定位。由于技术也是知识的一种，企业不仅应是技术创新的主体，而且也要成为整个自主创新的主体，尤其是与技术发展相关的自主创新的主体，更要在自主创新决策、政府创新资源配置和硕博士等高端要素集聚上成为主体。大学主要的任务是承担创新人才培养，公益类科研机构应主要面向基础研究和战略高技术研究，开发类的科研机构必须面向产业发展需要，与企业紧密合作，而不是从事一些与企业需求脱节的共性技术和竞争前技术开发。国外诸多跨国公司的创新实践表明，企业在基础研究和知识创新上并不必然要让位于大学和科研机构。除了面向世界科学前沿的基础研究和知识创新外，无论如何强调大学和科研机构要面向国家战略需求，这种需求导向的创新最终还是要落实到企业来实施。企业要成为自主创新主体，不仅有利于巩固企业在国家创新体系中的主体地位，而且有利于产学研的真正合作，有利于发挥国家创新体系的整体效能。

因此，为了加强高技术产业自主创新能力建设，有必要以国家创新体系为载体，优化政府、大学科研机构和企业的功能定位。要提高大学创新人才的培养能力，提高科研机构的原始创新能力，提高企业的技术创新能力，也要提高企业参与知识创新的能力，还要通过加强创新中介机构服务能力建设，强化产学研合作，增强知识流动和利用。

3. 创新发展模式中的自主创新能力建设

当前，世界上经济发展模式有多种，一种是以美、日、欧洲为代表的创新驱动模式和财富驱动模式，一种是以中东国家为代表的资源驱动发展模式，一种是以中国等众多第三世界国家为代表的低成本人力要素驱动发展模式。

创新发展模式就是创新驱动经济增长的发展模式。创新发展就是经济增长主要依靠包含了科技创新的资本和人力资源的增长模式，资本和人力与科技创新不可分割，而且是包含最新科学技术创新成果的资本和人力。创新发展模式强调资本中的科技创新成果应用和人力的科技创新能力，已经不是简单地将资本、人力与科学技术进步分割开来计算的增长模式，科学技术要素或者创新要素绝对不是剩余要素。这就要求科技创新成果与设备、厂房等实体要素的紧密结合，尤其是研究机构、研发设备的结合。创新发展模式强调掌握最新科技创新成果的人力，而不是简单技能的劳动力，这就要求强化人才科技创新能力的培养，无论是普通教育还是职业教育，都要面向经济增长需要培育人才的创新能力，掌握最新的科学技术知识与技能。

创新发展模式也是创新驱动社会进步的发展模式。社会创新首先是科技创新成果的社会应用，但创新的目的不仅仅是创造物质财富，也要通过应用创新成果提高社会发展水平。如将最新的科技创新成果用于医疗健康、环境保护、社会交往、邻里关系，甚至科技教育文化体系本身的发展。社会创新更强调从社会发展角度挖掘市场需求，为科技创新开辟更广阔的空间。社会创新也强调社会组织关系和观念的变革，通过创新营造更加和谐、幸福的社会，提高人文水平。

4.7 本章小结

自主创新能力是创新主体通过创新努力获得主导的创新产权并取得主要创新收益的能力。本章分析了自主创新能力的内涵、建设模型和分类，提出了高技术产业自主创新能力测度的指标体系和方法。我国高技术产业的自主创新能力上升迅速，但与高技术产业整体创新能力提升存在差距，而且呈逐渐扩大趋势；自主创新规模扩大较快，而自主创新的效率提升较慢；民营集体企业创新能力提升速度最快，而国有企业提升最慢，各产业自主创新能力也呈差异化发展趋势。

高技术产业自主创新能力的关键在于知识产权在内的创新产权和股权控制权。为提升我国高技术产业自主创新能力，必须要控制一些重要领域的股权，要努力营造良好的自主创新政策环境，尤其是财税、知识产权保护和投融资环境，要下大力气解决影响高技术产业自主创新能力建设的短板问题，尤其是要努力提高研发投入强度和消化吸收强度。要继续扶持民营集体企业自主创新能力建设，大力提升国有及国有控股企业的自主创新能力。在强化电子通讯设备、计算机与办公设备制造业自主创新能力建设的同时，应重点加强航空航天器、医药制造业的自主创新能力建设。

第五章 知识产权发展与自主创新能力建设

知识产权制度是激励还是阻碍创新曾是历史上长期争论的一个焦点问题，如何建立有利于创新的知识产权制度成为许多国家知识产权制度改革的一个重要目标。我国目前正处于创新型国家和知识产权较高水平国家建设的关键时期与攻坚时期。为实现2020年成为创新型国家和知识产权水平较高国家的宏伟目标，有必要深入思考创新型国家需要什么样的知识产权制度，有必要深入思考知识产权制度怎样适应产业尤其是高技术产业自主创新能力建设的需要，分析知识产权与技术创新、自主知识产权和自主创新、知识产权战略与自主创新能力建设的关系，把握高技术产业自主创新能力建设对知识产权发展的重大需求。

5.1 知识产权制度与创新

5.1.1 专利制度与技术创新

知识产权制度最早是随着市场和资本主义发展的产物（Dominiquegullec and Bruno Van Potterlsberghe de la Potterie，2007），并演变为封建王室授予的特权，其起源可以追溯到中世纪甚至更远的年代，如公元前雅典国王就授予过一个厨师烹调方法的特许权，从而奠定了专利的雏形（文希凯、陈仲华，1993）。知识产权的产生也是贸易的权利或进入交易场所的权利（Peter Drahos，1996）。知识产权建立在知识信息产生和扩散模式上，第一次制度化发展是从希腊诗人想获得利益到中世纪行会把知识产权作为财产形式的时期（Christopher May，2007）。从知识产权制度的起源看，知识产权制度从出现之日起就与创新紧密结合在一起了。专利制度首先表现为创新的要求，它是创新的产物。虽然当时并没有“创新”一词，但是新物品制造技术的出现、新物品的销售、新技术的引进都体现了现代意义创新的主要特征。虽然专利制度起源有各种不同的说法，但专利制度的各种起源和发展无不与创新或创新的某些环节相关。有一种说法认为，专利最早出现在公元前500年前的希腊殖民地古都锡巴里斯（Sybaris），当时有一种新式的碟子（一说为食谱），古希腊锡巴里斯王朝授予这种新碟子发明者一年的垄断期限。也有一种说法认为专利制度源于中世纪罗马帝国的行会（Guild），由于给予这样的所有权能使拥有者在别的地方赢得广泛的声誉，从而增加手艺的价值，罗马帝国用这种选择性授予手工艺人专利权的方式控制某个市场，以开辟新税收来源得到回报（Hazem Fahmy，2011），此时的专利权为行会所共有的财产。公认的最早和具有现代特征的专利制度起源于意大利的威尼斯，早在14世纪早期，威尼斯王国就开始授予专利了，有记录记载最早授予的专利是一项石磨的新设计。但是，也有一种说法认为专利制度起源于佛罗伦萨，为了吸引外国的手工艺人实施其技术和训练当地工人，佛罗伦萨给予发明人一定时间的垄断特权作为奖励来吸引技术。在威尼斯专利法颁布之前的1421年，佛罗伦萨的布鲁尼利斯奇（Filippo Brunelleschi）就发明了一种新型的可以载重的船，一些绅士要求佛罗伦萨上议院给予布鲁尼利斯奇在佛罗伦萨制造和在阿诺河（Arno）上使用其发明三年的排他特权[1]。还有一些说法，授予专利特权实际上是地主和国王为了激励工商业活动，拥有这种特权能够得到免税，并开发无主土地的地下矿产（P. Braunstern，1984）。

威尼斯《发明人法》。1474年3月19日，威尼斯王国元老院颁布了世界上第一部具有现代专利法特征的专利法，名称为《发明人法》（Inventor Bylaws），该专利法一直实施到1650年，授予了572项专利。该专利法不但体现了现代专利法的特征，而且也体现了创新的特征。

首先，威尼斯专利法体现了现代专利法的立法目的。“我们中有大智慧的人善于发明和发现灵巧的装置，为了我们伟大和壮丽的城市，每天有越来越多的人从各地来到这里。现在，如果有对这些人制作或发明装置的规定，则那些能看到但不会制造的人就不再制造和将发明者的荣誉带走，更多的人将应用他们的智慧，将发明并制造有更大效用的装置，以造福我们的共和国”。立法的目的实际是为了促进创新，虽然该专利法规定授予专利的主题只是装置的制做和发现，但它体现出了技术创新过程中的新思想产生行为、研究开发行为和技术改进行为。

---

[1] Vishwas Devaiah（2002）对专利制度是否起源于威尼斯表示怀疑，他认为在1474年威尼斯专利法出现之前，威尼斯共和国很少有授予的专利权，而1421年，佛罗伦萨的布鲁尼利斯奇就发明了一种新型可以载重的船。

其次，威尼斯专利法体现了现代专利法的依申请获得授权的特征，以及现代专利法所要求的新颖性、创造性和实用性的要求。“法律规定，经过议会授权，在本城市将要建造以前在我们共和国没有建造出的任何新颖灵巧装置的任何人，当其装置达到能够应用和运转的完善程度时，应当通知我们的福利委员会”。在创新过程中，只有在完成研究开发活动，造出新装置，而且该装置符合新颖、灵巧、可以应用和完善几个标准时才可以申请专利取得保护，这体现出了创新成果是需要花费创造性劳动和要能够实际应用的特征。

第三，威尼斯专利法规定了专利保护的期限、地域和权利内容。“在我们的领土和城邦中，在10年内，未经原制作者同意和许可，禁止任何他人制作与所述装置一致或相同的任何改进”，“如果任何人违反此规定制作了一致或相同的装置，上述制作者和发明者有权向任何文职官员提出请求，迫使侵权者赔偿其100硬币，而且所述的装置应当立即销毁”。该专利法规定专利保护期限为10年，而且规定了权利的地域范围是在本领土和城邦中，虽然专利权的权利内容并不像现代专利法那样规定了制造、销售（许诺销售）、进口、使用等的禁止权，但却做了禁止相同、一致改进的规定，使得该专利法真正具有了从创意上保护创新的特征，从而使专利保护的范围变宽，有利于对专利权人的创新给予更大和更全面的激励。

第四，威尼斯专利法体现了专利实施的要求：“由于这种权利处于政府的权利和判断力范围之内，持有和使用任何这样的装置和仪器，制作者应当实施它”。这个过程实际上是创新的转化实施或商业化过程，从这个意义上说，威尼斯专利法的目的不是单纯地授予专利权利人以垄断权，而是要求专利权人实施其专利。

英国《垄断法》。英国授予专利的最初目的也主要是为了吸引外国的先进技术。技术引进是创新的重要来源，英国专利制度建立显然也与创新相关。在威尼斯专利制度的示范下，专利制度传遍整个欧洲，其中英国显著地改进了专利制度，为现代专利制度的诞生奠定了基础。虽然有证据显示，15世纪前英国就存在“公开文件”（Letters Patent），而且这种“公开文件”并没有受到威尼斯已有专利制度的影响，1236年，英王亨利三世就曾授予波尔多一个市民制作色布15年的垄断权（文希凯、陈仲华，1993）。在17世纪之前的英国，专利被认为是一个王室特权而在普通法里没有找到来源，专利与发明创造激励的关系并不紧密，专利只是英国用来许可商业行为的一种王室特权。最早英国授予专利的形式类似于国王许可某一地区商业行为的承租行为，王室承租书有“不公开文件”（Letters Close）和“公开文件”（Letters Patent）两种，不公开的主要用于通知私人，而“公开文件”是让人公知的。所有的命令和指示都是以卷轴形式记录的，不公开卷轴和公开卷轴是用于记录国家各种类型典礼的用纸，公开卷轴自 1202 年就已开始存在，“公开文件”没有锡封，专用于打开浏览，底部有巨大的锡封垂饰，通常用于国王大范围发布命令或致词（Vishwas Devaiah，2002）。

随着英国行会的出现，群体垄断权开始出现。在 14 世纪的英国，行会不但控制技术工人的人身自由，而且还控制着技术，为了行会的利益，行会往往抵制国外先进技术。为了促进本国制造业发展，王室通常会授予外国人一较短时间的垄断特权，以引进外国的技术技能、工艺和新的制造方法，甚至包括培训英国工人，打破行会对创新的垄断。这种公开文件的做法是中世纪英国吸引外国商人和企业家来到英国的主要做法。此阶段专利只授予王国中未知的新贸易或在发明之前不存在的新贸易。已知的英国最早授予的专利是亨利六世 1449 年授予弗莱芒出生的乌特南（Utynam）人约翰为伊顿公学（Eton College）制造褪色玻璃（Stained Glass）方法 20 年保护期的专利，目的是为了保护商人的贸易（Hazem Fahmy，2011）。在伊丽莎白一世（Queen Elizabeth ）统治的都铎（Tudors）时期，为了吸引意大利、德国等外国的新产品和制造技术，英国王室在 1561 ~ 1590 年的 30 年间授予了有关刀具、肥皂、纸张、硝石、皮革等物品制造方法等 50 多项专利，其中有 20 多项是授予外国人或加入英国籍人的（Vishwas Devaiah，2002）。正是由于这种“特别专利制度”，英国的产业技术水平有了较大提高，缩短了与欧洲大陆国家的技术差距。

英国专利制度也在很大程度上激励了英国人的创新。虽然英国最初授予专利的目的只是为了鼓励外国人向英国转移技术，而不是为了鼓励本国人的发明创造，但这种授予特权的方式并不排斥对本国人发明创造的鼓励，在伊丽莎白女王统治期间授予的 52 件专利中就有 31 件是授予本国人的。1551 年之后，英国就很少授予外国人专利了，1617 ~ 1639 年授予的 108 项专利都是授予本国人的。

专利权是一种垄断权，不合理的垄断必然会阻碍创新和公平。在女王统治的后期以及詹姆斯一世统治时期，王室滥用这种特权。为了奖励忠诚的仆人，伊丽莎白女王使用授予专利权的方法将食盐、铁纸、卡片、玻璃杯等专利权授予她的仆人，而这些仆人则高价出售商品牟利。英国专利权由王室特权向普通法的垄断权转变的时间是在伊丽莎白王后统治的后期。由于女王滥用这种授权，议会强烈不满，英国议会通过立法反对女王授予这种垄断权，伊丽莎白女王只好保证不再授予这种垄断权。在此阶段，英国王室不仅授予专利权这种特权，而且还担当了权利人和相关者之间的裁判者角色（Vishwas Devaiah，2002）。

英国发生的达西诉阿廉的扑克牌一案被认为是英国 1624 年颁布《垄断法》（Statute of Monopolies）的起因。1598 年，英国王室将扑克牌制造、进口和销售的12年完全垄断权授予了伊利莎白女王的情人爱德华·达西，而实际上扑克牌制造、进口和销售的垄断权从1576年就授予了波维斯（Bowes）和毕定费尔德（Bedingfield）等人。在获得专利权后，达西则立即实施其特权，1600年，他向议会请求制止所谓侵权者的行为，但遭到了包括阿廉在内的很多人的反对，他们请求议会撤销达西的垄断权。英国议会在审理这个案子时，把专利看作发明人的法律权利而非王室特权。1610年，随着普通法院权利的上升和公众的愤怒，詹姆士一世被迫宣布撤销全部先前授予的专利权，并在他的“恩赐书”中宣布“垄断违反法律”，但保留了“既不反对法律也不扰乱国家的新发明项目”，自此改变了专利是王室特权的传统，奠定了英国现代专利制度的基础。1624年，英国议会颁布《垄断法》，引入专利制度的公共利益理论，限制缺乏新颖性、违法法律、扰乱国家、伤害贸易或者带来不便的专利。《垄断法》第6条规定所有垄断都非法[1]，除非是“新产品的真正第一个发明人”，在英国境内是新的，“授予在本国独占实施或者制造该产品的专利证书和特权”，还根据研究开发的时间和产品生命周期（一说为培训两个学徒需要的时间），将专利保护期设“为期14年或以下”并从首次授权开始计算。专利授予第一个发明的人，“在授予专利证书和特权时其他人不得使用”，但专利权不能损害现有商业活动，也不能导致价格升高，而且必须具有实用性。1617年，英国授予了编号为1的专利，即拉斯波恩和博志（Rathburn and Burge）发明的平面和立体地图制版与印刷技术。到18世纪，英国的普通法开始承认专利是一种特殊的财产权利。

1624年颁布的《垄断法》规定专利权授予第一个和真正的发明人，不仅吸引了外国技术转移，而且也促进了本国的创新活动。1711年，英国出现了第一份真正意义上的专利说明书，英国衡平法院（Court of Chancery）要求发明人约翰·史密斯（John Nasmith）在获得专利权后6个月内必须提交一份对其发明详细的说明，这奠定了此后以公布说明书方式作为专利授权的条件，更奠定了专利制度促进创新扩散的作用基础。在女王统治时期，王室法律办公室建立了授予专利权的条件，“专利权人必须以书面方式描述和呈请发明以及发明实施的方式”。1718年，詹姆斯·普克（James Puckle）的机器枪械专利是第一个提供说明书的专利。1785年，著名的阿科莱特纺织机专利虽然已存在十年，但由于没有提供说明书而被无效。1796年，瓦特蒸汽机的大量改进诉讼案例确定了对现有机器设备的改进发明专利有效的主要原则，以及专利说明书可以是创意的原则。

由于专利既有促进技术引进又有鼓励本国发明创造的作用，专利制度极大地

---

[1] http：//www. ipo. gov. uk/about/history. htm（2012年5月20日）。

促进了英国的技术创新。随着专利和其他知识产权制度的建立，再加上英国政治、经济和社会意识结构的相互作用，英国发生了工业革命，英国的社会生产力获得了极大发展。但进入 19 世纪的英国专利制度已经变得低效，专利申请人需要向至少 7 个（小国家）专利局提出申请和缴费，英国出现了反专利运动，并实行了强制许可制度（Adrian Johns，2009）。英国在 1851 年的展览上提出了改革专利制度的要求，并在 1852 年修改专利法，将分散和高成本的知识产权管理机构合并成立了英国专利局，统一了知识产权业务，简化了程序，大大降低了费用。1883 年，英国新专利法案实施，但专利局总审计长和审查员只完成有限审查，而不审查新颖性，只保障说明书正确撰写。具有里程碑意义的是 1902 年的专利法案要求对新颖性进行有限审查，因此产生了专利检索，也使得审查员队伍迅速扩大，1977 年修改的专利法一直沿用至今。

美国《专利法》。美国的专利制度是仿效英国并随着本国的创新活动发展而发展的。英国《垄断法》被公认为现代专利法的鼻祖，它明确规定了专利法的一些基本范畴，之后，欧美许多国家纷纷效仿。在英国殖民统治时期，因为美国是殖民地，不同于欧洲的行会控制，有利于专利的发展（Frank D. Prager，1961）。美国各州采取的是英国的专利制度，英国授予的专利范围涵盖美国，发明人必须向殖民地或洲管理当局申请来保护其发明。第一个授予的专利就是马萨诸塞湾殖民当局 1641 年授予温斯洛（Samuel Winslow）关于制造食盐的新方法。独立战争之后，美国虽然断绝了和英国的关系，但专利授权没有终止，议会和立法机构虽然没有正式被赋予专利授权的权力，但却实际履行了继续授予专利权的职责。在独立战争期间，美国各州开始单独授予专利权，但由于当时的美国仍然是农业社会，而且英国长期对美国工业经济实行殖民政策，美国专利法对创新和经济发展没有起到应有的激励作用，人们怀疑专利的价值，授予专利的数量也较少。在美国独立战争之后，美国许多州都制定有专利法，尤其是南加利福尼亚授予发明人 14 年使用其发明的机械装置的特权。美国在起草宪法的过程中，由于英国工业革命中专利产生的巨大影响，加上卢姆西（David Rumsey）请求国会给予他撰写的书以权利保护，费奇（John Fitch）请求国会给予他发明的蒸汽动力船排除他人使用和改进的权利（Vishwas Devaiah，2002），美国制定了知识产权条款，并诞生了 1790 年的《专利法》。1787 年，美国宪法公布，宪法明确规定要实行知识产权制度："为促进科学和有用技术进步，国会将向发明人或作者授予其发明或作品一定期限的排他权"，期限 14 年。在英国颁布《垄断法》100 多年以后的 1790 年，美国颁布了历史上第一部《专利法》，它大部分模仿了英国的《垄断法》。美国授予的第一件专利是来自福蒙特州匹兹福德的霍普金斯（Samuel

Hopkins）关于制造钾肥的新方法。

1793 年，美国《专利法》被新《专利法案》代替，1790 ~ 1793 年美国共授予了 55 项专利权。1793 年的《专利法案》规定，专利权授予的主题包括“任何新的和有用技术、机器、制造品或合成物，以及任何技术、机器、制造品或合成物的任何新的和有用的改进”，并明确提出授予专利的目的是“促进有用技术的进步”。《专利法案》要求以完整、清楚、准确的语言提交说明书，以使普通技术人员能够理解和实施该发明。法案规定了审查制度，专利授权必须经国务卿、战争部长和最高法官联合组成的专利委员会成员的 2/3 通过，从而与英国《垄断法》的登记制度区别开来。美国专利法对本土发明人赋予了更大的权利，只有非引进者才可以获得美国专利，外国人和外国发明人不能获得美国专利，而且实施成本不能过高。1793 年，由于三人委员会的效率问题，美国又废除了审查制度而采用了登记制度。1800 年，美国修改了专利法，允许对外国人授予专利权，规定在美国居住超过两年，并发誓没有在美国国内外使用过的发明可以获得专利权。

此后的美国专利法修改都与创新和经济发展紧密相关。随着英国工业革命的发展，美国的农机、铁路和制造业等也取得迅速发展，美国在 1836 年对专利法进行了第一次修订，要求申请人“特别说明和指出他宣称为自己发明与发现的部分、改进或组合”，奠定了现代权利要求书的基础，而且还允许在 14 年的基础上续展保护 7 年。1836 年，为了应对大量的专门为诉讼产生的垃圾专利，美国建立了专利商标局，通过审查保护值得保护的发明（Dominiquegullec and Bruno Van Potterlsberghe de la Potterie，2007）。在林肯总统的支持下，美国改变了不授予外国发明专利权的规定，但仍然向外国人收取 10 倍于国内居民的专利费用（国内 30 美元，国外 300 美元）[1]，尤其是对英国人还加收 2/3 的费用（500 美元）（Vishwas Devaiah，2002）。美国开始正式对专利进行编号，并用附加号“X”对过去的专利进行编号，第一件正式编号的专利是鲁格斯（John Ruggles）的牵引轮专利。内战期间的 1849 年，林肯总统获得了专利号为 6469 的“浅滩提振船装置”专利。内战结束后，发源于欧洲的以电动机、发电机和远距离输电技术为代表的电气工业在美国得到广泛应用并迅速发展，极大地刺激了美国发明创造的积极性，美国于 1837 年进行了专利法的第二次修改，在此阶段，电灯、电话、内燃机等相继在美国问世，诞生了通用电气这样以发明起家的企业，逐渐奠定了美

---

[1] A Brief History of the Patent Law of the United States. http：//www. ladas. com/patents/uspatenthistory. html（2010 年 6 月 2 日）。

国世界头号工业大国的地位。第二次世界大战结束后，美国又在1842年对专利法进行了第三次修改，对外观设计开始授予专利权，并将专利法纳入美国法典。美国此后又经历了多次专利法修改，如驳回两次的专利可以组成三人小组复审专利，专利保护期改为授权后17年，外观设计专利可以选择半年、7年和14年保护期，专利文件要求打印，专利文件可以修改但不能增加新内容，一件发明只能授予一个专利权，不丧失新颖性的宽限期由两年改为一年，要求说明书提供最佳实施例等。1925年，美国专利局转入商务与劳动部并于1975年更名为专利商标局。1930年，美国颁布《植物专利法案》。1946年，美国最高法院确立了“先发明”原则。1952年，美国新的专利法不仅要求发明具有新颖性，还要求发明必须具有创造性，而且还允许共同专利权人可以自己实施专利而不受合同约束，尤其是最高法院在Graham v. John Deere案件中确定了测试创造性的方法。

实际上，从1979年卡特总统提出“要采取独立政策提高国家的竞争力，振奋企业精神”开始，为保持在全球的创新领导地位，美国一直在不断完善知识产权制度。1965年，美国制造商协会提出减少专利成本的思想。1970年签署《华盛顿条约》即《专利合作条约》，简化专利的国际保护。尤为著名的是，1980年通过的《拜杜法案》和《技术创新法案》极大地促进了专利技术的转化实施。专利法修改也主要转向具体领域发明创造的保护，如药品、计算机发明和基因技术发明。20世纪80年代，美国推动将知识产权纳入关税和贸易总协定（GATT），在1994年推动签署TRIPs协议，推动建立世界基本相同的知识产权制度，并正式给予计算机软件发明专利权。1996年，美国颁布新《与计算机有关发明审查基准》和《2000年商业方法专利促进法案》，与计算机程序有关的专利保护范围大幅度扩大，极大地促进了美国计算机产业的创新，促进了美国互联网经济的快速发展。1999年，美国颁布了《美国保护发明人保护法》，后来又将其中的有关规定列入专利法。在实际操作中，美国不断加强知识产权保护，放宽专利审查标准，放松对现有技术的审查，格式审查明显减少，允许权利要求更加上位，加大对专利侵权行为的打击力度。2011年，为应对新兴技术创新和经济增长，美国终于通过了长期讨论的新专利法，这次修订不仅将先发明制改为先申请制，而且还增加了授权后的异议制度，发明人在一年宽限期内发表论文不影响专利新颖性，并保留最佳实施模式。

知识产权制度极大促进了美国的创新，知识产权产业已经成为美国最重要的经济部门。美国商务部经济统计局和美国专利商标局2012年5月发布的《知识产权与美国经济：产业观点》报告调查了75个知识产权密集型产业，美国知识产权密集型产业总增加值达到50.6亿美元，占GDP的34.8%，出口商品7750

亿美元，占全部出口额的60.7%，就业2710万，占总就业人数的18.8%[1]。

5.1.2 知识产权制度争议与创新

知识产权是一种垄断权，从其诞生之日起就引起了很多争议，最主要的争议集中在这种垄断权是否有害于自由竞争和自由商业贸易。如果专利保护范围过宽，或者将公有知识作为专利保护范围将出现反公共的问题，复杂创新实施更要征得多个专利权人的许可而增加创新的交易成本（Paul A. Geroski，2008）。所以，许多欧洲国家在引进知识产权制度时非常谨慎，制定了相应的限制垄断规定，一些国家还曾废除过知识产权制度。英国在《垄断法》颁布之后，专利制度也存在低效问题，专利局过多，专利费用过高而且授权时间较长，专利授权不可预测，许多人认为没有这种制度反而更有利于创新，而且专利不实施也会阻碍创新。例如，瓦特（James Watt）1789年获得了一项蒸汽机显著改进的专利，但由于他拒绝许可该专利，又控制金工产业近100年，直到1883英国的火车速度才开始变快。英国棉花产业也存在同样的问题，专利垄断限制利用延缓了棉花加工的技术开发和技术扩散（Susan Shell，2005）。法国1939年授予了达盖尔（Daguerre）银版照相技术专利，但由于专利垄断，英国照相技术进步受到阻碍长达一个世纪（Dominiquegullec and Bruno Van Potterlsberghe de la Potterie，2007）。1872年，在英国贸易委员会副主席、伦敦首席经济学家、知名发明人、议会以及利物浦与曼彻斯特等制造业地区代表对专利制度的反对下，议会特选委员会经过调查，修改了英国专利法，将专利保护期缩短为7年，并对专利申请进行审查，如果两年没实施的专利将丧失权利，还规定对全部专利实施强制许可（Machlup，Fritz and Machlup Tilton，1950）。1762年，由于专利权利的随意滥用案件增加，法国决定增加授权条件，要求和促进公开。1791年，法国通过专利法后虽然放弃了审议制度，但规定向外国申请的专利在法国视为无效，直到1844年专利法修改时法国才废除该规定。荷兰曾经对专利制度进行过长期的辩论。荷兰是个贸易大国，1817年建立了专利制度，1869年由于人们的强烈反对不得不废除了专利制度。由于当时的技术和教育水平低下，专利制度将专利技术保密到保护期结束，而且不承认同一发明在其他国家的专利权，发明人和反对者强烈批评荷兰的专利制度，政府向议会递交了总结反对专利制度观点的备忘录，并得到

---

[1] The Economics and Statistics Administration（ESA）and the USPTO. Intellectual Property and the U. S. Economy：Industries in Focus，march 2012. http：//www. uspto. gov/news/publications/IP_ Report_ March_ 2012. pdf.

议会的批准，荷兰最终废除了专利制度（Vishwas Devaiah，2002）。这一事件也导致了德国和瑞士推迟采取专利制度。在德国，产业人士、律师、发明人支持加强专利保护，而从事贸易的人士则反对专利制度。1868 年，俾斯麦首相宣布反对专利保护，阻止了北部德国联邦专利法的实施（Machlup，Fritz and Machlup Tilton，1950）。瑞士长期不愿颁布专利法，1849～1863 年议会拒绝了大量的专利申请，最终在德国的巨大压力下，瑞士才颁布了第一部专利法，但专利法只对机械装置进行保护，而且规定了各种强制许可措施，直到后来，迫于国际社会尤其是德国的压力，瑞士才将专利保护范围扩大到化学、食品等领域。印度长期采用的是 1970 年的专利法，只给予药物方法专利保护，不给予药物产品专利保护，并且专利保护期仅为 14 年。

美国在 1790 年确立知识产权制度时，也遭到许多人的反对，梅森（Geoge Mason）拒绝在宪法草案上签字，他认为知识产权条款会造成贸易和商业的垄断，杰弗逊（Jefferson）曾提出"最好废除这种垄断"，在管理专利审查工作期间和生命的最后时期，他仍然怀疑专利的作用，尤其是专利的有用性和效率，他还将自己的两项发明即"一种衣领型椅子"和"一种精耕犁"无偿贡献给社会。在林肯任总统之前的很长一段时间内，美国为了保护国内经营者利益，不授予外国人专利权，直到 1836 年才取消这一规定。19 世纪后期是美国经济开始不景气时期，1890 年美国出台了反垄断法即《谢尔曼法》，专利被无效的数量有较大幅度上升。在 20 世纪 30 年代大萧条时期，很多美国人认为美国经济萧条的主要原因在于垄断，并将专利垄断列为罪魁祸首之一。美国司法部 1975 年出台了限制专利许可协议的九种非法垄断行为列表。

各国最初实行知识产权制度尤其是专利制度的目的不同，做法也不同，但他们这些做法主要还是根据国内实际情况，适应国家经济社会的发展需要做出的。威尼斯专利法的制定是发明人要求保护其发明创造的直接结果，英国实行专利制度的目的主要是为了引进外国的先进技术，美国发明人向国会请求给予其发明或著作以权利保护也催生了美国宪法中知识产权条款的制定和专利法的诞生，中国采用现行知识产权制度很大程度上是为了改革开放、加入世界经济体系和引进先进进技术的需要。

从威尼斯《发明人法》到英国《垄断法》，再到美国的《专利法》，可以看到专利制度基本涵盖了现代创新的整个过程，创新直接催生了专利制度的出现，专利制度是包含了创新的技术、制度和政治哲学发展的要求和产物（Christopher May，2007）。反过来，专利制度又极大地促进了创新。正是由于专利等知识产权制度的建立，确立了知识产权作为一种私有财产权的法律地位，加上英国在政治、经济和文化上的巨大变化和相互影响，工业革命才发端于英国而不是其他国家。1875 年，由于许多国家建立了专利制度，专利申请大量涌现，国际专利制度协调力度加大，关于专利制度的争议逐渐消退。1873 年前后的经济萧条降低了荷兰支持自由贸易运动的声音，加上需要激励竞争和防御他人专利，更由于荷兰发现废除专利制度后其创新活动急剧萎缩，本国模仿很多，专利申请（向国外）大大少于丹麦等国，1910 年荷兰不得不恢复了专利制度。美国国会经过长时间地调查，发现专利非但不是导致美国经济危机的原因，反而有利于促进经济发展，正是专利制度才使美国保持了世界科技的领先地位。直到 20 世纪 80 年代里根任总统时期，美国建立了联邦巡回上诉法院，统一了专利诉讼标准，人们才逐渐改变了态度，大力支持专利制度。

虽然知识产权与创新是不同的概念，而且其模式也不相同，比如美国比较重视原始创新，而日本重视工艺与方法的改进创新，但从知识产权制度的历史来看，创新和知识产权制度尤其是专利制度是紧密联系的，其联系的机制在于发明创造。发明创造既是创新的环节，同时也是知识产权制度保护和激励的对象，正是有了发明创造活动，才有了知识产权制度的诞生，也正是由于发明创造活动，创新才能够开始和发展，没有发明创造，创新就不可能开始和进行，知识产权制度也就会失去存在的基础。随着科学技术的发展和知识产权制度的完善，当人类的发明创造活动开始与经济利益紧密联系的时候，创新就由自发行为变成了自觉行为，知识产权制度就由一种被动的事后激励变为一种主动的事前激励。无论是熊彼特或是弗里曼关于创新的定义，创新活动无不与商业化紧密联系在一起，知识产权制度不仅激励着商业化利益的追求，而且也反过来激励着创造性投入，从而使发明创造成果成为专利制度和其他知识产权制度保护激励的对象。

在 19 世纪欧洲关于存废知识产权制度的争议中，人们对知识产权主要进行了四方面的争论，一是知识产权是一种自然权利，二是知识产权是对发明者的奖励，三是知识产权激励发明创造，四是知识产权激励秘密公开（Machlup，Fritz and Machlup Tilton，1950）。但是，并不是说现在的知识产权制度就不需要争论和改革，尤其是我们已经进入了以 TRIPs 为标志、全球知识产权制度已成为一个“鼓励茫然坚持教条”的时代（Commission on Intellectual Property Rights，2002）。对于发展中国家来说，知识产权制度有利于获取和使用发展所需要的技术，但也可使之接受 TRIPs 协议的规定及其严格的使用技术和转移技术的规则，从而落入当年相似于英国强加于其殖民地的新殖民关系陷阱（Hazem Fahmy，2011）。在科学技术飞速发展、创新已成为许多国家战略的时代，讨论历史上的知识产权制度的争议，思考当今的知识产权制度，仍具有重要的现实意义。在坚持知识产权基本原理和符合世界规则的前提下，建立有利于激励自主创新和自主创新能力建设的具有本国特色的知识产权制度，成为许多国家尤其是发展中国家的一个重要任务。

5.1.3　知识产权垄断属性及其对创新作用

对于创新来说，知识产权制度的产生是一种历史发展的必然，其产生本无什么理论上的原因。后来，人们为了验证知识产权制度的合理性和促进知识产权制度改革，将洛克的劳动理论或自然权利理论、黑格尔的精神权利说、马克思的生产理论（Peter Drahos，1996）或自由主义、实用主义、自我表达主义、隐私主义、平均主义（David B. Resnik，2003）以及占有理论、社会契约理论等引入到知识产权制度的原理中，极大地丰富了知识产权的法理学基础。洛克（John Locke，1980）认为，任何人对生命、自由、财产拥有天然的权利，政府存在的唯一理由是保护这种权利。以自然权利论为基础的财产权理论把创造性劳动作为判断知识产权合理性的准则（宫建新、李瑜青，2002）。道德建立在实用基础上或者是最大快乐原则，与得到快乐成正比的行动是对的，而相反的就是错的（Stuart Miller，1979），专利亦是如此。专利和创新符合专利制度隐含的契约关系，发明者向社会批露发明信息，社会授予其临时对信息的垄断权（Poul - Erik Nielsen，2004），一些学者从卢梭和康德的社会契约论中找到了根源，认为知识产权制度实际上是发明人与社会之间的一种契约关系，发明人要想获得社会对其权利的承认与保护，必须以公开其发明为代价，而激励理论认为通过授予发明人专利权，使其获得一定时期的垄断权，能够激励发明人从事发明创造活动，为社会提供更多的技术进步（冯晓青，2003）。现代知识产权制度也正是借鉴了这些理论才得以不断发展和完善，成为有效激励创新的制度。但由于知识产权种类多，每一种理论与方法只说明了某一方面的合理性，最好采取多元综合分析的方法（David B. Resnik，2003）。

保护技术类知识产权的制度主要包括专利制度、奖励制度和商业秘密制度，这几种制度虽然并列但并不排斥。当前，世界上多数国家实行了专利制度，加入世界知识产权组织的国家近200个，有许多国家同时对重要的创新成果实行奖励制度，也有一些国家采取盎格鲁—萨克逊普通法的商业秘密保护机制，或者采取伊斯兰法律的反模仿权利机制保护商业秘密（Vishwas Devaiah，2002）。各种保护制度都承认知识产权的私有财产权属性，保护方式不同，保护力度也不同，但专利制度是保护创意的知识产权制度，能较好地保护发明人的创造性劳动，正是由于这些差异决定了专利制度的有效性和普遍性。

知识产权的本质属性是一种财产权，因此是经济的，经济学家们通常把知识产权看成是促进社会利益的政策工具，而非发明人的自然权利，知识产权制度的任务是促进创新和技术的扩散，利益平衡指的是社会各方利益的平衡和产出的最大化（Dominiquegullec and Bruno Van Potterlsberghe de la Potterie，2007）。知识产权财产权的属性使得知识产权成为一种专有权，权利人拥有制造、销售（许诺销售）、转让、标记、继承、许可、收益的权利，也拥有在受到侵害时请求司法或行政机关查处和责令停止侵权行为的权利。但是，知识产权由于具有与其他有形财产不同的特点，它的客体是有价值的信息，知识产权具有许可转让的无成本性、消费的非易逝性、依附于有形财产的依附性、可从公开渠道获得的易获得性。知识产权的这些特性决定了知识产权在商业上的易扩散性，必须有一套制度赋予知识产权权利人的合法垄断权。

垄断权是由知识产权的财产权属性衍生出来的一种权利，是知识产权的重要属性之一。知识产权制度具有对技术创新的促进作用最主要的原因在于这种制度确定了知识产权的权利归属，从而也确定了知识产权权利人的垄断权归属，形成一个不完全竞争的市场。垄断存在着创新的源泉，熊彼特在1942年就指出，巨型公司和不完全竞争中存在着创新与技术变革的源泉。随后，卡曼和施瓦茨（Morton I. Kamien and Nancy L. Schwartz，1982）经过研究进一步指出，只有垄断竞争才是最适合于技术创新的市场结构。

实质上，知识产权制度对创新的作用在于通过授予权利人一定时期的垄断权能够给创新者一种能够获取收益的理性预期，这种理性预期可以使创新者尤其是创新主体的企业家敢于对研究开发投入，敢于进行知识产权保护和实施转化。缺乏这种理性预期，进行研究开发投入、获得创新成果和转化实施的积极性将会大大降低。知识产权的垄断就在于能够产生这种预期。例如，半导体芯片是一个风险很大的产业，但正是由于知识产权保护能够保障半导体产业获得利益的理性预期，许多国家和企业才大量投入资金用于半导体的研发制造。皮特拉（Moser Petra，2005）在分析了1851年“水晶宫世界展”（Crystal Palace World's Fair）和1876年“百年展”的近15 000项创新之后指出，创新活动是由预期的利润所激励的，没有专利保护的创新将会使其寻找能有效保护知识产权的替代机制（Vishwas Devaiah，2002）。

现在，我们已不需要再讨论是否需要知识产权制度了，需要的是讨论知识产权制度如何在保持社会利益平衡情况下有效激励创新，因此需要讨论知识产权合理垄断与不合理垄断的界限问题，亦即垄断与滥用的边界问题。虽然知识产权是一种合法的垄断权，但是知识产权的垄断与市场规模所产生的垄断和行政的垄断显然是不同的。市场竞争的垄断来自于市场控制力，虽然知识产权垄断也是一种控制力，知识产权垄断最终的结果也会导致市场垄断，但这种垄断是反垄断法的例外。然而，过度的垄断也会影响创新，造成社会利益损失。一些国家废除专利制度或对专利制度产生怀疑的主要原因也在于对专利垄断属性的担心。知识产权垄断有一个合理的限度，垄断性提高会导致知识产权权利的滥用，而权利滥用会阻碍创新和市场公平竞争，垄断性不足则会对知识产权权利人激励不足，导致知识产权创造不足，也会影响创新。从经济学分析，满足上述条件的知识产权保护水平是最佳水平，知识产权产品或许可的价格是合理价格，知识产权垄断是合理垄断，而超过该界限的垄断则为不合理垄断或者滥用。

根据诺德豪斯等人的研究，知识产权尤其是专利技术大多是对原有产品的工艺改进（William D. Nordhaus，1961），这种改进使得生产成本降低，但其价格仍然高于原有产品的价格，如图 5－1 所示。在没有市场垄断时，原有产品供需双方在 E_0 点达到均衡，均衡数量为 Q_0，均衡价格为 P_0。专利产品的开发使得成本由 C'下降到 C，但专利产品由于专利保护使其价格处于两者之间，则 $C'PFE$ 为专利产品成本降低增加的消费者剩余，$PCGF$ 为厂商获取的垄断利润，FGE_0 为社会福利损失（Dominiquegullec and Bruno Van Potterlsberghe de la Potterie，2007）。

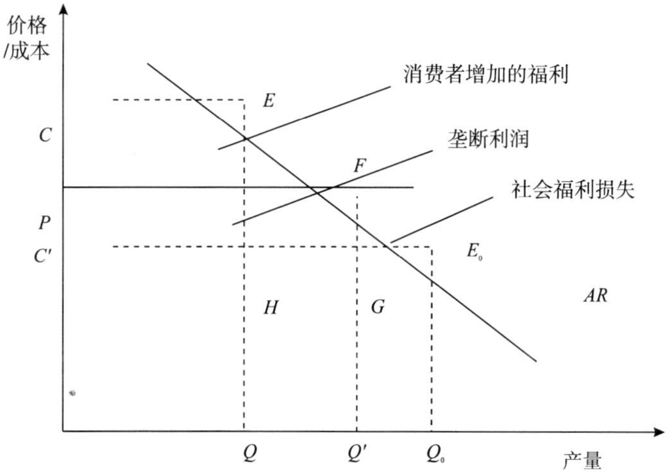

图 5－1　不完全竞争市场专利许可垄断及社会福利损失

知识产权制度的设计就是要追求厂商由于工艺改进降低成本而产生的利益，和社会由于使用知识产权产品得到社会福利的最大化。为此，诺德豪斯（William D. Nordhaus，1961）通过实验和计算，提出了专利保护的最佳期限为授权后的17年，以此来确定专利的最优保护长度。1474年的威尼斯《专利法》和1624年的英国《垄断法》都提出专利必须是“新的”，要求具有新颖性，专利不能侵占公共利益。美国1790年颁布第一部专利法时就开始对专利实行审查制，1952年提出了专利“创造性”标准。以此来确定专利的权利要求标准，奠定了专利保护宽度的基础。此外，为了社会福利的最大化，许多国家专利法都规定了专利授权后的实施要求和具有限制条件的强制许可条件。

知识产权产品的价格与整个社会福利的关系紧密相关，也与知识产权保护水平有关，保护水平高，价格就会高。如果没有知识产权保护，则知识产权产品的价格就是正常商品的价格，不存在垄断利润。设专利产品的需求函数为 $Q=Q_0-\alpha P$，α 为需求弹性，专利产品价格 $C'=C_0(1+\beta)$，β 为普通产品采用专利技术前成本高出率，反映的是专利技术进步，由于 $Q'=Q_0-\alpha C'=Q_0-\alpha(1+\beta)C_0$，则消费者剩余、生产厂商利润与社会福利损失的最大化可以用下式表示：

$$\max V=\frac{1}{2}(Q+Q')(C'-P)+(P-C_0)Q-\frac{1}{2}(P-C_0)(Q_0-Q)$$

即：

$$\begin{aligned}\max V &= -\frac{1}{2}\alpha P^2+\left[Q_0-\frac{1}{2}\alpha(1+\beta)C_0\right]P-\alpha P^2\\ &\quad +(Q_0-\alpha C_0)P-C_0Q_0-\alpha P^2+\frac{1}{2}\alpha C_0P\\ &= -2\alpha P^2+\left(2Q_0-\frac{1}{2}\alpha\beta C_0-\alpha C_0\right)P\end{aligned}$$

对 P 求导，则有： $$V'=\frac{\partial V}{\partial P}=0$$

则可得 $$P=\frac{1Q_0}{2\alpha}-\frac{1}{8}\beta C_0-C_0$$

由此可知，在初始产品产量和价格相对不变的情况下，知识产权产品的价格与需求弹性系数成反比，与技术进步引起的成本降低率成正比，需求弹性愈大，则价格定的越低，否则不能使整体利益最大化。超过这个最优价格的行为就是不合理垄断，就是一种滥用行为。

5.1.4　知识产权保护长度与宽度

构成专利垄断的要素主要是专利的长度和宽度。首先，长度就是专利的保护时间长短。尽管诺德豪斯通过数学模型得出了专利的最佳保护时间应当为授权后17年，但其研究基于的一个基本假设是专利都能够得到实施，由于过去专利数量少，大多不是防御性专利，而现在相当大部分专利是防御性的，申请专利的目的并不全部为了实施，所以虽然在理论上存在专利的最优长度，而实际上的专利最优长度应小于17年，如果大多数专利是为防御而不是为实施，专利的最优长度应该更短。英国1624年的《垄断法》将专利保护期确定为14年，主要根据研究开发时间长短和专利产品的生命周期，也便于发明人能够培训成功两个工匠。当前，随着科技进步的加快，研究开发的时间和专利产品的生命周期大大缩短。有关研究显示，医药专利的研发时间和产品生命周期较长，大约有20年，而大多数信息通讯技术产品的生命周期很短，只有5年左右。美国、日本和欧洲1990～1995年的医药专利寿命平均为11.7年（Grabowski，2002），欧洲和日本医药专利只有13%和34%达到了最大的保护长度。我国专利的平均寿命为5年左右，达到20年保护的发明专利的比例也很低。所以将TRIPs协议规定缔约国至少要提供20年的保护期，并适用于所有技术领域的规定不仅缺乏理论基础，而且也不符合实际。当然，大量专利在申请日后5～6年后放弃保护有利于促进专利技术进入公开领域，有利于创新，而且仍然有相当一部分专利维持了20年。但这并不能证明20年就是最优的专利保护长度，如果专利保护期设定为40年，也肯定会有权利人将专利保护时间维持到40年。专利长度应根据不同技术领域和产品生命周期实行分类。

其次，专利的保护宽度问题。吉尔伯特和夏皮洛（Gilbert and Shapiro，1990）等将专利宽度定义为专利权人在专利保护期内获得的利润总量。格利尼（Gallini，1992）认为专利宽度是追随者的模仿成本。在此基础上，明格斯、纳尔逊（Merges and Nelson，1990）进一步研究了专利的宽度，他们指出，在累积创新环境下，专利保护水平或者有效专利寿命主要是由专利保护宽度确定，而专利保护宽度可由累积创新厂商之间的许可比例来表征，因此，奥凯和斯皮格（Aoki，R. and Y. Spiegel，1999）将专利保护宽度定义为其他厂商进行不构成侵权周围创新的成本。专利的保护宽度主要由专利独立权利要求的全部必要技术特征综合来确定，这实际上是专利的创造性问题。必要技术特征的多少和技术特征的抽象程度决定了专利宽度的大小。一般说来，必要技术特征越少，技术特征越抽象，专利的宽度就越大。当然不是说专利独立权利要求写的越少和越抽象就越好，全部必要技术特征实际上就是专利的技术方案，必须符合“清楚”和“简要”的要求，必须得到说明书的支持。权利独立权利要求不清楚会使得整体技术方案不清楚，权利要求书得不到说明书的支持会造成被宣告无效的后果，而且会使普通技术人员需要花费创造性劳动去实施专利。不简要会缩小权利要求的宽度甚至造成全部必要技术特征不必要，不仅影响权利人的利益，不利于激励发明创造，而且可能会造成被宣告无效的后果，也可能会使普通技术人员需要花费创造性劳动去实施专利。由此可知专利独立权利要求是一种客观存在，或者说只能有一种写法，而不管所用的语言和遣词造句如何变化。如果独立的两个人就同一技术方案撰写的专利独立权利要求整体相同或者不同部分实质等同，就说明专利独立权利要求撰写正确。运用等同原则的关键是要采取正确的权利要求解释和判断方法，我国法院目前采取“折中主义”权利要求解释原则，虽然比中心限定原则的解释范围窄，比周边限定原则的解释范围宽，但也必须有解释的度和标准问题，而我国在这个度和标准上却缺乏明确深入的规定，主要根据法官的经验和主观判断。

5.1.5 专利收费标准与创新

除对不同技术领域按照产品生命周期实行不同的专利保护期限之外，合理的专利收费标准也能较好发挥对专利保护长度的调节作用，以促进社会福利的最大化和促进创新。专利费用标准主要包括申请费、手续费和年费。专利申请费用降低有利于专利申请增长（Marco And Prieger，2009），年费标准降低有利于专利维持，而申请费用提高则会降低专利申请的积极性，年费标准提高则会促使专利放弃，缩短专利长度（Gaetan de Rassenfosse and Bruno van Pottelsberghe de la Potterie，2012）。因此，较低的申请费和较高的年费有利于专利创造和技术扩散应用，但申请量大增也会造成专利局的审查负担，大量专利放弃也会产生浪费。

最优的专利费用结构主要应根据利润和研发成本关系确定（Pia Weiss，2011），也应当能够涵盖专利局的成本（Federico，1954），应该保持知识产权私权与社会公共利益平衡，按照帕累托最优进行设计（S. Scotchmer，1999）。但是，保持知识产权私权和社会利益之间平衡是整个专利制度应坚持的原则，应包括专利保护客体数量、专利保护宽度、专利保护长度、专利费用标准等全部，如果专利收费标准等各个方面坚持平衡原则，有可能产生效应叠加，而导致整个专利制度无法坚持平衡原则。将专利收费定位于用于补偿审查人员的劳动和专利局的成本这种理论也是不准确的，专利审查并非一个完全的私营事业，专利制度是鼓励和支持创新的具有社会公益活动性质的事业，虽然已有国家将专利局改为私营性质，但提高专利审查效率和专利质量与专利审查公益性并不是一回事，专利审查盈利或覆盖成本与通过专利制度维持私权与社会利益平衡原则并不完全一致，专利收费标准主要应考虑激励创新活动。

专利费用标准也与专利的未来收益相关，虽然有很多专利是为了防御，但主要目的还应该是实施和获得利益。所以，应考虑专利的未来收益大小和可能性，而专利收益与专利质量紧密相关。考虑专利未来的平均收益有必要参考近期的专利实施率和平均收益。从价值分析来看，对真正需要保护的专利应当加强保护，如降低收费标准，而对产生不合理垄断阻碍创新的专利应当降低保护，如提高年费收费标准。

拉森弗斯和鲍特瑞（Gaetan de Rassenfosse and Bruno van Pottelsberghe de la Potterie，2007）曾研究了2004年美国专利申请费用对专利申请量的弹性系数为 -0.50，欧洲15个国家6年的专利年费的弹性系数为 -0.03，10年为 -0.08，15年为 -0.25，而20年为 -0.80。但专利申请数量归根结底与研究开发投入及其效率呈正相关关系，专利维持率与专利的价值呈正相关，相关只有在研发投入总量和强度保持相对稳定，市场结构不出现大变动的情况下，才能利用弹性系数研究专利费用标准变化对申请数量和维持数量的弹性系数。专利费用标准与专利申请量和维持量的弹性系数计算不应考虑时间过长，应以考虑标准变化前后年份的数量变化为主，如平均2～3年。

美国、欧洲专利局近年都相继提高了专利的收费标准。欧专局2002年、2005年、2007年、2008年、2010年、2012年调整了收费标准。美国专利商标局1999年、2002年、2004年、2008年、2012年也调整了专利收费标准，美国对小实体收费优惠一半，对微型实体和大学优惠75%。日本和韩国总的趋势也是在提高专利收费标准，但日本2011年和韩国2008年的专利收费标准有所降低。日本还对PCT专利国内阶段审查费实行差别化收费政策，对国内居民优惠大约30%。我国专利申请费总体上也呈不断提高趋势，但2001年后标准（计价格［2000］2441）没有大的变化。

专利申请费用标准调整对专利申请量会产生积极影响。以中国1992年、2001年，美国2004年、2005年、2008年，欧州2002年、2005年、2007年、2008年，日本2004年和韩国2008年专利收费标准调整为时间点，计算申请阶段费用（包括申请费、检索费和审查费）调整对每100件发明专利申请量的弹性系数。我国两年的弹性系数分别为0.0697，-0.11；美国三个年份的弹性系数分别为0.02，-0.07，-0.05；欧洲四个年份的弹性系数分别为-1.58，0.02，-0.07，-0.06，日本和韩国的弹性系数分别为-0.01，0.069。从计算数据，除了中国1992年修改专利法导致专利申请量大增，韩国2008年金融危机导致申请量大降外，与其他国家相比，我国2001年的弹性系数较高，但如果考虑到费用实际减缓情况，假设全部专利总减缓比例为30%，我国的弹性系数则更高，分别为0.01，-0.157，说明当年提高收费标准对专利申请数量的降低超过了其他国家。

专利年费标准调整也会对当年有效专利数量产生影响。美国2005年降低年费30美元，2006年出现了2.40%的增长，2008年提高收费240美元，2008当年和2009年的增速仍达到7.47%和8.22%，韩国2008年降低收费标准558美元，当年的增长率就达到12.37%。

从结构上看，专利费用可分为申请、救济和维持三个阶段，救济是指复审与无效程序，欧美为复审或复审（异议）上诉，维持是指授权后三年阶段。计算申请、救济和维持阶段费用的比例关系，可以比较主要国家专利费用结构的合理性。中国2001年三个费用之比为1:0.7729:0.5217，美国2012年的费用结构为1:1.7173:1.0304，欧洲2012年的费用结构为1:0.3793:0.3793，日本为1:0.8250:0.0513，韩国为1:0.7477:0.5572，中国申请与复审无效阶段比例与欧、日、韩差不多，而美国最高。中国申请与维持阶段比例低于美国而高于欧洲和日本，与韩国差不多，如表5-1所示。

表5-1 中外五国专利收费结构

	申请阶段	救济阶段	维持阶段	救济/申请	维持/申请	申请阶段负担	救济阶段负担	维持阶段负担
中国2001年	5175	4000	2700	0.7729	0.5217	0.1142	0.0882	0.0596
美国2012年	3290	5650	3390	1.7173	1.0304	0.0521	0.0895	0.0537
欧洲2012年	4680	3805	1775	0.8130	0.3793	0.1448	0.1177	0.0549
日本2012年	240000	198000	12300	0.8250	0.0513	0.0717	0.0591	0.0037
韩国2010年	428000	320000	238500	0.7477	0.5572	0.0183	0.0137	0.0102

从申请阶段费用标准看，采用世界银行公布的2010年人均国民总收入（美元现价）数据，欧洲人均国民总收入采用德国、法国、英国、意大利四国平均值，汇率采用2012年6月1日汇率，则中、美、欧、日、韩年人均国民总收入对应的专利申请阶段负担系数分别为0.1142、0.0521、0.1448、0.0717、0.0183，中国负担仅次于欧洲，维持阶段的负担系数分别为0.0595、0.0537、

0.0549、0.0037、0.0102，中国负担仅次于欧洲。救济阶段的负担系数分别为0.0882、0.0895、0.1177、0.0591、0.0137，中国的负担系数最大。

根据专利长度理论分析和专利费用计算可知，我国专利维持率低于美、欧、日、韩，其中固然会有专利质量的问题，但较高的负担标准也是导致我国国内居民专利维持时间短的主要原因之一。为有效激励申请和促进扩散，从国际比较出发，单从收费结构优化来看，我国应当降低申请阶段的费用，提高维持阶段的费用，如表5-2所示。

但由于目前我国外国发明申请量占一半左右，我国的收费标准相对于美国和欧洲申请人来说很低，而欧、美、日、韩标准对于我国居民来说负担很高。我国申请人在美、欧、日、韩专利申请负担是其申请人在华申请负担的30倍。从此可以看出，发达国家和发展中国在知识产权发展中存在严重的不公平问题，我国有必要大幅度提高专利收费标准，并建立专项资助资金，通过转移支付加大对地方急需发展产业专利申请的资助力度。

表5-2　中美欧日韩外国人专利负担比较

	申请阶段	救济阶段	维持阶段
美国在华	0.0172	0.0133	0.0090
欧洲在华	0.0204	0.0158	0.0106
日本在华	0.0194	0.0212	0.0103
韩国在华	0.0408	0.0300	0.0114
中国在美	0.7705	1.3232	0.7939
中国在欧	1.3505	1.0980	0.5122
中国在日	0.7026	0.5796	0.0360
中国在韩	0.0854	0.0638	0.0476

5.2　自主知识产权与自主创新

5.2.1　自主知识产权

随着自主创新和知识产权研究的深入，自主知识产权受到的关注也越来越多。自主知识产权是指中国的公民（自然人）、法人或非法人单位经过其主导的研究开发或设计创作活动而形成的、依法拥有的能够独立自主实现某种技术知识资产的所有权，所谓自主是指权利人能够独立自主地、不受相关知识产权原权利人的影响、实现某种知识产权资产财产价值的权利（陈昌柏、刘钧，2004）。自主知识产权成果必须不存在受他人知识产权保护限制的情况，不能以他人的产权使用许可为前提（李顺德，2005）。自主知识产权是中国主权在经济领域中的延伸，自主知识产权权利人必须是中国公民或中资法人，自主知识产权的权利归属不得超出中国的疆界范围。自主知识产权是国家化了的商标权、专利权和版权，它包含了技术自主、权利自主、产业化自主（程宏，2005）。

现有研究从不同方面揭示了自主知识产权的内涵和外延，丰富了自主知识产权的研究。本书认为，自主知识产权是指知识产权权利人通过创新或以其他方式主动获得的不受或较少受到他人知识产权影响并能获得全部或主要实施收益的知识产权。自主知识产权不但要体现知识产权获得的主动性，而且也要体现知识产权实施收益的主导性。自主性是自主知识产权最重要的特征，主要体现在主动性和主导性两个方面。主动性体现了自主知识产权的获取是一种主动、自觉的行为，是一个需要付出创造性努力的过程。只有通过创造性努力进行创新主动获得的知识产权才是真正的自主知识产权。有时候通过许可购买也可以获得自主知识产权，但没有付出创造性努力，不利于长远自主创新能力建设。主导性是指对知识产权最终收益的主导或控制，能获得全部或主要的知识产权实施收益，体现了自主知识产权是一种对收益具有绝对或相对控制力的知识产权。

自主知识产权有其深刻的含义。通过侵权假冒行为获得的不符合授权条件的知识产权肯定不是自主知识产权。在他人知识产权基础上进行的小改进、小革新虽然也可以形成知识产权，但在实施该知识产权时，如果必须依赖在先知识产权的许可，在先知识产权权利人主导收益分配，获得了大部分实施收益，在后知识产权就难以成为自主知识产权。一项知识产权虽不受或较少受到他人知识产权的影响，但该知识产权缺乏有益效果，实用性不足，如果没有市场价值或市场价值很小，导致不能获得主要实施收益，这种知识产权也不应是自主知识产权。集成创新获得的知识产权也不必然是自主知识产权，将现有公知技术或他人知识产权进行集成，虽然这种集成可以产生协同效应，但如果这种集成形成的知识产权实施仍然依赖他人知识产权，一些情况下也难以自主，这种知识产权也难以成为自主知识产权。

在合作知识产权中，如果其他权利人对知识产权的控制力大于首位权利人的控制力，首位权利人也不能主导收益分配，这种知识产权也不是首位权利人的自主知识产权。自有知识产权不必然是自主知识产权，如存在前向或后向依赖性的知识产权有些也不能够自主。已获得授权的知识产权本不符合授权条件尤其是“三性”标准的专利不是自主知识产权。尚未获得授权的知识产权申请也不能够称为自主知识产权，因其权利行使受到较大限制。尤其要注意的是，兼并收购和许可购买虽然可以获得所谓的自主知识产权，但由于没有花费创造性努力，往往需要付出较高的代价，而这种代价不仅包括金钱，还指放弃自主创新能力建设的机会。自主知识产权并不以本国疆界为限，本国企业在国外分支机构获得的外国知识产权也可以是自主知识产权。

知识产权的自主包括单项技术知识产权的自主、知识产权产品的自主和产业或国家总体知识产权的自主三个层次。在先技术知识产权尤其是专利的自主主要是因为存在在先专利的影响问题，与自主创新一样，在股权自主条件下，创新能够自主实际上是知识产权自主，知识产权的自主能够使创新自主，因为知识产权能够保障创新的全过程。知识产权产品层次的自主主要是集成他人知识产权构成组合情况下的自主，主要取决于必要知识产权的数量和每个知识产权的价值。产业层次的自主是指在主要产业尤其是高技术产业中自有知识产权在数量上占主导地位，能够保障产业的健康发展，国家层次的自主也是如此。

自主知识产权要以市场价值的主导为最终目标。价值实现来自于实施，实施包括生产、销售、进口、许可他人实施等方式。因此，知识产权的自主性应当以在市场实现的可能收益大小为最终标准，如果权利人的收益占主导或前列，则该知识产权能够成为自主知识产权。如果能够测度知识产权市场实现的可能性及其市场价值，则也能够确定知识产权自主性的大小。知识产权要成为自主知识产权，必须使权利变为经济价值，而要使知识产权变成能够主导的经济价值需要很多条件。在企业层次上，影响知识产权尤其是专利能否自主的因素主要有研发投入、股权控制权和市场实现。单位研发投入规模越大，研发投入强度越高，专利的创造性就可能越高，专利也就越容易集成，专利的价值就会越大。知识产权从属于企业的股权，股权控制着知识产权，如果股权不具有控制力，知识产权即使能实现市场价值，也不能自主其实现的过程和结果。市场实现存在许多风险，需要投资、人才、管理等要素的紧密结合，任何一个环节或方面出现问题，知识产权都不可能实现市场价值，而不能实现市场价值的知识产权难以成为自主知识产权。在国家和产业层次上，除市场实现外，影响知识产权能否自主最重要的因素是研发投入和制度政策等。研究开发投入是创造大量知识产权的基础，只有拥有数量居主导地位的高质量的知识产权，才有可能在市场中占领主导地位，知识产权总体上才有可能成为自主知识产权。制度与政策是促进知识产权自主的重要条件，僵化的体制机制、低效的转化运用政策、放任知识产权流失、将知识产权弃之不用，都会影响国家层次知识产权的自主。

根据世界知识产权组织关于知识产权的分类，自主知识产权可以分为创造类自主知识产权、标示类自主知识产权以及反不正当竞争权中的自主知识产权三类，如图5－2所示。由于知识产权主要采用审查制和登记制两种形式，而且知识产权保护途径有形式保护和创意保护，知识产权的自主性并不相同，经授权或自动获得权利的国内商标权、著作权、植物新品种权、科学发现权、地理标记专有权保护的是形式类知识产权，具有自主性，是自主知识产权，但保护创意的发明专利权、实用新型专利权和保护形式的外观设计专利权、集成电路布图设计专有权的自主性是不同的，发明专利和实用新型专利权保护的主要是技术方案，其技术方案用权利要求技术特征的形式进行界定，只有不受或较少受到他人知识产

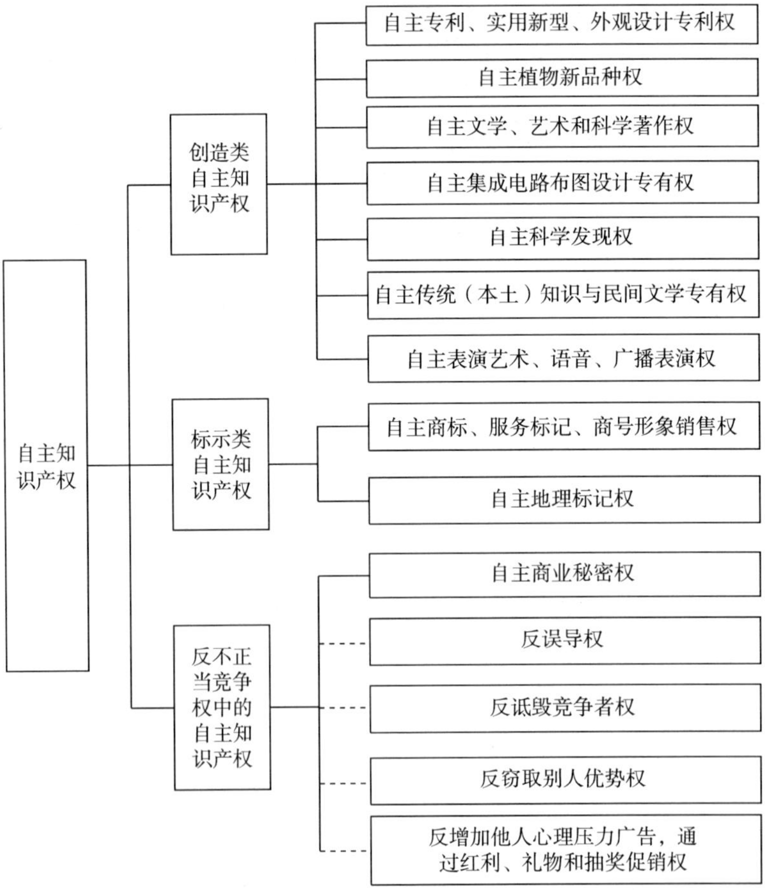

图5－2　自主知识产权分类

权影响并能获得主要实施许可收益的才是自主发明专利权或自主实用新型专利权，只有与他人外观设计专利权不相同或不相近似时才是自主外观设计专利权，只有与具有专有权的他人集成电路布图设计全部不相同或独创性部分不相同时才是自主集成电路布图设计专有权。反不正当竞争权中的技术秘密专有权具有两重性，在他人没有合法获得相同或类似技术秘密专有权时是自主知识产权，在他人通过合法途径独立得到同样或类似专有技术时则会变为非自主知识产权。

高技术产业技术类自主知识产权的获得主要有以下几种方式。

一是通过自主创新获得自主知识产权。自主创新是获得自主知识产权的主要途径，通过自主创新获得自主知识产权的方式包括通过原始创新获得的知识产权、通过重大改进创新获得的较少受到现有知识产权影响的知识产权、通过将现有技术进行集成创新获得的不受或较少受到现有知识产权影响的知识产权三种。原始创新获得的是全部知识产权，是自主知识产权；与现有技术相比，改进创新如果技术进步程度较大，也可以获得自主知识产权；将现有多项技术进行综合集成，如果所集成的技术能产生协同效应，具有优点和积极效果，集成创新也可以获得自主知识产权。如果在产品或工程必要的知识产权中占据绝对或相对多数，能获得主导的收益，也是自主知识产权。

二是通过委托外部研究开发获得自主知识产权。在自主创新能力较弱或者不具备自主创新条件时，委托外部机构进行研究开发是获得自主知识产权的有效途径之一，主要包括全部委托研究开发和部分核心技术委托研究开发两种。全部委托外部进行研究开发虽能获得自主知识产权，但长期不利于自主创新能力积累。在委托外部研究开发时，如果只获得少部分知识产权或知识产权的使用权，则知识产权很难成为自主知识产权。我国国内企业已经有一定的自主创新基础，通过自己开发一部分技术，委托外国机构开发一部分技术并进行集成创新已成为获取自主知识产权的重要途径之一。

三是通过知识产权许可获得自主知识产权。在自主创新能力建设过程中，通过许可方式引进外部知识产权必不可少，这种方式可以较快获得自主知识产权，风险也较小，在技术差距较大时它也是提高自主创新能力的重要途径之一。但是，在引进外国知识产权时往往又会受到较多限制，一些知识产权根本引进不来，而一些知识产权受到外国政府管制。

四是通过兼并收购方式获得自主知识产权。兼并收购也包括对知识产权的兼并和收购。在一些国家技术管制的情况下，单纯通过许可方式可能无法获得某些核心技术的知识产权，利用兼并收购活动占有外国高技术企业知识产权可以较快地获得自主知识产权。目前，兼并收购主要是以股权为代表的全部或部分资产的兼并收购，当然应包括知识产权。不包括知识产权的兼并收购不仅不符合兼并收购的基本程序，也违背了兼并收购双方的契约。

五是通过交叉许可获得自主知识产权。交叉许可是指相互关联的在先与在后知识产权权利人许可对方无偿使用自有知识产权的许可方式。通过交叉许可，双方相互拥有对方的知识产权，从而拥有全部知识产权，在实施时不再受他人知识产权的影响。通过交叉许可不但可以较快形成自主知识产权，获取实施收益，而且也能增强自主创新能力，这种方式主要适用于改进创新和合作创新。

六是通过参加专利池获得自主知识产权。专利池已经成为技术标准制定中的重要知识产权许可方式，技术标准成员通过贡献自己的必要专利而可以免费或以较低费用实施整个入池的全部必要专利，从而不再受他人知识产权的影响，但往往会有一定的限制条件。

七是通过资产置换获得自主知识产权。由于知识产权的本质属性是一种财产权，具有价值，通过等价交换可以换取他人的知识产权从而变成自主知识产权。丰富的矿产资源、巨大的国内市场、丰富的高素质廉价劳动力或充足的资本均是可以通过置换方式获得他人知识产权的资源。

自主知识产权是高技术产业创新自主和技术标准自主的基础和关键。在单项高技术创新上，拥有创新技术的自主知识产权，则权利人能够主导知识产权实施收益，创新能够自主。在产品创新上，某一权利人或一国权利人拥有自主知识产权，则能使权利人在不可再细分出售的产品或进行许可的所有必要的知识产权实施中具有主导权，能获得主导的知识产权实施收益，该产品创新能够自主。在高技术产业创新上，如果权利人能够在所有知识产权实施中具有主导权，能主导该知识产权实施收益的分配，因此高技术产业创新能够自主。在国家层次的创新上，一国权利人在某一项创新中拥有自主知识产权，则能使该国在该项创新的知识产权实施收益分配中具有主导权，能获得该主导的知识产权实施收益，因此该国的该项创新是自主的。在技术标准中，权利人拥有自主知识产权，其在一项技术标准采用的所有必要知识产权中具有主导权或相对主导权，能获得该技术标准实施中的主导性收益，则该技术标准是自主技术标准。

5.2.2 自主知识产权与自主创新

从创新角度分析，创新过程中的知识产权创造运用如图 5－3 所示。技术创新一般从创新设计开始，经过创新投入，获得创新的成果，这些成果依产生或者依申请形成各种知识产权。知识产权分为三部分，一部分是自己实施的知识产权，用于生产新产品，获得新产品收益，一部分是向外转移了独占权或使用权的知识产权，用于向外技术许可，取得技术转让或服务收益。还有一部分是没有实施或许可的知识产权，权利人或继续维持或放弃权利。

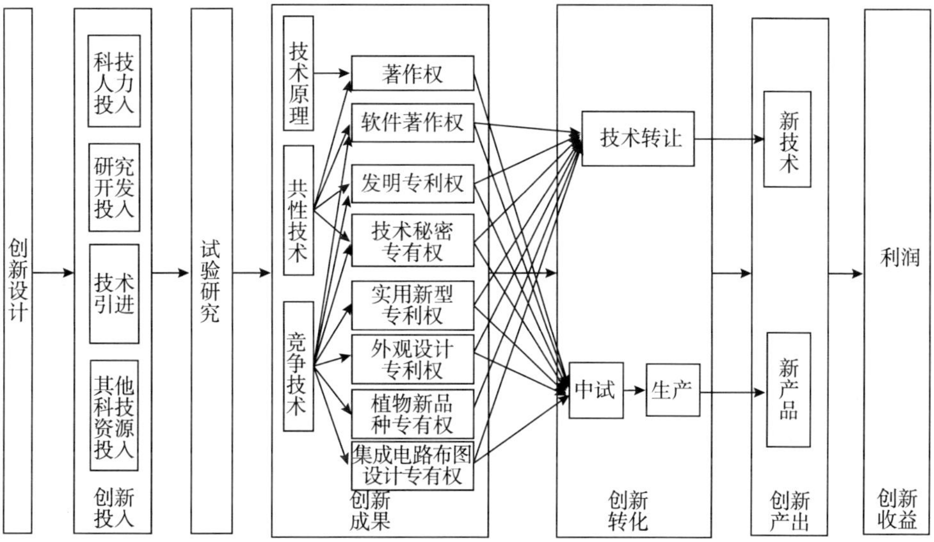

图 5－3　技术创新过程中的知识产权

自主创新与自主知识产权是有明显区别但又有紧密联系的两个概念。在区别上，首先两者内涵不同，自主创新强调的是创新收益能够自主，是从新思想到商业化的过程，而自主知识产权强调的是能够取得实施收益自主的知识产权，即法律权利和由法律权利衍生的经济权利。其次，自主创新的自主和自主知识产权的自主具有不同的含义。自主创新的自主不仅包括主导的知识产权控制权，同时还包括主导的股权控制权，两者不可分割，而自主知识产权的自主是对权利及其实施的自主，不强调股权是否主导。由于知识产权可以以单独或组合状态存在，在没有股权控制权的情况下也可以有自主知识产权。第三，自主创新强调创造性努力的主动性，而自主知识产权除了自主创新获得知识产权外，还可以通过委托研究、购买、兼并、相互许可、资产置换等方式获得。自主创新和自主知识产权的关系如图 5－4 所示。

在联系上，首先，自主创新过程实质是自主知识产权创造运用的过程。自主创新产生的创新成果都可以用知识产权表达，新科技原理可以用科技类的著作权表达，产生的共性技术可以用科技类的著作权、技术类的专利权、植物新品种专

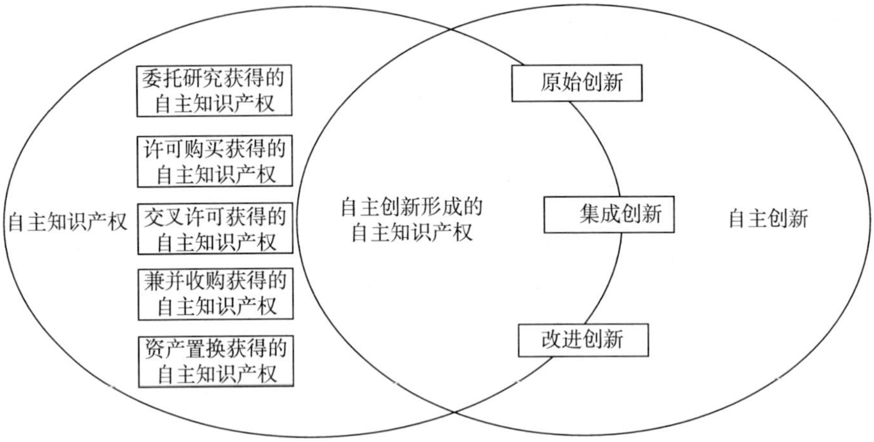

图 5-4 自主创新和自主知识产权的关系

有权、集成电路布图设计专有权等类型知识产权表达，竞争性技术则可以用各种技术类知识产权表达，没有一项自主创新成果是不能够形成知识产权的。自主创新要求创新收益的自主，这种自主是创新过程中重要的或多数知识产权实施收益的自主。自主知识产权是自主创新成果的产权化，自主创新实质是自主知识产权的创造运用过程。其次，自主知识产权是自主创新的制度保障。从创新的目的看，自主创新的目的是能够在长期获得创新收益，除了股权外，自主知识产权不仅能够保障自主创新的投入、扩散和利用，也能够保障自主创新收益的分配，它贯穿于自主创新的全过程，创新收益的大小和可持续性只能通过自主知识产权形成和保障。缺乏自主知识产权保护，自主创新成果就存在较大的被无偿扩散的风险，创新扩散和收益分配过程就难以主导和控制，创新收益的获得也难以持续，自主创新的不确定性就会大大增加，自主创新投入的积极性就会大大下降，创新就会由自主变为不自主。只有掌握自主知识产权的创新才是真正意义上的自主创新。第三，自主知识产权主要通过自主创新获得。虽然知识产权有多种获得方式，但除自主创新之外的各种知识产权的获得都要依赖他人，有时还要付出较高的代价。纵观当今世界主要国家的创新活动，知识产权强国无一不是创新强国，世界上没有哪一个知识产权强国不是将自主创新能力建立在自主知识产权创造和利用基础上的，将自主知识产权创造利用依赖于别人不仅是难以持续的，而且很多时候是行不通的。

5.3　知识产权与创新能力建设

随着知识经济的快速发展，知识产权在经济增长中的作用得到了许多学者的肯定，许多学者试图从专利数量与GDP的相关关系出发研究知识产权对经济增长的贡献。1966年，施克莫勒（Schmooler）把专利作为技术进步的指标进行研究，得出了由专利表征的发明创造活动由经济变量内生决定的结论。国际货币基金组织的《世界经济展望》（2006）研究了美国的专利趋势，专利申请与GDP滞后两年，相关系数为0.451。胡倬（2003）分析了1990～2000年中国、美国、英国、德国、法国、意大利、日本等主要国家GDP与专利申请量的相关系数，认为世界专利制度确实对世界经济的发展做出了极为重要的贡献。刘华（2004）研究了世界主要国家和地区专利授权量与GDP的相关关系，认为一个国家对知识产权的尊重水平直接影响着该国的经济增长，实用新型专利和外观设计专利与国内生产总值的高关联度反映了这两类创新技术对经济增长的贡献率要远远高于发明专利。

然而，有许多学者将专利作为科技进步和技术创新能力的指标而非经济增长的指标，格里克（Dominique Guellec，2001）等用三个基于专利的指标分析了技术的国际化和创新的过程。瓦特纳贝（Chihiro Watanabe，2001）等分析了专利统计能否代表创新水平，分析了四种创新水平下专利统计的适应性，并提供了一套更适合代表创新水平的专利统计指标。阿里索和李墨雷（John R. Alliso and Mark A. Lemley，2001）在研究美国专利参考文献时发现，美国1978～1998年期间主要高技术和中技术领域专利的参考文献中平均79.65%来自于专利文献，如表5-3所示。

表5-3　美国主要技术领域专利对现有技术参考情况

技术领域 / 参考比例	医药	医疗设备	生物技术	计算机	软件	半导体	电子	化学	机械	音响	光学	汽车	能源	通讯
平均现有技术参考量	18.55	25.84	23.86	14.74	14.39	9.41	11.84	17	15.84	13.23	15.02	16.82	17.17	14.63
美国专利参考	6.06	19.44	4.59	10.21	9.59	6.49	9.35	9.94	12.7	8.95	10.16	12.36	14.63	10.56
非美国专利参考	2.6	2.84	2.97	1.77	1.26	1.57	1.66	3.63	2.6	1.82	2.14	3.83	1.79	1.66
非专利参考	9.88	3.56	16.3	2.75	3.54	1.34	0.83	3.43	0.53	2.45	2.72	0.63	0.75	2.41
专利参考文献占比	0.4668	0.8622	0.3168	0.8128	0.7540	0.8565	0.9299	0.7982	0.9659	0.8141	0.8189	0.9625	0.9563	0.8353

由于专利申请与实施有一定的时间差，而且专利也并不全部都能实施，通过回归求相关系数的方法很难支撑专利是促进经济增长原因的结论，所以也就出现了日本专利申请量与授权量增长迅速而 GDP 下滑出现负相关系数导致无法解释的情况。为此，鞠树成（2005）研究了专利申请与经济增长的关系，在滞后期为 1～5年时，专利产出与经济增长之间不存在着明显的因果关系。专利等知识产权数量的增长并不一定导致当年或近期年份经济的增长，知识产权与经济增长只是一种间接关系，并不具有直接因果关系。

知识产权尤其是发明专利的存量和创造利用水平是衡量国家创新能力和竞争力的最重要指标。知识产权创造运用能力是经济增长的重要因素，但不是决定因素，决定经济增长的还主要是投资和劳动力，以及包含其中的知识产权表现的科学技术进步和创新。离开知识产权的创造和运用，投资和人力资本就会缺乏技术含量和制度保障，经济增长就会动力不足，就必然会出现问题。与经济增长相比，发明专利产出与创新能力的关系更加直接。

5.4 知识产权战略与自主创新能力建设

从过程看，高技术产业知识产权发展战略和自主创新能力建设具有一致的关系，图 5－5 和图 5－6 显示了高技术产业自主创新能力建设和知识产权战略过程的异同。自主创新能力建设强调主导的能力形成积累，而知识产权战略强调知识产权发展的策略。虽然两者强调的侧重点和所采用的政策不一样，但两者又是一致的。首先，实质相同。知识产权是创新要素人、才、物相结合的成果，创新是创新要素人、财、物集聚和转化的过程。创新基础设施是创新要素结合的平台与载体，知识产权贯穿了创新的整个过程。所以，无论高技术产业自主创新能力建设多么强调投入和产出能力，强调基础条件和政策环境能力，但实质仍是高技术产业自主知识产权的创造和产出能力以及支撑自主知识产权创造运用的基础能力。知识产权能力主要从自主创新权利的成果和创造运用方面表征自主创新能力，即使是自主创新基础能力和创新管理能力，也都离不开自主知识产权的创造、运用、保护和管理。第二，目的一致。高技术产业知识产权发展战略和自主创新能力建设的目的也基本相同，虽然知识产权战略更强调知识产权的创造和利用，但其目的主要在于通过知识产权创造和利用掌握主导权，提高效率，获取实施收益。同样，自主创新能力建设的主要目的之一也是为了获取主导的收益，偏离获取长期收益这个主要目的，自主创新能力建设就失去意义。第三，过程相同。高技术产业知识产权发展战略过程主要是从获取知识产权动机开始，通过引进外部知识产权和进行研究开发形成知识产权，然后由知识产权创造战略转向知识产权扩散转化战略和运用战略，通过知识产权实施和产业化战略获取收益。在此过程中，知识产权保护不仅保护知识产权的引进，而且也保护知识产权的创造、运用和产业化，保障权利人能够取得实施收益。自主创新能力建设由自主创新动机开始，通过自主研究开发和引进必要的技术，掌握原始创新、集成创新和改进创新技术，然后将自主创新技术进行扩散、实施和产业化并取得收益。在自主创新过程中，必须有创新产权即股权和知识产权的保障。知识产权保护不但保护技术引进和自主研究开发，而且也保护自主创新技术的实施和收益。

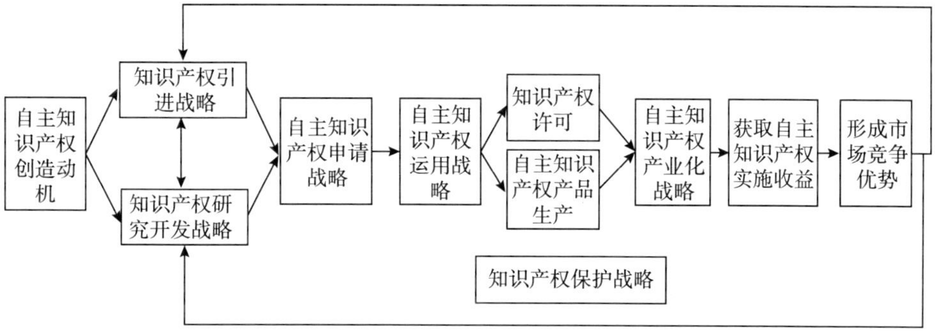

图 5－5　高技术产业知识产权战略过程

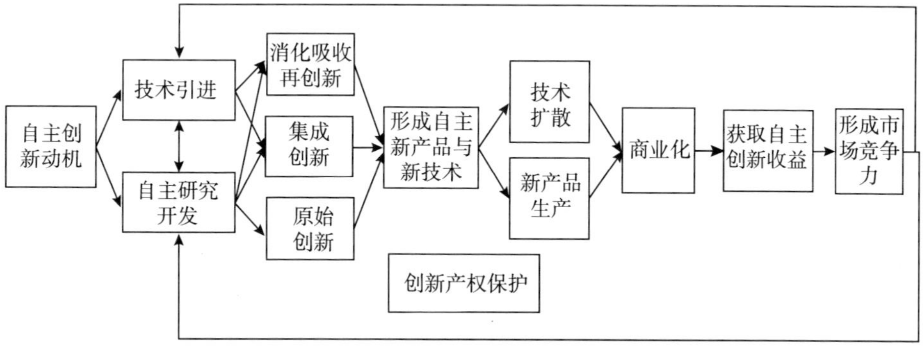

图 5－6　高技术产业自主创新能力建设过程

5.5　自主创新能力建设对知识产权发展需求

高技术产业自主创新能力建设与自主知识产权的创造、运用、保护和管理能力实质上也是一致的，只是两者的侧重点有所不同。面向创新型国家建设目标，高技术产业自主创新能力建设对知识产权发展提出了一系列重大需求。

一是自主创新能力建设需要知识产权创造能力的显著提升。高技术产业自主创新能力建设首先表现为研究开发能力，研究开发能力不仅表现在研发投入总量要大和投入强度要高上，而且要创造和掌握一大批支撑高技术产业发展需求的高质量自主知识产权。只有掌握一大批高技术产业和重要制造业以及现代农业的核心自主知识产权，我国才有建设创新型国家的基础。

二是自主创新能力建设需要知识产权运用能力的显著提升。高技术产业自主创新能力最重要的表现是产出能力，尤其是经济产出能力，任何创新活动和能力建设过程，任何知识产权创造行为，如果不能产生或主要产生经济价值，不仅会失去其存在的实际意义，而且还会造成创新资源的浪费。这就需要显著增强创新成果的运用能力，显著增强将自主创新中间产出的各类知识产权在产业上得到应用变成现实生产力的能力，而这一点已经成为制约我国高技术产业知识产权发展和自主创新能力建设的瓶颈问题之一。

三是自主创新能力建设需要相适应的知识产权保护水平。知识产权制度的发展历史表明，知识产权保护的关键是要适应创新发展的需要，知识产权的过强保护和过弱保护对于发展来说都是不足取的。推进高技术产业自主创新能力建设不是漫无目的的迫于发达国家压力的亦步亦趋式的加强保护，也不是一味强调国情的无充足理由的懈怠性低水平保护，关键的是要确定合适的保护水平，并制定合适保护水平下正确的对策措施。

四是需要有一套支撑自主创新能力建设的知识产权政策。高技术产业自主创新能力建设需要财政、税收、政府采购、金融等政策工具，它们主要是从政府职能配置角度出发的政策工具。自主创新能力建设需要知识产权保护，知识产权保护政策激励和保障自主创新能力建设的投入产出的全过程，是落实这些政策工具的政策，但高技术产业自主创新能力建设对知识产权发展需要的绝对不是仅仅知识产权保护一个方面的政策，而是包括创造、运用、保护和管理在内的一整套知识产权政策体系。只有建立一套完整的政策体系才能促进高技术产业知识产权的快速发展，有效支撑高技术产业自主创新能力建设。

5.6 本章小结

本章探讨了知识产权制度发展历史及其与创新活动的关系，比较分析了自主创新与自主知识产权的关系、知识产权能力与自主创新能力、知识产权战略管理与创新能力建设的关系，提出了高技术产业自主创新能力建设对知识产权发展的重大需求。知识产权制度与创新有着天然的联系，专利制度是技术创新活动的产物，又反过来极大地推动了创新。主要国家知识产权制度发展的历史表明，知识产权制度设计应当与创新实际相适应，要成为促进自主创新能力和竞争力建设的重要制度工具。

自主知识产权是自主创新的载体和保障，自主创新是获得自主知识产权的主要方式。自主创新能力建设与知识产权战略过程是相一致的，实质上是包括创造、运用、保护和管理在内的自主知识产权能力建设。面向建设创新型国家的总目标，加快高技术产业自主创新能力建设，必须不断完善知识产权制度，制定有效的高技术产业知识产权发展战略和政策。

第六章　高技术产业自主创新能力建设与知识产权保护水平

知识产权保护是整个知识产权制度的核心，也是知识产权战略和政策的基础。没有保护，就不可能有知识产权创造与运用，知识产权战略也就无法实施。知识产权保护的目的是促进利益平衡和社会福利最大化，它不仅关系到知识产权的申请、维持、扩散和实施，而且关系到新思想的产生和知识产权的社会应用。社会福利最大化的实质就是创新产出的最大化，而创新要体现在能力建设上，但社会福利最大化只是某一时点特定知识产权保护水平下的状态。创新型国家建设的关键是要找到最有利于自主创新能力建设的知识产权保护水平，尤其是有利于高技术产业自主创新能力建设的最优专利保护水平。

6.1　专利保护水平定量分析

近年来，世界知识产权形势发生了很大变化，尤其是我国加入 WTO 后，世界经济增长缓慢而我国经济迅速发展，以美、日、欧为主的发达国家不断向我国施压，不仅对我国发起了多起知识产权诉讼，而且其政府界、学术界、产业界也开始加大对我国知识产权保护不力的指责，使得我国面临的知识产权压力越来越大，知识产权问题越来越复杂。

知识产权保护对高技术产业自主创新和自主创新能力建设有着很大的影响，吉尔伯特和夏皮洛（Gilbert and Shapiro，1990）等较早研究了知识产权保护水平，认为知识产权保护水平同时依赖于知识产权的法定期限和保护宽度。格利尼（Gallini，1992）指出，在累积创新环境下，专利保护水平或者有效专利寿命主要是由专利保护宽度确定。在具体的专利保护水平定量研究上，拉普和罗泽克（Rapp and Rozek，1990）做出了开创性工作，他们把专利保护水平划分为 5 个不同的等级，用 0 到 5 之间的整数来进行定量。基纳特和帕克（Ginarte and Park，1997）在拉普和罗泽克方法的基础上，将专利保护水平指标划分为 5 个类别，通过简单平均加权方法得到了120个国家的专利保护水平，第一次给出了专利保护水平指标体系和各个国家专利保护水平的评价结果。韩玉雄、李怀祖（2005）在基纳特和帕克研究的基础上将拉普和罗泽克方法得到的中国专利保护水平乘以执法力度，得到修正的中国专利保护水平指数。

然而，专利保护具有其自身的特点，中国特有的专利行政执法保护和社会保护也应当是专利保护的重要指标；专利保护各子指标具有较大的差异性，实用新型不是专利保护的客体，而是一种和发明专利一样的知识产权保护方式；从维护专利权人利益出发，强制许可和计划许可应当是负指标，而不应当是正向指标，而且很多国家已没有计划许可这个概念；一些代理指标可能与本意相差较大，如用人均GDP、律师比例等指标代表专利执法指标可能难以正确反映专利执法保护的真实情况。

6.1.1　专利保护水平测度指标体系

发明专利是经过实质审查程序又具有国际可比性的能够代表创新能力的知识产权，从自主创新能力角度出发，知识产权保护实际上主要是专利保护，尤其是发明专利保护。专利保护不但来自专利权人自身的保护，也来自于国家的保护。专利权人自身的保护主要是权利人主动申请、获得和维持专利权的行为，比如，撰写高质量的专利申请文件尤其是权利要求、及时缴纳有关费用、及时识别侵权行为等；国家的保护主要是指国家通过立法、行政审批、司法、执法、公民教育等途径维持专利权有效、防止专利侵权和被假冒的行为，两者互为条件，缺一不可。因此，专利保护水平是权利人和国家共同对专利申请认可和对专利权的维护水平。

根据世界主要国家的专利制度，专利保护是包括专利立法保护、专利审批保护、专利司法与行政保护和专利社会保护等四个方面的完整体系，专利保护实际上是这几个方面共同起作用的结果。专利立法是专利保护的依据，审批保护是专利保护的基础，司法和执法保护是专利保护的手段，而社会保护是专利保护的根本。但是，这几个方面的保护作用又是不同的，没有专利立法，专利保护就缺乏依据。没有审查确权，专利保护就没有对象。没有司法和行政执法保护，专利立法和审批保护就缺乏存在的条件，就不可能实现真正的保护。但仅靠专利司法保护和行政执法又是远远不够的，专利保护最终还是要落实到社会保护之中，专利社会保护是专利保护不可或缺的要素和根本。因此，专利保护水平指标体系是包括这四个方面子指标的体系。

因此，本书构建的专利保护水平指标体系是一个三级指标体系，如图 6－1 所示。一级指标为专利保护水平指标，二级指标包括专利立法保护水平子指标、专利行政审批保护水平子指标、专利司法保护水平子指标、专利行政执法保护水平子指标、专利社会保护水平子指标，五个二级指标之下包括 17 个三级指标。专利司法保护和专利行政执法保护两条途径并行是我国专利保护的一大特色，它

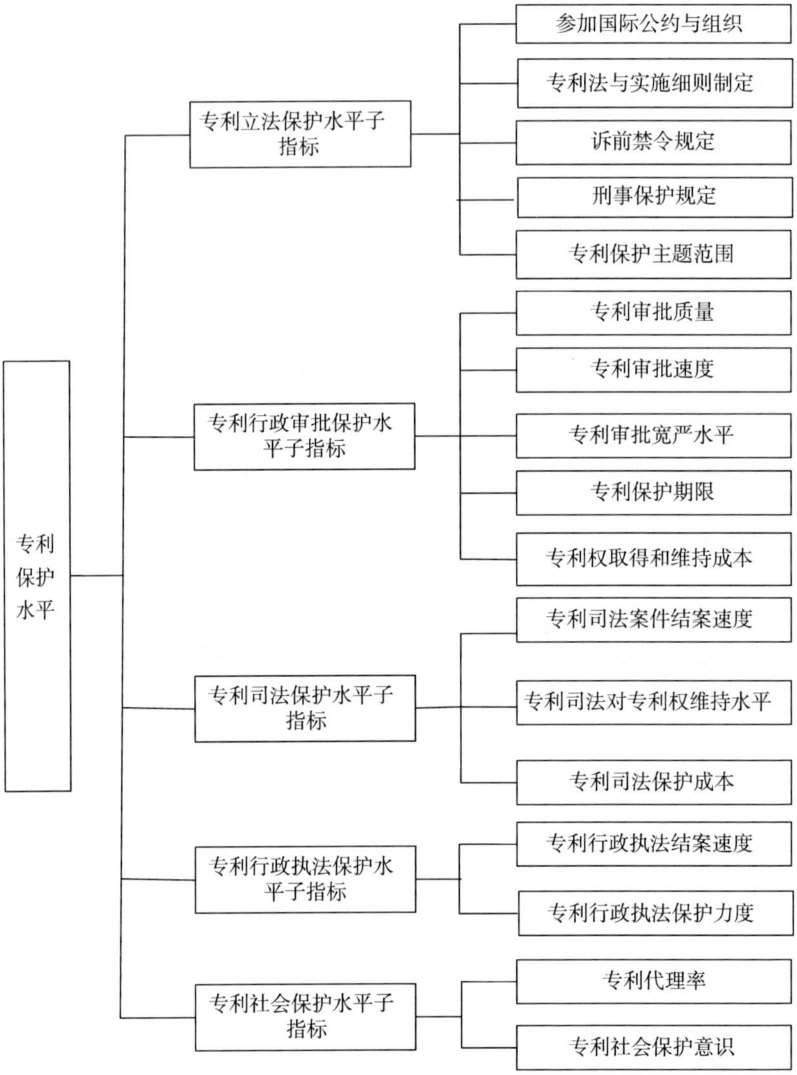

图 6－1　专利保护水平指标体系

们具有一定的替代性，为了更系统地研究我国专利保护的状况，本书对专利司法保护和行政执法保护水平子指标单独研究，在计算总体专利保护水平时仍按一个子指标对待。

6.1.2 专利保护演进

（1）专利立法保护水平子指标。

专利立法保护水平子指标包括五个三级指标：加入专利类知识产权国际公约和组织情况、本国制定专利法及其实施细则情况，诉前禁令、刑事保护规定情况，以及本国专利保护主题范围情况，可分别用本国这些指标项数占世界公认项数的比例表示，如表 6－1 所示。

① 加入专利知识产权国际公约和组织。与专利有关的国际知识产权公约主要包括《建立世界知识产权组织公约》、《保护工业产权巴黎公约》、《专利合作条约》、《国际承认用于专利程序的微生物保藏布达佩斯条约》、《专利法条约》、《国际专利分类斯特拉斯堡协定》、《与贸易有关的知识产权协议》（TRIPs）共七个公约。我国于 1980 年加入《建立世界知识产权组织公约》，1985 年加入《保护工业产权巴黎公约》，1994 年加入《专利合作条约》，1995 年加入《国际承认用于专利程序的微生物保藏布达佩斯条约》，1997 年加入《国际专利分类斯特拉斯堡协定》，2001 年我国成为世界贸易组织 TRIPs 协议成员，除了《专利法条约》还没有加入外，我国加入了主要的专利国际公约和组织。

② 本国制定专利法规情况。本国专利法规主要包括专利法和专利法实施细则，我国于 1984 年就制定了专利法及其实施细则，规定了申请公开、实质审查、异议、复审与无效、一审与二审等制度，并于 1992 年进行了第一次修改，于 2000 年进行了第二次修改，具有了与美国等世界主要国家一致的专利法规。2007～2009 年专利法和实施细则第三次修改加大了对创新的支持力度和对公共利益的保护。

③ 诉前禁令规定。诉前禁令是专利权人在起诉前向法院申请的由法院采取的责令停止有关侵权行为和财产保全的措施，是受害人请求法院要求侵权人立即停止正在实施的专利侵权行为的最有效措施之一。我国 1982 年的《民事诉讼法（试行）》就规定了财产保全制度，但主要是有形财产，专利法在 2001 年修订前规定了专利侵权的诉前禁令和财产保全制度，2007 年专利法第三次修改又增加了诉前证据保全规定。

表 6－1 专利立法保护状况

内容＼年份	1985	1986	1987	1988	1989	1990	1991	1992	1993	1994	1995	1996	1997	1998	1999	2000	2001	2002	2003	2004	2005	2006	2007	2008	2009	美国	最大值
加入国际公约	2	2	2	2	2	2	2	2	2	3	4	4	5	5	5	5	6	6	6	6	6	6	6	6	6	7	7
专利法与细则	2	2	2	2	2	2	2	2	2	2	2	2	2	2	2	2	2	2	2	2	2	2	2	2	2	2	2
诉前禁令规定	0	0	0	0	0	0	0	0	0	0	0	0	0	0	0	0	2	2	2	2	2	2	3	3	3	3	3
刑事保护规定	0	0	0	0	0	0	0	0	0	1	1	1	1	1	1	1	1	1	1	1	1	1	1	1	1	1	1
专利保护主题	4	4	4	4	4	4	4	6	6	6	6	6	6	6	6	6	6	6	6	6	6	6	6	6	6	7	8

④ 刑事保护规定。为了加大专利保护力度，1994 年我国开始实行专利刑事保护制度，重点打击冒充专利行为。2007 年新修改的专利法将假冒和冒充合并，刑事保护打击的对象为构成犯罪的假冒专利行为。

⑤ 本国专利保护主题范围。目前重要的专利保护客体一般应包括机械装置与电子、食品饮料、化学物与药品、微生物、动物品种、植物品种、计算机相关发明、基因技术共 8 个方面，这些主题主要从产品而非方法与用途方面定义专利保护的客体。我国 1984 年颁布的专利主题范围较小，在 1992 年专利法第一次修改时将专利保护主题范围扩大到食品饮料、化学物与药品领域。自我国实施专利制度以来，我国专利法并没有将计算机程序发明、基因技术发明排除在可专利主题范围之外，只是由于近年来这方面的发明申请增多而引起关注。同时，我国没有像美国那样给予植物新品种专利保护，而是采用行政登记保护方式保护农业和林业植物新品种，美国也没有对动物品种给予专利保护。

（2）专利审批保护水平子指标。

专利审批保护水平子指标主要包括专利审批质量、审批速度、审批宽严程度、保护年限和保护成本等几个方面。可以分别用发明专利申请授权率、年审批一件发明专利的数量比例、发明专利实审程序对专利申请的肯定率、发明专利保护期限占世界最大保护期限比例、取得和维持专利权的经费支付能力等五个三级指标反映。

① 专利审批质量。专利申请授权率主要指发明专利的申请授权率。1995 ~ 2009 年，我国国内外发明专利授权率波动提升，从 1985 年的 0. 51% 提高到 1990 年的 37. 86% ，然后下降到 1998 年的 9. 99% ，之后再上升到 2004 年的 37. 86% ，2004 年后又出现下降，然后又上升，2009 年上升到 40. 81% 。发明专利申请授权率如图 6 – 2 所示。美国专利（Utility）的授权率较高，但持续下降，2004 年为 47. 92% ，2009 年为 36. 08% 。

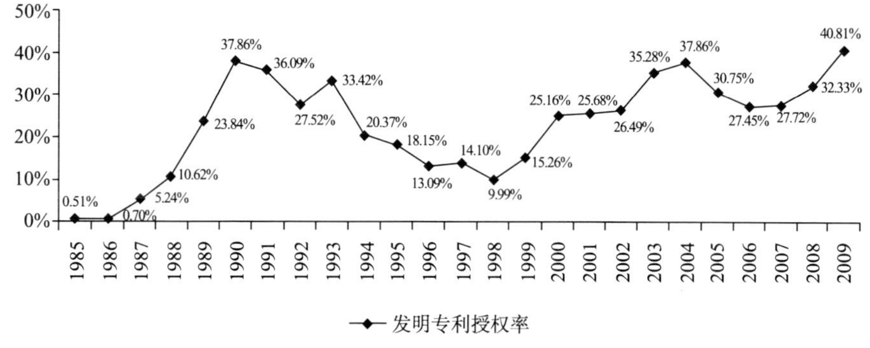

图 6 – 2 三种专利申请授权率

数据来源：www. wipo. int

② 专利审批速度。专利审批时间是指一项专利从申请日到颁证日的平均时间，专利审批速度可用年审批一件发明专利的数量比例表示。根据对《中国发明专利公报》的抽样调查和2006～2009年有效发明专利统计，我国审批一项发明专利平均需要的时间和每年审批一件专利的比例如图6－3所示。

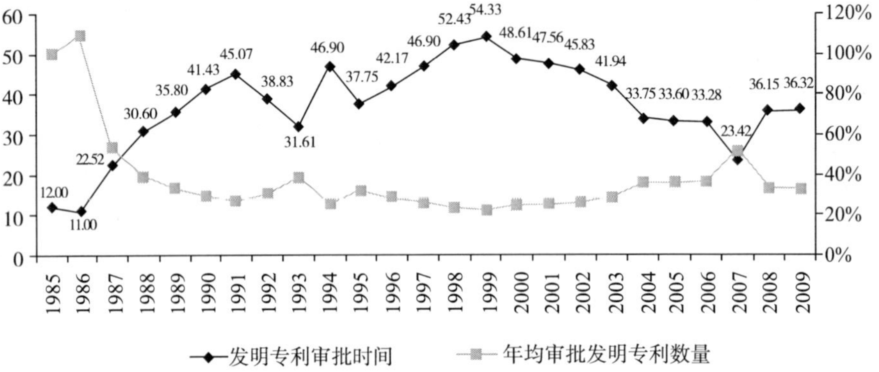

图6－3　发明专利审批时间与速度

数据来源：国家知识产权局有效发明专利统计、发明专利公报（1985～1992）

1985～2009年，我国发明专利从申请日到颁证日或授权日的时间[1]总体上呈先上升后下降的波动态势。审批时间由1985年的约12个月上升到1999年的54.33个月，再下降到2007年的23.42个月，2008年后又有所上升，2009年达到36.32个月。1986～2005年，年均审批一件发明专利的数量呈先下降后平稳上升的态势，1986年每年可以审批1件发明专利，1999年下降到22%，2005年有所提高，2007年提高到51.25%，2009年又下降到33.04%。与美国相比，我国总的发明专利审批时间不断缩短，已超过美、日、欧。2004年美国发明专利总未决时间平均为27.6个月，2009年为34.6个月，加上检索和一通之前的审查时间超过60个月。

③ 专利审批宽严水平。专利审批宽严水平是指在目前法律规定条件下，专利审查部门在审查程序对发明专利申请的权利要求肯定的比率，这可用在发明专利授权量在授权量与驳回、撤回（包括视为撤回）中的比例表示，如图6－4所示。1985～2009年，我国发明专利审查程序对发明专利申请的肯定率呈波动上升趋势，1985年仅为1%，1991年提高到41.25%，之后下降到1997年的

[1] 专利权的获得一般以授权公告日或颁证日为准，本书以公告日为准，审批时间长短采用函数DAYS360（申请日，公告日，30）计算。

20.47%，然后在2003年提高到81.51%，然后再下降，直到2009年又提高到86.82%。2004年，美国进入审查（Allowed Patent Applications）的实用、植物和再颁专利共179 349件，实用、植物和再颁专利授权171 134件，放弃的专利107 824件，实审程序对这三种专利肯定的比例为61.348%，之后持续下降，2009年审查程序对这三种专利肯定的比例为43.28%。

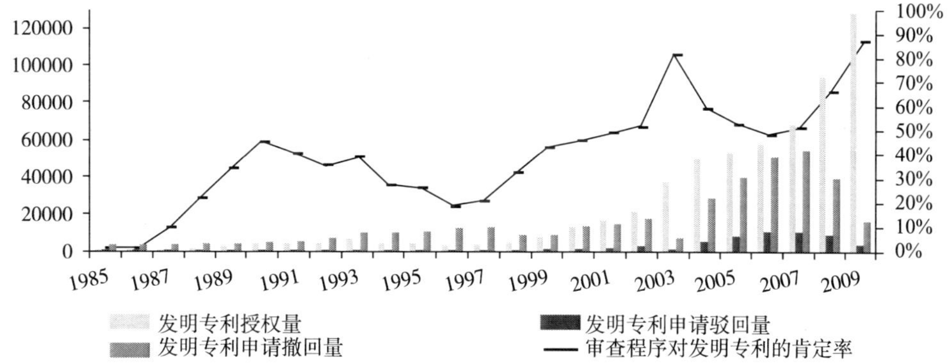

图6－4 发明专利实审程序对发明专利申请肯定率

数据来源：国家知识产权局，http：//search. sipo. gov. cn/sipo/zljs/searchaffair. jsp

④ 专利保护期限。专利保护年限是指法律规定应当保护专利权的时间年限。我国专利法第一次修改前，发明专利保护期为15年，实用新型和外观设计为10年，并均可续展5年。1992年，我国修改后的专利法规定："发明专利权的期限为20年，实用新型和外观设计专利权为10年"。目前，世界各国专利保护年限虽然各不相同，一般都在15～20年，但主要发达国家均为20年❶。因此，可用我国发明专利保护期限占世界最大保护期限比例反映年限长短。

⑤ 专利权取得和维持成本。专利权取得和维持的成本可用专利费用（申请费＋实审费＋平均年费＋代理费）来表示。1985～1993年，我国发明专利申请费每件为550元，实用新型为80元，外观设计为80元；1994～2000年，我国发明专利申请费每件为1650元，实用新型为300元，外观设计为250元；2001年开始，三种专利申请阶段费分别提高到3400元、450元和450元。2004～2011年，美国实用专利基本申请费为750美元，实审费为250美元，外观设计基本申请费为330美元，还有颁证费1300美元。2012年后，美国调整了费用标准，实用专利大实体基本申请费由790美元下降为380美元，实审费由220美元提高到

❶ 美国规定药品专利可以再续展5年。

250 美元，增加检索费 620 美元，外观设计基本申请费为 250 美元。

我国专利授权后费用为：1994 年以前发明专利平均年费为每件 940 元，实用新型为 100 元，外观设计为 118.75 元，颁证费等 100 元。1994～2000 年，发明专利平均年费为每件 2905 元，实用新型为 940 元，外观设计为 475 元，颁证费等增加到 200 元。2001～2009 年平均年费标准分别提高到 4115 元、1120 元和 1120元，2008 年后颁证费等调整为 255 元。2004 年，美国实用专利授权后的大实体平均年费为 2382 美元，颁证费 1300 美元，2008 年调整为大实体费用 3022 美元，2012 年提高到 3477.43 美元❶，颁证费增加到 1740 美元。以中部省份为例，我国发明专利代理费 1985～1990 年平均每件为 800～1000 元，1991～1996 年平均约为 1500 元，1997～2000 年约为 1800 元，2001～2004 年约为 2000～3000元，2004 年以来大约保持在 3500 元，2004～2009 年美国实用专利代理费平均约为 8000～10 000 美元。

以人均 GDP 能够负担专利费用的倍数表示专利权取得和维持的相对成本计算，1985～2009 年，我国人均发明专利费用负担呈下降趋势，从 1985 年的 2.68 倍下降到 2004 年的 0.22 倍，与专利权保护成本呈倒数关系的专利权取得和维持的经费支付能力有较大提高，从 1985 年的 0.37 增加到 2004 年的 2.21。但是，相对于美国来说，我国专利保护成本仍然较高，2004 年和 2009 年，美国人均 GDP 能够负担的专利费用倍数只有 0.27 倍和 0.22 倍，经费支付能力为 3.65 和 4.51，我国专利权取得维持的保护成本是美国的 2.04 倍，支付能力只是美国的 0.49% 左右。发明专利的取得维持费用负担倍数和费用支付能力如图 6－5 所示。

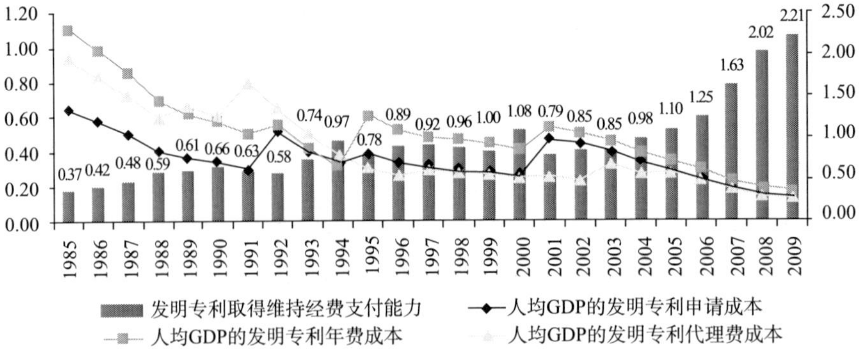

图 6－5 人均 GDP 发明专利取得维持成本与支付能力

数据来源：国家知识产权局专利收费办法（1985、1992、2001），美国专利商标局 FEE SCHEDULE（2008、2012），国家统计局等

❶ 平均年费是将保护期内各年收费标准相加再除以保护年限得到的平均数。

（3）专利司法保护水平子指标。

专利司法保护水平子指标主要包括专利司法案件结案速度、专利司法对专利权的维护程度和专利司法维护成本三个三级指标。

① 专利司法案件结案速度。专利司法结案速度可用专利司法案件结案率表示。专利司法包括专利行政司法和法院司法两部分，专利司法结案率包括国家专利复审和无效机关在复审无效、法院在专利纠纷案件中对三种专利案件结案的速度❶。从趋势上看，1987~2010 年，我国专利复审案件结案率呈先上升后下降再上升趋势，从 1987 年的 75% 上升到 1996 年的 110.6%，又下降到 2005 年的 48.79%，2007 年提升到 137%，2010 年保持在 72.80%，2001~2011 年 6 月的复审案件总结案率为 78.68%；无效案件结案率也呈波动趋势，从 1987 年的 42.28 % 提高到 2001 年的 112.46%，2005 年下降到 78.73%，之后上升到 2008 年的 133.81%。2001 年以来的总结案率为 92.78%。全国地方法院一审专利民事案件结案率也有显著提高，从 1987 年的 3.44% 提高到 2004 年的 93.29%，2010 年达到 86.39%，❷ 如图 6-6 所示。2002 年，美国专利商标局上诉委员会专利复审结案率为 77.3%，美国法院专利无效案件结案率为 100%，美国地区法院一审民事案件结案率为 83.84%。2005 年和 2009 年复审结案率为 101.8%、92.03%，无效案件结案率超过 100%，地区法院结案率 97.87%❸。

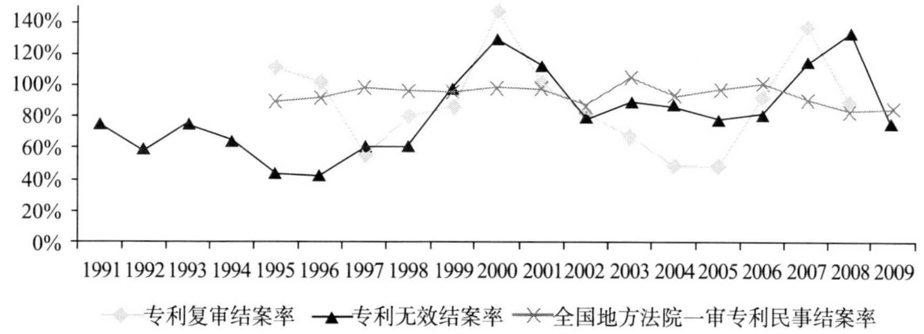

图 6-6 专利案件结案率

数据来源：中国知识产权统计年鉴（2000~2005），中国专利统计年报（1985~2004）

专利司法对专利权的维护水平。专利司法维护复审、无效和法院对专利权的

---

❶ 专利行政司法还包括专利行政诉讼。2004 年，北京市第一中级人民法院对专利复审和无效案件的维持率在 65% 左右，对专利权的维护主要在专利复审和无效机关，因此本书只以专利复审、无效数据表示专利司法情况。

❷❸ 数据来源于 www.uspto.gov.

维护，具体包括专利复审无效机关撤销原审查部门作出驳回决定和撤销专利权决定的比例、专利复审无效机关或知识产权法院在专利无效案件中维持专利权全部有效的比例、地方法院在专利民事一审案件中判决的比例，法院在专利冒充或假冒刑事案件中判刑的人数。

专利行政司法维持率。专利行政司法维持包括复审维护和无效维护两个方面。1987～1997 年，我国专利复审机关针对三种专利申请案件非撤回与驳回案件量占维持全部复审请求案件量的比例呈上升趋势，但 1997 年之后持续下降，2008 年下降到5. 14%，直到2008 年才有所回升，截止到2011 年6 月份，非撤回与驳回专利复审申请量占其与维持驳回和撤销驳回总复审申请量的总体比例为56. 79 %。中国专利复审机关在无效程序中维持三种专利权全部有效和部分有效案件量占无效案件量的比例呈下降态势，1991～1998 年波动性较大，1999 年后开始缓慢下降，2004 年最低，为 43. 77%，2011 年至 2012 年 6 月，总体比例为 50. 09%，如图 6－7 所示。2004 年，美国专利商标局上诉委员会专利复审单方和多方复审维持比例为 37. 14%，多方上诉（无效）维持比例 100%。2009 年单方多方复审达到了 94. 80%，多方上诉程序（全部和部分肯定）维持率为 75. 35%。

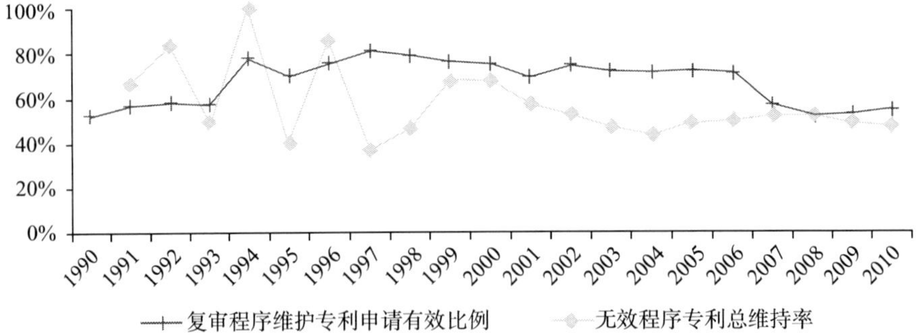

图 6－7　复审程序维持发明专利申请或专利权有效比例

数据来源：中国专利审查决定数据库（2004），国家知识产权局专利复审委员会统计

法院对专利权的维护率。法院对专利权的维护主要指全国地方法院在专利民事一审专利民事案件中判决原告胜诉的比例和冒充或假冒专利刑事案件中判刑的人数。我国全国地方法院专利侵权民事一审案件结案从 1996 年的 857 件增加到 2004 年的 1904 件，2002 年的判决比例为 39. 39%，2004 年为 36. 08%。我国从 1998 年开始采取刑事保护措施打击冒充专利行为，刑事犯罪案件从 1992 年的 327 下降到 1998 年的 131 件，2004 年又增长到 387 件，在冒充专利案件中判刑的人数有较大波动，案均判刑人数从 1998 年的 1. 5 人上升到 2001 年的 2 人，

2004 年下降到 1 人，呈先上升后下降趋势。2002 年，美国地区法院专利结案案件经过法院审判程序的占 22.3%，判决案件中原告胜诉的比例为 58.9%，美国法院判处知识产权犯罪人员中有 1% 左右的刑事案件为专利犯罪，判刑约为 4 人。2009 年，美国判决原告胜诉的比例为 25%，判刑按 1% 计算约 6 人❶。

② 专利司法维护能力。专利权司法维护能力是指发明人与相关人在专利复审、无效和诉讼中的经济支付能力，可用人均 GDP 能支付的专利行政司法与司法机关收取的官费和律师服务费表示。

1991 年之前，我国专利复审案件收费发明为 200 元/件，1992 ~ 1994 年为 400 元/件，1995 ~ 2000 年为 600 元/件，2001 年后提高到 1000 元/件。无效案件 2001 年以前每件 250 元，之后每年为 300 元，1992 年开始 450 元，1994 年后为 600 元，2000 年后提高到 3000 元。在法院审判中，我国 1989 年专利知识产权案件诉讼受理费为 50 元到 100 元/件，2001 年提高到 500 元到 1000 元/件，没有争议金额的每件交纳诉讼费 1000 元，有争议金额的按财产案件的收费标准交纳❷。2000 年前，我国专利复审与无效案件平均代理费为 0.5 万元到 1 万元/件，2000 年后平均为 1 万元到 5 万元/件，诉讼代理费为 5 万元到 10 万元/件，2009 年前后复审无效案件提高到 2 万元到 5 万元，诉讼代理费 10 万元到 15 万元。2004 年和 2009 年，美国专利再审查费用（单方面费用为 2520 美元/件，多方面为 8800 美元/件）平均每个案件为 3155.54 美元和 4288.82 美元，无效案件请求费 400 美元，案件诉讼请求费 400 美元，美国复审单方面专利律师费大约 1 万美元，无效案件律师费大约 2 万美元，多方面复审 5 万到 20 万美元，专利侵权单方诉讼代理费平均 200 万美元。

在不考虑有争议案件费用标准情况下，以人均 GDP 能支付的复审无效诉讼官费和服务费成本倍数表示专利行政与司法保护相对成本，以相对成本倒数表示费用支付能力。从图 6 - 8 可以看出，除 2001 年有较大下降外，1985 ~ 2009 年，

---

❶ 2002 年，美国地区法院受理专利案件 2723 件，结案 2283 件。在结案案件中，经过法院审判程序的 509 件，其中判决案件 73 件，原告胜诉案件 43 件，原告获得赔偿 30 件，平均赔偿额为 230 万美元，专利诉讼周期为 9 个月。2009 年选择的地区法院新收专利民事案件 14 件，积压 94 件，结案 16 件，其中原告胜诉 4 件。2002 年美国法院调查知识产权犯罪嫌疑案件 400 人，审结知识产权刑事案件 134 人，判刑 58 人，其中有 1% 左右的刑事案件涉及专利犯罪，判刑约为 4 人。2009 年美国法院助理律师收到知识产权转移调查案件 285 件，起诉 173 件 235 人，判决 233 人，其中判刑 107 人，涉及专利的约 8 人。见：Federal Justice Statistics Program：Intellectual Property Theft，2002；Performance and Accountability Report Fiscal Year 2009，Other Accompanying Information，http：//www. uspto. gov/web/offices/com/ annual/2009/；2010 U. S. Intellectual Property Enforcement Coordinator Annual Report on Intellectual Property Enforcement。

❷ 无效程序通常由他人提起，无效费用一般不由专利权人承担，故不予考虑。

我国人均 GDP 发明专利官费支付能力呈总体上升态势，支付能力从 1.42 增加到 5.80，代理服务费用支付能力较低，除 2005 年出现较大下降外总体平稳，从 0.095 增加到 0.119。2004 年，美国人均 GDP 官费支付能力为 9.51，代理服务费支付能力为 0.071，2009 年分别为 9.13 和 0.0451。

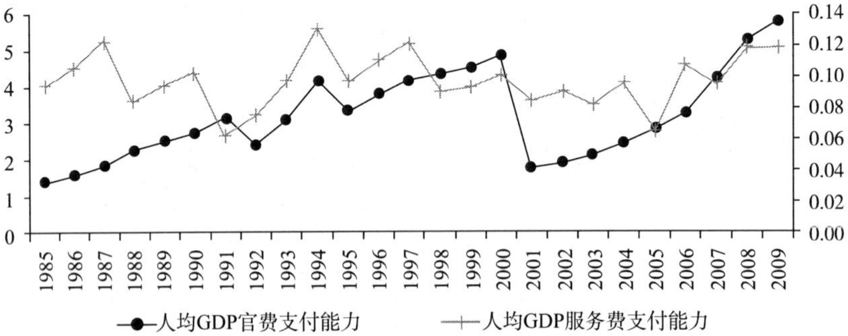

图 6-8　人均 GDP 发明专利复审、无效和诉讼费用支付能力

数据来源：最高人民法院 http：//www. court. gov. cn；郑州联科专利事务所等

（4）专利行政执法保护水平子指标。

专利行政执法保护水平子指标包括专利行政执法机关和海关执法案件处理速度和处理力度，可用专利行政执法案件结案率、专利行政执法案件处理率两个三级指标。

① 专利行政执法案件处理速度。案件处理速度可用专利行政执法案件结案率表示。我国专利行政机关的专利侵权纠纷处理速度总体呈上升和平稳态势，1988～1989 年，结案率波动由 58% 提高到 115.23%，然后下降到 1991 年的 57% 左右，1999 年该比例提高到 97.75%，从 2000 年以后平缓下降，稳定在 70%～90%，如图 6-9 所示。海关侵权案件量结案率全部达到 100%。本书专利行政执法案件处理速度只用专利行政执法机关专利案件结案率表示。

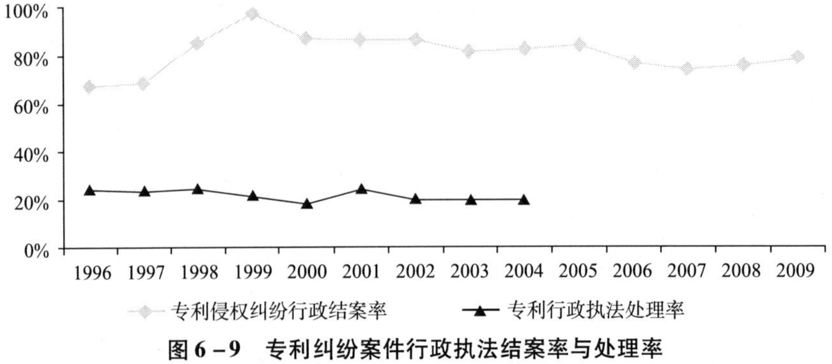

图 6-9　专利纠纷案件行政执法结案率与处理率

数据来源：国家知识产权局统计公报（1998—2009）

② 专利行政执法保护力度。专利行政执法力度包括专利行政执法机关和海关的执法保护力度，专利行政机关执法保护力度可用专利执法案件中处理的比例表示，海关处理力度可用海关查获案件占备案案件数量的比例表示，如图 6-10 所示。

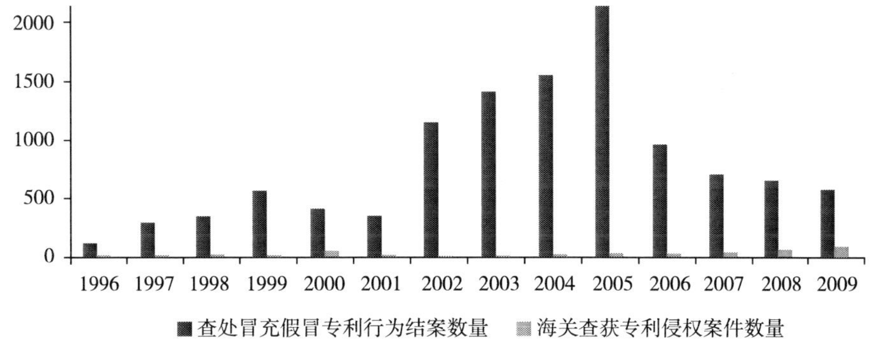

图 6-10　专利行政执法查处案件数量

数据来源：国家知识产权局统计年报（1996~2009），中国知识产权保护状况（1996~2009），知识产权统计年鉴（2000~2009）

我国专利行政执法机关查处冒充专利和假冒他人专利案件数量从 1996 年的 121 件增加到 2005 年的 2174 件，但 2009 年又下降到 598 件，占全部行政执法专利纠纷案件的比例从 2001 年的 27.48%提高到 43.26%。海关专利权备案量已超过 5000 件，查处专利侵权案件从 1996 年的 8 件增加到 2009 年的 102 件，案件价值从 116 万元增长到 14.5 亿元。海关查获的专利侵权案件数量占备案专利案件数量的比例 2004 年为 4.89%，2009 年提高到 13.95%。美国专利行政执法主要是国土安全部的海关与边境保护局关于专利侵权商品的备案和查处，2004 年美国海关抓获知识产权侵权案件 7255 起，价值 1.39 亿美元，2009 年抓获 14 841起，价值 2.61 亿美元，按中国专利案件占知识产权查获案件数量平均 1.8%的比例计算，美国海关查获的专利侵权案件分别为约 132 起和 270 起。在此假定美国海关专利侵权案件结案率 100%，查获的专利侵权占备案案件量的比例约为 15%。

（5）专利社会保护水平子指标。

专利社会保护水平是社会个体对专利的保护行为。在一定程度上，社会保护要比行政和司法保护更有效、更重要，专利社会保护子指标可用专利代理率和公民专利保护意识两个指标表征，如图 6-11 所示。

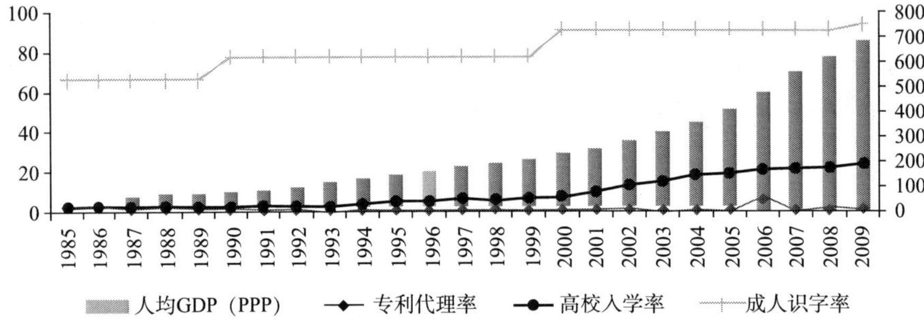

图6－11　专利社会保护趋势

数据来源：国家知识产权局统计信息（1985～2009），世界银行数据库（1985～2009）

① 专利代理率。专利代理是专业性很强的工作，一般而言，专利代理是专利获得充分有效保护的前提，专利代理率的高低反映了发明人在寻求专利保护时的主动意识和追求有效保护的意愿。由于外国专利申请必须经我国专利代理机构代理，我国总的专利代理率较高，而且呈逐年提高趋势，1986 年，我国专利代理率为 54.4%，2004 年提高到 74.94%，2009 年提高到 66.84%。美国的专利代理率为 100%。

② 公民专利保护意识。公民专利保护意识是社会公众自觉遵守知识产权法律保护专利权的倾向，本书用人均国民收入（GNP，现价美元）和由成人识字率与高校入学率代表的公民受教育水平表示公民专利保护意识，人均收入越高、受教育水平越高，保护专利的意识就越强。

6.1.3　专利保护水平测度方法

（1）专利保护水平计算公式。

如果用 F 代表专利保护水平，X_1 代表立法保护水平，X_2 代表专利审查保护水平，X_3、X_4 分别代表专利司法水平与行政执法保护水平，X_5 代表专利社会保护水平，则专利保护水平可用下列公式表示：

$$F = f\ (X_1,\ X_2,\ X_3,\ X_4,\ X_5)$$

由上述分析可知，专利保护具有过程的特点，如果要加强专利保护，必须加强四个方面的保护，如果缺乏任何一个方面的保护，专利保护水平就会显著降低，而片面提高某一或某几方面的保护，也不能显著提高专利保护水平，因此比较符合专利保护具有过程的特点。同时，由于各子指标对专利保护水平的作用大小不同，因此本书采取下述公式计算专利保护水平，而不采用简单加总的方法。

$$F = X_1^{\alpha} X_2^{\beta} \ (\theta X_3 + \phi X_4)^{\gamma} X_5^{\delta}$$

其中，α、β、γ、δ 为各个子指标对专利保护水平的作用强度大小或贡献率，且 $\alpha+\beta+\gamma+\delta=1$，$\theta$、$\phi$ 为专利司法和专利执法在专利司法执法保护中的权重大小，由于专利行政执法保护仅为我国独有，它与专利司法保护在很大程度上职能相同，具有替代性，本书将司法和行政执法作为一个子指标。

（2）数据处理方法。

首先，对原始数据进行归一化处理，由于重标度方法使得各年度数据分散到［0，100］之间，使得相对关系扭曲，所以本书归一化的方法是将各年度数据除以最大值，最大值采用已知国家中最大的数据，无法得到的数据采用序列中的最大值。由于专利保护涉及的数据较多，有些数据难以获得，本书对某些年份缺失的数据采用两端数据平均或采用已有数据的方法进行弥补。美国 2004 年的某些指标采用 2002 年的数据，2009 年的某些数据采用 2008 年或 2010 年数据，某些难以得到的数据则采用我国年度序列中最大的数据代替。

（3）子指标权重、贡献率和专利保护水平指数。

根据对 30 位专家调查结果的统计，可得到如表 6－2 所示的三级指标权重、二级指标贡献率等数值，各二级子指标保护水平采用如下计算方法。

表 6－2 专利保护三级指标权重与二级指标贡献率

<table>
<tr><td></td><td colspan="2">专利立法保护</td><td colspan="2">专利审批保护</td><td colspan="2">专利司法保护</td><td colspan="2">专利行政执法保护</td><td colspan="2">专利社会保护</td></tr>
<tr><td rowspan="5">三级指标权重</td><td>加入国际公约情况</td><td>0.2342</td><td>专利授权率</td><td>0.1825</td><td>专利司法案件结案率</td><td>0.3085</td><td>专利行政执法案件结案率</td><td>0.4950</td><td>专利代理率</td><td>0.4525</td></tr>
<tr><td>专利法与细则制定情况</td><td>0.2763</td><td>专利审批速度</td><td>0.1925</td><td>司法维持专利权有效的比例</td><td>0.3680</td><td>专利行政执法案件中查处案件的比例</td><td>0.5050</td><td>专利社会保护意识</td><td>0.5475</td></tr>
<tr><td>诉前临时禁令规定</td><td>0.1368</td><td>专利审查宽严水平</td><td>0.2150</td><td>专利司法成本</td><td>0.3235</td><td></td><td></td><td></td><td></td></tr>
<tr><td>刑事保护措施</td><td>0.1974</td><td>专利保护成本</td><td>0.2425</td><td></td><td></td><td></td><td></td><td></td><td></td></tr>
<tr><td>专利保护对象多少</td><td>0.1553</td><td>专利保护年限</td><td>0.1675</td><td></td><td></td><td></td><td></td><td></td><td></td></tr>
<tr><td rowspan="2">二级对一级指标贡献率</td><td colspan="2" rowspan="2">$\alpha=0.3085$</td><td colspan="2" rowspan="2">$\beta=0.1700$</td><td colspan="4">$\gamma=0.3925$</td><td colspan="2" rowspan="2">$\delta=0.1290$</td></tr>
<tr><td colspan="2">$\theta=0.555$</td><td colspan="2">$\phi=0.445$</td></tr>
</table>

① 专利立法保护水平 =0.2342 × 加入国家专利知识产权公约和组织的比例 +0.2763 × 专利法与实施细则制定的比例 +0.1368 × 诉前禁令规定的比例 +0.1974 × 刑事保护规定比例 +0.1553 × 专利保护客体范围比例。

② 专利审批保护水平 =0.1825 × 发明授权率 +0.1925 × 年审批发明专利数量 +0.2150 × 实审结案授权比例 +0.2425 × 发明专利保护年限占比 +0.1675 × 人均 GDP 能支付的发明专利申请与维持数量占比。

③ 专利司法保护水平 =0.3085 ×（复审结案率 + 无效结案率 + 全国地方法院一审专利民事案件结案率）/3 +0.3680 ×（复审撤销原驳回决定率 + 无效维持全部有效率 + 民事一审专利侵权案件判决比例 + 假冒刑事案件占比）/4 +0.3235 × [1/3（人均GDP 支付复审受理发明专利数占比 + 人均 GDP 支付诉讼受理发明专利数占比）/2 +2/3（人均 GDP 支付复审代理发明专利数占比 + 人均 GDP 支付诉讼代理发明专利数占比）/2]。

④ 专利行政执法保护水平 =0.4950 ×（专利纠纷行政结案率 + 海关结案率）/2 +0.5050 ×（查处假冒冒充专利行为案件数占全部专利纠纷的比例 + 海关查处专利侵权案件数占比）/2。

⑤ 专利社会保护水平 =0.4525 × 专利代理率 +0.5475 × [人均国民纯收入 +（成人识字率 + 高校入学率）/2] /2。

总的专利保护水平计算公式如下：

$$F = X_1^{0.3085} X_2^{0.1700} \left(0.555X_3 + 0.445X_4\right)^{0.3925} X_5^{0.1290}$$

从调查表统计看，专利司法和执法保护对专利保护水平的作用强度最大，专利立法保护次之，而专利审批保护和社会保护对总的专利保护水平的作用强度较小。

6.1.4 专利保护水平测度结果

按照上述公式计算得出的我国 1995 ~2009 年和美国 2004 与 2009 年的专利保护水平指数如图 6 -12 所示。从中可以看出，1985 年以来，我国总体专利保护水平有较大提高，从 1985 年的 0.4441 提高到 2009 年的 0.6899，年均提高 1.85%，2008 年达到最高，为 0.6920。美国的专利保护水平指数也在不断上升，2004 年为 0.7736，2009 年为 0.8084，我国 2004 年和 2009 年与美国的差距分别为 0.1387 和 0.1141，显示我国专利保护水平与美国的差距正在缩小。

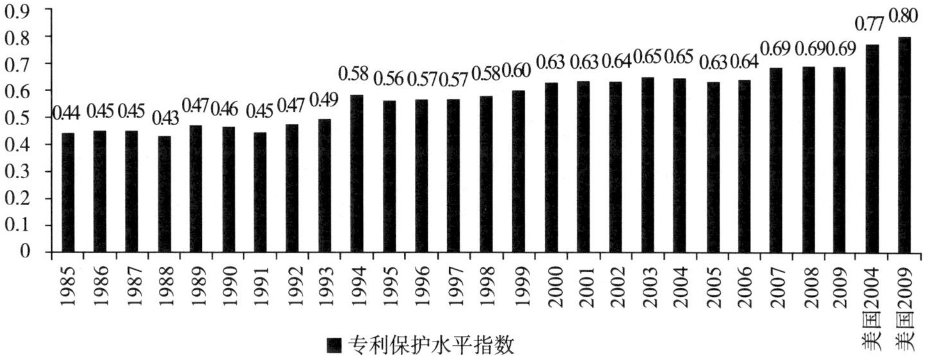

图 6 –12　中国专利保护水平趋势

1985 ~2009 年，我国专利保护水平各子指标保护水平的计算结果如图 6 –13 所示。从 2009 年的指数得分可以看出，我国专利立法保护水平较高，专利司法保护水平次之，专利行政执法保护和社会保护水平则处于较低位置。从指数上升趋势可以看出，我国专利各子指标保护水平均有大幅度的提高。其中尤以专利立法保护水平提升最快，年均提升 3.32%，其次是审查保护水平，年均提升 2.14%，专利社会保护和行政执法保护水平提升也较快，指数年均增速分别为

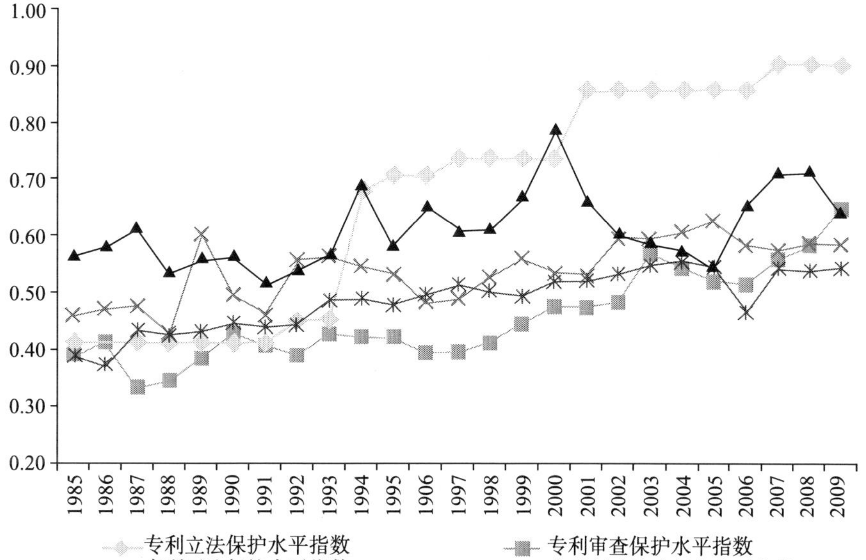

图 6 –13　专利保护子指标保护水平知识产权趋势

1.41%和1.02%，但专利司法保护水平提升速度较慢，指数提升速度居最后，指数提升速度仅为0.551%。1985～1991年，我国专利立法保护水平发展呈明显的三阶段发展特征，1985～1993年，1994～2000年和2001～2009年的三个阶段都有重大的专利立法进步。尤其是2001年我国加入世界贸易组织后，我国专利立法保护水平接近世界最高的立法保护水平，2009年达到0.9026。我国专利审批保护水平呈平稳上升态势，从0.3913提高到0.6495，只是在2006年有所下降，其主要原因在于申请量增加较快，审查阶段对专利申请的肯定率有所下降。我国专利司法保护水平波动上升，尤其是在近几年波动幅度较大，2000年达到最高为0.7889，而2005年下降到0.5318，2006年开始回升，但2008年又出现下降，2009年的水平与1998年相当。我国专利行政执法保护水平也呈波动上升趋势，发展极不稳定，指数忽高忽低，显示执法的非常态化特征。我国专利社会保护水平呈三阶段波动上升趋势，第一阶段是1985～1990年，第二阶段是1990～2003年，第三阶段是2003～2009年。

由上述分析可知，我国专利保护水平并不如某些国家所称的那样保护不力，而是相反，我国专利保护水平已经相当高，尤其是立法保护水平已达到历史最高；我国专利保护水平与美国和世界最大保护水平的差距并不很大，而且与美国的差距在不断缩小。

6.2 高技术产业最优专利保护水平

20世纪60年代以来，许多学者运用经济学理论研究最优的专利制度设计，诺德豪斯（William D. Nordhaus，1961）、德尼科拉（Vincezo Denicolo，1997）等研究了专利最优保护长度即保护期限问题，亚纳卡与富坦（Amaliayiananka and Murray Fulton，2005）、寇宗来（2005）等研究了最优专利宽度即专利权利要求的覆盖范围问题，还有一些学者（徐俊、徐飞，2005）研究了专利审判中的适度保护原则。现有研究多数是以社会福利最大化设计最优专利制度的，但在经济科技全球化的今天，社会福利最大化有可能是全球的社会福利最大化，后发国家专利制度如果以此为目标进行政策设计就可能会出现不利于本国自主创新能力建设等问题。现在，专利制度在发达国家跨国公司对商业利益的追逐中呈现工具化的特征，专利在权利人手中开始演变成压制竞争、从事垄断与恐吓对手的手段，专利制度的设计不能仅仅考虑社会福利的最大化，而应当考虑如何在较短的时间内促进本国自主创新能力的提升。在我国建设创新型国家的过程中，知识产权保护水平应当以促进我国自主创新能力尤其是高技术产业自主创新能力的建设为目标，促进自主创新能力的快速提升。

6.2.1 专利保护强化对自主创新能力影响

为进一步研究我国高技术产业最优的专利保护水平，也为了简化计算，本书假设高技术产业自主创新能力只包括自主创新投入能力、自主创新扩散应用能力和自主创新产出能力三部分，而且采用简单线性加权方法计算自主创新能力。自主创新能力由自有研发投入形成的自主创新能力和技术引进产生的自主创新能力两部分形成。

专利保护水平对自有研发投入形成的自主创新能力的影响。专利影响的主要是创新市场，授予专利一定时期的垄断权，有利于激励本国的发明创造和创新活动，因此，提高专利保护水平，增强其垄断性，有利于提高自有研发投入能力。在专利保护水平较低时，垄断性较小，自有研发投入和自我实施的积极性较低，但研发成果很容易向外扩散，被模仿和侵权的机会较多，特别是非法的侵权扩散较多。随着专利保护水平提高，专利垄断性进一步增强，自有研发投入积极性提高，自我实施和许可他人实施自有研发技术的规模增加，非法侵权的扩散减少，合法的学习、模仿继续增加，自有研发投入能力、自主创新扩散应用能力和自主创新产出能力进一步提高。随着专利保护水平进一步提高，自有研究开发投入增速更快，在专利保护水平达到较高水平时，专利保护水平的少量提高也会引起自有研究开发投入的较快增长，此时，他人非法侵权造成扩散的可能性大大降低，同时，由于专利垄断性增强导致专利许可价格上升，正常许可扩散的数量减少，总的专利技术知识扩散应用趋势会放缓❶。当专利保护水平接近最大时，专利垄断势力达到最大，自有研发投入能力和自主创新产出能力提高更快，被侵权扩散的风险降到最低，专利许可的价格也达到最高，由于没有同类产品竞争，自我实施或许可他人实施均能获得较高的垄断利润，自主创新扩散应用能力降到最小，自主创新产出能力也受到影响。

专利保护水平对技术引进形成的自主创新能力的影响。从合同数量和金额上，我国的技术引进基本上是外国对华的技术转移，高技术产业更是如此，“三资”企业技术引进占我国高技术产业技术引进总额的大部，而国有企业和民营集体企业只占很小一部分。专利保护有利于促进技术转移，但外国对华技术转移还

---

❶ 2005年6月7日欧洲议会以648对14否决了计算机相关发明指令，结论认为一小部分大企业拥有多数计算机相关专利会限制许可并抑制创新。见 EU parliament kills software patents law Thursday, July 07 2005 by Ciaran Buckley. http：//www. enn. ie/news. html? code = 9617801.

应包括销售商品和投资。随着专利保护水平提高，技术引进数量会增加，技术先进性也会提高。技术引进会产生两方面的作用，一方面，它会增加本土民族企业技术学习的机会，培养创新人才，促进自主创新，另一方面，技术引进必然会占用我国有限的科技投入等资源，“三资”企业引进技术生产的商品和外国商品在我国原有本土与海外市场的销售会挤占我国内资企业应得的市场份额和可能获得的利润，从而降低自有研发投入。由于技术引进会占用自有研发投入，技术引进减小了自有研发本应形成的较大的自主创新投入能力，在专利保护水平较低的情况下，技术引进增长速度较慢，技术引进减少的自有研发投入本应形成的创新投入能力和技术引进所形成的产出能力小，提升也较缓慢，但技术引进产生的扩散应用能力较大，提高较快，引进的技术一般能够得到实施，引进技术实施后容易被模仿扩散。随着专利保护水平提高，技术引进减小的自有研发投入本应形成的创新投入能力和技术引进所形成的产出能力提高，由于技术引进总量增加，技术引进形成的创新扩散应用规模扩大，非法扩散相应减少，创新扩散应用能力提高但提升速度逐渐降低。随着专利保护达到一定水平，技术引进形成的创新扩散应用能力开始下降，技术引进形成的自主创新能力达到最大，总的自主创新能力开始下降。随着专利保护水平提高到最大，技术引进减小的自有研发投入和技术引进生产的产品在本土市场销售对本土民族企业研发投入的挤出效应增加到最大，引进技术和进口商品价格达到最高，技术引进所形成的创新扩散应用能力下降到最小，技术引进所形成的产出能力增长速度降到最低，由技术引进所形成的自主创新能力继续降低。

由上述分析，自有研究开发投入量不但与专利保护水平有关，而且还与其他因素有关。其他因素主要有企业发展战略和企业投入的能力，而企业投入能力主要来自于销售收入。根据上述分析，设专利保护水平为 p，自有研究开发投入能力为 A_P，假设自有研究开发投入能力为专利保护水平和销售收入的函数，它们之间有如下关系式：

$$A_P = A_{p-1} + k_1 p^s + k_2 X + \varepsilon$$

其中 A_P 为自有研究开发投入，p 为专利保护水平，s 为专利保护水平与自有研究开发投入之间的函数关系指数❶，k_1 为系数，X 为销售收入，ε 为随机项。

相应地，技术引进额有如下的关系式：

$$B_p = B_{p-1} + \lambda_3 p^4 + \lambda_4 \Psi + \mu$$

其中 B_p 为技术引进，p 为专利保护水平，r 为专利保护水平与技术引进之间

❶ 经过对研究开发投入和专利保护水平的模拟和实际测算，s 取 1 – 3 较好，大于 3 不符合试算结果。

的函数关系指数，λ_3，λ_4 为系数，Ψ 为产值，μ 为随机项。

同样，“三资”与外国企业商品销售有如下关系式：

$$B'_p = B'_{p-1} + \lambda_1 p^l + \lambda_3 Z + \omega$$

自主创新投入能力随专利保护水平提高的变化趋势如图 6－14 所示。

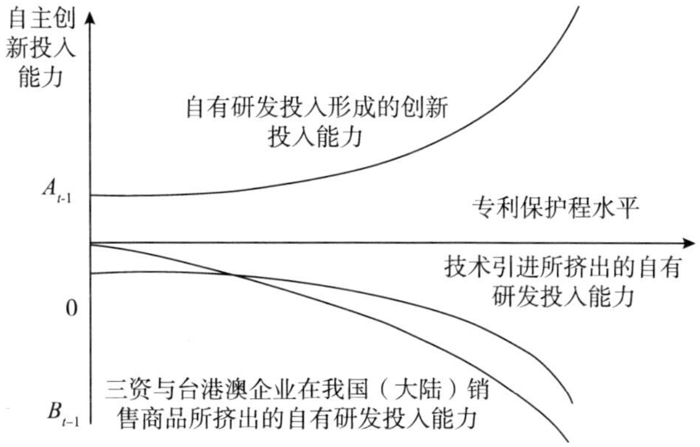

图 6－14　自主创新投入能力随专利保护水平变化

技术扩散应用主要包括技术研发、技术引进者自己实施和扩散至他人实施两种方式，扩散至他人的实施包括合法的许可扩散，也包括他人非法的侵权扩散。扩散应用能力不仅与专利保护水平有关，也与创新扩散的基础有关，专利保护水平低，自己实施和合法许可扩散较少，而非法扩散较多，专利保护水平高，自己实施的积极性高，合法扩散价格高，非法扩散被禁止。创新扩散基础包括扩散条件等，但主要与过去的自主创新能力积累有关，自主创新扩散应用能力随专利保护水平提高的变化趋势如图 6－15 所示。因此，可假设自有研究开发投入形成的扩散能力满足以下关系式：

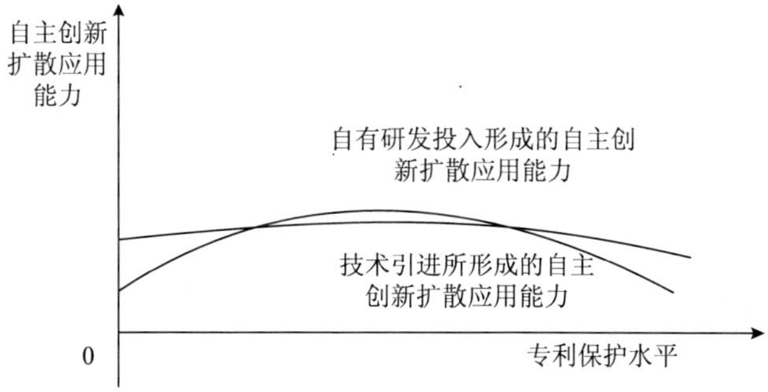

图 6－15　自主创新扩散应用能力变化

$$RDD_p = \theta_1 p e^{1-mp} \ (I_{t-1} + A_p)$$

技术引进产生的扩散能力满足如下的关系式：

$$TID'_p = \gamma_1 p e^{1-np} \ (I_{t-1} + B_p)$$

自主创新产出能力随专利保护水平提高的变化趋势如图 6 - 16 所示。

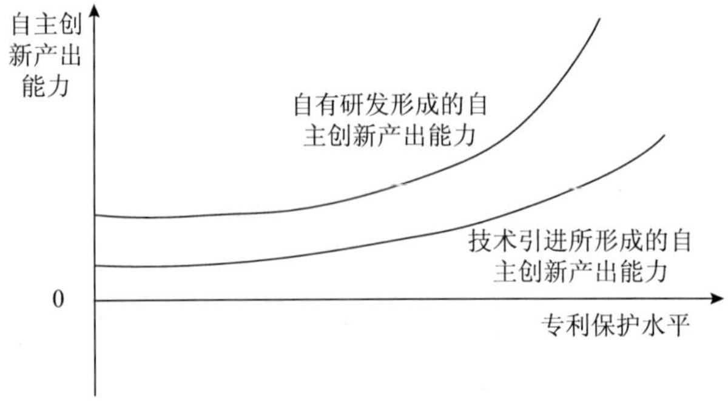

图 6 - 16 自主创新产出能力变化

自主创新产出能力体现的是创新成果经扩散实施后转化为产出的能力，设其关系系数为 θ_1，假设自主创新产出能力与创新扩散应用能力呈正相关，则自有研究开发投入形成的自主创新产出能力为：

$$RDP_p = \theta_2 RDD_p = \theta_1 \theta_2 p e^{1-mp} \ (I_{p-1} + A_p)$$

同样，技术引进扩散实施后形成的自主创新产出能力为：

$$TIP_p = \gamma_2 TID_p = \gamma_1 \phi_2 p e^{1-np} \ (I_{p-1} + B_p)$$

根据上述专利保护水平对自有研发投入形成的自主创新能力和技术引进形成的自主创新能力的影响分析，以及根据对有关案例的研究，本书认为，随着专利保护水平的提高，高技术产业自主创新能力基本上呈现抛物线形演变趋势，自主创新能力逐渐提升，并在一定专利保护水平时达到最大，此时的专利保护水平为最优专利保护水平，此后，随着专利保护水平进一步提高，自主创新能力会下降，高技术产业自主创新能力与专利保护水平的演变关系如图 6 - 17 所示。

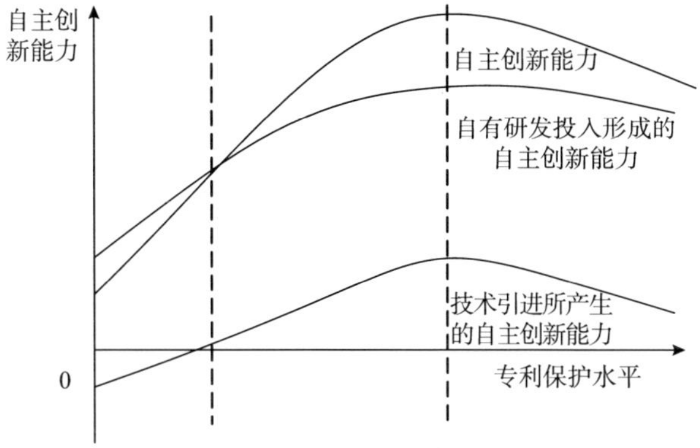

图6－17　自主创新能力演变

6.2.2　高技术产业专利最优保护水平

假设自主创新投入能力、自主创新扩散应用能力和自主创新产出能力可以相加，则可设在专利保护水平由 $p-1$ 提高到 p 期间自有研发投入所形成的自主创新能力函数为：

$$I_{1p}=I_{p-1}+(A_{p-1}+k_1p^s+k_2X+\varepsilon)+\theta_1 p e^{1-mp}(I_{p-1}+A_p)+\theta_2\theta_1 p e^{1-mp}(1_{p-1}+A_p)$$

其中 I_{1p} 为专利保护水平为 p 时的自主创新能力，I_{p-1} 为 $p-1$ 时自主创新能力存量，p 为专利保护水平，A_{p-1} 为保护水平为 $p-1$ 时的自有研发投入能力，A_p 为 p 时的自有研发投入能力，$A_p=A_{p-1}+k_1p^s+k_2Xt+\varepsilon$，假定自有研发投入与专利保护水平 p^s 呈线性正相关，k_1p^s 表示在 $p-1$ 到 p 内随专利保护水平提高自有研发投入增加部分，k_2X 表示由于其他因素产生的自有研发投入增加部分，例如，销售收入 ε 为随机项，θ_1 为专利保护水平与自有研发投入形成创新扩散应用能力关系系数，$\theta_1 p e^{1-mp}(I_{p-1}+A_p)$ 表示自有研发投入所形成的创新扩散应用能力，创新扩散应用能力不但与专利保护水平有关，而且与 $p-1$ 时的自主创新能力存量相关，m 为专利保护水平系数，随着专利保护水平提高，由专利权所有人自我实施所产生的创新扩散应用能力提高，但他人合法或侵权的扩散应用逐渐变少，最后，只有专利权人或专利技术被许可人自己的扩散应用，$\theta_2\theta_1 p e^{1-mp}(I_{p-1}+A_p)$ 为自有研发投入形成的自主创新产出能力，创新产出包括与知识产权有关的科学论文、专利、专有技术以及创新利润，本书的创新产出能力只是创新利润，不考虑创新所产生的社会福利等问题。

同样，可设技术引进所产生的自主创新能力的函数为：

$$I_{2p}=-\beta_1\left(B'_{p-1}+\lambda_1 p^s+\lambda_2 Z+\mu\right)+\gamma_1 p\mathrm{e}^{1-np}\left(I_{p-1}+B_p\right)$$
$$+\gamma_2\gamma_1 p\mathrm{e}^{1-np}\left(I_{p-1}+B_p\right)$$

其中 I_{2p} 为技术引进所产生的自主创新能力，B_{p-1} 为技术引进投入，$\beta_1 B'_{p-1}$ 为外资和台港资企业技术引进生产的产品和外国企业产品在内资企业应得国内外市场销售时，导致的我国高技术内资企业由于市场份额缩小所减少的自有创新投入，$\gamma_1 p\mathrm{e}^{1-mp}\left(I_{p-1}+B_p\right)$ 表示技术引进所贡献的自主创新扩散应用能力，创新扩散应用能力不但与专利保护水平有关，而且也与自主创新能力存量有关，γ_1 为专利保护水平与技术引进所产生的自主创新能力的关系系数，技术引进在专利水平较低时引进技术最容易扩散，在专利保护水平高时不容易扩散，$\gamma_2\gamma_1 p\mathrm{e}^{1-mp}\left(I_{p-1}+B_p\right)$ 为技术引进所产生的自主创新产出能力。

以高技术产业整体为例，则高技术产业自主创新能力为：

$$\begin{aligned}I&=I_{1t}+I_{2t}\\&=I_{p-1}+A_{p-1}+k_1 p^s t+k_2 Xt+\varepsilon+\theta_1 p\mathrm{e}^{1-mp}\left(I_{p-1}+A_p\right)\\&\quad+\theta_2\theta_1 p\mathrm{e}^{1-mp}\left(I_{p-1}+A_p\right)\\&\quad-\beta_1 B'_{p-1}+\lambda_1 p' t+\lambda_2 Zt+\mu+\gamma_1 p\mathrm{e}^{1-np}\left(I_{p-1}+B_p\right)\\&\quad+\gamma_2\gamma_1 p\mathrm{e}^{1-np}\left(I_{p-1}+B_p\right)\end{aligned}$$

在保护水平达到 p 时，总研究开发费用投入为 A_p+B_p。在总研究开发费用约束下使高技术产业自主创新能力在 $p-1$ 到 p 内达到最大，则需要求高技术产业自主创新能力的提高速度达到 0 时的状态，则有：

$$\begin{aligned}v&=\frac{I_p-I_{p-1}}{\Delta p}=k_1 s p^{s-1}+\left(\theta_1+\theta_2\theta_2\right)\frac{\partial\left[p\mathrm{e}^{1-mp}\left(I_{p-1}+A_p\right)\right]}{\partial p}\\&\quad-\beta_1\lambda_1 l' p^{l'-1}+\left(\gamma_1+\gamma_1\gamma_2\right)\frac{\partial\left[p\mathrm{e}^{1-np}\left(I_{p-1}+B_p\right)\right]}{\partial p}=0\end{aligned}$$

移项，有：

$$\begin{aligned}&\left(\theta_1+\theta_1\theta_2\right)\frac{\partial\left[p\mathrm{e}^{1-mp}\left(I_{p-1}+A_p\right)\right]}{\partial p}\\&+\left(\gamma_1+\gamma_1\gamma_2\right)\frac{\partial\left[p\mathrm{e}^{1-np}\left(I_{p-1}+B_p\right)\right]}{\partial p}\\&=\beta_1\lambda_1 l p^{l-1}-k_1 s p^{s-1}\end{aligned}$$

假设 A_p，B_p 在各数均为常数，令 $m=n$ 则有：

$$\left(1-mp\right)\mathrm{e}^{1-mp}=\frac{\beta_1\lambda_1 l p^{l-1}-k_1 s p^{s-1}}{\left(\theta_1+\theta_1\theta_2\right)\left(I_{p-1}+A_p\right)+\left(\gamma_1+\gamma_1\gamma_2\right)\left(I_{p-1}+B_p\right)}$$

令 $y = (1-mp)\ e^{1-mp}$，$y' = \dfrac{\beta_1\lambda_1 l p^{l-1} - k_1 s p^{s-1}}{(\theta_1+\theta_1\theta_2)(I_{p-1}+A_p)+(\gamma_1+\gamma_1\gamma_2)(I_{p-1}+B_p)}$，通过求 y，y'的交点，可求出高技术产业自主创新能力达到最大时的专利保护水平。

同时，由于

$$\frac{\partial^2 I}{\partial p^2} = \{(m^2p-2m)\ e^{1-mp}\ [(\theta_1+\theta_1\theta_2)(I_{p-1}+A_p) + (\gamma_1+\gamma_1\gamma_2)(I_{p-1}+B_p)]\} \leqslant 0$$

自主创新能力有最大化的二阶条件，而且小于0，所以，高技术产业自主创新能力有最大值。

图6－18给出了最大专利保护水平在［0，1］之间，$m=1.2$，1.5，2，3，4时创新扩散应用函数与专利保护水平的关系，由上述分析和图示曲线分析，扩散系数 $m=1.2\sim1.8$ 对应的专利保护水平为0.5～0.8比较符合实际。

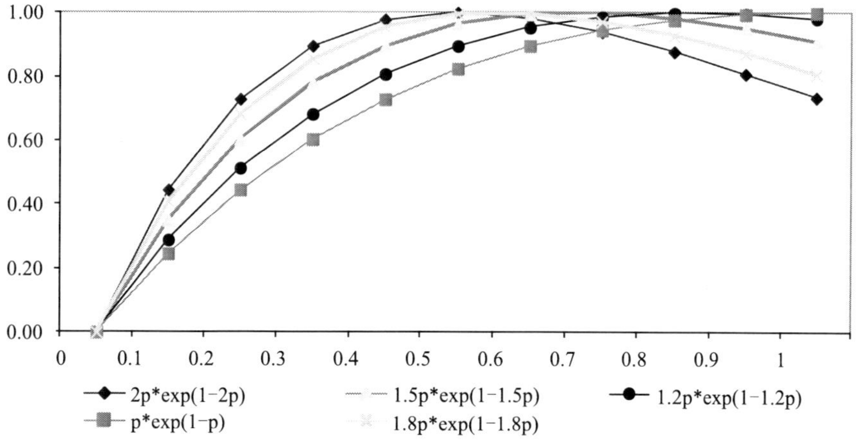

图6－18 扩散应用函数与专利保护水平关系

6.2.3 高技术产业最优专利保护水平实证研究

本书以2004～2008年有关数据为例估算我国高技术产业自主创新能力建设最优的专利保护水平。根据第三章高技术产业自主创新能力原始数据，2008年我国高技术产业自有研究开发经费投入为292.48亿元人民币，即 $A_p=292.48$，用于自主部分的技术引进金额 B_p 为37.63亿元，按我国高技术产业研究开发投入占销售额8.2908%的比例计算，可知 $\beta=0.082908$；我国高技术产品进口为2867.56亿美元，以2008年美元兑人民币1∶6.948计算，可折合人民币19 923.80

亿元人民币，用于自主的比例约为 8893.99 亿元人民币。为简化计算，按上述分析，以专利保护水平 p^2 为因变量，分别与自有部分高技术产品进口和自有研究开发投入进行回归，可得专利保护水平与自有高技术产品进口（包括“三资”企业内销）、自有研究开发投入的系数（β）为 352.75 和 292.48。同时，设高技术产业自有研究开发投入创新成果扩散实施率 $\theta_1=30\%$，用于自有部分技术引进扩散实施率 $\gamma_1=100\%$，从创新利润看，技术引进产出的新产品中约有 44.64% 的利润需要支付给外方。另外，假设自主创新存量分别为 1995 ~ 2008 年自有研究开发投入之和与自有部分技术引进前十年之和，则有：

$$y' = \frac{\beta_1\lambda_1 lp^{l-1} - k_1 sp^{s-1}}{(\theta_1+\theta_1\theta_2)(I_{p-1}+A_p) + (\gamma_1+\gamma_1\gamma_2)(I_{p-1}+B_p)}$$

$$= \frac{0.082908\times 352.75\times 2\times p - 177.81\times 2\times p}{(0.3+0.3\times 1.455)\times 1479.21 + (1+0.4464\times 11.31)\times 418.15}$$

$$= -0.04849p$$

求 y 和 y' 的交点，即可求出最优的专利保护水平。对于 $m=1.2\sim1.8$，2008 年对应的最优专利保护水平为 0.555 ~ 0.875，对于 $m=1.4$，专利保护水平为 0.745，对于 $m=1.5$ 来说，专利最有保护水平为 0.685。高技术产业自主创新能力达到最大时专利保护水平的估算结果如图 6－19 所示[1]。

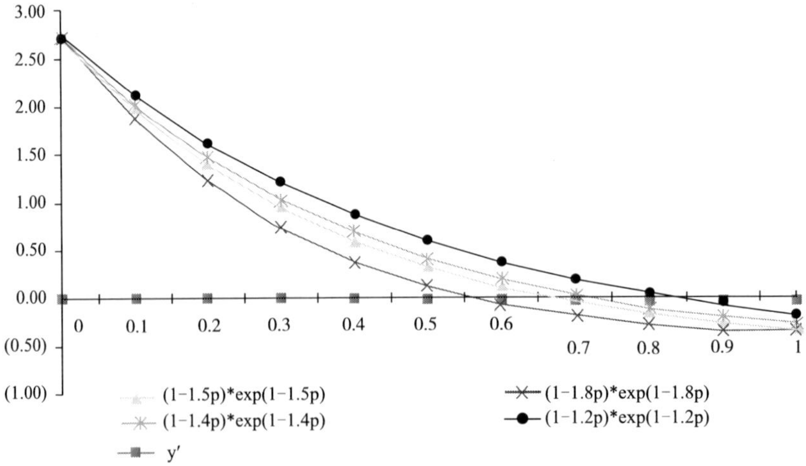

图 6－19 高技术产业最优专利保护水平试算

[1] 在专利保护水平测度中，世界最强专利保护水平多数指标是根据主要国家最大值或者可能的最大值计算的。如果世界专利制度不出现大的改变，今后较长一段时间内，世界最强的专利保护水平基本上保持 1 不变。

2004 年、2006 年、2007 年和 2008 年我国高技术产业自主创新能力建设的最优专利保护水平如表 6－3 所示。

表 6－3 高技术产业自主创新能力建设最优专利保护水平

扩散系数＼年份	2004	2006	2007	2008
$m=1.2$	0. 55	0. 37	0. 675	0. 875
$m=1.4$	0. 50	0. 34	0. 60	0. 745
$m=1.5$	0. 48	0. 325	0. 56	0. 685
$m=1.8$	0. 41	0. 03	0. 475	0. 575

同样，用该方法也可以计算高技术产业整体创新能力达到最大时的专利保护水平。2004 年最优专利保护水平在 0. 44～0. 6，2008 年在 0. 58～0. 9，如表 6－4 所示。

表 6－4 高技术产业创新能力建设最优专利保护水平

扩散系数＼年份	2004	2006	2007	2008
$m=1.2$	0. 60	0. 425	0. 75	0. 90
$m=1.4$	0. 53	0. 38	0. 66	0. 77
$m=1.5$	0. 50	0. 37	0. 62	0. 70
$m=1.8$	0. 44	0. 34	0. 52	0. 58

从上述计算和分析可以知道，促进我国高技术产业创新能力建设和自主创新能力建设的最优专利保护水平是动态的，是不断变化的，不存在一成不变的最优保护水平；高技术产业整体创新能力的最优专利保护水平应高于自主创新能力建设条件下的最优保护水平，说明过高的保护水平与自主创新能力建设目标是不一致的。对于我国高技术产业自主创新能力建设来说，重要的是要在促进创新投入和产出的同时促进扩散应用；随着高技术产业创新能力和自主创新能力提升，高技术产业自主创新能力条件下的最优保护水平与高技术产业整体创新能力条件下的最优保护水平差距逐渐缩小。所以，从长期来看，我国需要提升专利保护水平。现有专利保护水平与高技术产业自主创新能力条件下的最优专利保护水平也是适当的，2008 年我国专利保护水平已达到 0. 6771，而最优的保护水平略高于实际保护水平；过去几年我国的专利保护水平是比较超前的，而目前的保护水平是适当的。

6.3 本章小结

本章研究了我国1985年建立专利制度以来的专利保护水平，并比较了我国和美国2004年与2009年的专利保护水平，研究了高技术产业自主创新能力与专利保护水平的关系。研究表明，我国专利保护水平已经达到相当高的水平，与美国的差距并不大而且正在缩小，各子指标保护水平均有较大幅度的提高，其中专利立法保护水平较高，专利司法保护水平近年有所下降；存在最优的专利保护水平，专利保护水平随着研究开发和技术引进投入增加应不断提高。较高的最优专利保护水平对应较大的自主创新能力基础，在自主创新能力基础较弱时不应盲目提高专利保护水平。

专利保护水平要适应高技术产业自主创新能力建设的需要，要稳步渐进提高而不应提升过快。加强专利保护的关键是要加强专利的司法保护，尤其是通过提高专利质量提高专利复审无效程序对专利申请或专利权的维持率。要加强专利的社会保护，尤其是加强专利保护教育培训，提高公民自觉保护意识和整体素质。加强专利审批保护的关键是提高专利审批速度尤其是高技术自主发明专利的审批速度，降低专利保护成本，对中小高技术企业的专利申请给予特殊优惠政策。加强专利行政执法保护需要加强专利侵权纠纷案件的结案速度和对侵权案件的处理力度，规范专利行政执法。

第七章 面向自主创新能力建设的高技术产业知识产权发展战略

国家知识产权战略是国家关于知识产权发展的总体谋划，具有较强的科学性和艺术性，但也必须有较强的可操作性，必须有区域、产业和企业事业单位知识产权战略支撑，必须有配套政策的支撑。《国家知识产权战略纲要》发布后，许多部门和地方政府纷纷制定行业和地方知识产权战略，国家知识产权战略实施进展顺利。但我国还缺乏一系列有效的产业知识产权战略，尤其是高技术产业知识产权发展战略，与我国世界制造业大国的地位不相适应。深入实施国家知识产权战略，提升高技术产业自主创新能力，应当制定实施高技术产业知识产权发展战略，并明确高技术产业知识产权发展的总体思路、战略重点和重大任务。

7.1 高技术产业知识产权发展战略总体思路

高技术产业知识产权发展战略是在国家知识产权制度框架下关于高技术产业知识产权发展的总体谋划，是国家知识产权战略的重要组成部分，是关于高技术产业知识产权创造、运用、保护和管理的行动指南，是支撑高技术产业自主创新能力建设的重要措施。

一般的战略或规划都包括形势与任务、总体思路、战略重点与重大任务、政策举措、规划实施等几个方面。高技术产业知识产权发展战略也应包括这些内容。形势与任务实际上是分析面临的国内国际形势，分析面临的机遇、挑战和自身的优势劣势，提出实施战略或规划的突出问题和重大需求，从而明确战略或规划的重要性、必要性和紧迫性。总体思路是战略或规划的灵魂，主要是确定战略或规划的指导思想、战略重点、基本原则、战略目标等重大问题，为战略任务和措施指明方向和提供指导。

总体思路一般包括指导思想、原则方针和总体目标三方面。指导思想统领整个战略规划，具有统管战略规划总体和全局的作用，需高度概括和明确战略规划的理论基础、战略主线、战略重点、原则方针和战略目标等重大问题。分析《国家知识产权战略纲要》、《中长期科技规划纲要》和诸多规划的指导思想，可以发现，我国战略规划的依据基本上都是邓小平理论、“三个代表”重要思想和科学发展观，这是我国改革开放以来思想理论创新发展的三个里程碑，是任何战略规划都不能偏离的理论基础。战略主线是战略规划的核心和实现战略目标的路径，坚持主线不动摇才能保障战略规划不偏离总目标。偏离战略主线就有可能难以完成战略规划的任务，也难以实现战略总目标。原则方针是战略规划的基本保障和边界，也是战略任务完成和实施措施的灵魂。指导思想中提出的原则方针需要展开阐述，要明确每个原则方针的基本内涵和手段，为战略规划的重点任务和实施提供指引。《中长期科技规划纲要》提出的“自主创新、重点跨越、支撑发展、引领未来”方针，《国家知识产权战略纲要》提出的“激励创造、有效运用、依法保护、科学管理”方针，均为战略规划的任务实施提供了不能偏离的根本性指引。战略目标是对战略规划总体要达到状态的高度概括，指明了战略规划的方向，一般包括总体或长期目标和短近期目标。总体目标是战略规划各种任务措施完成时的状态，短近期目标是战略实施应达到的阶段性状态。也有战略规划提出的是短期和中长期目标，一般的短期规划时间为 5 年，中长期战略规划期一般为 10 ~20 年。

知识产权战略重点是针对要解决的突出问题和重大需求而提出的最重要部分，是实施规划或战略的关键环节。重大任务是根据战略重点布局实现战略规划目标的主要工作，战略规划一般会在重大任务中部署各种具体的计划或工程。计划和工程主要是明确要干什么，怎么干的问题，计划是具体的计划，而工程可以是非实体的工程。

政策举措是实施战略规划所需要的相关人、财、物保障的对策措施。对于政府部门战略规划来说，政策主要是财政、税收、金融、采购、人才、土地以及竞争、贸易等政策工具，财政政策主要是财政资金投入和引导社会资金投入的政策，主要解决资金来源、投入与使用问题。税收政策是保障战略规划实施的普适性政策，针对不同税种和不同环节实行减税或以奖励方式进行税收返还是很多战略规划常用的政策措施。金融政策主要是投融资政策，包括信贷、保险、风投等政策。采购主要是公共采购，是关于战略规划所针对的产品或服务的财政性采购，为战略规划产品或服务开辟市场。人才是战略规划实施的保障，需要什么样的人才和如何选拔使用人才通常是战略规划的重点。土地政策主要是满足战略规划实施的空间地理需要，涉及空间规划和资源布局。竞争和贸易政策主要保护合法垄断如知识产权，限制非法垄断，促进公平竞争的政策。企业层面的战略规划虽也涉及人财物政策，但这些政策主要是企业自身的政策。

战略实施则是完成重大任务和实现战略目标应采取的组织保障、时间进度和考核奖惩。组织保障是推进战略规划实施的体制保障，包括组织体系建设和职责划分，组织体系建设一般是设立领导机构和日常办事机构，职责划分主要是对相关单位的职责进行明确。时间进度主要是根据战略规划的总目标确定的重要时间节点，重要的时间节点对应相应的阶段目标，战略规划要根据阶段目标核算工作量，安排合理的时间进度，并根据时间进度划分各单位的阶段任务。考核奖惩是推进战略规划实施的必要手段。考核要对战略规划实施的目标实现、时间进度、各参与单位的绩效进行评估，要制定明确的考核指标体系，通过考核找出问题和不足，以不断完善战略规划和顺利推进实施。奖惩最重要的是要公开标准，要根据考核评估结果进行，及时激励先进、惩戒后进。

我国《中长期科技规划纲要》提出了 2020 年成为创新型国家的目标，其中所谓公认的 20 个创新型国家最重要的四个特征是研发投入占 GDP 的比例提高到 2%，美、日、欧三方专利申请量占世界 90% 以上，技术依存度小于 30%，科技进步贡献率高于 50%。《国家知识产权战略纲要》将目标定位为“知识产权创造、运用、保护和管理水平较高的国家”，实际上包含了建设成为知识产权强国的含义。我国现在已经成为世界知识产权大国，但我国知识产权的质量还不高，知识产权运用能力还较弱，知识产权转化实施率还较低，知识产权对经济社会发展的作用发挥还不够，我国与知识产权强国还有一定的差距。

自主创新能力和知识产权能力，创新型国家和知识产权强国是既相互区别又有紧密联系的概念。创新型国家是创新体系完善、创新基础好、创新投入大、创新效率高、创新对经济社会发展支撑引领作用强的国家，知识产权强国是知识产权创造、运用、保护和管理能力强的国家。创新型国家是创新投入、创新产出、创新条件和创新对经济社会发展影响能力强的国家，是创新规模大和创新效率高的国家，知识产权强国是自主知识产权创造、运用、保护和管理四个方面规模都大和水平都高的国家。知识产权强国不一定是创新型国家，但创新型国家必须是知识产权强国，创新型国家建设包括的内容更多，知识产权强国是实现创新型国家的重要途径。制定和实施国家知识产权战略的目标是建设知识产权强国，但其最终目的是成为创新型国家。建设科技强国、文化强国、教育强国、知识产权强国等的目的都为了创新型国家建设。因此，制定和实施高技术产业知识产权发展战略，其目标是要成为高技术产业知识产权强国，最终要服务于创新型国家建设这个总目标。制定和实施高技术产业知识产权发展战略目标必须紧紧围绕创新型国家和知识产权高水平国家的目标，近期目标是成为世界高技术产业知识产权大国，中长期目标则是成为世界高技术产业知识产权强国。

知识产权能力与自主创新能力本质上也是统一的。建设知识产权强国，强化知识产权能力建设，离不开自主创新能力的提升，自主创新能力建设是提高知识产权创造运用数量和提高效率的根本途径。不从根本上扩大自主创新的产出规模和提高效率，不强化自主创新对经济社会发展的支撑引领作用，知识产权创造和运用能力建设就无从谈起，知识产权强国就无法建成。因此，制定和实施高技术产业知识产权发展战略必须坚持自主创新的方向。

创造和运用是知识产权的主线，创造是基础，运用是目的，保护是对知识产权创造和运用的激励保障，管理则涉及创造、运用和保护三个方面。所以，我国高技术产业知识产权发展战略应坚持“自主创造，强化运用，加强保护，优化管理”的原则方针。“自主创造”就是要鼓励和支持高技术产业企业加大研发投入，创造高水平和高质量的自主知识产权，提高在研发投入和知识产权产出上的自主性。“强化运用”就是要改革现有知识产权实施和产业化组织体系、模式和政策，面向实际应用需要和实现产业化创造运用知识产权。“强化保护”就是要在审查登记、司法行政保护和提高社会保护方面共同努力，采取始终渐强的保护策略。“优化管理”就是要优化高技术产业知识产权创造和运用的体制机制和政策，尤其是要构建有利于高技术产业自主创新能力建设的知识产权政策体系。

由于高技术产业一直是我国产业创新的薄弱环节，我国高技术产业知识产权强国目标的实现与知识产权高水平国家目标的同步实现可能会有难度，但高技术产业目标不实现必然会影响知识产权高水平国家目标的实现，我国高技术产业知识产权发展战略虽然任重道远，但必须与国家目标同步。短期内，我国高技术产业知识产权发展战略应当以突破发达国家知识产权控制和技术封锁为突破口，努力获取高技术产业自主知识产权尤其是自主发明专利权，在部分高技术产业领域形成自己的知识产权交叉垄断势力，改变知识产权和贸易纠纷不断的被动局面。在近期，应进一步加大高技术产业自主知识产权的创造运用力度，形成更大的交叉垄断势力，增强控制力，逐步扩大具有自主知识产权的技术领域范围，努力掌握自主知识产权及其收益的主导权，形成自主知识产权优势。在长期，则应在相当部分甚至大部分高技术产业领域掌握较多的自主知识产权，具有较强的主导性和控制力，自主知识产权商业化达到较高水平，形成一大批自主知识产权优势产业，能获得相当部分甚至大部分知识产权收益，形成国际竞争优势。

7.2 高技术产业知识产权发展战略重点

不同类型知识产权的保护形式不同，其垄断性也不同，保护形式和垄断性的不同决定了不同类型知识产权在高技术产业知识产权发展战略中的不同地位。对不同类型知识产权的特点和突出问题分析是把握高技术产业知识产权发展战略重点和重大任务的关键。

（1）发明专利权和实用新型专利权。

发明是指对产品、方法或者其改进所提出的新的技术方案，实用新型是指对产品的形状、构造或者其结合所提出的适于实用的新的技术方案，“技术方案”决定了发明和实用新型专利权保护的是创意而非形式。发明和实用新型专利权采用“简要”、“明确”的权利要求的形式保护发明人的智力成果，其中独立权利要求保护的是发明创造的整体技术方案，它以上位概念的技术特征综合的方式保护发明创造的整体构思。在所有类型知识产权中，发明和实用新型专利权的垄断性较强，发明和实用新型专利技术一般是公开的，具有保密风险低的特点。

（2）著作权和集成电路布图设计专有权。

著作权是指权利人对其在文学、艺术和科学领域的独创性作品所依法享有的民事权利，著作权包括人身权和财产权，人身权包括发表权、署名权、修改权、保护作品完整权，财产权包括复制权、发行权、出租权、展览权、表演权、放映权、广播权、信息网络传播权、摄制权、改编权、翻译权、汇编权等权利。科技作品著作权主要包括自然科学文字作品，如科技专著与科技论文、工程技术设计图、产品设计图等。计算机软件包括计算机程序及其有关文档，程序是计算机软件的核心，计算机软件涉及计算机技术、通讯、机器人、数控和游戏等许多高技术产业领域。由于科技论文、科技著作等自然科学文字作品和工程技术设计图著作权保护的是科技作品的形式，是具有共享性的知识产权，所以，与高技术有关的著作权垄断性较小。计算机软件著作权和集成电路布图设计专有权虽然在一定程度保护作品或集成电路布图设计的独创性部分，但其保护仍然限于软件或集成电路布图设计整体或独创性部分的表达形式，其垄断性也不高。

（3）商标权和外观设计专利权。

商标权和外观设计专利权实际上保护的也是表达形式。商标是指商品生产者或者经营者在其生产或销售的商品上或所提供的服务中使用的供消费者辨别商品或服务来源的，由文字、图形、字母、数字、三维标志、颜色、声音及其要素组合的可视性标志。未经商标注册人许可，在同一种商品或者类似商品上使用与注册商标相同或近似商标的行为属于侵犯他人注册商标权的行为，只有驰名商标可跨种类保护。外观设计是对产品的形状、图案或者其结合以及色彩与形状、图案的结合所做出的富有美感并适于工业应用的新设计，外观设计专利权保护的范围以图片或照片为准，只有不相同或不相近似的外观设计才不构成侵权。“相同”或“相近似”是判断商标与外观设计是否构成侵权的主要标准，而相同或相近似判断只能以商标或外观设计的外在表现形式为依据，因此商标权和外观设计专利权具有一定的垄断性，但垄断性仍不高。

（4）技术秘密专有权。

技术秘密专有权也是一种重要的知识产权，技术秘密是商业秘密的一种，具有新颖性、实用性和经济价值。商业秘密包括技术信息和经营信息。技术信息主要包括设计、程序、产品配方、制作工艺、制造方法等。技术秘密是一种依产生而具有的知识产权，但一经泄密，或者他人通过合法途径获得，则技术秘密专有权就可能会丧失。在他人没有合法获得相同或类似技术秘密时，技术秘密专有权垄断性最强，但在他人通过合法途径得到时垄断性大大降低，甚至不具有垄断性。

战略重点决定了战略规划的重大任务和应采取的对策措施。战略重点的选择应主要从形势分析得出的重大需求和面临的突出问题两方面确定。由于知识产权尤其是专利具有不同的类型，各类知识产权面临不同的突出问题，因此应在主要知识产权类型中确定知识产权发展战略的重点。对于高技术产业自主创新产品来说，专利技术是隐含在商品内部的要素，而商标是表现在商品外部的标志，它体现着商品的质量、信誉、企业形象和市场的渗透性与客户忠诚度。自主创新虽主要指技术创新，但它同样离不开商标权在内的“管理创新”，商标权也会对高技术产业自主创新产生较大影响。相比而言，著作权、技术秘密专有权、集成电路布图设计专有权等知识产权要么垄断性较低，要么只是某一具体领域的知识产权，要么可以采用发明和实用新型专利权进行替代保护。所以，我国高技术产业知识产权发展战略实际上是以专利战略和商标战略为主的战略，面向自主创新能力建设的高技术产业知识产权发展战略的重点是专利战略和商标战略。

7.3 高技术产业专利战略与任务

现有研究从类型上将知识产权战略分为专利战略、商标战略、专有技术战略、著作权战略、外观设计战略、集成电路布图设计战略、植物品种战略等。从行业上分为不同行业的知识产权战略，例如，信息化学品制造业知识产权战略、中药制造业知识产权战略等。从战略态势上分为进攻型战略、防御型战略和攻防结合型战略。从地域上分为高技术产业国内知识产权战略和国际知识产权战略。从专利过程上将专利战略分为专利创造战略、专利引进战略、专利扩散战略、专利商业化战略等；从专利制度运用上将专利战略分为基本专利战略、专利网战略、专利许可战略、专利诉讼战略。实际上，战略是一种具有科学性和艺术性的总体谋划，是宏观的决策，现有研究提出的知识产权战略往往在大战略中制定小战略，战略中套战略，没有区分宏观和中观以及微观层次。专利创造到产业化的过程以及基本专利、专利网等都是中观和微观层面的操作，基本专利、专利网等概念也只是一种主观的说法，在法律意义上并不严谨，因此只能称之为对策。

从创新过程看，高技术产业专利战略是包括专利技术引进、专利创造、专利扩散、专利实施转化、专利产业化等环节的一个完整过程，这些环节在专利战略中具有不同的地位和作用，而专利保护贯穿整个过程。从便于把握和制定政策的角度来看，按照专利过程确定高技术产业专利战略的重点是一种较好的选择。

（1）高技术产业专利战略重点。

确定专利战略重点应当定性与定量方法相结合，而不能只依赖专家拍脑袋的惯常做法。在定性分析中，最重要的是要把握高技术产业中专利的重大发展需求，解决面临的突出问题。重大需求是专利战略实施的方向，而突出问题是制约专利战略实施的瓶颈。在定量分析法中，重要的是找出专利战略的关键和薄弱环节，尤其是对高技术产业自主创新能力建设贡献大的环节和制约效率提高的环节，关键环节影响全局，薄弱环节制约全局。

① 定性分析法。首先，高技术产业自主创新能力建设需要一大批高水平的专利和其他知识产权。在专利战略中，专利创造是基础，转化是关键，产业化是最终目的。没有专利创造，专利转化和产业化则无从谈起，专利创造规模小，专利转化和产业化整体规模也很难做大。只有专利的数量积累达到一定规模，高技术产业自主创新能力建设才有基础。其次，高技术产业自主创新能力建设需要专利转化实施。如果专利不能转化实施，专利创造的数量越多，造成的浪费越大。专利创造只是提供了基本条件，重要的是要将专利转化为生产力，而目前我国还存在一系列突出的问题制约专利和其他知识产权的转移转化。第三，高技术产业自主创新能力建设需要专利实现产业化。专利创造和转化的目的应当是能够形成产业化，获得规模收益，而不仅仅是商业化，即使专利实施利用率较高，但专利产业化的规模小，没有规模优势，专利创造和转化也就会失去意义。所以，为提升高技术产业自主创新能力，高技术产业专利战略的重点战略应当包括专利创造、专利转化和专利产业化，这三个环节是构成高技术产业专利战略不可缺少的

重点。

技术引进、专利扩散、专利保护也是专利战略的重要环节和组成部分，缺少这些部分，专利战略虽仍能够实施，但专利战略实施的效果可能受到影响。包括专利在内的技术引进是高技术产业专利创造、转化和产业化的重要外部条件，通过技术引进，可以缩短技术学习时间，集成外部先进技术，提高专利创造效率。专利扩散是专利转化实施和产业化的基础，专利技术扩散快，专利实施率就会得到提高，专利形成产业化的可能性就大大增加。专利保护是专利战略实施不可缺少的条件，缺乏保护，专利战略根本无法实施。因此，在制定高技术产业专利战略时，还应当重视技术引进、专利扩散和专利保护环节。

② 定量分析法。利用灰色综合关联度求专利主要环节对高技术产业自主创新能力贡献率的方法可以确定高技术产业专利战略的重点。本书选取 1997 ~ 2008 年的技术引进额和自有国内技术购买额代表专利等技术引进，用自有研究开发投入、自有发明专利申请量和自有实用新型专利申请量（本书第二章检索结果）代表专利创造，用上网计算机数量和互联网渗透率代表专利技术扩散❶，用自有全国技术转让合同金额、创业投资管理资金总额代表专利转化实施，用自有新产品产值、自有新产品利润代表专利产业化，用第七章所得到的专利保护水平指数代表专利保护。1997 ~ 2008 年，我国高技术产业技术引进额与购买国内技术额、自有研究开发投入、自有发明专利申请量、自有实用新型专利申请量、专利实施率、自有新产品产值与新产品利润和专利保护程度如表 7 – 1 所示。

表 7 – 1 1995 ~ 2008 年高技术产业专利各环节数据

项目	年份	1997	1998	1999	2000	2001	2002	2003	2004	2005	2006	2007	2008
引进环节	自有技术引进额（亿元）	7.83	4.56	4.46	8.87	13.46	16.16	15.01	16.57	10.73	9.79	15.19	9.44
	自有国内技术购买额（亿元）	0.77	0.53	0.70	1.92	0.98	1.55	2.29	1.96	2.69	2.85	2.95	3.25

❶ 随着互联网和计算机技术的发展，通过网络查阅专利文献已越来越成为一种普遍的方式，当今世界主要国家专利文献信息提供的主要渠道是互联网，用户通过互联网可对国内外专利数据库的专利文献进行检索，能够上网的计算机数量基本上代表了当代专利技术信息扩散的能力，因此本书用上网计算机数量和互联网渗透率表示我国高技术产业专利技术扩散的状况。数据来自中国互联网信息中心《中国互联网络发展状况统计报告》。

续表

项目 \ 年份		1997	1998	1999	2000	2001	2002	2003	2004	2005	2006	2007	2008
创造环节	自有 R&D 投入总量（亿元）	10.36	12.78	13.17	20.93	27.84	32.23	35.65	43.29	45.85	56.88	63.28	73.36
	自有发明专利申请量（件）	537	455	593	815	953	1401	1997	3186	4434	5681	7532	10880
	自有实用新型专利申请量（件）	151	190	244	328	448	682	996	1479	2044	2315	2811	3366
扩散环节	上网计算机数（万台）	29.90	74.70	350.00	892.00	1254.00	2083.00	3089.00	4160.00	4950.00	5940.00	6710.00	8470.00
	互联网用户数（每 100 户）	0.00	0.20	0.70	1.80	2.70	4.60	6.20	7.30	8.50	10.60	16.00	22.70
转化实施环节	自有全国技术转让合同金额（亿元）	20.92	22.44	27.05	47.21	61.84	61.15	73.87	89.15	107.60	92.41	118.77	148.25
	创业投资管理资本总额（亿元）	83.60	147.30	306.20	512.00	619.30	688.50	616.50	617.50	631.60	663.80	1112.90	1455.70
产业化环节	自有新产品利润（亿元）	26.21	27.97	28.39	42.71	38.58	50.22	56.43	64.35	66.41	79.89	90.84	106.76
	自有新产品产值（亿元）	198.53	273.32	297.46	468.22	509.84	588.95	723.55	903.70	88.99	1058.38	1238.30	1457.57
保护环节	专利保护水平指数	56.24	56.50	56.64	57.66	60.07	63.16	63.35	63.59	65.19	64.74	63.50	64.12
	自主创新能力指数	24.29	24.37	24.60	26.22	27.43	28.37	27.72	29.45	30.01	32.96	35.94	39.36

数据来源：《中国创业投资报告》（2005）、（2008），《科技统计年鉴》，《高技术产业统计年鉴》，世界银行，《中国互联网发展报告》等

首先，将表 6－1 中 1997～2008 年的自有技术引进额、国内技术引进额、R&D 投入总量、发明与实用新型专利、新产品产值和自有新产品利润按照 1985 年价格指数为 100 进行平减，然后对所有数据取对数。之后，求高技术产业自主

创新能力指数对数与各序列数据对数的综合关联度，再将各环节指标综合关联度进行平均。最后得出高技术产业专利各环节对自主创新能力建设作用大小及其位次。各序列数据与高技术产业自主创新能力指数灰色综合关联度和各环节作用大小位次如表7－2所示。

表7－2 自主创新能力指数对数与各环节数据对数灰色综合关联度系数

环节	指标	综合灰色关联度	综合灰色关联度平均值	位次
引进环节	自有技术引进额	0.684913	0.60969	5
	自有国内技术购买额	0.534468		
创造环节	自有R&D投入总量	0.887491	0.835717	2
	自有发明专利申请量	0.752131		
	自有实用新型专利申请量	0.867527		
扩散环节	上网计算机数	0.753858	0.715069	4
	互联网用户数	0.676281		
转化环节	自有全国技术转让合同成交金额	0.793013	0.798513	3
	创业投资管理资本总额	0.804013		
产业化环节	自有新产品利润	0.930811	0.845016	1
	自有新产品产值	0.759221		
保护环节	专利保护水平指数	0.644706	0.644706	6

由计算可知，对高技术产业自主创新能力指数作用强度最大的为产业化环节，其次为创造环节和转化实施环节，较小的是专利保护环节、技术引进环节和专利扩散环节。定量分析结果也验证了上述定性分析的结论。结合定性和定量分析，本书认为，我国高技术产业专利战略应当把专利产业化、创造和转化实施作为重点。

用求作用强度的方法确定高技术产业专利战略的重点是比较符合实际的。当前，许多学者认为，知识产权战略的重点应当是创造与运用，实事上确实如此。专利运用是专利战略的重点，高技术产业专利战略必须高度重视专利产业化，提升将专利大规模转化为社会财富和获得竞争优势的能力。即使专利扩散条件好，专利转化实施率高，但如果专利产业化规模不大，总利润额较小，市场成长性不好，这样的专利战略也不是成功的战略。专利产业化是专利创造、扩散和实施利用和保护的目的，而这一点经常为人所忽视。从专利战略目的来看，只有专利得到实施运用，专利能投入到生产系统中转化为现实生产力，能实现商业化和产业化，专利战略才是成功的战略，大量“休眠”专利和“失效”专利的存在不仅无益于经济发展，也会造成大量宝贵创新资源的浪费。除专利运用外，知识产权尤其是专利创造的数量不仅反映了一个国家或一个企业研究开发与创新人才投入的规模和效率，也在一定程度上反映了该国或该企业创新能力的大小。在我国高技术产业专利创造中，自有发明专利比自有实用新型专利的作用强度要小，说明我国高技术产业发明专利对自主创新能力建设的作用还发挥得不够。

（2）高技术产业专利战略任务与目标。

① 专利创造。专利申请技术一般是新产品或新工艺的技术方案，专利申请文件详细记载了新产品、新工艺的目的、总体方案、积极效果和实施方式，是完成了研究开发活动的技术成果。因此，专利创造主要表现为研究开发投入和专利申请量上。研究表明，专利申请量与研究开发投入呈高度的正相关关系，要加大专利创造的数量，必须加大研究开发投入。其次，专利创造还表现在专利的质量和专利创造的效率上，专利质量首先表现为专利技术创造性的大小，这一般用专利的宽度即专利独立权利要求技术特征综合的形式表示。在研究开发任务目标确定的情况下，整个产品或工艺的系统专利申请的独立权利要求范围或专利宽度主要与研究开发总投入有关。专利创造的质量是技术质量与专利文件撰写质量的综合，实际上是对专利“三性”的符合程度。专利创造的效率主要体现在研究开发人员和研发经费投入产出效率上，但根本的是研发人员的效率，研究开发人员的知识储备及其收入水平、研究开发的管理水平都会影响专利创造的效率。因此，要加大高技术产业专利的创造，必须加大对研究开发人员的投入，加大对能形成发明专利项目的研究开发投入。

在高技术产业专利创造中，研究开发投入是自有专利创造的重要起点，也是专利创造的关键。1995 年以来，虽然我国高技术产业研究开发投入有较大幅度增长，但我国高技术产业自有研究开发投入仍然十分不足，研究投入强度较低，与多数发达国家有较大差距，与高技术产业自主创新能力建设需要不相适应。

当前，影响我国高技术产业专利等知识产权创造的主要原因是自主研究开发投入的动力不足。首先，许多高技术企业通过粗放经营模式获得利润，研究开发投入的愿望不足。很多高技术企业的竞争力不是来自创新和自主知识产权，而是来自市场垄断地位、廉价劳动力、廉价资源和出口退税等政策空档或政策优惠，企业缺乏“不创新就死亡”的压力。研发投入强度低是投入动力不足的最重要表现，粗放经营模式是高技术产业自主创新能力弱的显著体现，不公平的竞争环境是阻碍高技术产业自主创新能力建设的深层原因。第二，财政投入不足，政策对高技术产业研究开发投入引导不足。我国财政科技经费偏重于向大学和科研院所投入，而对高技术产业研究开发投入不足，财政科技经费不注重对企业实际匹配资金投入的要求，政府通过财政手段组织高技术产业研究开发活动也不足，投入政策缺乏稳定性和连续性，很多研究开发项目完成即终止投入，后续支持不够。第三，专利创造的基础条件和文化环境建设不足。我国高技术企业专利等知识产权研究开发与创造基础条件数量少，水平较低，还不能满足需要，国家建设的公共创新服务平台、基地和实验室等对高技术产业企业开放不够，高技术产业自主创新的软环境还不完善，国有和民营高技术企业自主创新风险较高，如融资困难、知识产权保护不力、恶性竞争、政府干预过度等，企业领导人不愿进行研究开发投入，不重视专利等知识产权的创造。“官文化”窒息自主创新，假冒文化伤害自主创新，浮躁文化懈怠自主创新。第四，创新人才缺乏，创新管理水平低。我国硕博士人才在企业工作的比例很低，2007 年全国 5600 家重点企业平均有获得博士学位人员 3.8 个（中国科学院创新发展研究中心，2010）。许多高技术企业研究开发管理水平不高，创新成功率较低，专利创造数量不多，或者虽然也申请了许多专利，但许多专利申请与核心竞争力关系不大，相当一部分是为了应付高新技术企业认定。第五，成果评价制度也不利于对专利等知识产权的研究开发投入。由于科技成果鉴定仍然是我国新产品鉴定的必要依据，很多高技术企业比较重视科技成果而忽视专利的作用。对研究人员的评价仍主要以科技论文为主，这不但造成不重视专利申请和保护，也导致许多可以申请专利的技术由于发表论文而不能取得保护❶。第六，发达国家掌握着高技术产业知识产权的优势。在高技术产业，大多数重要的国际标准都由发达国家的跨国公司利用知识产权和其他手段控制，我国企业单凭有限的几项专利很难在国际标准制定中占据优势地位，更难以形成自主知识产权优势，长此以往也会产生一种畏惧心理。

为提升高技术产业自主创新能力，加快自主知识产权创造，应实施“高技术产业专利战略推进计划”，除了专利交流合作外，还要通过建立知识产权专员派出制度、企业与知识产权研究人员、实务人员结对制度等方式，帮助高技术企业制定和实施专利战略，推进企业加大研究开发投入，吸引创新人才，强化研究开发项目的专利战略布局，通过申请专利占据国内市场，逐步形成自主知识产权优势，然后积极以专利等知识产权开拓国际市场，参与国际技术标准制定和专利池

❶ 我国“863”计划在“十一五”期间共立项 8216 个课题，经费 252.6 亿元，发表论文 14.5 万篇，申请发明专利 3.7 万项，已制定技术标准 3204 项。科技支撑计划立项 4817 项课题，经费 803.43 亿元，发表论文 127264 篇，申请发明专利 20872 项，完成技术标准 10921 项。见：国家科学技术部发展计划司．《国家科技计划年度报告（2011）》第 29 – 56 页。

构建。实施“重点高技术产品专利联盟计划”，政府在推进建立公平竞争市场的基础上，应通过创新联盟、产业联盟等方式加大对以高技术产业重要专利组合和专利池为目标的研发经费支持力度，引导企业参与联盟，增加研究开发投入，要以高技术企业为主要参与者和牵头单位安排和实施“863”计划与其他各类科技创新计划，建立高新技术企业认定社会全面公开制度，完善专利等知识产权考核和经费资助政策。实施“高技术产业中小企业知识产权创造支持计划”，在专利等知识产权资助政策基础上，进一步加大中小企业专利尤其是中小高技术企业专利等知识产权申请、检索、审查、维持费用的资助力度。

实现专利创造战略目标应重点把握提高研究开发投入强度和加大专利申请力度两个方面。当前，发达国家高技术产业研究开发投入占总产值的比重一般在5%以上。为实现我国成为高技术产业知识产权强国的战略目标，其中最重要的一条是高技术产业研究开发投入占工业总产值的比例应达到5%以上。如果按照1995～2009年高技术产业工业总产值年均21.19%的增长速度计算，我国自有工业总产值到2015年将达到191 450.6亿元，2020年将达到500 484.6亿元。但是，我国2009年高技术产业自有研究开发投入只有346亿元，如果研发强度要提高到5%，自主投资比例不变，则自有研发投入总量分别应达到4 278.9亿元和11 185亿元。以此计算，到2015年自有研究开发投入年均增长速度应保持在52.14%，到2020年应保持在37.20%。实施高技术产业知识产权发展战略，按1995～2009年的实际增速，我国高技术产业自有研究开发投入保持年均30%的增速可能能够实现，但保持52.14%的增速显然较为困难。以年均增长速度为30%计算，我国高技术产业自有研究开发投入2015年应达到1665亿元，2020年应达到6183亿元。

在专利申请上，1995～2009年，我国高技术产业自有发明专利申请量从537件增长到23 026件，年均增长速度为21.04%，与研究开发投入增长速度基本一致。按照21.04%的年均增长速度确定未来我国高技术产业自有发明专利量的发展目标，我国高技术产业自有发明专利申请量2015年应达到161 990件，2020年应达到420 857件。实际上，自有发明专利申请量年均增长速度应比自有研究开发投入年均增长速度适当高一些，可以按照自有研究开发投入的年均增速25%设定目标，我国高技术产业自有发明专利申请量2015年应达到8.78万件，2020年应达到26.81万件。

1995～2009年，我国高技术产业自有实用新型专利申请量从151件增长到3336件（第二章检索结果），年均增长12.81%。如果按12.81%的年均增速设定目标，我国高技术产业自有实用新型专利申请量2010年应达到0.69万件，2015

年应达到1.26万件。综合考虑我国高技术产业自有研究开发投入至少应达到30%年均增速计算和自有实用新型专利申请量年均增长12.81%的实际，我国高技术产业自有实用新型专利申请量年均增长速度应低一些，增长速度取20%较为合适。以此速度计算，我国高技术产业自有实用新型专利申请量2015年应达到1万件，2020年应达到2.5万件。

② 专利转化实施。专利创造和扩散的目的是能够得到实际实施，专利转化实施是专利产业化的基础和条件。虽然专利有提供技术信息、促进技术进步的作用，但利用专利技术生产新产品获取利益，促进社会财富的增长是世界各国专利制度的主要目的，也是发明人申请专利的主要动机，不能得到实际实施的专利必定不是好专利，不能有效支持专利转化实施的制度必定是有问题的制度。

目前，我国专利实施率仍较低，多项调查发现，我国专利实施率一般在10%左右。以中科院为例，根据各年中科院知识产权报告提供的数据，中科院2001年申请专利2998项，但转让许可专利仅为158项，转化实施率仅为5.27%，之后转化实施率缓慢提高，2007年提高到6.99%，但2009年又下降到5.17%。当前，有许多因素阻碍着专利的实施[1]。首先，促进专利实施的法律政策存在不足。与美国促进专利实施和技术转移的法案相比，我国专利实施和技术转移方面的立法严重不足，尤其是科技进步法和成果转化法一直缺乏相应的实施细则和配套政策。在技术转移机构、人员配备、经费支持、职责划分、利益分配、机构监管等方面缺乏相应的法律规定。我国还存在一些制约专利实施和技术转移的政策，如无形资产入股比例，无形资产项目投资超过一定额度需要财政部审批，国有无形资产转移必须评估等。专利质押贷款未能从根本上解决专利权质权转移问题，质押贷款主要面向的不是专利的转化实施环节，而是已实现产业化的前期环节。第二，转化实施的基础条件不完善。我国促进专利实施的中介服务机构中有相当一部分是由政府建立和运作的，机制僵化、服务能力不高，社会中介机构服务能力有待大幅度提高，还有一些中介机构发展不规范，甚至坑蒙拐骗。专利的实施实际上是专利产品生产和服务提供，由于与专利等知识产权配套的代理、设计、咨询、交易等民间中介服务机构建立时间不长，数量不足，自身服务能力不强，在技术越来越复杂的今天，许多产品和服务创新是基于大量专利

---

[1] 根据科技部科技统计分析报告（2010），在高新技术领域成果未应用或停用的原因中，电子信息、新能源与高效节能、环境保护、农业领域因资金问题导致成果未应用或停用的比例最高，在50%以上；光机电一体化，生物、医药和医疗器械，核应用技术领域因技术问题导致成果未应用或停用的比例最高，在30%以上；航空航天、新材料领域因市场问题导致成果未应用或停用的比例最高，在20%以上；航空航天领域因政策因素导致成果未应用或停用的比例最高，为20%。见 http：//www.most.gov.cn/kjtj/tjbg/。

和其他知识产权的集成创新和改进创新，单项专利实施成功的可能性越来越小。另外，针对专利技术创业的创业投资和风险投资不足，渠道也不畅。第三，专利具有不确定性。不确定性主要表现在专利技术成熟度不足、专利审批时间过长、市场成熟度不足三个方面。技术成熟度不足主要表现为专利申请技术方案与实际应用有差距。由于专利制度实行的是先申请制，相当一部分专利只是技术构思，没有经过实验和验证，发明的优点和积极效果多是推断而非实验所得，大多数还需要进行二次开发和工程化或熟化。发明专利审批时间达 3～4 年也导致专利技术法律地位不明确，投资存在较高风险，也往往使专利技术错过最佳实施时机。市场成熟度不足表现在作为新技术专利的市场还未培育起来，需求不明确，价值难以判断。第四，产学研合作机制未取得明显突破。我国仍未找到产学研合作的有效模式，研究开发与企业发展需求脱节问题一直没有有效解决。虽然建立了不少创新联盟、创新集群，但比较松散，大多不是基于技术标准和专利的权利化和市场化联盟，而只是有上下游关系的产业联盟。与国外尤其是德国、美国大学、科研机构和企业就近布局的区域创新体系相比，我国大学和科研机构仍然高度集中在大城市，而且与企业相距甚远。第五，考核评价重形式而不重实质。大多数考核只重视考核专利数量而不重视质量，只重视专利创造而不重视运用，只重视专利现状而不重视未来，过多的附加效应，如名誉效应、职称效应、奖励效应、资助效应、考核效应等也制约了专利实施，而专利本身应具有的通过转化实施促进社会财富增长的效应却发挥不足。

为加快我国高技术产业专利等知识产权的转化实施，应实施“高技术自主知识产权审查计划”，建立高技术产业以及战略性新兴产业技术自主知识产权审查机构和制度，对高技术自主专利申请实行快速审查，审批速度不高于 30 个月，强化专利实用性标准审查，提高专利质量。推进“专利、标准和人才战略”，实施“高技术产学研伙伴计划”，引导建立一批基于技术标准的以专利池或专利组合为经营手段的企业和联盟。完善区域创新体系，有步骤地推进高校和科研机构与大中型企业、创新型企业集群的区域就近配置。实施“中介机构能力提升计划”，大力发展和规范民间专业化技术市场和专利中介交易机构，对国有技术市场进行转制，并对各类中介机构实行资格认证制度。允许产权交易所开展技术交易业务和知识产权交易业务，允许技术交易所进行知识产权、企业股权、债权、期权交易，建立一批区域知识产权交易中心，通过信息公开、竞价系统和法律服务促进专利等各类知识产权的买卖和权利让渡。超过一定规模的高校和科研机构都要建立技术转移机构和知识产权管理岗位，配备专职人员，建立激励技术转移的合理利益分配制度。实施“高技术产业专利实施投融资计划”，支持地方政府建立包括专利在内的种子基金、创新基金、创业引导基金等，支持创业投资、风险投资发展，支持专利等知识产权的转化实施。加强高技术产业工程（技术）研究中心、工程实验室等工程化条件的建设，通过开放建设、股份合作制解决专利技术成熟度不足的问题。建立专利实施专项资助资金，并将专利申请资助与转化实施有效结合，转化实施的专利可获得更大比例的申请资助。同时，改革专业技术职务评审制度，改革科技成果评审制度，完善科技进步先进市、创新型城市、知识产权示范城市知识产权考核体系，严格和逐步提高高技术企业认定标准，完善科技计划项目和科技成果产业化、高技术产业化项目，将现有考核专利申请量和授权量的指标改为考核有效专利拥有量和专利实施量指标。

实施高技术产业知识产权发展战略，将有利于提高我国专利的实施率。考虑到目前日本、美国等发达国家专利实施率在50%左右的现实，我国到了必须下大力气提高专利转化实施率的时侯了。根据我国专利转化实施率较低的现实和创新型国家的建设的迫切需求，我国高技术专利实施率的发展目标2015年不能低于15%，2020年不能低于20%。

③ 专利产业化。专利产业化是专利技术转化实施后能形成规模化、获得规模利润、促进社会财富增长的环节，是高技术产业专利战略实施效果的最重要体现。专利产业化要求专利转化实施后能够形成一定的规模，并能够获得超过行业平均利润的创新利润。在高技术产业中，新产品利润和利润率集中反映了专利产业化能力。

我国高技术产业专利申请量达到了一定的规模，专利实施率也有了较大提高，但是能在商业上成功的专利仍然很少，能形成一定产业化规模的专利则更少。专利产业化是制约我国高技术产业知识产权发展的一个大问题，也是制约我国创新型国家建设的一大问题。1995～2008年，我国高技术产业自有发明专利从537项增加到17 702项，自有新产品利润从19.88亿元增加到106.76亿元，但新产品利润率却从4.45%下降到0.959%。假设不考虑其他技术以及技术存量对自有新产品利润产出的影响，通过计算我国高技术产业自有发明专利申请的新产品利润产出，可以发现我国高技术产业自有新产品利润产出的效率呈逐年下降趋势，如果将专利申请与新产品利润产出之间的时间滞后期设为两年，我国高技术产业自有发明专利申请的新产品利润产出从1997年的488万元/项下降到2008年的98万元/项，如果将滞后期设为3年，新产品利润产出效率仍呈下降趋势，从1998年的520.88万元/项下降到2008年的141.74万元/项，如果再考虑消费价格指数，产出下降将会更多。

目前，影响我国高技术产业专利产业化的主要问题在于，专利产业化资金投入不足，产业化循环能力有限，产业化存在一定的风险。资金投入不足主要表现为以下几个方面。一是商业银行支持专利产业化的机制还没完全建立起来。当前我国已制定很多促进投融资的政策，但没有考虑专利产业化的自身特点，更较少考虑以专利产业化为主的中小企业的投融资需求。专利产业化项目是一个不断创新和完善的项目，具有一定的市场风险性和技术风险性，但现有金融产品包括贴息贷款产品较少考虑到专利产业化的这些特点，现有高技术产品的八大类保险无法涵盖高技术专利产业化过程中的风险。二是在国家“火炬”计划、成果产业化专项资金、高技术产业化资金惠及面太小，专利产业化专项资金投入规模小。三是创业板和中小企业板容量有限，很多专利产业化项目无法通过创业板和中小企业板获得融资。四是高技术企业生产的专利产品多数市场接受期较长，尤其是重大装备研制周期长，也会影响产业化。

实施高技术产业专利战略，必须加大专利技术产业化引导和市场机制建设，降低产业化风险，增强高技术企业重大自主知识产权产品的产业化循环能力。要建立完善的全国政策性和商业银行专利等知识产权质押贷款融资体系，将专利等知识产权质押贷款权力下放到省市级知识产权管理部门和商业银行，简化程序，开辟知识产权质押贷款的保险业务，降抵专利质押权贷款的风险，实行商业银行知识产权质押权贷款税收优惠政策，激励商业银行开展质押贷款业务。探索科技贷款资金回收与风险担保机制，扩大国家“火炬”计划和专利产业化专项资金的投入规模。改革政府采购政策，对具有自主知识产权的产品实行政府采购政策，对重大和关键高技术装备实行政府首次采购政策。要加快包括以专利技术为主的创业版市场的建设，建立畅通的知识产权产业化融资渠道。还要通过税收优惠等措施引导社会资本对专利产业化的投入。

1995~2008 年，我国高技术产业自有新产品利润年均增长率为 12.80%，如果按照这个速度设定我国高技术产业自有新产品利润年均增长速度显然较低，自有新产品利润至少应保持和自有新产品销售收入 27.77% 以及整个高技术产业利润 22.14% 相一致的增长速度。实施高技术产业知识产权发展战略，自有新产品利润增长速度应有较大幅度的提升。考虑到 1995~2008 年高技术产业自有新产品利润年均增速接近 20% 的实际情况，也考虑到实施知识产权发展战略自有新产品利润年均增速会有进一步提高但幅度并不会很大的可能性，可以实现的年均增长速度设定为 20%~25% 较为合适。取 23%，则 2015 年自有新产品利润应达到 454.73 亿元，2020 年应达到 1280.20 亿元。

（3）专利技术引进、专利扩散与保护。

除上述战略重点之外，高技术产业技术引进、专利扩散和专利保护也是高技术产业专利战略不可缺少的环节。

① 技术引进。技术引进是自主创新能力建设的必要条件之一。近年来，我国高技术产业技术引进呈现以下几个特点。第一，不同行业技术引进额占技术引进总额的比例差别较大，一些行业技术引进不足，不利于其自主创新能力的提高。2004 年，电子通讯设备、化学原料与化学药品、电气机械及器材技术引进相对较多，而航空航天，计算机与办公设备引进很少，2006 年铁路技术引进则占第一位。第二，“三资”企业是高技术产业技术引进的主体。2009 年，“三资”企业技术引进额占我国高技术产业技术引进的 78.15%，而国有和民营集体技术引进额只占 18.84% 和 3.01%。在引进国内技术上三者占 29.03%、39.72% 和 25.64%。第三，技术引进内部化趋势明显。专利技术引进相对较少，而专有技术引进和技术咨询服务相对较多。专有技术引进比重过大反映了技术转移的内部化趋势。相对来说，专有技术平均价格较低，而专利技术价格相对较高，专有技术转移主要是跨国公司对在华“三资”企业尤其是独资企业的转移。随着技术进步的加快，专有技术往往新而量大，专利技术往往垄断性强且已过问世期，“三资”企业技术转移越来越趋于内部化，其结果可能导致技术引进溢出效应降低，内资企业难以引进最新的核心和关键技术。第四，低水平技术引进情况还未根本改观。我国高技术产业技术消化吸收经费投入占技术引进额的比例长期低于 10%，在 2009 年时虽有较大提高达到 16.49%，当仍远远低于日本和韩国的水平，民营集体为 167.26%，国有企业仅为 39.66%，而作为技术引进主体的“三资”企业更低，仅有 5.10%。第五，专利技术引进方式逐渐向独占许可转变。根据对国家知识产权局登记的专利许可合同的统计分析，截止到 2005 年底，我国国家知识产权局登记的专利许可合同多为普通许可，占 90.42%，其次为独占许可，占 6.46%，而到 2009 年和 2010 年这种情况发生了很大的改变，独占许可占我国专利许可登记的 90.08% 和 89.9%，而普通许可仅占了 2.41% 和 11.80%。较多采用独占许可方式虽然表明企业通过专利引进控制市场的能力增强，但也会由于独占造成市场分割等问题，而一个专利普通许可次数过多很可能会使高技术产业产生恶性竞争等不利影响。如在国家知识产权局备案的专利许可合同登记中，截至 2005 年底，荷兰皇家飞利浦电子股份有限公司共向我国 30 多家企业实施了 4278 项次的专利许可，有 3 项专利技术的许可次数远远超过加入世界知识产权组织国家的个数，2010 年该公司仍采用这种方式向我国 24 家企业颁发了 332 个普通许可证。

面向自主创新能力建设的高技术产业知识产权发展战略要求技术引进应当是必要技术的引进，应当是核心和关键技术的引进，应当是非重复的引进，应当是进行充分消化吸收的技术引进。由此观之，我国的技术引进政策和做法还存在不少问题，我国应在技术引进上进行统筹规划，要加大内资企业关键和核心技术的引进，改变技术引进不足的局面。要提升高技术企业尤其是“三资”企业和国有企业消化吸收和再创新的能力，通过创新促进技术消化吸收和提高技术引进效果。要加大引进技术消化吸收经费投入，限制低水平重复引进和促进消化吸收再创新相结合。要制定反对故意重复许可和利用大量普通许可操纵专利许可市场行为的规定，限制恶性许可和欺骗性许可，促进公平竞争。

② 专利扩散。专利扩散是指专利信息通过扩散渠道由技术信息源向技术使用者或潜在使用者传递的过程，专利扩散是专利创造和实施利用的重要联系环节，扩散条件差、扩散水平低成为制约高技术产业自主创新能力建设的重要瓶颈之一。影响专利扩散的因素很多，不仅有专利技术信息的收集和加工能力因素，还有专利技术信息本身的因素，以及专利提供者、传递者和接收者能力的因素等。

根据专利法规的规定，专利授权必须以申请文件充分公开为条件，充分公开应以该领域普通技术人员不用花费创造性劳动能够实施该专利为标准，充分公开制度决定了专利技术信息获得的规范性和便利性。然而，在实际操作中，专利文件并不都完全符合充分公开要求，专利公开不充分会影响或误导专利技术扩散。在高技术产业中，我国专利扩散存在的主要问题表现在以下几个方面。第一，专利文件充分公开要求不严。首先是不经过实质审查的专利文件难以保障其充分公开，由于我国实用新型专利和外观设计专利采用登记制，缺乏实审环节，专利说明书不披露关键技术细节、故意扭曲技术数据、重复授予专利权的现象时有发生，作为实用新型专利大国，这种非实质审查制一定程度上不仅不利于有效的技术扩散，也可能为日后造成不必要的专利纠纷。第二，对最佳实施例要求标准不高也不利于专利充分公开。例如，多数软件类专利申请并不要求提供源程序和实际验证数据，而只要提出构思或整体技术方案即可，具体实施方式不过是技术方案的细化，根据技术方案再编写出具有独创性的源代码可能仍需技术人员再花费一定的创造性劳动；一些化学品、药品专利权利要求的组分配比以及温度、压力等数据的范围、优选范围、最优值、端值和中间值根本不是从实验得出，很多发明人根本不清楚哪些是必要的组分以及组分的真正配比，一些化学和药品专利申请还有意隐藏技术诀窍，造成实施后难以达到最佳发明效果。第三，低审查标准也会使公开不充分的专利申请通过审查。由于公开不充分，许多高技术专利许可后不能直接产业化，专利技术在许可之后还须进行工程化开发甚至二次开发，这无助于技术的优化和进步。第四，我国专利法规并不强制要求发明人和审查员将参考文献纳入专利文件，使得专利信息接收者长期无法区分专利的创新点所在和技术发展路线，实施者也无法判断是否有可能存在在先专利。

第二，专利信息加工传输能力弱。专利信息传输主要包括专利文献信息服务（包括专利公报、缩微胶片、平片等）、互联网专利信息服务、专题专利文献报道等。我国专利数据库检索速度慢，阅读不方便，专利申请信息加工处理比较滞后，著录项目包含信息量不足。例如，一些申请日之后 18 个月已公开的专利申请仍然无法从中国专利检索系统检索到，公布著录项目没有参考文献信息等内容。我国专题专利数据库建设十分不足，缺乏为中小高技术企业、战略性新兴产业等提供专利信息服务的特别制度，现有专题数据库只是根据主题词检索建立的数据库，准确性不高，较难支撑产业知识产权政策制定。现有多数专利检索系统功能比较简单，多数系统缺乏智能分析功能和语义分析功能，加上缺乏参考文献的强制要求，只能画一些简单的示意图，对在浩如烟海的专利文献中检索出的大量专利文献根本无法进行科学分析。

第三，专利制度本身的问题。目前，多数国家在申请日后 18 个月内不公开专利申请文件，这些专利被称为“潜水艇”专利，该专利的存在不但造成不应有的信息扩散阻碍，也会造成许多高技术专利研究开发投入重复浪费和权利纠纷。

第四，专利保护水平提高导致的高价影响技术扩散。由于专利垄断主要影响创新市场，专利垄断会抬高专利技术的价格，高价必然导致技术扩散的不足，专利垄断性超过一定限度会抑制专利技术的扩散和利用。

因此，我国应当在充分保护的情况下加快专利技术信息高效扩散和便利化利用，提高专利申请充分公开审查标准，加快专利信息化条件建设，建设与国家急需发展产业如高技术产业、战略性新兴产业、现代服务业、重大科技专项专题数据库，尤其是基于逻辑表达式检索和及时更新的专题数据库。有必要研究建立我国自己的与产业分类对应的专利分类体系，有必要借鉴著作权依申请产生制度，如果实用新型专利确实不需要实质审查，完全可以通过申请人自动公开产生权利的方式获得授权，而不必再到知识产权局进行所谓的格式审查。为促进专利信息扩散，要全面推行电子申请制度，实行电子申请费减半或减 1/3 政策，实行专利申请非声明即公开制度，对于不声明的专利即可予以公布，还要建立中高新技术企业和中小企业专利信息服务制度，免费向中小企业提供专题专利信息服务。

③ 专利保护战略。专利保护是专利制度的基本功能，没有专利保护，不仅

专利的创造、扩散和利用不可能，而且研究开发活动和创新人才的成长也会受到影响，专利保护影响着自主创新能力建设的整个过程。

当前，各国实行专利制度的最重要目的在于激励技术创新，但我国在专利保护上还没有很好体现出激励创新和促进自主创新能力建设的目的。一是专利保护水平还没有与产业创新发展相适应。我国主要随着发达国家的要求加强专利保护，而美国 2011 年却大幅度修改了专利法，尤其是加大了对权利人的倾斜力度。当前，发达国家对我国指责较多的是我国对商标权和著作权保护的不力，美国、日本海关查扣的我国出口商品也主要是商标类、著作权类侵权商品而不是专利侵权商品。二是专利制度对自主创新的激励作用没有发挥出来。现代专利制度的目的在于激励创新和全社会福利的最大化，但在某些领域实行低标准保护的专利制度可能并没有完全起到激励技术创新和小创新的作用。三是知识产权保护与产业安全还没有结合起来。我国对合资合作中专利流失的管理是空白，相当一部分高技术产业发展受到影响，一些产业已经开始没落。四是专利保护标准不统一。尤其是专利行政执法保护和知识产权司法保护缺乏全国统一的专利侵权判定标准。

从高技术企业层次来说，专利保护战略主要包括专利申请、专利权维持和应对专利侵权几个方面。专利申请包括申请与否、申请时间、申请种类、申请国家选择等方面，专利维持则包括维持时间、维持地域等，应对侵权则包括自己的主动应对保护和寻求司法行政部门的保护。当前，我国高技术企业对专利战略运用还不充分，很多企业不太重视专利申请，通常为了凑专利申请量把全部技术都申请为专利，企业保护专利的水平也不高，缺乏懂知识产权的管理人员，一些企业为了节约专利申请费用不去选择高水平的代理人而是自己撰写专利申请文件。一些企业不注意监视国内外专利动向和可能的专利侵权行为，一些企业不重视专利授权后的保护，很多企业由于不交费而丧失专利权。相反，一些跨国公司则有效运用专利战略提升自己竞争力。如美国商业机器公司每年会无偿公开一批专有技术和专利技术供他人免费使用，既阻挡了他人申请专利，也提高了自己其他专利和知识产权许可的可能性。2004 年 IBM 公司就向软件开发商免费开放了 500 项软件专利，公开了近 8000 项可以申请专利的专有技术，IBM 公司在国家知识产权局的申请人名称就有“IBM”、“商用机器公司”、“商业机器公司”三种。高智公司并不是一家研究机构和生产型企业，但他们通过收购大学和科研机构没有实施的专利组成专利组合为日后许可打下基础，他们还通过资助大学和科研机构的研究开发活动掌握一部分新兴技术的知识产权。韩国 LG 公司充分运用优先权策略保护专利技术，该公司在中国的发明专利申请 80% 以上具有国外优先权，基本发明都在韩国完成，他们利用国际优先权延伸到中国进行保护，但专利信息公开时间可能会滞后，同时他们熟练运用国内优先权，如果发明构思基本成熟就先申请专利，待开发出详细的可实施的技术方案时，则通过国内优先权撤回在先申请，并申请相同主题的新专利。华为技术公司设立了专门的知识产权和标准管理部门，是否申请专利和如何申请专利通常由市场、研发和知识产权部门共同决定，一些申请期限过长或撰写质量不高的专利申请则坚决撤回，他们通过对国内专利代理人年度考评选择为本公司服务的专利代理人，他们还十分重视新兴市场的专利申请和国际保护，有许多专利申请来自于国际市场营销中发现的问题，他们不追求知识产权必须总体自主，而追求能形成与国外跨国公司知识产权交叉的局面。上海一家管理咨询有限公司就是一家专门的专利委托管理公司，2005 年委托管理跨国公司等在华专利申请达 2039 件，节省了跨国公司大量的国际环节费用。

为此，我国专利保护应与我国自主创新能力相适应，尤其是与高技术产业自主创新能力建设相适应，应提高高技术专利审查标准，加快司法体系建设，规范专利行政执法保护，规制限制专利许可市场公平竞争的行为，还要加大对高技术企业专利战略的指导和培训。高技术企业尤其是大中型企业也应建立知识产权部门，配备专职知识产权管理人员，制定和实施企业知识产权发展战略。

（4）高技术产业企业与行业专利战略重点。

专利是技术进步或技术创新的主要要素，高技术产业自主创新能力建设也离不开外部技术的引进。为确定高技术产业不同类型企业的专利战略重点，本书采用索罗剩余模型和柯布—道格拉斯生产函数计算高技术产业整体、自主部分、各类型企业、各行业投资、人力与发明专利、技术引进对产出的贡献率。在柯布—道格拉斯生产函数中，人力与资本投入是可替代的，而且技术是希克斯中性的，创新产出依赖于劳动力、投资、专利、技术引进和其他要素。创新产出采用工业增加值，固定资产投资额和技术引进额平减后数据，专利申请量和技术引进采取过去 4 年和当年总和数据。

已知的柯布—道格拉斯生产函数如下：

$$Y = A_t(N)f(K, L)$$

其中 K，L 为资本和劳动力投入，A_t 为全要素生产率。根据上述分析，假设 K，L，P_i，TI 分别表示固定资产投资、从业人员、专利和技术引进，Y 为高技术产业工业增加值，A_t 为除专利和技术引进之外其他要素的投入，则高技术产业生产函数可如下表示：

$$Y = A_t(N)f(K, L, P_i, TI)$$

如果令 α，β，λ，ϕ 为资本、劳动力、专利和部分技术引进的产出弹性，用 y，k，l，p_s，p_i 表示产出、资本、劳动力、专利和技术引进额的增长速度，则高技术产业生产函数为：

$$Y = A_t\ (N)\ K^{\alpha} L^{\beta} P_i^{\lambda} TI^{\phi}$$

同时对上式两边求对数，有：

$$\ln Y = \ln A_t + \ln K + \ln L + \ln P_i + \ln TI$$

再对该式两边求导，有：

$$\frac{Y'}{Y} = \frac{A'_t}{A_t} + \alpha \frac{K'}{K} + \beta \frac{L'}{L} + \lambda \frac{P'_i}{P_i} + \phi \frac{TI'}{TI}$$

该式亦即：

$$\frac{\mathrm{d}Y}{\mathrm{d}t}\frac{1}{Y} = \frac{\mathrm{d}A_t}{\mathrm{d}t}\frac{1}{A_t} + \alpha \frac{\mathrm{d}K}{\mathrm{d}t}\frac{1}{K} + \beta \frac{\mathrm{d}L}{\mathrm{d}t}\frac{1}{L} + \lambda \frac{\mathrm{d}P_i}{\mathrm{d}t}\frac{1}{P_i} + \phi \frac{\mathrm{d}TI}{\mathrm{d}t}\frac{1}{TI}$$

令：

$$y = \frac{\mathrm{d}Y}{\mathrm{d}t}\frac{1}{Y},\quad a = \frac{\mathrm{d}A_t}{\mathrm{d}t}\frac{1}{A_t},\quad k = \frac{\mathrm{d}K}{\mathrm{d}t}\frac{1}{K},\quad l = \frac{\mathrm{d}L}{\mathrm{d}t}\frac{1}{L},\quad p_i = \frac{\mathrm{d}P_i}{\mathrm{d}t}\frac{1}{P_i},\quad ti = \frac{\mathrm{d}TI}{\mathrm{d}t}\frac{1}{TI}$$

其中 y，k，l，p_i，ti，a 分别表示产出、固定资产投资、从业人员、发明专利、技术引进和剩余要素的增长速度。

则该式可以写为：

$$y = a + \alpha k + \beta l + \lambda p_i + \phi ti$$

此式即为高技术产业包含知识产权的产出增长速度方程，左边是高技术产业产出的增长速度，右边分别表示资本投入、劳动力投入、专利投入和技术引进的增长速度与产出弹性的乘积，则专利和自有技术引进对产出的贡献率分别为：

$$c_i = \frac{\lambda p_i}{y},\quad c_s = \frac{\lambda p_s}{y}$$

2000～2008 年，我国高技术产业“三资”企业、国有企业、民营集体等企业发明专利对产出的贡献额大小如表 7－3 所示。

表 7－3　主要类型高技术企业发明专利贡献率

	R^2	固定资产投资贡献额	从业人员贡献额	专利贡献额	技术引进贡献额	剩余要素贡献额
高技术产业整体	0.563	－0.04697	0.542305	1.047266	0.030051	－0.57265
高技术产业自主部分	0.359	0.02297	0.217796	1.269105	0.010507	－0.52038
“三资”企业	0.804	－0.00095	0.599395	0.462553	0.054111	－0.11511
国有企业	0.779	0.053188	0.374481	0.009904	0.004143	0.558284
民营集体等企业	0.860	－0.06737	－6.34134	0.396437	－2.27638	9.288645
航空航天器制造业	0.690	－0.3272	－0.29597	0.097014	0	1.526156

续表

	R^2	固定资产投资贡献额	从业人员贡献额	专利贡献额	技术引进贡献额	剩余要素贡献额
医药制造业	0.566	-0.01345	0.016149	0.270213	0.054229	0.672857
医药制造业自主部分	0.173	0	0.000343	0.156941	0.008879	0.833837
医疗仪器设备制造业	0.815	-0.41124	0.180299	-0.43031	0.042347	1.618909
医疗仪器设备制造业自主部分	0.918	-0.13221	-8.98227	-0.3387	-1.2482	11.70138
电子通讯设备制造业	0.785	-0.97436	0.408781	1.119399	0.080758	0.365418
电子通讯设备制造业自主部分	0.991	-0.37958	0.676546	0.517804	0.219867	-0.03464
计算机与办公设备制造业	0.497	1.320462	1.092991	0.987335	0.188454	-2.58924
计算机与办公设备制造业自主部分	0.841	0.442585	0.607338	0.261406	-0.14479	-0.16654

由计算可知，虽然计算结果出现一些负值，但总体仍具有明显的特征。我国高技术产业自主发明专利对自主创新产出的贡献率较高，其次是高技术产业整体和电子通讯设备制造业，“三资”企业和民营集体企业高于国有企业，国有企业最低。

我国高技术产业主要行业自有发明专利对自有产值的贡献份额最高的是电子通讯设备制造业，其次是计算机与办公设备制造业，航空航天器制造业较低，医疗仪器设备制造业最低。尤其需要注意的是，各行业自主专利对自主创新产出的贡献份额普遍低于行业整体贡献份额，自主知识产权对产业自主创新产出的贡献有待提高。同时，技术引进的贡献份额也普遍低于专利的贡献份额，说明在知识产权对高技术产业创新产出的贡献要大于技术引进的贡献。另外，通过计算各类型和各行业专利各类要素的贡献份额平均值可以知道，我国高技术产业固定资产投资的平均贡献份额最高，说明我国高技术产业仍然主要依赖投资驱动，专利知识产权的平均贡献份额居第二位，说明知识产权对我国高技术产业创新产出的作用已开始显现，但是从业人员和技术引进的贡献份额仍较低，说明这两个要素的作用发挥不够。

因此，我国高技术产业主要类型企业专利战略重点应当是提高国有企业知识产权对创新产出的贡献份额，也要提高民营集体企业专利知识产权对创新产出的贡献，要把提高自主知识产权对自主创新产出的贡献额作为高技术产业专利战略的重点。要在加强电子通讯设备制造业和计算机与办公设备制造业知识产权贡献份额的同时，把航空航天器制造业、医疗仪器设备制造业知识产权贡献额作为高技术产业行业专利战略的重点。

7.4　高技术产业商标与品牌战略及任务

从创新理论发展过程可以看到，创新主要是指技术创新，但创新也包括管理创新或管理变革。高技术产业自主创新能力主要是指自主技术创新能力，但它同样不能离开管理创新能力。在高技术产业自主创新能力建设中，商标权、部分外观设计专利权以及部分反不正当竞争权等知识产权就属于管理创新的范畴，高技术产业知识产权发展战略还包括非技术类的商标战略与品牌战略等。

（1）商标权。

商标法主要是以反“混淆”理论和反“淡化”理论为基础建立的法律部门，它既要避免和制止“混淆”行为，还要制止减少、削弱驰名商标或其他具有相当知名度商标识别性和显著性的行为，也要制止损害、玷污商誉的“淡化”行为（王翔、赵泓任，2006）。1982 年，我国在制定《商标法》时引入了反“混淆”理论，1993 年在修改《商标法》时又引入了《巴黎公约》、《马德里协定》的“反淡化保护”理论，使商标法律保护更加全面。在加入世界贸易组织后，我国于 2001 年对《商标法》和《商标法实施条例》进行了较大修改，并于 2011 年开始了第三次修改。第三次修改重点在于简化和完善了商标确权制度，加强对商标权的保护，进一步明确了在先权利、商标转让、申请变更等有关程序，为商标申请人提供更多便利。

当前，我国商标申请和注册量增长迅速，1999 ~ 2010 年，我国国内商标申请量从 14 万件增长到 97.35 万件，2010 年国内居民商标申请量占总申请量的 90.81%，有效注册商标达到 392.71 万件，我国已经连续九年成为世界商标申请大国。从 1995 年 3 月开始受理地理标志注册申请到 2010 年底，我国共核准国内外地理标志申请 1040 件，其中国内达到 1 003 件。2010 年，通过马德里途径的我国居民国际商标总量达到 11 427 件，商标许可合同备案量达到 24 554 件。

从商标法的历史可以看到，我国对商标的保护是一个不断完善和加强的过程。我国也像其他许多国家一样对驰名商标给予特殊保护，在第三次修改中还将接受的商标注册申请由目前的一标一类改为一标多类。我国不断加大对恶意注册行为的规制，加大对侵权假冒行为的惩处力度，加强对使用他人商标或标志作为商标或装潢以及为故意侵权行为提供便利条件的限制，对重复侵权行为将加重处罚。2007～2010 年，我国共查处各类商标违法案件从 50 318 件增加到 56 034 件，其中查处涉外商标违法案件从 10 320 件增加到 11 524 件。

但是总体来看，我国很多商标保护还存在一些问题，尤其是商标假冒和侵权情况依然严重，我国已连续多年位居美国海关查获进口侵犯知识产权商品尤其是商标权商品首位国家，2010 年我国内地占到了 79%，加上香港达到 89%。我国高校科研机构等单位申请注册商标数量较少，如中科院下属 140 多个所及单位，400 多家下属企业，但商标注册量仅有 180 件左右。我国一些企业商标管理水平不高，商标管理和防止商标被侵权的能力有限。我国商标国际申请量和注册量仍然不足，2010 年的国内居民马德里商标申请量仅占 0.187%，由于国际申请量小，我国商标在国外被抢注现象仍很严重。我国驰名商标数量较少，驰名商标认定行政化倾向还比较严重。

实行专利的先申请原则主要是为了激励技术创新特别是技术公开和应用，专利是一种依申请而产生的权利。商标权主要是为了保护市场正常秩序，为创新提供公平竞争环境，也是一种依申请而产生的权利。商标保护制度的目的不是为了激励技术信息的早期公开和引进应用，其产生方式与专利权有很大差异。因此，必须反思商标申请和注册制度依产生而产生这种权利产生方式的合理性，必须对商标在先权利进行充分保护，而不能像专利法那样对专利申请日之前的在先权利进行各种限制。由于我国已连续多年成为世界居民商标申请大国而且国际商标申请量较小，我国有必要加大对商标在先权利的保护，这有利于我国的自主创新能力建设。我国新修改的商标法明确了对在先权利注册商标的限制和不予注册商标的条件，但并没有明确规定在先权利包括哪些权利，如在先商标权、外观设计专利权、著作权，没有明确在先权利是否包括先用权，如果先用权是具有著作权法意义上的作品，虽没有注册商标但却构成了在先权利，这可能会产生一定的矛盾。

（2）品牌。

品牌与商标是两个概念。品牌是商品的牌子，是指消费者对产品及其系列的认知程度。品牌不仅由商标形成，是包括技术、质量、形象和服务在内的企业及其产品或业务的综合体现，实质上是各种知识产权价值的综合体现，它是由商标、专利和其他知识产权组合而成的产品、服务和形象，是企业综合实力的象征。高技术产业自主品牌则是包括商标权、专利权在内的各种自主知识产权价值的综合体现。商标表示品牌的外在形象，而专利和专有技术等则是品牌的内涵。只有各种类型的知识产权有机结合才能形成品牌。

“华为”品牌不仅象征华为技术公司的产品、服务，而且象征其企业名称、市场信誉、国际化发展水平，不仅象征了其商标权、企业名称商号权，而且也象征着其拥有的各种专利与技术秘密专有权，尤其是高质量的大量发明专利申请和国际专利申请，象征着其强大的自主创新能力。联想品牌不仅象征着“联想”、“Lenovo”这些驰名商标，而且也象征着其研发团队、现代化管理和独特的增值服务销售网络。可口可乐品牌不仅代表了其驰名商标“可口可乐”、“Coca - Cola”，而且也代表着其独特的专有技术秘密。德国拜尔公司“阿司匹林”专利权虽然已在20世纪初就过了保护期，但由于保持着强大的品牌价值，该公司仍然能够获得丰厚的利润，其重要原因在于拜尔公司将阿司匹林专利权与商标权进行了有机组合，专利权到期后仍拥有有巨大市场价值的商标权。

自主品牌是指经过自己开发设计所形成的能主导市场发展和收益的品牌，是较少受到他人影响的品牌。因此，仅仅拥有商标权或一定时期的独占许可权而缺乏技术内涵尤其是专利权和技术秘密专有权的品牌难以自主，如在国外汽车技术平台上通过注册中国商标制造的汽车不是自主品牌汽车。没有商标专用权保护而仅仅拥有专利权或一定时期独占许可权以及技术秘密专有权的也不是自主品牌，它只是没有市场影响力的自主创新产品。即使拥有了专利权、商标权或一定时期的独占许可权也不一定是自主品牌，如果专利数量不占多数或者需要购买他人专利权，不能主导最终收益，这样的品牌也不能自主。外国企业和公民在我国拥有专利权、商标权或一定时期的独占许可权的品牌也不是自主品牌。知识产权有地域性，品牌也有地域性。贴牌生产往往不是自主品牌，即使具有技术内涵，但收益往往被许可方控制。假冒他人品牌更不是自主品牌，不仅缺乏自主的商标权和专利权，而且也构成违法行为。

（3）高技术产业商标与自主品牌战略。

高技术产业自主品牌以专利权、技术秘密专有权等为内在要素，以商标和商号权为外在表现。作为品牌外在表现的商标和企业名称是保护品牌极为重要的手段之一，缺乏商标保护的品牌很难成为知名品牌或自主品牌。驰名商标不一定是名牌，名牌不一定是驰名商标。对于高技术企业来说，自主品牌的培育和形成是技术创新与管理创新有机结合的产物，但它主要依靠技术的自主创新能力积累形成，自主技术创新是自主品牌形成不可缺少的基础。依靠销售、服务等非技术类的管理创新虽然也可以赚取利润，但很难赚得高于行业平均利润的垄断利润，也很难成为真正的高技术企业。

高技术产业自主品牌是高技术产业自主创新能力的重要支撑。高技术产业自主品牌战略与高技术产业自主创新能力建设是相辅相成的，自主创新能力建设可促进高技术产业自主品牌的形成和价值增值，自主品牌反过来激励和保护高技术产业自主创新能力建设，自主品牌可以为自主创新能力建设提供良好的发展动力。

当前，我国已经成为世界第三大贸易国，但是出口名牌很少，我国有170多类产品产量居世界第一位，但却少有世界水平的自主品牌，我国是典型的“制造大国、品牌小国”。我国品牌的寿命期平均不足两年，只有17个品牌入选2010年度“世界品牌500强”，其中只有4个涉及高技术自主品牌。

影响高技术产业自主品牌发展的主要原因在于：一是自主研发投入少，自主创新能力弱，培育自主品牌的基础不牢固，品牌创意设计水平不高。二是对自主品牌国际保护重视不足，支持不够。在自主品牌培育上，一些企业不重视国际专利和商标申请，许多国内商标、企业名称等还被外国抢注，我国对商标的国际申请和保护缺乏政策支持。不重视知识产权的国际保护会造成品牌难以成为世界品牌，也会造成品牌难以在国外市场自主。三是一些高技术企业盲目的国际化战略造成自主品牌价值降低，许多高技术企业为了走国际化战略或开拓国际市场，通过合资或者兼并收购放弃了自主品牌，最终导致国际市场主动权的丧失。四是一些企业不太重视专利权、技术秘密专有权和商标权等知识产权的结合，偏重于利用广告宣传或低价战略扩大市场，对技术创新能力建设重视不够，自主品牌价值提升较慢。五是假冒品牌打击不力，假冒盛行严重制约了高技术产业自主品牌的健康发展。六是对洋品牌盲目信任的社会文化影响了自主品牌的发展。

因此，高技术产业必须重视自主品牌的培育和保护，也要为高技术产业自主品牌的培育和保护提供有力支持。要实施“高技术产业自主品牌培育保护计划”，高技术企业要加强技术创新，加强知识产权的组合和战略运用，也要资助重要发明专利、驰名商标、地理标志部分国际申请费用和部分维持费用，通过财政支持和加强国际协调促进商标的国际保护和自主品牌培育。企业也要重视自主品牌的国际保护和市场开拓，要通过国际知识产权公约和外国商标法的规定保护注册商标与品牌，如可以利用外国商标法的“先使用权”规定夺回被抢注商标权。政府部门也要加强对商标和自主品牌的国际监控，加大政府间协调力度，利用多种方法帮助企业夺回自主商标权，在国际上保护我国高技术企业的专利权、商标权和自主品牌。

7.5 高技术产业技术标准战略及任务

技术标准是经过协商同意并经公认组织批准的为了共同和重复使用而提供规则、指南、活动及其结果之特征的文件，其目的是达到现有秩序的最佳状态（Gary Lea and Peter Hall，2004）。标准化是指追求组成标准的产品、工艺或程序的一致性，以提高经济活动效率的过程（G. Tassey，2000）。随着科学技术的快速发展，知识产权与技术标准的关联越来越紧密，技术标准包含了越来越多的知识产权。技术标准除了具有统一重复性问题的作用之外，也有力地促进了知识产权的许可实施，促进了创新联盟的发展，促进了产业竞争力的提高。

在高技术产业中，技术标准与知识产权的关联可以是技术标准与专利权、商标权、著作权、集成电路布图设计专有权、技术秘密专有权等所有知识产权的关联，但主要是技术标准与专利权的关联。当前，很多国家专利实施率高的原因就在专利纳入技术标准之中，专利对产业创新发展产生了影响，催生了一批以专利池和专利组合许可为生的企业。技术标准与专利权的关联分为实质性关联和非实质性关联。

实质性关联是指技术标准实施所制造的产品或服务的技术特征落入了专利的保护范围中，对专利造成了侵权，技术标准实施制造的产品或服务无法通过更改设计等避开专利权，这些专利成为标准的必要专利，侵犯的权利要求成为必要权利要求。具体来看，实质性关联主要包括以下两种情况。一是必要权利要求的技术特征覆盖了技术标准的全部必要技术要素。如果一项技术标准的全部指标、结构、步骤、参数、流程、规定等技术要素体现了一项必要专利权利要求的全部必要技术特征，是该专利必要权利要求必要技术特征的具体化，则该专利会对技术标准的实施产生影响。二是专利必要权利要求的必要技术特征覆盖了技术标准中可独立实施部分的全部必要技术要素。如果技术标准可独立实施的部分指标、结构、步骤、参数、流程、规定等必要技术要素体现了一项专利必要权利要求的全部必要技术特征，是这些技术特征的具体化，则这些专利也会对技术标准的实施产生影响。

而非实质性关联是指专利不是技术标准的必要专利但却相关的情况，非实质性关联包括三种情况，第一，专利必要权利要求的必要技术特征只覆盖技术标准的部分技术要素或该技术标准中可独立实施部分的部分必要技术要素。第二，一项技术标准或其可独立实施部分的指标、结构、步骤、规定、参数等必要技术要素只体现了一项或多项专利中必要权利要求的部分必要技术特征。第三，如果一项或多项必要权利要求必要技术特征被多项技术标准体现，或专利技术特征只覆盖了各项技术标准中之每一可独立事实部分中部分必要技术要素，技术标准的实施也不受专利的影响。

技术标准战略包括技术标准制定、标准化组织建设、关键技术研发、必要专利申请保护、专利池构建和专利许可等内容。2000 年，随着国家科技部实施专利标准和人才战略，我国启动了一批自主技术标准，尤其是高技术产业自主技术标准的研究制定工作，我国自主技术标准如数字音视频（AVS）、第四代移动通讯（TD－CDMA）等有了较快发展，但我国技术标准发展仍存在许多不可忽视的问题。

一是我国对自主技术标准的部署和研究开发投入仍存在较大的跟随性。我国技术标准制定主要是国外做什么我们也做什么，多为跟踪研究，这在信息通讯技术领域十分明显，技术标准研发上还没有与产业技术预见、技术预测紧密结合，我国和世界高技术产业到底需要什么样的技术和技术标准，未来 10～20 年的技术和产品是什么样的，研究还不很深入。

二是我国很多高技术企业和政策制定者对高技术产业专利和技术标准的结合重视不够。许多高技术企业和高校科研机构专利申请的目的主要为了完成考核和获得经费支持，对技术标准的知识产权模式认识不深刻，发明人、知识产权管理者和专利代理人对专利申请如何成为自主技术标准的必要专利等具体细节等问题关注不够，专利申请不能符合未来技术标准的发展要求，相当一部分专利是非实质性关联的专利即非必要专利。

三是专利质量亟待提高。技术标准的必要专利必须是高质量的专利。专利质量很大程度上在于代理人的水平和实际能力，但有相当一部分高校、科院机构和高技术企业知识产权管理水平较低。对技术标准制定过程中的专利申请把关不严或把不了关，只是“二传手”，专利服务业的不正当竞争和低代理费标准也严重影响专利质量，一些专利申请即使有可能成为技术标准的必要专利，但由于撰写不当问题，也难以与技术标准产生实质性关联，成为必要专利。我国曾出现过高清 DVD 自主技术标准专项由于核心专利撰写不当导致被国家知识产权多次驳回而最后视为撤回导致产业发展受到较大影响的例子。

四是我国技术标准中必要专利严重不足。分析当今世界主要的信息技术标准可以发现，我国一些企业已成为这些技术标准组织的成员，但检索分析这些技术标准的必要专利可以发现我国几乎没有任何必要专利，没有必要专利就意味着无法参与技术标准专利许可政策谈判和收益，只能向他人缴纳专利许可费。即使我国自己制定的技术标准，必要专利也是较少的，还有很多技术标准是采用国际标准。我国制定的自主技术标准相当一部分是在外国基础上的改进标准，在国际的市场影响力还不大。

五是缺乏一批专门经营专利池的企业。我国专利实施率较低，技术标准国际影响力较小，其主要原因在于我国缺乏一批像高通、MPEG－LA、SISVEL公司这样的专门以经营专利和专利池为生的企业。技术标准多由政府组织，高校科研机构牵头，企业处于跟随地步，技术标准产业化效率受到了影响。

专栏：专利组合许可公司SISVEL

SISVEL公司是世界数字技术领域的知名专利许可公司。该公司原是一家消费电子企业，是1982年与意大利主要电视机制造企业Indesit's合并成立的合资企业。该公司创始人是Roberto Dini与Seleco，Brionvega，Imperial等，目的是实现Indesit's公司电视机专利组合的价值。当时，电视机专利组合由Indesit's实验室研发，包含了如电视机与视频录影菜单、可调技术专利等屏显（On Screen Display，OSD）新技术成果。

SISVEL的使命是开发、促进和管理有知识产权价值的许可项目，支持技术产业增长，通过简化权利利用过程帮助推动潜在的许可。主要包括：(1）使制造企业能利用专利技术；(2）有效防卫全球知识产权；(3）帮助企业促进和许可其发明创造；(4）根据市场变化开发新的商业机会；(5）打造强大、有价值和持续的全球性伙伴关系；(6）促进尊重知识产权的全球文化。

SISVEL通过提供一揽子知识产权许可的方法帮助企业最大化其收益：发布必要专利初次参加联合许可安排的号召；在必要专利拥有人之间进行广泛讨论；开发多方许可协议；执行和管理许可；收集和分配许可费。该公司已成为协助各种专利权人通过一个许可协议将专利许可给相关企业的世界领先企业。一般情况下，SISVEL公司会发布消息准备开发哪方面的专利许可，然后向全部拥有实施技术标准必要专利的机构发出加入专利组合许可的邀请，之后将专利提交给SISVEL的独立专利专家机构进行必要性评估，评估专利是否能列入联合专利许可中。感兴趣的机构可按照有关条款和程序向提供的EMAIL地址提交专利信息。SISVEL与拥有必要专利的机构进行讨论，推进结构化联合许可进程，使所有用户都能在公平、合理、非歧视条款基础上获得必要专利的许可。他们会用几个月的时间开会讨论许可条款。为评估成功，该公司邀请全部拥有必要专利的机构参加整个讨论和评估过程。

过去25年，SISVEL成功开发了一系列专利许可项目，改变了过去制造厂商被迫与每个独立机构进行技术标准必要专利的许可谈判问题，革命性地建立可联合许可项目，使得企业可以获得拥有专利的多个机构的一个许可协议，极大地降低了交易成本和时间。目前，SISVEL已成功开发了多个消费电子领域技术标准的必要专利组合。SISVEL许可的项目主要有：MPEG音频、DVB－T（数字视频广播－地面传输技术）、DVB －T2（数字视频广播－地面传输技术－2）、ATSS（自动调节和分类系统）、WSS（宽屏幕信号系统）、TOP Teletext（屏幕文本与简单画面可视信息转换技术）、UHF－RFID（超高频射频识别）、CDMA2000（码多分址技术）、DECT（数字增强无线通信技术）、H.264 SVC（高效压缩和低编码复杂度图像文件与视频流技术）。

为确保突破性技术的市场应用，SISVEL还将一部分收益用于支持技术开发。SIVEL成功的关键在于其独特的对内部资源和外部伙伴关系的整合，以及对新专利许可项目的持续开发。该公司在意大利米兰，德国斯图加特、美国华盛顿、中国香港和卢森堡设有办公室，每地办公室均有专家团队和先进的技术装备。

SISVEL建立了全球化的IT平台，能将该公司的知识技能和支持资金进行结合并在各地办公室进行平衡分配，各个团队能够在管理跟踪现在与未来的许可项目中保持高效率和获得收益。为解决最急需和复杂的问题，公司还与各种外部技术和法律专家建立了紧密的合作伙伴关系。管理的许可项目重要性、完成的许可协议数量和许可费流是该公司工作质量的标志。

SISVEL还有一技术公司，该公司主要开展与公私研究中心的研究开发项目合作，以开发具有商业价值的专利技术方案。其主要任务是指导关键领域的研发，促进指导创新并协助合作伙伴开发具有市场潜力的知识产权资产评估市场与技术潜力以及相关的知识产权，为被许可者使用专利提供专利证明以协助许可谈判，对潜在侵权产品进行实验室测试，还协助各分公司开发新的知识产权。

例如，MPEG音频许可项目是SISVEL公司和Audio MPEG共同管理的许可项目，MPEG音频专利是France Télécom，TDF S. A. S.，U. S. Philips、Koninklijke Philips Electronics N. V.，Rundfunktechnik和Bayerische Rundfunkwerbung公司拥有的专利。专利覆盖编解码设备和工艺技术，是MPEG技术的主干和MP3播放器的必要专利，也是包含在数字电视卡与电视机、计算机声音设备、蜂窝电话、家庭影院、多媒体播放器、音响系统、卡式立体声音响、数字照相、导航系统、数字相框、DVD播放机MP3中的必要专利。MPEG音频拥有美国专利18项，SISVEL拥有非排他许可的多个国家专利213项（次），其中中国专利6项。获得许可的企业1269家，其中中国大陆企业177家，中国香港161家，中国台湾64家。国际标准化组织将该技术采纳为国际标准ISO/IEC 11172 - 3（MPEG - 1 Audio）和13818 - 3（MPEG - 2 Audio）MPEG Audio的MPEG Audio layers 1，2，与3（“MP3”）的强制部分。MPEG音频的收费标准为：被许可产品1万~8万件、8万~40万件、40万件~80万件、80万件~120万件、120万件以上的每单声通道价格分别为0.3美元、0.2美元、0.18美元、0.16美元、0.14美元、0.1美元。

资料来源：http：//www.sisvel.com/english/aboutus/labs（2012年5月12日）

高技术企业要加强高技术知识产权与技术标准的管理，技术标准制定必须充分利用现有自主知识产权，尽量让技术标准的整体或部分技术方案体现为专利的最佳技术方案。技术标准研发初步成功后申请专利，待技术标准基本定型后再提交具有国内优先权的修改过的专利申请，从而使申请的专利成为技术标准的必要专利。在制定高技术自主技术标准时，应主要采取“技术标准与知识产权结合型”方式控制优势技术领域技术标准，争夺弱势技术领域的技术标准。在医药、电子元器件、计算机办公设备制造业、软件服务业和广播电视设备、电子通讯设备制造业部署控制性自主技术标准，努力向航空航天器、家用视听设备、雷达与配套设备、信息化学品、通用和专用仪器仪表制造业进行专利渗透，争夺技术标准的控制权。在制定技术标准和申请专利时应注意使专利和技术标准能够相互支持，必要专利或必要权利要求能够全部覆盖技术标准全部或能构成完整技术方案部分技术标准。

技术标准战略必须高度重视专利的国际布局和保护。对于自主技术标准，要加强对美、欧、日的专利申请，可鼓励和支持一些大学和科研机构在国外成立知识产权咨询公司，在同一日提交中国与国外申请，从而降低专利申请的PCT、EPO国际阶段费用。申请美国专利尤其要注意提供最佳实施例。对于国际标准化组织的技术标准，要积极参与标准的会议、论坛等活动，掌握其修改动向，通过提供经费、派出人员等加大对国际知识产权组织、技术标准组织的参与力度，针对其未来修改适时在有关国家和地区申请相关专利，从而将自主专利变成国际标准化组织技术标准的必要专利。要关注专利池或专利组合许可公司的动向，及时贡献必要专利，积极参加专利许可政策谈判。还要积极开展政府双边或多边知识产权协调，保护我国的高技术产业自主技术标准。

对于政府来说，最根本的是要组织好未来10～20年的技术预见，并和技术标准研发制定紧密结合，最关键是把以企业为主体的创新体系建设落到实际行动上，最重要的是要为企业、科研机构和高校以及国外企业参与技术标准制定创造公平竞争的机会。要实施“高技术自主技术标准制定计划”，面向国家战略需求，面向世界科技前沿，紧密结合技术预见，以5年、10年、20年为期限，优选50～100项战略性、前瞻性高技术课题进行技术标准研究开发，并通过互动方式布局一批自主专利尤其是国际专利。要尽快扶持建立一批以专利池和专利组合许可经营为主营业务的企业，提高我国技术标准制定和专利许可经营的水平。高技术企业要积极参与行业协会或战略技术联盟，制定和参与管理技术标准，自主技术标准制定要以高技术企业为主体，以行业协会为纽带，建立我国高技术产业标准联盟，提升高技术产业行业协会在行业自律、知识产权纠纷处理、国际知识产权协调谈判和国际技术标准制定中的能力。

同时，还要制定反知识产权滥用的政策，完善强制许可的政策。我国关于知识产权滥用和强制许可只提出了一些制度性规定，可操作性不足。必须制定相关政策，对于不许可的专利，应当根据反不正当竞争法和专利法等有关法律规定，认定是否是有限制或排除竞争的行为，如果有限制或排除竞争的行为，可以请求给予强制许可。要充分利用专利法关于强制许可的规定推动技术标准的实施，例如，规定“对于在授权之日期满三年且自专利申请日期满四年，无正当理由进行充分实施的专利，任何组织和个人可以请求国家有关行政部门给予强制许可”，要明确充分实施的条件，行使强制许可的主管行政部门，请求强制许可的程序，强制许可实施的许可费补偿和有关救济措施等。

7.6 高技术产业人才战略与任务

创新人才是高技术产业知识产权创造运用的关键，也是最难得到的资产。缺乏高水平的知识产权创造运用人才，高技术产业知识产权发展战略实施就无从谈起，制定和实施高技术产业知识产权发展战略，必须有知识产权创造运用人才作为保障。因此，应将人才战略作为高技术产业知识产权发展战略的重要相关战略之一。高技术产业人才战略包括创新人才和知识产权人才两个方面，人才战略主要包括引进、培养和使用等环节。

在人才政策上，我国先后制定了一系列人才培养政策、人才引进政策、人才激励政策和继续教育政策。人才培养政策主要有1995年国务院办公厅发布的

《关于培养跨世纪学术和技术带头人意见》，2003 年《中共中央、国务院关于进一步加强人才工作的决定》，1996 年《人事部等七部门关于强化“百千万人才工程”人选培养的通知》等。在高技术产业知识产权人才培养上，我国通过建立专利、商标代理人资格证制度，通过系统化的培训为高技术产业和全社会培养了一大批知识产权人才。在人才引进政策上，2006 年颁布的《中长期科技规划纲要》及其配套政策十分强调人才引进，“国家鼓励企业聘用高层次科技人才和培养优秀科技人才，并给予政策支持”，“鼓励和引导科研院所和高等院校的科技人员进入市场创新创业，允许高等院校和科研院所的科技人员到企业兼职进行技术开发，引导高等院校毕业生到企业就业，鼓励企业与高等院校和科研院所共同培养技术人才”，“支持企业吸引和招聘外籍科学家和工程师”。

人才激励政策主要包括 1995 年《人事部关于印发〈关于加强选拔优秀青年科技人员聘任高级专业技术职务工作的若干意见〉的通知》和 2002 年《关于国有高新技术企业开展股权激励试点工作的指导意见》等，《中长期科技规划纲要》配套政策“允许国有高新技术企业对技术骨干和管理骨干实施期权等激励政策，探索建立知识、技术、管理等要素参与分配的具体办法”。2010 年新修改的《专利法》实施细则第六章第七十七条提高了对职务发明人的奖励标准，“一项发明专利的奖金最低不少于 3000 元；一项实用新型专利或者外观设计专利的奖金最低不少于 1000 元”；“实施发明创造专利后，每年应当从实施该项发明或者实用新型专利的营业利润中提取不低于 2% 或者从实施该项外观设计专利的营业利润中提取不低于 0.2%，作为报酬给予发明人或者设计人，或者参照上述比例，给予发明人或者设计人一次性报酬；被授予专利权的单位许可其他单位或者个人实施其专利的，应当从收取的使用费中提取不低于 10%，作为报酬给予发明人或者设计人”。

人才继续教育政策主要包括 1995 年人事部的《全国专业技术人员继续教育暂行规定》、《全国专业技术人员继续教育“九五”规划纲要》和《2003 ~ 2005 年全国专业技术人员继续教育规划纲要》等。在知识产权人才继续教育政策上，主要通过培训班形式推进高技术产业知识产权人才继续教育，我国近年来已开始了知识产权法学的学历教育。

目前，我国高技术产业创新人才和知识产权人才存在的问题主要有：①创新和知识产权人才布局不合理。我国培养的创新人才主要集中在大学、科研院所和“三资”企业，而知识产权人才主要集中在政府部门、大学和社会中介服务机构，内资高技术企业创新人才和知识产权管理人才严重不足。②复合型知识产权人才缺乏。我国很多知识产权实务人员多数为法律专业毕业，缺乏理工科背景，对高技术产业知识产权尤其是专利纠纷处理能力不高。高技术产业知识产权管理人员的知识产权法律实务处理能力有限。③创新人才知识产权运用能力普遍不高。许多高技术创新人才在科技创新中对国内外专利信息利用不足，对专利申请与保护、专有技术秘密、著作权等的基本过程缺乏了解，对与知识产权有关的技术合同、标准、贸易、诉讼等了解更少，运用能力欠缺。④知识产权服务功利化倾向明显。部分知识产权中介机构和人员只注重赚钱，恶性价格竞争，一些资深代理人较少从事代理实务，刚毕业的学生成为实际专利代理的主力，很多代理人诉讼能力不高，使用外语交流、谈判、诉讼的能力更不强，一些知识产权人才只不过是“知识产权个体户”。

分析存在上述问题的原因主要有以下几个方面：一是人才政策与社会保障、户籍等政策不配套，社会保障、户籍等政策对内资企业尤其是中小高技术企业存在歧视，在企业工作缺乏与政府部门、高校、科研机构基本相同的社会保障。二是科技经费政策较重视管理而对激励重视不够，国家科技计划长期不允许提取劳务费，提取劳务费被视为不合法，科技部 2011 年颁布的新政策规定的提取劳务费标准不高，只有 15%，而且缺乏不同类型科技项目的分类政策，其他部门安排的科技创新项目则无法使用该政策。三是不注重对人才创新的内在激励，发明创造人才长期不能分享单位的知识产权及其股权和分红权，只是 2010 年才开始在北京中关村和上海张江国家自主创新示范区开始试点实行该政策，发明人不能获得知识产权实施的部分分红权，不仅不利于激励发明人的创造性，而且也不利于知识产权的顺利转移实施。四是“一奖两酬”具有明显的计划经济色彩，不仅职务发明创造“一奖两酬”的最低额度较低，激励力度有限，而且随着全员聘用制度实施，职务发明人关于“一奖两酬”谈判地位较低，真正能得到较好落实的并不多。大学和全社会知识产权教育不足，许多理工类大学没有开设知识产权课程，中小学技术创新和知识产权教育匮乏。五是知识产权服务市场化改革和监管不足。与德国、日本和美国相比，我国专利代理人准入标准太低，尤其是缺乏一定年限专利代理助理工作和专利审查与诉讼实践规定[1]。代理人责任追究制度虽已建立，但该制度执行情况不够。过多的执业限制影响了人员的流动性和公平性，一些事务所的合伙人成了“老板”，代理人却陷入越来越低的雇佣地位，影响了行业优胜劣汰和良性发展。我国还缺乏一套完善的知识产权服务标准，规

---

[1] 德国申请专利代理人资格考试必须具有三个阶段实践经历。一是担任有 5 年工作经历的代理人 26 个月的代理人助理。二是有 1 年工作经历后需参加 22 个月的法律知识培训。三是在德国专利局实习 2 个月，然后在德国专利法院实习 6 个月。3 次考试未通过者终身不得参加考试。

范化建设不足。

所以，我国高技术产业应实施“创新和知识产权人才引进与培养计划”。首先，加大知识产权权属政策改革力度。要明确国家关于职务发明知识产权“介入权”的条件和“合理期限”的长短，承担国家计划项目的企业、大学、科研机构虽然拥有国家计划项目产生的知识产权，但必须承担将知识产权实施的义务，如果在合理期限如授权后三年仍未实施的，任何具有中国国籍的法人和公民可以向国家知识产权局申请免费实施该专利。为促进专利实施，完成发明创造的创新人才拥有职务发明专利的部分申请权和专利权，但必须参与将知识产权转移和商业化。法律必须明确规定单位有事先告知雇员“一奖两酬”的义务，单位实施职务发明知识产权的应向职务发明人支付相应报酬，应规定支付报酬的条件与程序。第二，重点加大高技术产业创新人才知识产权能力的培养。要帮助大中型高技术企业建立知识产权组织机构，制定知识产权战略，建立企业知识产权人才队伍，在高技术企业创新人才中普及知识产权教育，提高知识产权运用技能。重点选拔一批高技术产业知识产权人才进行能力型重点培养，尤其是我国急需的战略性新兴产业高端知识产权人才，而不是以官员为主的高层次人才。要在 3 ~ 5 年内培养 50 ~ 100 名具有协调、诉讼、谈判能力的国际化高级知识产权人才。第三，完善知识产权人才培养的社会基础。在大学工科专业普遍开展知识产权课程，聘请企业和科研机构知识产权高层人员和研究人员授课，通过大学和科研机构在高技术企业设立研究开发机构，鼓励创新人才到企业工作和创造实施知识产权，吸引高技术企业人才到大学科研机构兼职或学习，提高知识产权运用能力。第四，要加大高技术企业对创新与知识产权人才的吸引力度，高技术企业最重要的是要提高研究开发投入强度，只有拥有一定规模和较高强度研究开发投入的企业才有可能吸引高水平创新人才和知识产权人才。政府应当在高技术产业创新人才创业和知识产权人才引进上提供更多的户籍、迁移、税收、风险投资等方面的优惠和便利政策，应积极推动建立全国相同的户籍机制和基本社会保障制度。转变科技计划安排重点，应将高技术企业作为国家各类科技计划尤其是“863”计划和支撑计划的牵头单位或重要承担主体，通过项目安排，引导大学、研究机构和“三资”企业创新与知识产权人才向内资高技术企业流动。

7.7　本章小结

本章从自主创新能力建设出发研究了高技术产业的知识产权战略目标、战略重点和战略任务。我国高技术产业知识产权发展战略的重点任务是专利战略、商标品牌战略、技术标准战略和人才战略。专利战略的重点是专利创造、专利转化实施和专利产业化。

为促进高技术产业专利创造，重要的是要引导高技术企业转变经营模式，应改革成果评价制度，建立支持自主知识产权创造的政策环境。为促进专利转化实施，高技术企业必须加大研究开发投入力度，提高技术的成熟度、集成度和配套性。政府应当加大政策激励，加快专利审查，加强风险投资和基础条件建设，加强对知识产权中介服务机构的支持与监管，减少专利等知识产权的各种附加效应。为促进专利产业化，应建立各类银行知识产权质押贷款融资体系，建立风险共担机制，对自主知识产权产品实行政府采购政策和首次采购政策，还要通过税收优惠等措施引导社会资本对专利产业化的投入。

在商标与品牌战略上，重要的是要促进以专利为基础的技术创新和以商标为外在形象的管理创新相结合，加强自主知识产权的价值组合和战略运用，加强国际保护和市场开拓。在技术标准战略上，要使专利申请与技术标准产生实质性关联，建立专利池或专利组合，通过专利参与国际技术标准制定，在创新和知识产权人才战略上，要提高高技术企业对创新与知识产权人才的吸引力度，通过政策加强高技术产业产学研人才的互动，提升创新人才的知识产权能力，引进培养一大批高端知识产权人才。

第八章　面向高技术产业自主创新能力建设的知识产权体制机制与法律

我国现行的知识产权体制机制和法律制度主要沿用改革开放初期确立的基本框架。随着改革开放的不断深化和创新型国家建设进程的加快，我国的知识产权制度迫切需要转向通过利益平衡促进科技创新与经济社会发展阶段。但现行知识产权体制机制已出现了一些矛盾和问题，不能很好地适应新形势发展的要求。由于知识产权在科技、产业、贸易以及教育文化发展中具有重要作用，我国目前正在进行的新一轮经济和科技体制改革也要高度重视知识产权体制机制改革的问题，要面向创新型国家和自主创新能力建设推进知识产权体制机制改革。

8.1　知识产权体制

1. 知识产权体制

体制的“体”本意是指人的身体，后来又延伸为事物的存在形式，“制”意思是指“式样”，二者结合起来有格局和规则两方面的含义。体制是指一定的组织格局或结构，决定了组织为实现某种功能而进行运作的规则（鲍去病，1994）。体制是指国家机关、企业、事业单位等的组织制度（中国社会科学院语言研究所词典编辑室，1996），是机构设置和管理权限划分的制度（辞海编辑委员会，1980）。因此，知识产权体制主要是指政府和企事业单位知识产权创造、运用、保护和管理活动的组织体系和制度的总称，包括组织结构、运行制度、制度原则等内容，是为推动知识产权活动，国家机关和企事业单位的机构设置和管理权限划分及其相应关系的制度。组织机构主要包括中央和地方知识产权立法机关、司法机构、行政机关的组成及其管理权限，大学、科研机构、企业设置与知识产权职责定位，以及他们之间的相互关系。

2. 主要国家知识产权体制

（1）美国❶。美国知识产权法律主要是由美国国会制定，知识产权政策则由美国政府相关部门制定，而知识产权政府管理职能主要集中在商务部。美国商务部下设经济分析局、产业安全局、美国人口普查局、经济发展管理局、国际贸易局、少数裔族商业发展署、国家海洋和大气发展管理局、国家电信管理局、国家标准技术研究院、国家技术信息服务局和美国专利商标局。美国专利商标局是商务部下属的知识产权审查与管理机构，美国专利商标局局长和副局长分别由美国商务部两位副部长兼任。美国专利商标局是一个将专利、商标、外观设计、集成电路布图设计等知识产权尤其是工业产权审查职能集于一体的机构，而植物专利的审查、发证和管理则由美国农业部植物品种保护局负责。美国专利商标局下设专利、商标、政策与外部事务、行政、财务、信息、通讯、公平就业机会与多样化、总顾问等部门，分别设立了专利商标评估咨询委员会和专利商标上诉与救济委员会。美国专利商标局还设立有经济学家办公室，负责知识产权与创业、知识产权与经济增长、专利与标准、知识产权费用与事务等知识产权相关政策。该局还设立有全球知识产权学院，其知识产权能力建设项目可为美国与外国的知识产权官员、法官、律师、警察、海关官员、政策制定者和权利人等提供知识产权保护、实施和产业化培训。除此之外，美国专利商标局还负责知识产权国际保护和国家技术创新奖励工作。

美国地方法院按照管辖权具有知识产权侵权纠纷处理职能，设立有 13 个联邦上诉法院，其中一个是负责知识产权上诉的，专门负责知识产权侵权上诉和无效诉讼案件。美国还设有联邦巡回上诉法院，是知识产权部门顺应国家关于贸易权限的讨论努力游说的结果（Hazem Fahmy，2011），主要负责知识产权案件的审判，可以直接确定专利的有效性，大大提高了知识产权案件审判的效率。此外，美国联邦贸易委员会负责与知识产权相关的贸易和公平竞争，美国国土安全部边境保护局、联邦调查局等分别负责知识产权的边境保护和侵权假冒行为调查，而且这些部门与专利商标局合作非常紧密。

（2）日本❷。日本特许厅成立于 1885 年，曾是日本农业与贸易部的内设机构。1998 年的政府体制改革将特许厅划为经济产业省下属机构。经济产业省下属部长秘书办公室、经济产业政策局、区域经济产业政策组、贸易政策局、贸易经济合作局、产业科技政策与环境局、制造业局、商业与信息政策局、商业与流

---

❶ http：//www. uspto. gov/。

❷ http：//www. jpo. go. jp/。

通政策组、特许厅、自然资源与能源署、核工业安全署、中小企业署等，使知识产权审查保护与经济、贸易、制造业、中小企业等部门设在了一起。

日本特许厅的愿景是顺应对特许厅工作有热情的公众意见，成为柔性变化的组织，使命是应对各种知识产权环境变化，为全球知识产权制度发展作出贡献，为知识产权用户提供高质量和高效率的服务，其六大价值是：柔性、全球视野、用户友好、问责、合理有效合作、组织变革。日本特许厅组织机构包括总务部，商标、设计与行政管理事务部，第一到第四专利审查部和上诉部。上诉部负责知识产权侵权和无效纠纷案件处理。日本特许厅还起草与工业产权相关政策措施，促进国际合作和对发展中国家的帮助，评估知识产权制度绩效，落实支持中小企业和大学的措施，改进知识产权信息服务以促进创新。

为推进知识产权战略实施，日本 2005 年建立了知识产权高等法院，目的在于专业化、高效率审理知识产权案件，但仍是东京高等法院的分支机构。知识产权高等法院下设四个知识产权审判部门以及管理一般事务的高等法院事务局。发明、实用新型专利权所提起的侵权诉讼一审案件如果在名古屋以西的由大阪地方法院专属管辖，名古屋以东的则由东京地方法院专属管辖。东京知识产权高等法院管辖对特许厅作出裁决不服的请求撤销裁决案件，对发明专利权、实用新型专利权、半导体集成电路专有权以及有关计算机软件著作权一审判决不服的上诉案件，以及包括东京高等法院所管辖的民事案件和行政案件中主要争论点审理需要有关知识产权专业知识的案件。外观设计专利权、商标权、除计算机软件著作权外的著作权及其邻接权、植物品种权、不正当竞争诉讼案件等则由与第一审各地方法院相对应的全国 8 个高等法院管辖，但属于东京高等法院管辖的案件由知识产权高等法院负责审理。法院在提起专利侵权诉讼和案件审结后要向特许厅通报，特许厅应就专利或实用新型是否被请求宣布无效向法院通报。值得一提的是，日本知识产权法院为适应科技的快速发展，建立了一支有 200 人左右的各专业领域具有最高权威的学者、研究人员和专利与商标代理人等组成的专门委员会，加快案件审理速度。2006 年，为加快案件审理速度，日本与美国建立了知识产权诉讼高速公路（PPH）❶。

（3）德国❷。联邦德国专利商标局是德国工业产权领域的中央机构。德国专利商标局在联邦司法部管辖下开展工作，目前总雇员 2700 人。德国联邦司法部还管辖设在慕尼黑的德国专利法院。在德国联邦制度之下，联邦司法部主要负责

❶ http：//www. ip. courts. go. jp/chi/aboutus/jurisdiction. html（2012 年 5 月 12 日）。

❷ http：//www. dpma. de/（2012 年 5 月 12 日）。

制定或修改与宪法有关的核心区域法律，也审查各部所提出的法律是否合法以及违宪，各联邦州负责司法行政与处罚等。

德国专利商标局下设第一专利部，第二专利部，信息部，商标、新型与外观设计部，行政管理部和法律事务部，其职责主要是负责各类工业知识产权的审查，即授权、注册、管理和公开技术与产业创新的知识产权，包括专利、实用新型、外观设计、半导体、商标（不包括商号）等，以此提升德国企业和产业的竞争力。德国专利商标局的另一职责是提供知识产权信息，公众通过互联网能够得到公开的知识产权信息和获得检索上的服务。德国专利商标局内设立上诉委员会，负责知识产权的复审与异议上诉案件。德国专利商标局还设立仲裁委员会，调解雇员发明纠纷，行使政府对著作权集体管理监督职能，仲裁机构也调解集体管理组织与著作权作品用户之间的纠纷。

德国专利商标局将自己定位为促进知识产权保护的合作伙伴，与专利代理人协会、联邦专利法院建立了紧密合作关系，还支持区域专利信息中心、德国工商会和各种专业协会的工作。德国专利商标局不负责专利开发，联邦经济技术部负责支持专利开发和对技术创新进行资助。德国专利商标局支持联邦经济技术部的大学与中小型企业商用创意项目 SIGNO - Network 和大学的专利开发组织，该部的专利服务器（Patentserver）提供专利投资选择和专利开发问题信息。德国专利商标局还与海关工业产权保护中心一起查处产品盗版和商标假冒信息。德国专利商标局不负责品种权和著作权，品种权的审查和授权归德国品种局负责。

德国专利无效诉讼由联邦专利法院审理，德国联邦专利法院有权判断专利的有效性，可以作出授权和专利有效的决定。专利侵权诉讼由德国 12 个州法院负责审理，当被告向联邦专利法院提起专利无效诉讼后，州法院的专利侵权诉讼并不当然中止，无需驳回或维持专利局专利上诉委员的决定。

（4）英国[1]。英国 2007 年整合国家大学、研究、科学力量，建立了一个动态的知识经济新部门“创新、大学和技能部”，行使原贸工部科技办公室、英国知识产权局及所有与创新相关的职责，以及原教育技能部和高等教育部门的职责，知识产权局成为与教育、科研和产业紧密结合的机构。英国知识产权局是负责知识产权审查事务的官方政府机构，审查对象包括专利、外观设计、商标和著作权。英国知识产权局的使命是通过提供清晰、可用和广泛理解的知识产权制度促进创新，使经济和社会受益于知识产权和创意；战略目标是充分实现创意、知识和创造的可能性，实现经济和社会利益。

---

[1] http：//www. ipo. gov. uk/（2012 年 5 月 12 日）。

英国知识产权局成立有指导委员会，通过局长向部长提出战略实施建议，还设立有审计机构，协助处理有关问题和提出风险、控制和管理发明的建议。英国知识产权局还负责在专利、商标、设计、著作权等知识产权侵权原被告双方之间进行调解。向有关客户提供是否侵犯知识产权的意见，提供包括著作权和技术秘密在内的各类知识产权许可的指导。

英国衡平法院负责知识产权侵权纠纷处理，英格兰和威尔士专利衡平法院一般审理低复杂度案件尤其是涉及中小企业的案件，一些大法官注册的县法院还审理著作权和商标权纠纷案件。英格兰和威尔士高等法院接受复杂或案值更大的案件。苏格兰最高民事法院和北爱尔兰高等法院也审理知识产权案件。

（5）韩国❶。1948 年的韩国专利局是属于工商部的外设机构，1997 年更名为工业产权局，1998 年总部从首尔迁到大田市，而首尔成为分局，2000 年更名为知识产权局。2008 年，韩国政府进行了大部门制改革，成立了教育科技部和知识经济部，原科技部与教育部合并，知识产权局经过精简与经济部进行了整合，成为知识经济部的外设机构。韩国知识经济部是在原产业资源部矿产资源和能源政策部门、原信息通信部 IT 产业政策部门、原科学技术研究部的产业技术和研究开发政策部门基础上整合而成的，主要负责商业、贸易与工业、外国人投资、通讯产业、产业技术研究开发政策、能源与地下资源、邮政等事务。

韩国知识产权局下设审计检查办公室、审查质量保障办公室、总务司、计划协调司、知识产权政策局、信息政策局、国际合作客户支撑局、人力资源开发司等职能机构，设立有机械金属建筑审查局、化工生物技术审查局、电力与电子审查局、信息通讯审查局、商标设计审查局五个审查部门。其主要职能是专利、实用新型、外观设计和商标的审查、注册，知识产权纠纷处理，知识产权信息扩散，知识产权国际合作，知识产权人才培训。韩国知识产权局还大力支持知识产权商业化。韩国其他有关知识产权管理机构还有专利信息协会（KIPI）、科技信息协会（KISTI）、韩国发明促进协会（KIPA）。

韩国知识产权司法体制分为知识产权审判部（IPT）、专利法院和民事法院。1998 年设立的知识产权审判部属于知识产权局内设机构，负责复审和无效案件的审理。1998 年知识产权审判部与专利法院一起成立，有 11 个审判委员会和审判政策处、诉讼处，每个委员会有 3 个法官，加上部长 5 人通过投票方式作出决定，申请人可对审查员驳回或撤销的申请请求审判部复审，可以对经过修改说明书或附图仍被驳回的申请上诉，任何人包括审查员都可以提起无效诉讼。韩国

---

❶ http：//www. kipo. go. kr/kpo/（2012 年 5 月 12 日）。

1998 年设立专利法院，属于高等法院，主要审理涉及专利有效性争议的案件，若对知识产权局专利纠纷案件不服或驳回案件不服的，可以上诉至专利法院，若再对专利法院判决不服，可上诉至最高法院。涉及专利侵权诉讼的案件则应先到地方法院审理，如有不服可上诉到高等法院，再有不服者可上诉到最高法院审理。

总结美、日、德、英、韩等国家知识产权的政府组织体系和职能，可以发现一些特点。第一，多数国家的知识产权审查体系是集中统一的模式，尤其是工业产权，也有一部分知识产权局负责著作权纠纷处理事务。集中统一模式有利于提高知识产权审查的效率，避免政出多门和各自为政问题，有利于统一配置审查资源，但并不包括全部知识产权类型，尤其是著作权和植物品种权。第二，知识产权部门多隶属于经济、产业或商务主管部门，目的是促进知识产权审查与产业创新和贸易的紧密结合。除少数知识产权部门属于司法部门外，多数国家将知识产权审查机构与产业管理机构设立在一个政府部门，这有利于促进知识产权与技术创新的紧密结合，有利于促进知识产权与产业发展的结合，有利于提升产业创新能力和竞争力，避免了知识产权与技术、产业的脱节问题，也避免了政府行政职能分割和职能交叉重复问题。第三，设立专门的知识产权法院负责知识产权侵权纠纷上诉案件审判和专利有效性案件审判职能。主要国家设立专门的知识产权法院审理知识产权无效案件和知识产权侵权上诉案件，不仅有利于解决各级法院知识产权审判标准尤其是专利侵权案件审判标准不一致的问题，提高了专业化，也有利于减轻地方法院和知识产权复审部门的负担，提高了效率。第四，法院确定知识产权尤其是专利的有效性出现分野。美国、德国知识产权法院可以直接确定专利的有效性而无需等待专利局的结果或征求专利局的意见，而日本、韩国专利局负责专利有效性案件的审理，知识产权法院需要征求专利局的意见。

3. 中国知识产权体制

我国是一个知识产权组织体系和职能分散的国家，虽然成立了国家知识产权局，但国家知识产权局是属于国务院的副部级直属局，并不行使全部知识产权尤其是工业产权的审查职能，而主要行使三种专利和集成电路布图设计的审查与管理职能。商标审查职能由国家工商行政管理总局的商标局行使，著作权管理职能由新闻出版署的国家版权局（及其下设的中国计算机软件登记中心）行使，植物品种权审查职能由农业部和国家林业局的植物品种保护办公室行使，技术秘密专有权登记职能由科技部行使。分散的政府知识产权审查和管理体制容易导致知识产权审查和管理政出多门、协调成本高、资源利用率低、效率下降等问题。

我国又是一个知识产权审查职能与产业、技术、贸易职能分开设置的国家。国家发改委负责涉及知识产权的科技创新、高技术产业发展、商务贸易的宏观计划管理，科技部负责涉及知识产权的科学技术研究和包含知识产权的科技成果产业化，工业和信息化部负责产业创新发展和信息化，商务部负责国内贸易和对外贸易，各行业部门负责行业内的知识产权管理与指导工作。知识产权审查部门设置与产业、技术、创新和贸易等政府部门设置分割，知识产权尤其是专利、商标等工业产权既没有与科学技术部门结合，也没有与贸易部门结合，更没有与产业部门结合，这必然影响知识产权审查保护对产业、技术、贸易的支撑作用发挥。

我国还是一个知识产权审查和行政执法保护职能一体化的国家。知识产权行政保护和司法保护并行是我国的特色。国家层次的知识产权主管部门下设审查登记专门机构负责知识产权的审查或登记，并指导全国地方政府知识产权部门的行政执法，包括知识产权权属调处、侵权纠纷处理以及查处知识产权假冒行为。专利、商标、著作权行政管理职能从中央延伸到市级甚至县级。知识产权行政保护与司法保护可以相互弥补不足，但也会产生冲突，尤其是专利侵权判定等复杂案件查处职能的行使能力如果不高反而会降低效率，影响创新。

我国知识产权管理职能与相关部委职能设置还存在一定的交叉重复，主要表现在三个方面。一是产业化管理职能。发改委主管高技术产业化，科技部主管科技成果产业化，工信部主管产业结构优化升级，知识产权局主管专利产业化。在经费投入上，知识产权产业化资金规模很小，而其他部委产业化资金规模几十亿甚至上百亿元。二是基地建设职能。发改委主管高技术产业化基地建设，科技部主管高新技术产业开发区和特色高技术产业基地建设，工信部主管产业结构优化升级基地建设，国家质量检验检疫总局主管技术标准化基地建设，知识产权局主管专利产业园区建设。我国很多地方的园区都是一个园区有多个名称和牌子。三是企业支持职能。发改委支持有国家级企业技术中心企业的建设发展，科技部支持高新技术企业和科技型中小企业发展，知识产权局支持知识产权试点示范企业建设示范。知识产权试点示范企业建设是荣誉性的，而其他部委均有经费投入。四是区域发展支持职能。国家发改委和科技部都命名和建设国家创新型城市，而且第一批中有一半重合，科技部还负责科技进步先进市和县（区）建设，知识产权局负责知识产权试点示范城市建设。无论是产业化还是园区建设、企业支持、区域发展，其核心都涉及知识产权的创造运用。政府职能交叉重复必然造成政府职能配置不平衡，资源重复投入，也会造成政府对创新市场和知识产权市场过多过度干预，影响知识产权创造运用的效率。

我国知识产权审判实行四级司法体制和两审终审制。地方中级法院具有受理知识产权纠纷案件的管辖权，不服地方法院判决的可以上诉到高级人民法院，而对原知识产权审查部门作出的驳回决定不服的可以请求原知识产权部门下设的复审委员会进行复审，如果对他人知识产权的有效性质疑的可以请求复审委员会宣告无效。如果对复审委员会作出的复审或无效决定不服的，可以起诉到北京市中级人民法院，再不服的可以上诉到北京市高级人民法院。对高级人民法院的决定不服的，可以向最高人民法院申诉。我国人民法院不能直接判定知识产权的有效性，只能维持或驳回原知识产权复审部门的结论。我国知识产权司法体制最大的问题不在于知识产权司法的管辖权和层级设置问题，而关键在于我国缺乏专门的知识产权法院或专利法院，知识产权侵权判定和审判标准不统一，不同知识产权类型处罚标准不统一，同一案件有时审判结果可能相反，专业化知识产权审判效率有待进一步提高。如对知识产权侵权赔偿额不能确定而由人民法院根据侵权行为情节判决的，专利法和商标法规定为100万元以下，而著作权为50万元以下。

同时，我国的知识产权复审和无效案件由内设于知识产权机构的复审部门审理，只有复审部门才能确定知识产权的有效性。我国法院在审理知识产权纠纷案件时不能确定知识产权的有效性，加上真正懂技术又懂知识产权的法官不足，只能驳回到原复审部门或下级法院重审。所以，我国国家知识产权局专利复审委及其代表人经常作为被告被提起诉讼，北京市第一中级人民法院和高级人民法院则承担了全部的专利复审无效案件起诉与上诉案件的审判工作，专利无效案件量大，结案时间长，而其他人民法院知识产权有关的审判厅只能审理复审无效案件以外的其他知识产权纠纷案件，这不仅影响知识产权权利归属的确定，也会影响效率。

虽然我国发布了《国家知识产权战略纲要》，成立了以国家知识产权局为牵头单位的国家知识产权战略实施部际协调会议，但由于我国知识产权部门级别低，更由于我国政府部门实际存在的部门化、本位化、分散化问题，我国国家知识产权战略实施还面临不少困难。虽然我国有关部门制定了专利、商标、著作权等行业知识产权战略，许多省份制定了地方知识产权战略，但知识产权战略实施效果还没有完全显现出来。

为推进国家知识产权战略实施和取得实质效果，更为了创新型国家建设，有必要推进知识产权体制改革，建立相对集中统一的知识产权审查与管理机构，将专利、商标、集成电路布图设计、专有技术等工业产权审查职能合并到一个部门。将知识产权审查部门与技术、产业、经济发展部门结合，像其他国家那样设立大部制的综合产业经济部门，充分发挥知识产权审查保护对产业技术创新和经济发展的支撑、保障和引领作用。要充分发挥知识产权的核心作用，统筹各类科技、创新计划、项目和基地建设，减少行政职能重复，提高行政效率。适时建立知识产权高等法院，提高知识产权司法的专业化和效率。

8.2 知识产权机制

1. 知识产权机制

机制是一个工作系统的组织或部分之间相互作用的过程和方式，是内部组织和运行变化的规律（中国社会科学院语言研究所词典编辑室，1996）。知识产权机制主要是指知识产权创造、运用、保护和管理各主体之间相互关系的总称，是用法律法规与政策规范保障和约束知识产权活动的机理。从知识产权运行主体分，可分为决策机制、执行机制和监督机制；从知识产权功能上分，可分为激励机制、保障机制、约束机制；从知识产权独立性程度上分为市场机制和政府干预机制；从知识产权资源配置上分，可分为公平机制、效率机制。

知识产权机制是知识产权系统各部分相互作用的过程和方式，知识产权机制强调整合、动力、导向、协调功能。整合功能是要把知识产权系统的各要素连接和综合起来使之成为一个有机的整体，发挥整体效能。动力功能就是要为知识产权系统的运行提供所需的动力，尤其是创新的动力。导向功能就是要使知识产权系统沿着既定的目标方向运行，实现知识产权高水平国家建设目标和创新型国家建设目标。协调功能就是在知识产权系统的运行出现失调时能够调节控制并恢复正常。

2. 中国知识产权机制

（1）决策执行监督机制。

我国知识产权重大法律法规和政策以及重大事务决策普遍采用集体讨论和首长负责制。如我国专利法第三次修改，首先是由国家知识产权局安排一系列专题学术研究，然后起草修改文本，并征求全社会和国外政府与企业的意见。然后提交国务院法制办，国务院法制办再组织研究，对专利法修改文本进行修改，经过征求社会意见和修改后提交全国人大常委会。全国人大常委会法工委和科工委再组织调查研究并征求社会意见，对文本进行最后修改。最后修改完成的专利法修订版经国家主席签署命令发布施行。

知识产权执行机制是执行知识产权决策过程中各主体之间的关系和规律。我国知识产权执行机制不仅包括知识产权行政执法和司法执法活动，也包括有关单位自觉将知识产权有关法律法规和政策落实到实处的活动。知识产权执行机制强调的是各执行主体之间权力配置的平衡与衔接。例如，知识产权行政执法与司法执法之间的平衡，知识产权部门行政执法与海关执法之间的平衡，知识产权审查与复审无效环节的衔接，知识产权专项行动之间的衔接。知识产权执行机制如果存在权力配置缺失和交叉重复问题，则会导致执行环节的断裂。因此，完善知识产权执行机制十分重要，尤其是需要将知识产权行政执法“刮风”为主的专项行动转为常态化执法活动，制定地方执法责任制，提高执法水平和能力，加强海关执法与行政部门执法的协调配合。

知识产权监督机制主要是指对知识产权执行过程的监督，尤其是对知识产权资源配置和权利作用对象与结果的监督，监督的方式包括法律监督、新闻监督、上级监督、社会监督等，监督的原则是公平与效率平衡。我国当前的知识产权监督机制还很不完善，全国人大法工委已开展《科技进步法》财政资助项目知识产权归承担单位的立法后评估工作，但还没有开展针对知识产权法律法规重要内容实施情况如强制许可、“一奖两酬”等重要内容的评估。新闻舆论对知识产权执行监督较少，社会大众对知识产权执行的监督也不够。我国知识产权资源配置偏重于发达地区和城市，虽然可能符合效率原则但不并符合公平原则，大量知识产权尤其是专利实施率不高和申请5年后大量放弃不符合效率原则，而各类监督主体只关注知识产权数量的快速增长和国际排名，却对知识产权的低效率现象、不公平现象和浪费现象监督不足。

推进知识产权机制改革，首先是要建立决策、执行和监督相分离的机制，尤其是涉及知识产权创造运用经费的机制，如成立国家知识产权委员会或指导委员会，主要职责是研究、审议国家知识产权战略及重大政策，讨论、审议知识产权重要任务及项目，协调国务院各部门与地方之间涉及知识产权的重大事项，统筹知识产权经费预算、决算编制审查评议，对重大知识产权问题组织决策咨询。知识产权部门依法定职权行使知识产权审查和行政管理职能，尤其是对地方和企业知识产权创造和运用的支持职能，将行政管理职能落实到实处。强化人大法律监督职能、审计机关审计监督和有关部门的行业监督职能，及时开展国家知识产权战略实施评议和知识产权立法后评估工作，推进知识产权法律政策落实和国家知识产权战略实施。

（2）激励保障约束机制。

知识产权激励机制主要是激励知识产权创造和运用的机制。激励知识产权创造运用最根本的是研究开发投入政策和市场需求导向政策，而研究开发投入最根本的是来自于创新的动力尤其是创新文化和创新需求，知识产权运用最根本的是市场竞争产生的利益追求。知识产权审查、知识产权申请与产业化资助只不过是激励机制的部分方面，还不是激励机制的全部，过宽的审查标准和过度的资助额度也会反过来影响知识产权创造与运用。知识产权保护是知识产权激励机制的核心，只有充分的保护，才能有效激励知识产权的创造和运用。

机制实质是系统中物质流和信息流交换的机理，人、财、物和制度条件是知识产权保障机制的核心。高效的知识产权保障机制必须要有相应的人力、物质、资金、信息以及组织与制度的保障。高水平、高效率、能力强的审查员、代理人、律师、企事业单位知识产权管理人才、研究人员以及中介服务人才是构成我国知识产权人才的主体，也是我国知识产权人才培养的努力方向。先进的装备水平、有竞争力的工资待遇、合理的知识产权收费标准、良好的职业发展前景是知识产权审查与管理体系的重要物质保障。合理布局的知识产权信息网络和专题数据库、界面友好的知识产权检索系统与检索方法、易学易用的分析工具，是保障知识产权快速信息传播和有效利用的基础。明确的目标导向与科学的考核制度也是提高我国知识产权体系效率的重要保障因素。

约束就是将发展控制在合理的范围内。知识产权约束机制就是利用系统的惯性和外部力量将知识产权不合理的发展势头约束在合理范围和边界内，对有关涉嫌影响公共利益的行为进行限制。如实施强制许可制度、将考核指标由专利申请量改为有效发明专利拥有量，建立专利质量指标体系，制定限制知识产权滥用规定等都是知识产权的约束机制。例如，近年我国知识产权申请量增长迅速，但知识产权质量却受到了较大诟病，提高专利质量尤其是撰写质量和审查质量刻不容缓，必须加强对有效知识产权的考核。

（3）市场机制与政府干预机制。

知识产权制度的建立本来就是市场经济的产物，威尼斯、英国专利法的出现很大程度上是由于市场中技术创新和竞争的需要，我国现代专利制度的建立更是为了适应改革开放和市场经济建设的需要。强调市场竞争是指在知识产权创造、运用、保护和管理过程中要充分发挥市场的基础性作用，防止具有垄断性的知识产权滥用，并将知识产权资源分配到最有效的环节中。反不正当竞争法的主要目的在于促进有利于科技创新和知识产权的市场公平竞争，而公平竞争是促进知识产权创造运用的重要动力。近年来，不断出现的专门从事专利许可经营的企业就是市场机制发挥作用的充分体现。

由于知识产权有垄断性、地域性、复制低成本性等特征，知识产权市场又是一个容易失灵的市场。一般的市场失灵包括能力失灵、体制失灵、网络失灵、框架（制度规则条件）失灵（Paraskevas Caracostas，2008）。政府的有效干预是弥补知识产权市场失灵的重要手段。目前，欧洲专利局大力推进知识产权信息公开和利用，优化专利收费结构，努力促进知识产权与技术创新和商业化的结合，美国发布一系列技术转移法案和创新法案，制定创新战略，大力发展知识产权产业，日本、韩国制定国家知识产权战略，发布面向未来20年的创新战略等，就是典型的政府对知识产权市场和创新市场的行政干预。在政府干预下，许多国家的大学和科研机构建立了知识产权管理机构和技术转移机构并取得了成功，比较典型的有斯坦福大学成立的技术转移办公室，牛津大学成立的ISI创新公司，马普学会成立的嘉兴创新公司，东京大学成立的产学合作总部DUCR、技术转移机构TOUDAITLO和优势资本株式会社UTEC。

但对知识产权的政府干预绝不意味着可以忽略公平和效率平衡的原则。政府干预不足和干预过度都会扭曲市场机制，都会导致效率低下。例如，在知识产权商业化上，我国虽然许多部门都有支持知识产权或技术商业化、产业化的计划和项目，但这种支持的衔接不足，每个项目的支持额度普遍较小，而且存在项目多头申报问题。虽然是商业化或产业化资金，但实际上都在资助已经转化或已经成功实施的项目，大多数资金对利用知识产权创业的种子期项目支持不够。政府不应也不该干涉微观的知识产权活动，在竞争市场中虽然垄断者有可能比其他企业更有可能创新（Paul A. Geroski，2008），但过度不当干预造成的垄断将扭曲市场机制和降低创新效率，造成新的失灵现象，如只追求数量的考核制度会造成知识产权低质量的大量申请和骗取资助资金等问题。

（4）公平效率机制。

我国科学技术发展的过程表明，科技创新必须在世界前沿领域占有一席之地，必须面向世界科学前沿和国家战略需求，将有限的人力物力投入到重点领域进行科技创新，因此必须追求效率。知识产权发展也必须追求效率，必须在一些重要科学领域实现突破，必须掌握一批具有世界领先水平的关键核心技术的自主知识产权，尤其是重要国际技术标准的必要专利技术。

改革开放以来，我国创新资源配置的过程实质上是追求效率缺乏公平的过程，知识产权创造、运用、保护和管理也存在同样的问题。支持知识产权创造的研究开发投入和创新基础设施大多投向和建在东部地区与大城市，支持知识产权运用的税收优惠政策和人才资源也主要面向东部地区配置，而中西部地区和小城市无论是资源投入或政策优惠都存在不足，并且呈差距不断拉大趋势（宋河发、穆荣平、彭茂祥，2012），所以，我国各地知识产权创造和运用存在不平衡现象。

公平与效率是一对矛盾，但绝不意味着追求公平必须牺牲效率，为提高效率就必须失去公平，西方一些国家创新体系中创新资源的配置就较好兼顾了公平与效率的平衡。知识产权也必须坚持公平与效率平衡的原则，无论是研究开发投入、产业化专项资金，还是知识产权信息服务平台、知识产权产业园区以及知识产权试点示范城市和试点示范企业建设都应在坚持公平的时候要突出高端与示范作用，而在追求效率的时候要加大对中西部地区的倾斜。

专栏：斯坦福大学 OTL 与技术转移机制

斯坦福大学现有 7 个学院，1903 个系，本科生 6887 人，研究生 8779 人，2010 ~ 2011 年预算为 38 亿美元。其技术许可办公室（Office of Technology Licensing，简称 OTL）是 1970 年 1 月 1 日由 Provost William Miller 批准正式成立的，Niels Reimers 为首任主任。成立第一年，就赚取了 5.5 万美元许可收入。成立 40 年来，OTL 坚持“努力将技术转移到全世界”（Do what's the best to get the technology out to the world）的信条，坚持为社会应用和福利促进斯坦福大学技术转移的使命，并努力创造效益支持研究和教学。

斯坦福大学制定了专门的知识产权政策和各种技术许可协议，知识产权政策包括专利政策、管理程序、许可政策以及有关专利申请政策。截至 2010 年，OTL 从刚成立时的 2 人发展到 35 人，其中负责许可工作的助理许可员（Licensing Associate）8 人，高级许可员 4 人，普通许可员 3 人，版权许可员 1 人。这 8 个许可员具体负责全校近 7000 个本科生、8000 多个研究生和 1800 多个教师的发明创造成果的知识产权管理，许可员都有专利代理人资格、理工科硕士以上学历和一定的商业化经验。OTL 累计受理公开的发明专利超过 8300 项，有效发明 2700 件，其中超过 3000 件签订了许可合同，仍然有效的合同 85 个。许可方式以非排他许可为主，但每年也有大约 20 件的排他许可和 10 件左右的选择权协议。

到 2010 年为止，OTL 转移成功的技术包括 FM 声音合成（FM Sound Synthesis，1971 年 2290 万美元）、重组 DNA（Recombinant DNA，1974 年 2.55 亿美元）、ADSL（Discrete Multi - tone Technologies for DSL，1990 ~ 1992 年 2910 万美元）、功能抗体（Functional Antibodies，1984 年 2.79 亿美元）、Google 超文本搜索（Improved Hypertext Searching，1996 年 3.37 亿美元）以及荧光激活细胞分类器、医学影像、光波导与组件、慢性病自我管理软件、搜索引擎等。累计创造专利许可收入 13 亿美元，累计付给斯坦福大学和发明人 12 亿美元，付给研究激励基金 4520 万美元，在 152 个公司持有股份，股份折合收益达 3.59 亿美元。

2010年3月，斯坦福成立了一个有104家企业参加的许可协议团体。

斯坦福大学知识产权管理主要经过6个阶段：发明者发明技术披露—发明技术评估—专利申请—成果营销—许可谈判—收入分配。OTL将技术分配给相应技术领域的许可员，许可员则对该成果的管理工作负全部责任。评估不仅要发明者对技术进行自评，还要向该技术领域的专家、企业人士、大学教员或OTL的其他同事咨询。评估的主要内容有：发明者是否存在技术许可成功的历史记录、发明者在该技术领域的影响力、发明者愿意参加许可的程度、成果转化成产品后的市场潜力、技术成熟度、许可成功的可能性、许可成本、工业界对成果的评价等。对发明创造申请专利，OTL一般不亲自执行，主要从律师事务所聘请专利律师来代理完成；在成果影响和许可谈判中，发明者参加许可谈判需要经过一定的审核程序。许可协议主要包括独家许可、非独家许可和选择性许可三种协议，但多用非独家许可，一半多采取入门费加提成的方法，如首次付款仅需5000美元到1万美元作为入门，所占股份一般不多于成立公司全部股份的5%。

斯坦福大学技术许可办公室（OTL）每周收到8~9个发明公开，其中50%要申请专利，有20%~25%的专利能得到许可，该办公室每年完成90到130个专利许可，专利费用大约500万美元/年，在专利期限内，每件专利费用大约从25 000美元到50 000美元，每一项海外专利保护的费用超过10万美元。斯坦福大学OTL在现金收入中先扣除不超过15%的份额作为OTL行政管理费、专利费和其他支出（专利申请和其他法律事务费用每年700万美元，除专利外的预算为450万美元），剩下的收入分为三份，其中1/3分给发明者，1/3分给发明者所在的系，1/3分给发明者所在的学院。例如，在20世纪70年代，有54.1万美元分别给了发明人，70.5万美元分给了系，71.3万美元分给了学院。到2000年时，1.35亿美元分给了发明人，1.38亿美元分给了系，1.35亿美元分给了学院。企业股票的15%分给OTL，以弥补OTL的日常行政管理费用，发明者获得剩下股份中的1/3，其他的股份则由斯坦福管理公司（Stanford Management Company）管理，主要投入到OTL研究生奖学金基金中。

斯坦福大学OTL办公室还开展以下工作支持技术许可。①创办企业，向新创企业进行知识产权许可。②发明公开。2010年收到457个公开，其中40%是生命科学，60%是物理、信息技术和医疗设备，许可90件。③建立商标实施基金。它来自于院系OTL净收益的1%，2009年拿到了35.9万美元，获得了2624.8万美元的名称、标志等的商标实施许可收益。④建立种子基金

(Birdseed Fund)，由院长或系主任管理，资金约2.5万美元，支持未许可技术的原型开发或实验。

硅谷的成功和斯坦福大学在硅谷所处的重要地位，使得Reimers首创的斯坦福大学OTL模式引来众多大学的仿效，麻省理工学院特意向斯坦福大学请求借调Reimers一年，而引入OTL模式之后，麻省理工学院的技术转移工作很快便有了起色。因此，到20世纪90年代初，多数大学都抛弃了技术转移的第三方模式，转而采用OTL模式。OTL模式现已成为当代美国大学技术转移及知识产权经营的标准模式。

斯坦福大学技术转移办公室成功经验的启示主要是：①技术转移成功必须要有完善的知识产权和转移转化法律政策。除专利法、著作权法等外，美国颁布了一系列与知识产权和技术转让相关的法律，而且进入美国法典并不断完善，其主要内容都是促进大学、国家实验室、非盈利机构的知识产权和技术向产业界转移，以促进美国的技术进步与经济发展，其中最重要的就是1980年颁布的拜杜法案和技术创新法案。②知识产权管理机构与技术转移办公室合二为一，且属于内部机构。知识产权管理部门是研究机构和大学的内部化部门，技术转移第三方模式已经证明是很难成功的。技术转移与知识产权管理如果分开也会增加技术转移的难度。③收益分配模式有利于对各方的激励。扣除必要的成本（行政管理费、专利费等）后，知识产权许可收益的分配发明人一般15%~30%，1/3分给发明者所在的系，1/3分给发明者所在的学院。④严控知识产权的数量，提高质量。斯坦福大学并不追求专利数量大，一般每年500件左右，作为知识产权管理或技术转移办公室，过多的知识产权申请数量的成本很高，但知识产权许可的收益又激励他们将知识产权许可出去，所以必然要在知识产权数量和质量方面进行权衡。为了提高许可的可能性，一般要对知识产权进行深入挖掘评估和充分的保护设计。⑤高水平的知识产权和技术转移人才队伍。斯坦福大学的知识产权人员有30多人，大多是复合型人才，拥有本领域的技术背景，又拥有知识产权、专利、经济管理、投资等方面的学位。主要知识产权和技术转移人员经历丰富，能力较强，深入高校和科研机构的研究开发第一线，发掘知识产权和可转移技术，又能进行价值评估、市场分析和许可谈判等。

资料来源：http：//otl. stanford. edu/about/resources/about_ resources. html.

8.3 知识产权法律制度

8.3.1 知识产权法律制度

知识产权法律制度是关于知识产权各类法律法规的总称。从狭义看，知识产权法律制度主要是涵盖各类知识产权客体的法律法规；从广义看，知识产权法律制度还应包括促进知识产权创造、运用和管理的法律法规，如促进知识产权与技术转移的法律法规。

我国1982年制定的《商标法》、1984年制定的《专利法》、1990年制定的《著作权法》等奠定了我国知识产权法律制度的基本框架。随着改革开放的深入，尤其是加入世界贸易组织（WTO）后，我国已建立起比较完善的知识产权法律制度。我国先后加入了世界贸易组织、世界知识产权组织等国际知识产权组织，加入了《保护工业产权巴黎公约》、《专利合作条约》、《商标国际注册马德里协定》、《保护文学艺术作品伯尔尼公约》、《与贸易有关的知识产权协议》（TRIPs）等主要的国际知识产权公约，并根据加入世界贸易组织的承诺和国际组织与公约的要求对知识产权法规进行了修改完善。我国知识产权立法在短短20多年时间里达到了世界主要发达国家的立法水平。

近年来，我国相继修订了《科技进步法》、《政府采购法》、《企业所得税法》、《反垄断法》等法律法规，加大了对自主创新和自主知识产权创造运用的支持力度。经过改革开放三十余年的发展，我国知识产权法律制度建设取得了举世瞩目的成绩，知识产权法律已从当初的促进改革开放转变为促进自主创新的重要制度安排，知识产权工作重点也从过去的单纯强调保护发展到知识产权创造、运用、保护和管理并重，从过去迫于发达国家的压力被动修改法律法规发展到兼顾知识产权权利人和社会公共利益的平衡，并主动促进科技进步和创新。

我国知识产权法律的基本原则是调整知识产权权利的义务关系，保持知识产权私有权利与公共利益的平衡，既促进知识产权的创造，也促进知识产权的扩散和利用。一方面，专利法律制度规定了说明书充分公开和审查制度、规定了可专利主题以及保护的宽度和长度，设计了权利用尽原则、禁止反悔原则、强制许可原则、遗传资源披露原则等来保障公共利益。另一方面，知识产权法律制度的基本原则又是与自主创新能力建设相一致的。知识产权法律制度保护发明创造，激励研究开发活动，激励创新成果创造与保护，提升的是创新的投入能力和产出能力。知识产权法律制度尤其是专利法保护的客体最终体现为专利产品和方法上，而且相当一部分方法专利仍然是产品的方法，知识产权法规尤其是专利法禁止未经许可的制造、销售（许诺销售）、使用、进口的行为，保护知识产权权利人在商业上的独占权利。知识产权法律制度鼓励基于公平原则的许可交易，并设计强制许可、交叉许可、共有权利人可单独实施制度保障知识产权的实施利用，实际上提升的是创新的商业化能力。专利申请文件18个月自动公开制度和说明书充分公开要求主要是为了促进科技信息的扩散和知识流动，提升的是创新扩散能力。知识产权法律制度限制知识产权权利滥用，也有利于社会公众以较低的门槛和代价使用知识产权及其产品，促进的则是创新成果的社会应用能力或者社会创新能力。

但从自主创新和自主创新能力建设角度分析，可以发现我国的知识产权法律制度仍有一些不相适应的地方。第一，对知识产权私权的保护还不够充分。尤其是宪法关于知识产权的保护还不足。我国《宪法》第十三条第二款规定“国家依照法律规定保护公民的私有财产权和继承权”，第四十七条规定“中华人民共和国公民有进行科学研究、文学艺术创作和其他文化活动的自由。国家对于从事教育、科学、技术、文学、艺术和其他文化事业的公民的有益于人民的创造性工作，给以鼓励和帮助”，但没有明确提出保护发明创造权利或知识产权，更没有明确规定知识产权是一种私权。第二，《专利法》《商标法》《著作权法》等知识产权法律也主要定位于审查、授权、保护和行政管理，偏重于知识产权保护，对知识产权创造和运用的促进还不够，没有或很少有财政投入、税收优惠、政府采购和人才支持等实质性规定。第三，我国与知识产权有关的法律制度还有与自主创新能力建设不相适应的方面。如《专利法》及其实施细则在促进专利创造和运用上规定还存在一些不足。《政府采购法》缺乏实施细则，还没有体现对自主知识产权和自主创新产品的支持。《科技进步法》和《成果转化法》缺乏实施细则，可操作性不强，对自主创新和自主创新能力建设的支持不够。

8.3.2　专利法规

专利法应该是与自主创新能力建设最相关的一部知识产权法律。我国制定之初的《专利法》就在立法目的中体现了鼓励创新的思想：“保护发明创造专利权，鼓励发明创造，有利于发明创造的推广应用，促进科学技术进步和创新，适应社会主义现代化建设需要”。我国在第二次《专利法》修改时没有修改立法目的，但在第三次修改时加强了对创新活动的支持，专利法律制度同创新和创新能力建设的协调有了较大进步。这些进步主要表现在以下几个方面。一是在立法目的增加了“提高创新能力”，体现了知识产权法律制度对“提高自主创新能力，建设创新型国家”的支持。二是促进知识产权运用。采纳美国拜杜法案精神，增加了承担国家计划项目形成的知识产权归承担单位所有的规定，有利于职务发明专利的实施运用。允许共有专利权人在没有约定情况下可以“单独实施或者以普通许可方式许可他人实施该专利”，将进一步促进专利权的实施。三是增加现有技术抗辩原则。在专利侵权纠纷中，被控侵权人有证据证明其实施的技术或者设计属于现有技术或者现有设计的，不构成侵犯专利权。利用现有技术抗辩有利于遏制恶意申请和专利权滥用行为，有利于保障创新活动的顺利进行。四是完善了包括平行进口在内的权利用尽原则，增加了医药行政审批不视为侵犯专利权的情形，进一步保护了专利实施者的权益。五是完善了专利强制许可规定，尤其是明确了授权后未实施的“合理期限”规定，增加了专利权垄断限制和为公共健康目的的强制许可规定。

但是，从国家与高技术产业自主创新和自主创新能力建设的过程看，我国专利法仍然是一部以保护为主的法律，通过界定保护客体、保护程序和救济措施激励发明创造运用。我国《专利法》第三次修改时虽增加了“提升创新能力”这句话，而且在具体内容上也进行了修改，但第三次修改主要调整的仍是专利的权利义务关系，对国家、产业的自主创新能力建设需要考虑还不够。在与 TRIPs 协议和其他国家专利法规保持一致的基础上，对专利审查标准与质量控制，促进专利技术转移、实施许可和商业化等规定还存在不足。而美国新修订的专利法则较好地考虑了美国的国情，从小布什到奥巴马政府，美国极力保持全球科技创新的领导者地位，刚刚通过的专利法修正案提出的将先发明制改为先申请制、在一年宽限期内发明人自己发表论文不影响专利申请的新颖性、设立授权后的异议程序、保持最佳实施例等规定显然有利于美国的发明人，有利于美国的产业创新，而且将专利法与技术转移、技术创新等法案集成到美国法典中，更体现了对知识产权创造、运用、保护、管理的全方位支持。

从知识产权尤其是专利的创造、运用、保护和管理来看，我国专利法显然较少涉及创造和运用。我国专利行政、司法职能和组织体制主要是依据专利法而设置的，但我国现行的专利法尤其是《专利法》的修改实际上是围绕现有专利行政、司法职能和组织体系设置的一部法律，这就使得专利法规与自主创新能力建设存在一定的距离。自主创新能力建设是一个长期积累的过程，不仅依赖于自主创新活动本身，更依赖于创新资源投入和创新基础平台建设。自主创新能力是指国家、产业、区域和企事业单位的自主创新能力，也可以归结为各类知识产权的创造、运用、保护和管理能力。具体到专利而言，自主创新能力或知识产权能力则主要是指专利技术研究开发、申请确权、综合集成、转化实施、商业化与社会应用等能力。以此来判断，我国专利法规并未涵盖自主创新能力建设的全部主要过程，也未涵盖知识产权创造、运用、保护和管理的全部方面。

1. 知识产权创造

专利法在专利创造上主要是专利的申请和专利的审查与批准，专利保护客体及其审查标准、新颖性规定等都对专利创造产生一定的影响。

一是在知识产权保护客体方面存在不足。我国专利法虽然规定了与 TRIPs 协议一致的专利保护客体，而且在第三次《专利法》修改时还增加遗传资源披露规定。但实践中专利保护客体及其审查标准并不相同，尤其是中药组合物和计算机相关发明。我国对中药实行专利保护的目的是想提升中药产业的创新能力，可是多年来的实践表明这种制度存在一定不足，由于许多中医药专利申请来自民间，转化实施率较低，实行专利保护会造成大量本属于我国五千年技术秘密的民间验方秘方的传统知识公之于世。民间验方大多属于民间中医的代代相传，组合物发明的中药技术专利实现产业化的可能一般较小。计算机软件相关发明作为可专利客体已在 2005 年的欧洲议会得到否决的做法虽然不足取，但将简单的软件程序加公知计算机的发明创造列为可专利的主题也同样不足取。实际上，软件程序加公知计算机发明的创造性有很多时候是模糊的和较低的，尤其是与经济管理有关的商业方法专利。美国法院在商业方法发明可专利性案件如 Amazon 公司一次点击专利（美国专利 5960411）、CLS Bank International v. Alice Corporation Pty.（美国专利 7149720、6912510、5970479、7725375）、Bilski 的风险对冲方法专利（美国专利 8833892）等案件创造性、抽象概念认定上的反复就充分证明，计算机相关发明并不都是可专利的主题。我国有必要提高中医药专利和计算机相关专利审查的标准，将中医药等遗传资源知识产权保护方式改为主要由技术秘密保护或品种保护，加强对创造性不足的简单计算机程序加公知计算机发明专利尤其是商业方法专利的审查。

二是不丧失新颖性宽限期规定影响专利创造。专利制度最重要的原理之一是通过授权换取申请人将技术公开，从而促进社会福利提高，我国《专利法》第二十四条规定了不丧失新颖性宽限期的时间和情形。为适应我国自主创新能力建设需要，有必要充分研究美国专利法修改可能带来的影响，借鉴美国专利法采用的不丧失新颖性宽限期中自由发表论文、最佳实施例等制度。与美国的新专利法将不丧失新颖性的宽限期设定为一年，而且在一年内发明人发表学术论文并不影响专利新颖性的规定相比，我国的法律规定显然较为严格。不丧失新颖性的规定既要防止有人将公知技术申请为专利，也要防止伤害发明人的积极性。但过于严格的条件会影响专利创造的积极性，也会导致一些重要技术不能得到专利保护。我国的确有许多发明创造因为先发表论文或者在国际展览会、国务院主管部门主办或全国性学术会之外的其他途径公开因不符合不丧失新颖性宽限期规定而失去获得申请专利机会的例子。在目前我国专利申请量较大、向国外申请量较小的情况下，如果允许延长不丧失新颖性宽限期的时间，比如一年，允许发明人自由选择知识产权保护方式，如本人发表论文也不影响其专利申请的新颖性，则不仅可以减少发明人的担心，有利于提高发明人申请专利的积极性，也有利于提高专利的质量，避免专利权丧失，避免为申请而申请的情况发生。另外，采用美国的做法也不会对外国人在我国的专利申请行为产生较大的影响。

2. 知识产权转化实施

专利法和实施细则对专利的转化实施有很大的影响，为促进专利转化实施，除了专利授权和专利保护之外，建立合理的专利权益和收益分配制度也非常重要。从自主创新能力建设出发分析，我国专利法和实施细则在专利转化实施上还存在一些需要改进的方面。

一是对职务发明人的激励不足。《专利法》第六条第三款，“利用本单位的物质技术条件所完成的发明创造，单位与发明人或者设计人订有合同，对申请专利的权利和专利权的归属作出约定的，从其约定”，但对职务发明人的权益保护并不够。一般情况下，职务发明人处于弱势地位，很难与单位签订权利归属的合同。《专利法》第十六条规定，“被授予专利权的单位应当对职务发明创造的发明人或者设计人给予奖励；发明创造专利实施后，根据其推广应用的范围和取得的经济效益，对发明人或者设计人给予合理的报酬”，这一条规定也不够，事实证明，“一奖两酬”制度对激励发明人创造和实施专利具有重要的作用，但并没有从根本上解决专利转化难的问题，要促进专利的转化实施，最根本的是要调动职务发明人的积极性，而调动积极性的最好办法是用分享知识产权和未来收益权的方式将单位、企业和职务发明人绑在一起，而不仅仅是奖励和报酬。因此，可根据《中关村国家自主创新示范区规划》的政策，借鉴美国的做法，增加规定“或者根据发明人的实际贡献，允许发明人拥有部分专利申请权、专利权和专利实施后的分红权”，从而从根本上增加对发明人转化实施专利的激励。

二是促进国有企事业单位知识产权实施的力度不够。《专利法》第十四条规定“国有企业事业单位的发明专利，对国家利益或者公共利益具有重大意义的，国务院有关主管部门和省、自治区、直辖市人民政府报经国务院批准，可以决定在批准的范围内推广应用，允许指定的单位实施，由实施单位按照国家规定向专利权人支付使用费”。该规定在促进公益知识产权实施上具有重要作用，但力度不够。没有区分是财政资助的资金或是自有资金，如果是由财政资助产生的专利，虽然法律规定财政资助项目产生的知识产权属于承担单位，但由于专利是属于公共财政产生的知识产权，而且属于国家利益、公共利益范畴，国家可以行使介入权，有关部门可以决定在批准的范围内推广使用，并且允许指定的单位支付合理的使用费甚至免费实施。但对于自筹资金产生的知识产权，显然不能采用此种办法推广实施。而对于产业发展急需的共性技术和关键技术，也由于财政资助项目产生专利的公共性，国家也可以行使适当的介入权，因此，应当允许指定的单位实施，但必须支付合理的使用费，国家也可以通过政府采购方式允许企业免费使用共性或关键核心技术的专利权。

三是专利技术信息传播规定滞后。《专利法》第三十四条规定，“国务院专利行政部门收到发明专利申请后，经初步审查认为符合本法要求的，自申请日起满 18 个月，即行公布。国务院专利行政部门可以根据申请人的请求早日公布其申请”。18 个月公布专利申请的制度产生很大程度上是由于当时的科学技术不发达。在互联网和电子技术日益发达的今天，专利电子申请已成为很多国家专利申请的普遍方式。纵然专利申请后有可能存在技术不成熟、需要修改等情形，但专利制度的根本是促进创新，即促进专利实施，专利实施的前提是专利技术信息的扩散，18 个月公布的规定显然已经不符合科技迅猛发展和专利实施的要求。所以，有必要增加一条规定，“国务院专利行政部门收到发明专利申请后，经初步审查认为符合本法要求的，可以即行公布申请，申请人特别声明的除外”。

3. 强制许可

我国新修改的《专利法》第六章为专利实施的强制许可，规定了专利未实施的强制许可、专利权利行使垄断行为的强制许可、紧急状态或非常情况下的强制许可、为公共利益目的对药品专利的强制许可和专利的交叉许可几种情形，并规定了强制许可的条件。我国还制定了一系列强制许可的详细规定，但我国至今没有发生一起强制许可案件。这不仅是由于我国企业尤其是“三资”企业和国有企业多处于技术引进阶段，知识产权管理水平低，不会利用强制许可，也和有关政府部门主动执行不足，对国家需求尤其是产业发展需求考虑不够有关，但更主要的原因是我国专利法规规定还存在不足。

一是未实施专利规定的合理期限为授权后三年或申请之日起四年存在矛盾，

有些专利申请日后四年并未授权，那么强制许可的专利可能只是专利申请，对不具法律稳定性的专利申请实施强制许可显然存在问题。授权后三年或申请日起四年也并非是真正的合理时间，而合理的时间必须根据专利技术实施的生命周期分析，授权后或申请后在最适宜实施时间而未实施的才是合理的时间，而最适宜实施的时间应为专利授权后完成了二次开发、技术集成和权利组合的时间，加上资金、管理、人力资本要素，大约为申请后的三年左右时间或授权后一年左右时间，而且不同的技术领域合理时间并不相同，发明和实用新型专利的创造性高度不同，实施需要的条件不同，技术越复杂、技术突破性越大、资金需要量越大，则合理的时间就会越长。实用新型则应该规定更短的时间。因此，应将第四十八条第一款拆分为“（一）发明专利权人自专利权被授予之日起满三年，且自提出专利申请之日起满四年，无正当理由未实施或者未充分实施其专利的”、“（二）实用新型专利权人自专利权被授予之日起满一年，且自提出专利申请之日起满二年，无正当理由未实施或者未充分实施其专利的”。

二是关于专利权行使的垄断行为并不明确。专利权本身就是一种垄断权，这种垄断是专利的属性，是反垄断法的例外，垄断行为主要体现在市场上的不公平竞争，但市场垄断行为产生有多种情形如专利许可或专利产品销售的价格歧视、搭售行为等，垄断行为也有可能来自于行政垄断。我国《专利法》并未明确垄断是指哪一种垄断。因此，应明确提出是市场销售中的垄断行为、专利许可中的垄断行为。

三是交叉许可并不仅仅限于前后依赖关系，在市场上不可分割销售的产品、必要专利组合构成的技术标准、工程项目创新都涉及对他人专利的依赖性问题，如果他人不许可专利，产品制造、工程建设和技术标准实施就无法进行。不许可行为应属于反垄断法限制的对象，但如果对这种具有横向依赖关系的专利实施强制许可，如果不符合公共利益目的，又会影响专利的独占性。所以，应当明确这种横向依赖关系的专利许可必须为了公共利益，包括国家安全，如果不是为了公共利益，必须是自主必要专利要占绝对多数或相对多数，除了要支付合理的使用费外，还要通过其他方式对专利权人进行补偿或者由政府或基金进行适当的资助❶。

---

❶ 斯蒂格利茨曾提出建立药品奖励资金，由发达国家出资支持疫苗发现和疾病治疗，授予基因制造企业专利权，由市场机制以最低价进行扩散，能较好地保护公共利益。见 Stiglitz，Joseph. Knowledge as a Public Good. Global Public God：International Cooperation in the 21th Century. Newyork：Oxford University Press. 1999.

4. 实用新型专利制度

一些专利法律制度在实际执行中与激励自主创新的愿望可能不完全相符。如我国对实用新型专利申请只采用格式审查制，虽然在较短的时间内授予了较多的实用新型专利，使我国成为世界实用新型专利申请大国，但由于不采取实质审查制，加上我国许多实用新型专利技术水平不高和考核体系出现扭曲，实用新型专利重复授权和权利纠纷常常发生，反而影响了自主创新。其他国家如德国、法国、日本对实用新型采取登记制是由于这些国家具有完善的竞争法律制度，申请实用新型专利更不是为了考核和评比，而且这些国家实用新型专利申请的数量并不大。因此，有必要引入实用新型简易实质审查制度，着重对实用新型专利申请的新颖性进行审查，减少垃圾专利和信息扭曲。要重新引入异议制度而且是任何第三方的异议制度。甚至可以采取著作权依产生而产生的方式，不用经过格式审查程序，只要格式符合专利法规要求，而且在国务院专利行政部门指定的网站上公开，就可以获得实用新型专利权。

5. 专利行政职能

知识产权司法与行政保护两条途径并行是中国特色，这种两条途径并行在改革开放初期是有用的、必要的，但随着社会主义市场经济的深入发展尤其是加入WTO后经济社会的快速发展，我国知识产权行政保护开始出现一些问题。专利法赋予专利行政管理诸如专利侵权判定的权利，但行政机关在具体侵权判定和损害赔偿计算等问题上无法达到较高水平，相当一部分案件仍然起诉到法院。又由于行政执法办法处罚力度与法律规定不一致，造成行政管理对本为市场行为的知识产权活动干预过多。另外，专利法规没有赋予地方政府推进知识产权信息传播与分析、知识产权教育培训、知识产权转移转化、知识产权文化培育等相关职能，而这些职能对自主创新能力建设作用非常重要。有必要在专利法和实施细则中增加促进专利转化实施和商业化的条款，尤其是要以国家引导民间参与成立以技术标准为载体的专利组合或专利池经营实体，盘活知识产权资产。要赋予地方政府传播专利信息、强化知识产权教育和促进专利技术转化与产业化的法定职能。

8.3.3 著作权法规

与专利权和商标权一样，著作权是促进创新的重要知识产权制度。对著作权进行保护将有效激励科技著作和科技论文的创造与合理扩散。尤为重要的是，我国《著作权法》支持个人学习和研究。《著作权法》规定了“可以不经著作权人许可，不向其支付报酬”使用他人著作权的情形，尤其是“为了个人学习、研究或者欣赏，使用他人已经发表的作品”的情形，“但应当指明作者姓名、作品名称，并且不得侵犯著作权人依照本法享有的其他权利”。所以，对于非个人的高技术企业来说，如果使用他人已发表的作品，除了不能侵犯原作者的精神权利外，也不能侵犯作品的财产权利，但非使用行为的学习研究不在此列，企业个人非使用方式为学习和研究目的的使用行为也不在此列。

但实践中仍存在一些与《著作权法》精神不一致的问题，会影响到高技术产业自主创新能力建设。一是科技著作与科技论文的扩散与传播问题。知识经济是学习经济（B. – A. Lundvall，1992），科技著作和科技论文在高技术产业自主创新和自主创新能力建设中具有重要作用，但目前的许多出版者尤其是科技论文的出版者为了盈利或者其他目的一般不会主动向社会公开已发表的科技论文，虽然很多期刊已收取作者的版面费，企业创新人员只能通过订阅期刊或购买数据库的方式得到。为促进科技信息和科技成果扩散，有必要鼓励出版者将过期期刊免费公开，鼓励科技论文数据库对个人用户实行低收费标准，也有必要通过对一些涉及高技术产业自主创新能力建设的公益性较大的科技期刊给予一定的补贴，鼓励其向社会免费公开传播。二是作者权利合理转让问题。与专利权和商标权产生方式不同，著作权是依产生而产生的权利。我国著作权法律制度保护著作权人的精神权利和财产权利。由于署名权等权利是作者的精神权利，而精神权利是一种天然产生的权利，是无法转让的，只有财产权利才可转让。所以著作权法律规定，即使“法律、行政法规规定或者合同约定著作权由法人或者其他组织享有的职务作品”的，作者仍享有署名权。因此，当前许多高校和科研机构规定硕士、博士学位论文的全部知识产权属于授予单位，许多企业规定科技成果的全部知识产权属于企业，许多出版社规定科技论文或作品的著作权属于出版社或杂志社，都是不符合著作权法基本原理的。一些没有对科技论文或科技著作作出实质性贡献而仅仅是指导关系的人也不应享有作品的署名权。三是作者与出版者权益划分问题。在实践中，作者既是出版者所出版作品的来源，又与出版者是一对利益矛盾体。著作权法保护权利人的合法权益，既要保护作者的权益也要保护出版者的权益，而作者和出版者的利益主要通过合同方式约定。但在实践中，作者往往处于弱势地位，其权益很难得到完全保障，如有很多学术期刊要求作者转让全部著作权，但仅支付作者数量很少的稿酬甚至不支付稿酬，这在一定程度上影响了科技创新。为了有效激励促进科技创新和促进信息传播，有必要进一步加大著作权法律对作者权益的保护。

从 20 世纪 50 年代以来，计算机软件主要采取著作权保护方式，但自 1971

年1月12日美国专利商标局授予第一件计算机软件专利（3555501）开始，专利也成为激励计算机软件发明创造的重要途径。由于计算机软件兼具“技术功能性”和“作品性”两个特点，学术界和法律界存在较长时间的争论，计算机软件保护总是在专利法与著作权法之间徘徊。当前，我国鼓励计算软件产业发展的知识产权法律政策主要有两个，一是2001年修改的《著作权法》和2002年颁布的新《计算机软件著作权实施条例》、《计算机软件著作权保护条例》，增加了对“软件复制品持有人”非法使用软件著作权的禁止规定。二是国务院《关于鼓励软件产业和集成电路产业发展的若干政策》（国发［2000］18号），除了风险投资、税收优惠、出口自营权等扶持政策外，该政策在知识产权保护条款上规定“对已经登记的软件予以重点保护”，“任何单位在其计算机系统中不得使用未经授权许可的软件产品”，“加大打击走私和盗版软件的力度，严厉查处组织制作、生产、销售盗版软件的活动”。

《著作权法》、《著作权法实施条例》、《计算机软件著作权保护条例》等加大了著作权保护的力度。虽然计算机软件著作权保护的计算机软件这种“科学领域内具有独创性并能以某种形式复制的智力成果”，但是它仍只是保护了软件表达的形式，并不能够保护创意，软件著作权保护实际上还十分有限，尤其是查处“软件复制品持有人”的非法复制活动和非法的复制品还十分困难。“国发［2000］18号”文件的知识产权保护条款也只是对《著作权法》和《计算机软件著作权实施条例》、《计算机软件著作权保护条例》适用的进一步明确，并没有更深入更具体的规定。同时，该文件的政策激励还不足，缺乏支持自主知识产权软件产业化的政策和支持自主知识产权软件创新的政府采购政策。

经过多年的努力，我国计算机软件产业发展迅速。2007～2010年，我国软件著作权登记量从3383件增加到81966件。但我国计算机软件仍处于国际产业链的低端，具有国际竞争力的软件还不多，软件仍以应用软件、嵌入式软件为主，外包占了很大一部分比例，基础软件、系统软件较少，软件产业集中度也较低，国际竞争力还不强。而且，我国著作权保护是被国际社会长期诟病的一个重要问题。由于复制的低成本性，计算机软件和其他电子化作品被侵权现象依然严峻，不仅严重影响了我国的国际形象，也影响了我国软件产业的自主创新能力建设。

为了激励计算机软件产业自主创新能力建设，激励计算机软件和科学领域著作权的发展，必须进一步加大著作权的保护力度。首先要加强著作权法的宣传教育，提高公民著作权保护意识，要进一步加强著作权行政执法保护，要使行政执法规范化、常态化、责任化，要鼓励和支持软件著作权的专利保护。另外，还应进一步壮大科学出版基金，支持更多的优秀科技著作尤其是博士论文的出版，通过重大科技专项和“863”计划支持更多重大的基础和系统软件的研制。还要将自主创新产品政府采购政策扩大到对“自主创新服务”如软件的采购，将在我国“拥有计算机软件著作权或专利权，或5年软件著作权或专利权独占许可权的计算机软件”列入各级政府的自主创新产品目录中。

8.3.4 技术秘密专有权法规

商业秘密法律是以合同理论和产权理论为基础的，商业秘密包括技术信息和经营信息，即技术秘密和经营秘密。技术秘密主要包括设计、程序、产品配方、制作工艺、制造方法等，具有新颖性、实用性和经济价值。

对于高技术企业来说，技术秘密专有权也是一种极其重要的知识产权，高技术企业应当高度重视专有技术战略。由于专利具有强垄断和法律稳定的优点，专有技术秘密具有不公开技术并能节省保护费用的优点，所以跨国公司经常采用这种战略组合方式建立和保持自己的知识产权优势。首先，对研究开发的技术是否适于作为专有技术秘密进行分析，不适于作为专有技术秘密的技术，应分析其创造性和未来市场价值的大小，创造性大而且未来市场价值大的技术及时申请专利，创造性较小或者市场价值小的技术可直接向社会公开；其次，在申请专利时分析是否可以保留技术诀窍，对于去掉之后仍能够实现发明目的达到发明效果的技术方案可作为专有技术秘密。

我国一直没有制定专门的商业秘密法对高技术产业和其他领域专有技术秘密进行保护，专有技术秘密保护主要适用1987年颁布的《中华人民共和国技术合同法》、1993年颁布的《中华人民共和国反不正当竞争法》和1997年颁布的《中华人民共和国刑法》以及有关司法解释。《技术合同法》规定了技术秘密的合同债权，在1999年修改时又对技术秘密保护作了进一步的规定，《反不正当竞争法》规定了经营者侵犯商业秘密的几种情形，《刑法》规定了侵犯商业秘密罪，确立了技术秘密侵权的刑事责任。虽然《反不正当竞争法》第十条规定了商业秘密的保护范围、构成条件和侵权行为，但该法主要是对经营者的规定，对专有技术秘密的概念、侵犯技术秘密的主体、侵犯技术秘密专有权案件的构成要件、诉讼时效等诸多内容也没有作出很明确的规定。

当前，我国侵犯技术秘密专有权和其他商业秘密的案件仍然时有发生，其中最重要的原因在于商业秘密保护的力度还较小，侵权认定比较困难，救济途径比较复杂，司法和行政的两种救济途径存在弊端。专有技术秘密保护不力影响专有技术的创造和利用，不利于高技术产业自主创新能力的建设，仅靠专利保护知识产权是远远不够的，但过高的保护水平也会限制专有技术的扩散和人员合理流动，因此，必须找到合适的技术秘密专有权保护水平。我国商业秘密有关的法规还存在与专利法等法律部门的协调问题，例如，我国专利法允许中药类组合物申请专利，但美国、日本、欧盟等对成分不明组合物的审查极其严格，我国中药专利申请很难在美国及其他地区获得授权，专利保护方式可能还不如采取技术秘密保护方式效果好。我国是最具有中药传统优势的国家，截止到2006年8月3日，中国专利局检索系统公开中药片剂和中成药专利申请达28 223件，但我国申请PCT医药专利申请量只有约32件。另一方面，日本、韩国在我国中药专利申请或中药验方、配方或秘方的基础上利用现代手段开发出新的专利，并在中国、美国、欧洲等地获得专利授权，反过来又限制了我国现代中药产业的发展和进军国际市场。

我国应当制定专门的商业秘密法，加强对专有技术秘密的保护。第一，要进一步明确和规范专有技术秘密的概念、侵犯技术秘密的主体、侵犯技术秘密专有权案件的构成要件、诉讼时效、侵权赔偿责任、救济措施等，尤其是应在立法和司法上补充停止侵害、恢复名誉（信誉）等请求权的私权救济制度。第二，商业秘密法应注意与《专利法》的协调。例如，目前法规规定的他人专有技术申请专利后，原技术秘密持有人只能限制在先用权范围之内，技术秘密专有权不能对抗他人的反向工程或自主研发活动，显然对专有技术所有人有较大的限制。由于技术秘密也是一种知识产权，从鼓励公开促进技术扩散角度分析，专利法允许他人就同样的发明创造申请专利是必要的，但促进公开并非专利制度的唯一目的，所以有必要反思专利法的有关先用权规定，加大向专有技术所有人利益的倾斜。在传统知识基础上利用现代手段开发的技术应鼓励申请专利，但创造性不高的技术特别是中药组合物应鼓励使用商业秘密法进行保护，对适于商业秘密保护的传统知识技术等应通过加强专利“三性”审查减少专利申请数量。如果专利申请基于我国的遗传资源，还应详细规定不披露遗传资源不能授权，任何人可以提起无效宣告等规定。我国应学习印度等国的做法，组织遗传资源、民间验方等的防御性公开，对抗外国专利申请的新颖性。第三，由于专有技术引进在我国高技术产业技术引进中还占有相当大的比例，商业秘密法要注意专有技术秘密私权与社会对技术信息利用、雇员利益平衡等问题。如果对技术秘密专有权的保护范围过宽，保护程度过高，则很难有利于学习先进的专有技术，所以专有技术秘密的主题界定不能过多，范围不能过宽，对雇员离职后不得从事与原雇主有竞争关系工作的竞争年限限制也不宜过长。如果商业秘密保护水平过高，则也会促使申请人采取保护水平高的专利保护方式，这样就会使总的知识产权保护水平大大提高，这既不利于外国先进技术的扩散，也会导致专利产品价格升高，反而影响高技术产业自主创新能力建设。

8.3.5 科技创新法规

知识产权虽然不全部是科技成果，但科技成果一定属于知识产权客体范畴，无论是科学发现还是技术发明，无论是专利、科技论文还是技术秘密，实际上都是知识产权的客体，只不过科技成果是活动而非对象角度的知识产权。因此，我国新修订的《科技进步法》和正在修改的《科技成果转化法》与知识产权法规是相一致的，部分内容应当也属于广义的知识产权法规范畴。《科技进步法》和《科技成果转化法》主要从规范各方的权利义务关系出发规范研究开发机构、研究开发活动和经费管理，规范科技成果转移转化和产业化等活动。虽然这两部法律在一些方面与《专利法》有所重复，如承担国家科技计划项目形成的知识产权归承担单位所有，授权后在合理期限为实施知识产权可以应请求人的请求实施强制许可等，但其目的是促进包括专利等知识产权在内的科技创新活动和科技成果转化。知识产权法规与《科技进步法》、《成果转化法》又是有界限的，知识产权法规主要从客体和程序来规范知识产权保护，而《科技进步法》和《成果转化法》从主体和活动来规范知识产权创造、运用和管理。

我国《科技成果转化法》和新修订的《科技进步法》是两部操作性很不足的法律，两个法律部门的相关内容和现有的《专利法》等知识产权法律还不足以构建起比较完善的涵盖知识产权创造、运用、保护和管理整体的法律制度。《科技进步法》等科技创新法规只是把知识产权作为科技成果的表现形式和保护方式，没有考虑知识产权的特殊性和重要性，尤其是具有权利的专利技术需要通过综合集成、权利组合等才能够得到转化和实施，而权利成为影响转化实施的主要因素和机制。1996年颁布的《成果转化法》长期没有修改，也缺乏实施细则，所提的多是一些原则性规定，可操作性十分不足，而且还带有明显的计划经济和政府干预色彩，强调的是科学到技术到产业的线性思维，而对建立公平竞争规范有序的知识产权和技术交易市场的规定不多，对知识产权创业和产业化的规定也不多。我国长期以来存在的知识产权和技术转移转化难，专利实施率不高，技术市场混乱等问题均与我国法律和政策的规定不足有关。

因此，要加快《科技进步法》实施细则的制定，最好制定《创新基本法》涵盖科学研究、技术开发、产业发展和社会应用全部环节，涵盖大学、科研机构、企业和创新中介服务组织以及研究开发机构、实验室、工程中心、投融资机构、创新联盟各类主体，涵盖资金、技术、人才、文化等各类要素，涵盖创新政策、管理方法、产品质量、信息服务、技术标准、创新奖励等保障激励措施。尤其是要建立决策、执行、监督分离和合作的政府科技创新组织体系；明确政府科技创新行政部门、高校、科研机构和企业在科技创新中的职能和机构设置，特别是科研机构的法律地位和企业创新的主体地位；明确共建共享开放的产学研合作研究组织机构，建立知识产权纽带、技术与标准结合的产学研合作模式；强化地方政府责任考核；强化科技创新经费保障和激励，提高高新技术企业和创新型企业研发经费投入强度；科技创新资源配置要兼顾效率和公平原则，突出“高精尖”和向中西部倾斜；提高国家创新体系联系互动的效率，强化企业技术创新体系和能力建设；明确科技创新计划不同阶段目标，尤其是必要知识产权组合为导向的目标，发挥知识产权的导向作用；建立科技计划经费公开制度，接受社会监督；建立完善科技评价和奖励制度，重点加强高质量科技论文、专利质量和实际收益的考核，以及知识产权运用能力如专利组合的考核。

要加快《科技成果转化法》修订和实施细则制定。可将《科技成果转化法》更名为《知识产权与技术转移转化法》，重点明确大学和科研机构知识产权与技术转移的职责和和岗位设置、岗位职能、人员配备、经费来源、收益分配；推进技术交易所、技术转移中心等的改制，成为市场化的创新中介服务组织；明确技术转移中介组织的责任和管理，及时实行资格证制度，对虚假和欺骗行为进行处罚；明确财政资金对技术转移转化的支持方式；明确金融和保险对技术转移转化的支持政策。

专栏：美国促进知识产权运用的法律制度

美国知识产权运用法律制度主要是《知识产权法》和《技术创新法》，美国法典第35篇是《专利法》，第17篇和22篇是《著作权法》和《商标法》，《专利法》共包括专利商标局、发明可专利性与专利授权、专利与专利权保护、PCT四个部分。而与知识产权创造、转移和商业化相关的法律主要是美国法典第15篇“商业与贸易篇”中的技术创新（63章）和国家标准与技术研究院（7章）、国家技术服务（37章）、合作研究（69章）、教育与研究（90章）、反托拉斯（1、2和88章）和保护知识产权（107章）等。技术创新共包括激励竞争技术试验计划、合作研究中心、联邦技术利用、联邦技术创新奖励、人员交流、授权与拨款、关键产业、联邦制造业创新技术贷款担保、区域创新计划等内容。

1980年，美国大学能够被授予的专利不到250件，其中只有很少一部分被成功转化。为促进大学、国家实验室、非盈利机构的知识产权和技术向产业界转移，美国在1980年颁布了著名的《拜杜（Bayh－Robert Dole）法案》和《斯蒂文森——怀特勒（Stevenson－Wydler）技术创新法案》。

1980年12月12日，为改变知识产权实施率低的状况，美国国会通过了参议员Birch Bayh和Robert Dole提出的法案即《拜杜法案》，1984年又进行了修改，后被纳入美国法典第35篇（《专利法》）第18章。《拜杜法案》的主要内容有：(1) 联邦政府资助的大学、小企业和非营利组织产生的知识产权，其所有权归承包商所有，但承包商必须担负将专利申请和专利许可给企业的义务；(2) 允许承包商进行知识产权的独占许可，但必须将一部分许可费收入奖励给发明人，并将技术许可所得的一部分用于实验室的研究工作中去；(3) 政府保留实施为公共利益利用知识产权的权利，非排他、非可转让、非可撤销权利，如果承包商未能通过许可方式将某项发明商业化，政府保留决定该发明由谁来商业化的权利。

自此以后，美国研究型大学的专利申请量和授权量急剧增长，专利申请量增长了10倍，大学和科研机构的教授们纷纷携带科研成果开办公司。但《拜杜法案》实施几年后没有达到原先预想到的效果。由于大学和科研机构拥有知识产权所有权后可以向企业进行许可而获得收益，《拜杜法案》实际上向他们大大进行了利益倾斜。许多大学也拥有自己的企业，教授们携带知识产权开办新企业，《拜杜法案》允许他们拥有知识产权所有权的政策使产业界和大学之间产生了冲突。由于生物领域的发现被申请专利后会影响产品的开发，而且对发明人应分享的比例规定不明确，发明人与单位之间关于分享收益的纠纷不断出现。此后，美国1984年又对《拜杜法案》进行了修改，1986年将《技术创新法案》改为《联邦技术转移法》，并在1991年颁布了《技术卓越法案》，1995年颁布了《国家技术转移和促进法案》，1999年颁布了《美国发明人保护法案》，2000年颁布了《技术转移与商业化法案》等，在20年时间里先后颁布18部有关知识产权和技术转让相关的法律，构成了比较完善的知识产权转化和技术转移的法律政策体系。

美国1996年将《技术创新法案》修改更名为《联邦技术转移法案》，以后又进行了多次修改（美国法典15篇“商业与贸易”中的第63章3710）。该法案规定保证全部利用联邦政府资助项目的研发成果是联邦政府的永续责任，法案规定成立商务部技术管理机构，包括国家标准院、国家技术信息局和政策分析办公室，成立生产力、技术与创新办公室的交易机构，建立大学和非营利研究机构的合作研究中心，科学基金会支持合作研究中心，建立联邦实验室技术转移综合体。法案规定每个国家实验室都应设立研究和技术应用办公室，超过200个专职科研人员或者预算超过200万美元的实验室应当至少有一个专职研究与技术应用岗位。技术转移综合体的主要职责是开发和管理技术与培训，提高实验室雇员对技术转移的认识，为实验室和联邦机构技术转移提供建议和提供协助，协调沟通各实验室研究与技术应用办公室，它要向国会提交包括财务的年度报告，每个实验室要将预算的5%用于技术转移的验证项目，但它自己不能接受实验室或其他机构的技术转移。联邦实验室或机构应将其发明授予合作方非排他、非可转让、非可撤销和付费的许可，根据规定允许雇员和前雇员参与发明的商业化。每年研发支出超过5000万美元的实验室都应建立奖励项目，奖励作出贡献的科学、工程和技术人员。每个联邦机构都应提供资金支持技术转移，技术转移人员必须全面参与该机构的管理开发项目，要将预算的0.008%交给国家标准与技术研究院支持技术转移综合体开展工作。联邦机构应支付给在美国获得知识产权的发明人第一年2000美元，以后每年不少于15%的比例的许可费或其他收入，而剩余的归实验室，用于支付技术转移服务成本，奖励科技和工程人员、教育培训等；如果支付发明人后的收入超过实验室预算5%的，超出部分的75%应交向国库，其余归实验室支配，即使发明人离开，报酬也应当支付，但每年报酬不能超过15万美元，除非总统批准。为其他实验室服务获得的收入可以用于弥补发明人报酬等支出以及国外专利申请与维持费用。如果实验室不申请专利，应允许完成发明的雇员或前雇员保留申请专利的权利（可以代表政府以非排他、非可转让、非可撤销和付费许可方式实施）。

1991年，美国通过《技术卓越法案》，规定美国联邦资助的各类政府机构都应向国家技术信息局转移其未分类的科学、技术和工程信息，促进向企业、地方、科研机构和大学等的信息扩散，要求根据联邦采购政策成立技术与采购委员会，通过分析政府采购法、程序和政策，促进政府采购先进技术，委员会要考虑如何保护国内供应者的竞争优势，如何注重绩效而非产品规格，用政府采购法律政策促进新兴技术使用，如何保证质量，促进合作与创新；联邦采购文件标准如何有利于国内供应商，促进技术兼容，促进技术应用等。1994年美国标准院为落实该法案，在先进技术项目（ATP）规定中改变了《拜杜法案》的规定，规定联合研发项目必须是由企业牵头，ATP项目资助形成的知识产权只授予以利润为目的的美国企业或在美国的分支企业。

1996 年，美国通过了《国家技术转让和促进法案》，规定任何联邦机构技术转移额度超过 1 万美元的都应当进行技术转移。根据协议，在合理补偿情况下，实验室授予或同意事先授予合作伙伴优惠的非专有授权，实验室保证合作方根据事先协商适用的领域有权选择排他性许可，但授权应该在世界范围内以政府名义从实验室合作方获得非排他、非可转让、非可撤销和付费的许可。对于实验室授予的排他性许可权利，政府保留相应的权利：要求合作方相关申请人在相应应用领域以合理条件的非排他、部分排他使用发明的权利，如果合作方使用失败，政府可自行授权；为了健康和公共安全以及公众使用要求，政府可实施授权；实验室可利用自有资金或合作方资金与服务，雇佣员工或退休员工实施发明。为健康安全或公共目的实施发明，政府合同运营的实验室可以使用许可费或其他资金向发明人支付费用。联邦实验室应当分配许可费或授权费及相关收入，从许可费或其他费用中向发明人或共同发明人先支付 2000 美元，以后每年再支付至少 15%，对提升了发明技术价值的员工也应当进行激励。该法案还将每人每年从实验室获取的专利权使用费中对员工奖励的上限从 10 万美元提高到 15 万美元。

1999 年，美国通过了《发明人保护法案》（美国法典 35 篇第三部分，第 297 节），在提出一系列专利法修改建议的同时，规定了对技术转移欺诈行为的处罚。法案规定，发明中介推广机构必须以书面形式公布其过去 5 年来对相关发明商业潜力评估以及肯定与否定评估的数量，过去 5 年签订发明推广合同的客户数量，发明推广直接获得净会计利润的客户数量，接收到许可合同的客户数量，以及过去 10 年推广者所属的全部推广企业的名称和地址。法案规定，客户可以对发明中介推广机构未公布必要信息、提供虚假材料以及进行欺骗性陈述等造成损害的行为提起民事诉讼，要求损害赔偿，对于故意或恶意侵害行为可以处 3 倍以下的损害赔偿。

2000 年，美国通过了《技术转移与商业化法》，修改了《斯蒂文森——怀特勒技术创新法案》的有关内容。该法案规定联邦机构可就其拥有的发明进行独占性或部分独占性授权，联邦机构进行技术授权前必须以适当方式公告授权，期限为 15 日；技术转移申请人应向联邦机构提供技术开发计划书，并承诺于合理的期限内能有效达成技术商业化目标；如果技术转让申请人为中小企业并且其商业化能力同于或优于其他企业的，联邦机构需优先将发明授权予中小企业。

技术转移法律制度的完善是知识产权运用成功和规范的保障。1991～2002年，美国大学专利从1584件增长到7921件，1991～2003年，每年新的许可量从1229件达到了4516件，总量达到了25 979万件。1980～1993年，美国高校自己创设公司达1013家，到2003年时共达到4081家公司。美国知识产权与技术转移的有关法律也得到了世界主要国家的公认，纷纷制定自己的《拜杜法案》和《技术转移法案》。

资料来源：Stevenson – Wydler Technology Innovation Act of 1980；American Technology Preeminence Act of 1991；The National Technology Transfer and Advancement Act of 1995；American Inventors Protection Act of 1999；Technology Transfer and Commercialization Act of 2000；UNITED STATES CODE（2011）

8.4 本章小结

体制机制是高技术产业知识产权发展战略的制度保障。本章对美、日、欧、德、韩等国家知识产权体制的分析表明，分散和远离技术创新和产业发展的知识产权政府体制，分散和非专业化的知识产权司法体制都不利于提高知识产权的系统效率。知识产权法律制度主要规范知识产权的权利义务关系，重点在于利益平衡，而在科技迅猛发展的当代，更要适应自主创新和自主创新能力建设的需要。

要提高知识产权体制机制对自主创新能力建设的保障作用，有必要将有关知识产权组织体系和职能进行整合，建立相对一体化的知识产权审查与管理政府组织体系，将知识产权审查管理与技术、产业发展紧密结合，建立专业化的知识产权司法体系；有必要进一步完善知识产权与科技创新法律法规，尤其要加大知识产权运用相关法规的修改、完善和整合，增强知识产权制度对自主创新能力建设的保障和激励作用。

第九章　面向高技术产业自主创新能力建设的知识产权政策及体系

政策是政府在战略或规划中关于人、财、物保障应做和可做的对策，是完成重大任务和实现战略目标的保障。政策也是法律的来源和实施措施，法律具有稳定性，而政策具有较大的灵活性，为特定目标服务。但我国目前的知识产权政策不完善，更没有构成完整的政策体系，《中长期科技规划纲要》把知识产权政策定位为知识产权创造与保护，而《国家知识产权战略纲要》将与知识产权有关的财政、税收、政府采购政策和产业政策作为配套政策，现有知识产权政策主要基于政府职能制定，政策工具划分标准不一，还存在着一些交叉重复和缺失的问题。为保障高技术产业知识产权发展战略实施，有必要完善知识产权政策，构建合理的知识产权政策体系。

9.1　国外知识产权政策

当前，许多国家制定了一系列知识产权相关政策。美国的《专利法》及《拜杜法案》等构成了比较完善的知识产权法律政策体系，有力促进了知识产权和技术的转移与商业化。日本每年出台《知识产权推进计划》等，不断推出一系列新的知识产权政策。欧盟于 1995 年出台“创新驿站”计划，鼓励中小企业开展跨国技术转移合作，促进专利等知识产权的产业化；2002 年 1 月正式启动知识产权帮助平台计划，帮助促进知识产权交易。德国 2006 年 8 月推出《德国高技术战略》，联邦教研部和德国科学基金联合会建立了“高等院校和企业间的技术转移”竞争机制，有 80 多所高等院校参与了“知识与技术转移计划竞赛”；修订相关法律，允许对参股份额减税，进一步扩大“高技术创始人基金”，促进创办技术企业；制定新的《信息社会版权法》，积极推动欧盟加快知识产权法的修改和落实工作；2010 年 11 月发布的《德国 2020 年高技术战略》提出建设创新友好市场，采取了标准化与研究相结合，强化创新产品政府采购，对中小企业专利进行资助等政策。法国1999年6月出台了《促进研究及技术创新法》，允许科研和教育人员参与创建技术创新型企业，并采取减免税收、建立孵化器和启动基金、简化申报和审批手续等方法，鼓励研究人员以专利作为资本入股参与企业的建立和开发。印度曾专门出台对专利产品免除三年消费税的政策，荷兰和瑞士制定减免专利新产品利润的税收政策。爱尔兰规定，知识产权的收入不征收包括印花税在内的任何税，500万欧元以下的专利收入都免税，2001年建立了商业化专项资金（Irish Commercialisation Fund），主要支持企业进行科技成果保护和前期商业化开发（European Commission，2004）。意大利Tecno—Tremont法允许包括专利在内的研发成本在税前抵扣。葡萄牙采取国家工业产权研究所提出的“预先行动”措施，引进服务导向文化和网络化方法激励企业使用知识产权。英国将企业教育项目转变为知识转移伙伴项目，对进一步接受教育的学生和高等教育机构开放。韩国规定转让或租赁专利、技术诀窍或新工艺的所得，公民按照合同提供自行研究开发的技术诀窍所获得的收入可减免所得税或法人税，如果转让给本国人则免征个人所得税，如果转让给外国人则减征50%的税金，韩国对职务发明专利转化收入免征个人所得税。

9.2 知识产权政策现状

我国2006年颁布的《中长期科技规划纲要》及其配套政策和实施细则建立了包括知识产权政策在内的科技创新政策体系。创造和保护知识产权的政策主要包括五大部分：一是掌握关键技术和重要产品的自主知识产权；二是积极参与制定国际标准，推动以我为主形成技术标准；三是切实保护知识产权；四是缩短发明专利审查周期；五是加强技术性贸易措施体系建设。

为贯彻落实《中长期科技规划纲要》提出的知识产权政策，我国有关部门又出台了四项与知识产权有关的实施细则。一是科技部、发改委、原国防科工委2006年12月21日共同发布的《我国应掌握的自主知识产权的关键技术和产品目录》。二是原国家信息产业部、科技部、发改委2006年12月25日共同发布的《我国信息产业拥有自主知识产权的关键技术和重要产品目录》。三是科技部制订的《关于提高知识产权信息利用和服务能力，推进知识产权信息服务平台建设的若干意见》。四是发改委、科技部、财政部、工商总局、版权局、知识产权局2007年12月6日联合发布的《建立和完善知识产权交易市场的指导意见》。技术标准方面的政策主要是科技部、质检总局、发改委、财政部2007年1月15日联合制订的《科技计划支持重要技术标准研究与应用的实施细则》。

我国2008年颁布的《国家知识产权战略纲要》在战略任务中特别指出，要“促进知识产权创造和运用，即运用财政、金融、投资、政府采购政策和产业、能源、环境保护政策，引导和支持市场主体创造和运用知识产权，推动企业成为知识产权创造和运用的主体”，并提出了一系列政策措施。此后，我国每年发布的知识产权战略推进计划和知识产权保护行动计划都提出了一系列政策措施。

在科技创新政策的带动下，知识产权政策制定逐步开始受到重视。但《中长期科技规划纲要》中的知识产权政策没有涵盖知识产权创造、运用、保护和管理的全部，而只是涵盖了创造和保护的一部分内容，在知识产权运用方面涵盖得很不够，知识产权创造、运用等政策主要体现在科技投入、税收优惠、政府采购、投融资政策之中。而且，《中长期科技规划纲要》中的知识产权政策和《国家知识产权战略纲要》提出的政策又多是思路性和原则性的政策，可操作性显得不足。

由于我国知识产权制度主要借鉴国外，我国很少制定发布知识产权保护范围与期限、利益平衡、知识产权管理等方面的政策，所制定的政策多是原则性政策。当前，影响我国国家自主创新能力尤其是高技术产业自主创新能力建设的主要问题有：一是关于知识产权的财政和税收政策一直没有实质性突破，财政政策主要用于知识产权申请资助。税收政策对自主知识产权产品尚没有提出切实的举措，促进知识产权转移转化和商业化的运用政策还没有实质性突破。二是政府采购政策还存在不足。自主创新产品以所谓的自主知识产权为标准，而该自主知识产权标准并不合理。三是知识产权质量亟待提高，尤其是专利的技术质量和审查质量均有待提高。四是高校、科研机构和企业知识产权管理水平还较低，知识产权运用能力较弱。

国外一些学者也开始关注中国的知识产权战略和政策，如奥蒂士和阿达克（Rebecca Ordish and Alan Adcock，2008）认为中国知识产权保护很复杂，对外国企业是个挑战。苏麦德（Rechard P. Suttmeier，2011）经过长期观察，发现中国知识产权战略和创新政策是一种发烧行为，缺乏实审的实用新型及其高门槛无效程序，自家法院的优势会导致对中国外资企业的法律行动，中国“混合——调适”的政策制定模式会导致政策不符合中国情况，也有可能与其他国家政策冲突，如政府采购政策；中国的知识产权与创新战略结合可能会导致意想不到、倒行逆施的结果，大量的申请和诉讼案件，低诚信、高度竞争的经济可能会导致“反公共地的悲剧”。总体看来，国内外关于知识产权政策的研究还很不完善，一些研究的政策过多地局限于法律层面，一些研究则过多地涵盖了经济社会内容。建立和完善符合我国国情和实际需要的知识产权政策体系，制定更具可操作性的知识产权政策措施，是提升国家、地方和企事业单位知识产权能力的保障，也是深入实施高技术产业知识产权发展战略和从根本上提升国家自主创新能力的保障，具有极其重要的现实意义和紧迫性。

9.3　知识产权政策体系

9.3.1　知识产权政策原理

无论理论界怎样将自然权利论、契约论、劳动价值论等理论应用于知识产权的法理学解释，现代知识产权制度的核心仍然是将知识产权作为一种私权。但是，知识产权的私权是一种相对的垄断权，由于社会发展的基本原则是公平，为了使权利人和社会公共利益之间保持平衡，知识产权制度设计了许多原则以保障这种平衡，在保护知识产权人权益的同时维护社会公共利益。虽然 TRIPs 协议等确定的全球知识产权框架不可能逆转，但随着科技的迅猛发展，尤其是发达国家与发展中国家力量的对比变化，需要建立以知识产权公平、平等、便利利用为核心的新的世界知识产权秩序（Chidi Oguananam，2012）。

无论专利权曾是封建王室授予的特权还是法律授予的民事权利，许多国家建立专利制度的目的无不是为了通过保护私权促进新技术的创造应用和引进国外新技术及其应用，以最终获取利益。所以，不能否认知识产权创造和运用在整个知识产权制度发展中的重要地位，更不能否认只有在知识产权创造和运用制度安排的基础上才能考虑强制许可和限制知识产权滥用等问题。

法律是制度化的政策，是公共政策的核心，在知识产权法律制度基础上，知识产权政策是一种具有灵活性的公共政策。与知识产权法律法规一样，知识产权政策也应当符合适当的保护和对过度垄断限制这两个方面的政策原理（吴欣望，2007）。知识产权又是具有较强外部性的公共政策，知识产权政策虽然要强调激励公平竞争，但更要发挥积极作用。如果没有有效的知识产权政策，就会导致知识产权创造和运用的供给不足。知识产权不仅仅是对科技创新成果的保护和激励，而且也是科技创新成果本身的体现，一项知识产权的创造和运用不仅能够带来一定领域生产力的发展，而且也能够为其他领域知识产权的创造和运用开辟道路。知识产权之间又具有系统性和网络效应，可以产生网络经济的外部性，系统化的知识产权政策将会极大地改善知识产权战略的环境。

9.3.2 知识产权政策类型

知识产权政策是一种具有普适性、权威性和强制性的关于知识产权的政治方案，是执政党和政府采取的用以规范、引导有关机构和个人关于知识产权创造、运用、保护和管理的行为准则和行动指南。它不仅包括知识产权法律、规章、规定，还包括政府的知识产权计划、首脑指示、大会决策等。

从法律效力或层次来说，知识产权政策体系包括知识产权法律、知识产权部门规章、知识产权规定三个层次，其中知识产权法律的效力最高，是最核心的知识产权政策，也是最重要的知识产权政策。而知识产权有关规定效力较低，数量较多，但却是贯彻知识产权法律法规和知识产权政策的具体措施。广义的知识产权政策包括上述所有层次，而狭义的知识产权政策主要指除法律法规外的各种知识产权规定、规范和规划、办法等。

从知识产权产生和利用过程来看，知识产权政策主要是指知识产权创造政策、知识产权转移转化政策、知识产权商业化政策、知识产权引进政策和知识产权保护政策等。所以，从知识产权能力建设来看，知识产权政策也可以是指知识产权创造能力建设的政策、知识产权运用能力建设的政策、知识产权保护能力建设政策和知识产权管理能力建设的政策。

另外，从政策对象上来看，知识产权政策与知识产权客体相适应，主要包括专利政策、商标政策、集成电路布图设计专有权政策、著作权政策、植物品种权政策、技术秘密专有权政策等。从政策工具来看，知识产权政策主要是指知识产权财政政策、知识产权税收政策、知识产权政府采购政策、知识产权投融资政策、知识产权进出口政策、知识产权并购政策等。

9.3.3 知识产权政策体系

目前，在《中长期科技规划纲要》及其配套政策以及有关部门颁布的近80项实施细则中，已有许多规定进入了新颁布的《科技进步法》、《专利法》、《企业所得税法》等法律规章中。在《中长期科技规划纲要》及其规划配套政策中，政策分类一是按照政策工具进行分类，一是按照科技创新活动进行分类，《中长期科技规划纲要》及其规划配套政策将知识产权作为工具类政策而非科技创新活动类政策，因此是科技创新政策体系的一个部分，主要是为其他政策提供保障作用。从自主创新能力建设出发，知识产权政策与科技创新政策的关系如表9－1所示。

表 9－1　知识产权政策与科技创新政策比较

自主创新能力	能力内涵	科技创新政策	知识产权政策
科学研究能力	• 基础研究经费投入能力 • 基础研究人力资源配置能力 • 基础研究活动管理能力 • 基础研究产出能力	• 财政投入政策 • 奖励政策 • 同行评议政策	• 知识产权创造政策（著作权、发现权） • 知识产权管理政策（知识产权归属） • 知识产权保护政策（知识产权司法与行政保护）
技术创新能力	• 将创新资源转化为能获得商业化价值的产品和服务的能力	• 财政投入政策 • 税收优惠政策（150% 税前加计扣除） • 金融政策 • 人才政策（教育经费税前列支）	• 知识产权创造政策（知识产权导向的研发） • 研发项目知识产权管理、知识产权资助、审查确权 • 知识产权运用政策（技术标准与专利组合） • 知识产权保护政策（司法与行政救济）
创新基础能力	• 大科学装置与大科学工程建设能力 • 实验室建设能力 • 工程化开发设施健设能力 • 商业化基础设施建设能力 • 创新中介服务网络建设与管理能力	• 财政投入政策 • 人才投入政策 • 税收政策（进口环节关税增值税优惠） • 开放合作政策	• 知识产权管理政策（知识产权创造运用考核指标、知识产权中介机构管理） • 知识产权保护政策（知识产权合理使用）
创新商业化能力	• 创新成果转移能力 • 创新成果转化能力 • 创新成果产业化能力	• 投入政策——创新基金与引导基金 • 金融政策——贷款 • 税收政策——高技术企业所得税 • 政府采购政策 • 成果转化政策	• 知识产权运用政策（转移转化、质押贷款、产业化、保险、产品消费税、信息扩散、费用、知识产权产品政府采购） • 知识产权保护政策（司法与行政保护）
社会应用能力	• 创新成果的社会应用能力 • 创新对社会应用需求挖掘能力	• 财政投入政策 • 社会事业政策	• 知识产权管理政策（知识产权教育、培训） • 知识产权保护政策（知识产权保护网络）
创新管理能力	• 政府组织体系调整与政府职能转变能力 • 政府引导机制与市场机制建设 • 法律制度建设能力 • 创新文化建设能力	• 体制机制改革	• 知识产权管理政策（政府机构与职能优化、知识产权行政管理、知识产权费用标准改革、企事业单位知识产权管理、知识产权文化）

知识产权创造和运用贯穿于科技创新、产业、贸易等相关政策中，但现有的知识产权政策与其他政策之间既有交叉，又不完整，现有科技创新政策在知识产权创造运用和管理规定上存在不足，教育、文化、卫生政策是基于政府部门和行政职能制定的政策，只有很少涉及知识产权，而且知识产权政策也主要是保护政策和转移转化政策。产业政策主要指投资政策、技术创新政策等，涉及知识产权的主要是激励创造和鼓励知识产权与技术运用的政策，在知识产权保护和管理方面又较少。贸易政策主要是关于知识产权的竞争政策，主要是保护政策。从知识产权类型来看，现有多数科学政策、技术政策、产业政策、创新政策和贸易政策的核心都涉及知识产权创造运用，但这些知识产权创造运用的政策又有较多缺失。由于知识产权也是重要的政府部门职能，随着科技创新与产业发展的紧密结合需要，以及知识产权审查保护与产业创新发展紧密结合需要增强，有必要重塑现有科技政策、产业政策和知识产权政策，构建涵盖创造、运用、保护和管理的知识产权政策体系，突出面向自主创新能力建设的识产权创造运用，强化知识产权在科技、创新、产业和行业政策中的保障、支撑、引领作用。知识产权具有自身的逻辑和特点，一般包括知识产权创造、知识产权申请与审查、知识产权行政与司法保护、知识产权转移转化与商业化几个环节。虽然强调通过保护和管理促进创造与运用，但知识产权政策具有相对的独立性和完整性，因此，构建知识产权政策体系又是可行的。实施面向自主创新能力建设的高技术产业知识产权发展战略需要包括知识产权创造、运用、保护和管理的系统化政策举措。

政策工具是政府关于人、财、物和信息等资源配置的手段，主要包括财政投入政策、税收政策、政府采购政策、人才政策，但仅靠政策工具还不足以构建起较为完善的政策体系。《中长期科技规划纲要》配套政策既有政策工具政策如财税政策、政府采购政策、人才政策，也有行业政策如教育科普政策、知识产权政策；既有供给面政策如财税与人才政策，也有需求面政策如政府采购政策；既有单一政策如税收政策，也有复合型政策，如科技基础条件平台政策与消化引进吸收再创新政策，因此它是一个混合的政策体系。如同科技创新、国防、产业等政策可以使用财税政策工具一样，知识产权政策体系也可以借鉴和使用财税、政府采购、人才等政策工具，从重点工作出发构建混合的政策体系。

从知识产权过程、政府职能设置和便于行政管理角度看，知识产权创造、运用、保护和管理涵盖了知识产权的全部方面，任何知识产权工作归根结底都可以纳入这四个范畴。这四个方面构成一个有机整体，离开任何一个方面，知识产权本身就不完整。因此，可以从这四个方面考虑构建知识产权政策体系。2008 年，我国颁布的《国家知识产权战略纲要》从知识产权的特点出发提出了知识产权创造、运用、保护和管理四个方面的能力建设，中科院等许多部门和许多地方政府也从这四个方面制定了行业、部门和地方知识产权战略和相应的政策措施。所以，知识产权政策体系可以是包括知识产权创造、运用、保护和管理四个方面政策的框架，每个方面都可以分别使用财政投入、税收优惠、金融支持、政府采购、贸易、人才等政策工具。

构建面向自主创新能力建设的包括知识产权创造、运用、保护和管理的知识产权政策体系，不仅可以区别于现有科技创新政策体系并扩展其知识产权政策内容，而且可以更加符合知识产权的自身特点和发展规律。与科技创新政策相比，知识产权创造政策不仅包括研究开发活动的知识产权创造政策，也包括知识产权布局政策和审查授权的政策，知识产权布局政策不仅仅是基于研发结果形成知识产权的政策，而是面向市场需求和知识产权组合并最终能实施运用引导研发和高效创造知识产权的政策。与科技创新政策重视研发投入和科技基础条件平台建设的政策侧重点不同，知识产权授权政策更是知识产权创造政策不可缺少的环节。知识产权运用政策不仅包括促进知识产权转移转化和商业化方面的政策，而且也包括运用知识产权制度提升创新机构竞争力方面的政策，转移实施不仅强调技术转移，而且强调权利转移，不仅强调技术系统转移，而且强调知识产权权利组合系统的转移，强调通过科技创新项目的知识产权全过程管理促进创造。知识产权政策重视知识产权检索与权利分析、技术标准与知识产权关联、知识产权权益维护等。科技创新政策中的管理政策偏重于科技项目申报验收的管理和科技创新经费的管理，而知识产权管理政策偏重于政府体制机制和职能优化、企事业单位知识产权的全过程管理、评价考核体系中知识产权质量和知识产权绩效管理，以及知识产权文化建设。科技创新政策关于科技创新成果保护的政策不多，而知识产权保护政策则涉及行政保护和司法保护的实体与程序。

9.4　知识产权创造政策

知识产权创造是知识产权政策的重要起点，主要包括知识产权研发创造、知识产权审查授权和知识产权保护范围拓展等三个方面。

1. 知识产权研发创造

知识产权创造政策主要包括形成知识产权的投入与研究开发政策、知识产权审查授权政策以及促进拓展知识产权保护范围的政策。当前，我国促进知识产权投入和研发的政策依据的法律主要是《科技进步法》，依据的政策是科技投入政策，包括科技经费投入与经费管理政策。但知识产权创造政策主要是以创造知识产权为目标的研究开发投入与研发过程管理政策，而不包括科学事业、科学基建费等经费管理类政策。知识产权创造也涉及税收优惠，从税收政策工具来看，研发经费税前加计扣除政策的主要目标也是为了激励形成知识产权的研究开发创造活动。

知识产权研发创造不是传统意义上的从研究开发投入到产出再到形成知识产权的线性过程，更不是仅仅只抓投入和验收的经费管理政策与项目验收政策，而是从面向科学前沿和市场需求以形成有效知识产权及权利组合的研究开发活动和知识产权创造过程。面向市场需求，通过检索全球科技文献尤其是专利文献，找到研究开发的重点，明确未来的知识产权组合尤其是重要的技术标准的专利池和知识产权归属，实行研究开发全过程的知识产权管理，将研究开发产出的科技创新成果申请知识产权保护，形成有效的知识产权组合，不仅有利于改变传统研发创造模式，解决相当部分知识产权不能成为必要知识产权的低效率问题，而且有利于提升自主知识产权在知识产权组合中的比例和地位，从而有利于掌握创新的主导权。

知识产权创造政策的政策工具主要是财政投入、税收优惠和人才政策。从激励知识产权研发创造方面看，目前主要的财政政策工具包括科技项目知识产权费用列支政策，税收政策工具主要包括研究开发经费税前加计扣除政策。人才政策工具主要是人才劳务费用列支政策和教育培训费用税前扣除政策。

从激励有效知识产权及其组合创造分析，我国当前的财政政策主要存在以下问题。①科技创新活动缺乏知识产权管理全过程。现有科技创新政策较重知识产权创造经费的投入和产出，缺乏研发过程的知识产权政策，尤其是知识产权及其组合引导的研究开发政策，从而导致知识产权创造效率较低，相当一部分计划或项目不能形成有效的知识产权，形成的知识产权也是较零散的，缺乏竞争力的，甚至与主营业务不相关的，虽然形成知识产权但也由于布局问题、许可问题无法实施和实现产业化，造成财政投入浪费，其重要的原因在于缺乏研究开发项目立项前的知识产权检索分析，项目研发过程的跟踪检索和分析，缺乏面向技术标准的必要专利组合或专利池布局，缺乏专利导向的创新方法如 TRIZ 方法应用。②有关科技创新计划与项目的立项、验收与知识产权创造结合不紧密。国家高技术研究发展计划、支撑计划以及特色产业基地、高技术产业化基地等项目虽然都有对专利等知识产权数量的要求，但关于知识产权的规定很不具体，验收考核关于知识产权的要求不高，知识产权对科技创新计划和项目的拉动作用和保障作用远未发挥出来。比如科技支撑计划要求发明专利不少于 18 项，“863”计划要求不少于300项，高技术企业认定必须有1项发明或6项实用新型专利，而不管专利是自主研发的还是买来的，不管知识产权与研发项目的企业主营业务和主导产品关系如何，都可以作为验收指标。③现有科技创新政策目标与国家战略需求和市场需求有差距。知识产权类型不同，其作用也不相同，专利虽然有利于企业各种战略目标的实现，但专利在激励研发创造上对研发的作用变小了（Lee Davis，2004）。由于导向问题，我国高校、科研机构大量的科技创新成果是发表的科技论文而不是申请的专利，即使申请专利，其目的也不主要是为了运用，而是为了完成项目验收考核和职称评审甚至学术声誉。④科技创新政策由于缺乏知识产权技术和权利的有机联系，致使产学研合作效果还不高。由于科学家与工程师的培养需要时间而教育系统不能满足，现有用于弥补市场失灵的科技政策存在不足（Röller，L. – H. and P. Mohnen，2005）。我国很多高校和科研机构采取限制人员到企业兼职，创业就解聘的政策，一些高校科研机构则热衷于吸引产业资金但却创造不出由知识产权充分保护的创新成果，实际是技术联系与权利联系没有紧密结合的问题，导致产与学、产与研结合不紧密。⑤现有科技经费管理政策在激励知识产权创造上存在不足。现有科技政策已允许将知识产权费用列入预算，但这些费用主要是申请和维持知识产权的费用，知识产权检索则列入文献检索图书资料费用科目，而没有明确知识产权分析、咨询服务、代理等费用能否列支。⑥税收政策限制知识产权创造。形成无形资产前的知识产权费用不能列入税前150%加计扣除的十类范围，只能当做当期费用在税前抵扣，影响了研究开发过程与知识产权管理过程的紧密结合。主要包括注册费、律师费和研发成本形成的无形资产的知识产权费用必须分年摊销并可按照150%进行摊销，但不能列入当期费用，使得这些费用不能和其他管理费用一样在当期进行150%加计扣除，实际上降低了对知识产权创造的激励❶。税收政策规定的无形资产包括研究开发成本，如果按当前政策规定必须实行分年摊销而不能在当期扣除，即使有150%的加计扣除规定，也必然降低对企业研究开发投入和形成知识产权的积极性，与150%研发经费加计扣除政策目标存在矛盾。另外，技术开发费150%税前加

---

❶ 《企业所得税暂行条例》和《企业所得税暂行条例实施细则》规定，纳税人自行开发并且依法申请取得的无形资产，应按照开发过程中的实际支出计价；无形资产的受让、开发支出应当资本化，不得作为纳税人的成本、费用。《企业所得税暂行条例实施细则》还规定，无形资产应当采取直线法摊销。受让或投资的无形资产，法律和合同或者企业申请书分别规定有效期限和受益期限的，按法定有效期限与合同或企业申请书中规定的受益年限孰短原则摊销；法律没有规定使用年限的，按照合同或者企业申请书的受益年限摊销；法律和合同或者企业申请书没有规定使用年限的，或者自行开发的无形资产，摊销期限不得少于10年。

计扣除政策对大企业作用较大，对中小企业作用力度较小，而中小企业是我国高技术产业知识产权创造的重要力量，150%加计扣除政策对其激励作用相对来说可能是负的。⑦科技经费管理政策对人员的激励不足。政策允许科技计划项目列支不超过15%的人员劳务费，与美欧50%的标准相比显然太低，激励极为不足，而每个项目都允许购置仪器设备费、会议费等又会造成资金的重复投入和一定程度的浪费。科技经费管理政策规定项目专家咨询费每天不超过800元的标准也显然太低，这极易造成项目承担单位要么违法，要么请不来高水平的有利于知识产权创造的科技创新人员进行咨询。而且现行科技经费管理政策也没有体现不同学科、不同行业科研项目和不同级别、不同工作量科技人员的劳务差别。现行企业所得税政策允许不超过2.5%工资总额的职工教育经费税前列支的标准也较低，加上一些国有企业工资总额封顶，而工资总额早已用完，此政策实际没有发挥应有的作用，影响了企业长期提高科技创新和知识产权创造的能力。

2. 知识产权审查授权

知识产权授权是知识产权创造的重要方面，除依产生形成的权利外，专利、集成电路布图设计、植物新品种等知识产权都是依申请而产生的权利。这些类型的知识产权是创造出来的权利，也是国家审查确认的权利。知识产权授权主要是经过知识产权行政部门审查、审批、注册、公告等确定的由国家许可的垄断权利。知识产权确权的法律主要有《专利法》、《商标法》、《集成电路布图设计条例》、《职务品种保护条例》等部门法律法规及其实施细则，相应的政策措施主要包括《专利审查指南》、《商标审查办法》等知识产权审查和授权的规定。

在知识产权审查授权政策方面，我国的知识产权审查效率有待进一步提高。根据对主要国家专利审查的计算和比较，可以发现我国专利审查的效率仍然较低。从人均经费投入上看，用汇率折算费用计算后，我国的人均成本最低，但从专利总体申请授权率上看，我国是美、日、欧、韩、中五个局中最低的；从审查员人均审查的发明专利数量看，我国也是五个局中最低的；从人均发明专利权利要求数量和说明书数量比较，我国人均权利要求审查效率高于美国但低于欧洲和韩国、日本，人均说明书审查效率只有美、欧的一半，如表9－2所示。

表 9-2 主要国家知识产权局 2010 年专利审查业务❶

	韩国知识产权局	欧洲专利局	美国专利商标局	日本特许厅	中华人民共和国国家知识产权局
雇员数	1548	6778	9507	2903	9700❷
其中发明审查员数量	811	3966	6129	2239	5110
检索时间（月）		17（2003）	27（2003）		
申请到一通审查时间（月）	18.5	21.89	24.6	28.5	
一通到决定授权审查时间（月）	24.6	39.1	34.9	35.4	36.32（申请到授权 2009）
发明专利授权量（件）	68843	114991	219614	222693	135110
发明专利申请量（件）	170101	235029	492398	344598	391177
总经费支出（亿美元，2010 年中行折算价）	2.9787	16.7777	19.39	9.6486	3.5937
平均每项专利权利要求数（项）（2003，2004）❸	6	22（2009）	4	9	8.5（国内 7，2011）
平均每项专利说明书页数（页）❹	—	30（2005）	—	—	13.02（国内 6.57，2011）
发明申请授权率（%）	40.47%	48.93%	44.60%	64.62%	34.54%
权利要求审查效率（项/人）	509.32	637.87	143.33	895.15	325.88
说明书审查效率（页/人）	—	869.83	1003.29	—	405.81
人均总成本（万美元/人）	19.24	24.75	20.40	33.24	3.70
发明专利人均产出（件/人）	84.89	28.99	35.83	99.46	26.441

我国知识产权质量有待提高。首先是专利代理质量有待提高。据统计，2010 年我国 229 857 件有效专利平均说明书页数 6.57 页，权利要求书项数 6.995 项，

❶ 主要数据来源：JPO（Edited）. Four Office Statistics Report 2010. October 2011. http：//www. trilateral。net/statistics/tsr /fosr2010/fullreport. pdf。

❷ 据实际调查统计，2012 年国家知识产权局专利局总职工人数 9700 人，其中发明专利审查员 5110 人，包括实审 2080 人，审查协作中心实审 3000 人，复审委 300 人，初审约 600 人。

❸ 数据来源：Van Pottelsberghe de la Potterie B，Francois D. The cost factor in patent systems. Journal of Industry Competition and Trade. 2009。

❹ 数据来源：Bruno Van Pottelsberghe De La Potterie，Siska Vandecandelaere，Emmanuele De Be' Thune. Policy recommendations for the belgian patent system［J］. World Patent Information，2008（30）：193－194。

而美国在华专利申请达28页和16项，欧专局申请平均为30页和22项，差距甚大。我国知识产权局虽然也建立了专利审查质量管理部门和考核体系，但对专利技术质量关注不够，也缺乏一套完善的审查质量指标体系。其次是知识产权审查周期仍较长。权利不确定不利于知识产权运用和商业化，也会造成不必要的纠纷，虽然我国专利从申请到授权的审查周期不断下降，2004年时还超过50个月，到2009年下降到只有36.3个月，已小于美、日、欧，但仍比韩国的时间要长。第三是知识产权审查机制也有待改善。我国是全球为数不多的按照公务员制度录取专利审查员的国家，职工总数9700多人，其中发明专利审查人员超过5000人，虽然建立了北京、江苏、广东审查协作中心，但外包审查业务比例仍然较低，审查业务企业化进程有待加快。电子申请比例只有70%多，在家办公的审查员还较少。另外，我国没有设立针对特别需要支持发展的高新技术产业、战略性新兴产业和中小企业的快速知识产权审查机制。目前的加快审查所占的比例较低，费用较高，也没有建立实用新型简易审查制度如新颖性审查制度，这些都会对这些行业和企业的投资、创业和商业化等活动产生一定的影响。

我国商标和著作权的质量也有待提高。我国虽然已连续多年成为居民商标申请量大国，虽然我国每年都命名很多驰名商标、知名商标、中国名牌等，但我国真正的世界知名品牌较少。纵观世界高技术产品和制造业产品，属于中国的知名品牌寥寥无几。目前我国已成为国际论文大国，但论文的平均引用率较低，影响因子远远低于国际平均水平[1]。

3. 知识产权权利范围拓展

知识产权审查授权政策实际上还涉及国际保护的问题，国际申请和保护国家越多，产生或创造的知识产权权利就越多。知识产权保护范围拓展反映了国内外知识产权的布局和产生情况，平均每项专利申请获得保护的国家数量越多，表明知识产权的覆盖范围就越大，获取的垄断势力和可能的收益就会越大。

总体来看，过去几年来，我国通过PCT和马德里途径向外布局知识产权的情况有较大改变，但从数量来看，我国知识产权保护范围扩展还有较大差距。2010年，我国PCT申请量只占居民申请量的4.20%，远远低于日本17.06%，英国31.57%、德国37.34%、韩国14.64%、法国49.13%、美国18.59%的水平。通过马德里途径的国际商标申请量占居民申请量的1.66%，远远低于日本12.16%，英

[1] 2001年至2011年11月1日，我国科技人员共发表论文83.63万篇，排在世界第2位，而论文共被引用519.14万次，排在世界第7位，平均每篇论文被引用6.21次，而世界平均值为10.71次。见：2010年中国科技论文统计结果发布．http：//news.sciencenet.cn/htmlnews/2011/12/256428.shtm。

国16.43%、德国8.19%、韩国7.82%、法国5.03%、美国6.04%的水平，如图9－1所示。其主要原因在于，我国企事业单位对知识产权的国际保护重要性认识不足，很多重大技术标准尤其是信息通讯技术标准很少有来自我国的专利。相对于我国人均收入来说，专利的国际和国家阶段费用较高也是一个重要的原因，而我国又长期缺乏支持国际知识产权创造的财政资助政策，刚出台的资助政策总额较小，每项知识产权的资助力度还不大。另外，随着我国很快成为知识产权创造大国，许多知识产权由于各种原因被驳回，多数知识产权审批时间过长，优势资源得不到其他国家知识产权的保护，一些国家也开始发生侵犯我国知识产权的现象。

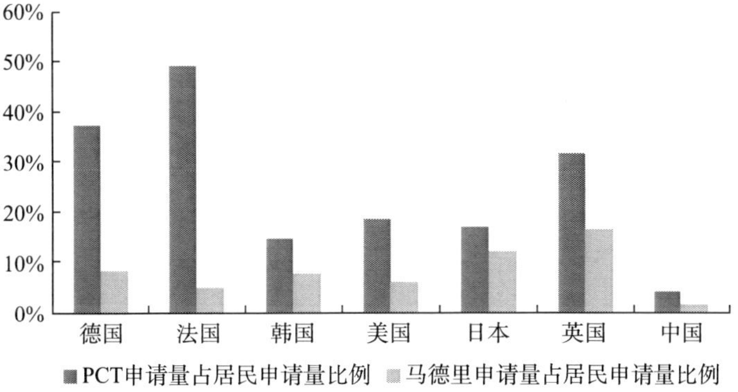

图9－1　中外主要国家国际知识产权申请量占国内居民申请量比例

当前，我国在知识产权创造上的政策存在不足的深层原因在于我国国家创新体系建设不完善，市场机制作用没有充分发挥出来，知识产权创造的水平和效率还不高。一是创新机构功能定位不清。高校在基础研究和培养创新人才上作用发挥不够，但却在技术创新上与企业直接竞争，科研院所面向科技前沿和国家战略需求上的创新能力还不强，却申请大量专利，也与企业在技术创新上展开竞争，最应成为技术创新主体的企业在创新独立决策、政府创新资源投入、高端创新要素集聚上严重不足，知识产权创造的能力受到较大影响。二是创新资源配置问题。我国在创新基地、创新基础设施和创新经费投入上比较重视向东部城市、大城市和高校科研机构的配置，而对中西部和企业的配置不足，研究开发经费中基础研究经费占的比例一直较低，科技创新经费管理也存在公开公平不足和过度竞争化问题，缺乏有效的监督约束机制，影响了知识产权创造的效率。三是创新人才培养使用问题。由于产业创新能力弱对创新人才需求不足，而人才创新能力培育模式落后，一些大学培养的学生不适应产业创新的要求，加上高技术产业进出口贸易的80%是“三资”企业，国内企业又比较重视技术引进，创新创业环境不完善，尤其是风险投资、创新投资还不发达，更由于高校、科研机构科研人员待遇与同等水平的企业人员相比较低，而企业往往又缺乏基本的社会保障，创新人才知识产权创造的积极性远远没有发挥出来。四是创新文化建设问题。高高在上、自以为是、胡乱指挥、轻视法律和规则的官僚文化窒息创新文化建设，不尊重创新，肆意剽窃，知识产权保护不力的假冒文化严重制约创新文化建设，求平稳跟踪研究，短平快完成任务，为职称和考核发表论文申请专利，不重创新重文凭，学术抄袭剽窃的浮躁文化等阻碍创新文化建设，科学道德伦理建设落后，知识产权保护还远未深入人心，这些都会严重影响有竞争力的知识产权的创造。五是创新动力导向存在问题。而暴利行业的存在，寻租行为的低成本，创新政策落实不够，加上其他政策的不配套，造成企业自主创新的动力不足，高校和科研机构的评价体系较重知识产权数量而非质量和效益，较重视科技论文和专著而非专利，以争取经费和完成考核为主要导向而非从根本上提升创新能力的政策，这些都是我国重大自主知识产权难以创造出来的主要原因。六是市场机制作用发挥远远不够。我国知识产权创造很大程度上是政府推动的结果，政府不可避免地对知识产权和创新市场进行干预，较多采用经费投入手段和行政管理方式会影响甚至扭曲市场对知识产权创造的根本性激励作用。

4. 知识产权创造政策

完善知识产权创造政策，需要完善现有国家创新体系布局，改革科技创新评价体系，突出知识产权的导向作用，优化大学、科研机构、企业的功能定位，将政策目标引导到服务于国家战略需求和市场需求的正确轨道上来。知识产权创造政策应面向运用进行各类知识产权布局创造和优化组合，变投入驱动政策为投入推动与知识产权拉动的结合型政策。

第一，完善知识产权研发创造政策。一是将激励知识产权创造政策的重点向科研项目的前端和后端延伸。尤其是科研项目立项、中期检查和项目验收必须提供独立知识产权检索分析报告，科技经费要支持可授权、可实施和可组合为有竞争力的新产品新服务知识产权的研究开发创造，知识产权资助政策中应增加对知识产权商业化方案和商业化结果预见的要求。二是要扩大目前技术开发费加计扣除政策的范围。应允许各类科技创新项目发生的知识产权费用在税前列入成本，允许将形成的各种知识产权有关费用无论是否形成无形资产一次性列入管理费的当期费用，并实行150%所得税税前加计扣除，从而降低企业知识产权创造的负担，促进知识产权与研究开发的结合。当然也可以允许企业尤其是上市企业和国有企业为绩效考核选择分年摊销。三是修改完善自主知识产权认定标准。自主知识产权必须是主要经过自身研究开发活动形成的以专利、软件著作权或技术秘密专有权、植物新品种权等主要类型知识产权为客体的具有数量或价值绝对多数或相对多数的知识产权。外购取得的知识产权并且拥有知识产权所有权或五年以上独占许可权，只有获得绝对或相对主导收益且在中国增加值超过50%的知识产权产品与服务才能成为自主知识产权产品与服务，才能纳入自主创新产品目录。四是修改完善各类知识产权考核政策。建立知识产权考核指标体系，在重视数量的同时，增加对有效知识产权数量、知识产权质量、知识产权实施收益和知识产权与主营业务的关系等指标的考核。国家高技术研究发展计划、支撑计划等要加大授权量、有效量和知识产权质量的考核；高技术产业化、高技术特色产业、专利产业化、产业结构优化升级等项目要加大有效知识产权和知识产权实施收益的权重，而且把这些指标作为单位今后承担新科技创新计划项目的重要依据；高校、科研机构和国有企业也要增加知识产权尤其是专利质量和实施收益指标的考核；高新技术企业和创新型企业考核还要增加知识产权实施收益对主营业务的贡献份额的指标。五是优化科技创新经费管理政策。允许将知识产权分析、咨询服务、代理等费用列入项目预算咨询专家咨询费科目。允许全部科技创新项目列支人员劳务费，提高劳务费标准上限，工程研发项目人员劳务费不超过30%，人文社科类项目人员劳务费不超过50%。提高专家费标准上限，项目专家咨询费副教授及以下不超过1500元，教授级每天不超过2500元，院士级不超过4000元。鼓励经费节约，对结余经费实行奖励制度。允许职工教育经费不受工资总额限制。六是强化产学研合作的知识产权创造。各类科技创新计划项目尤其是应开发类项目必须以企业为牵头单位，高技术研发项目要规定企业尤其是行业龙头企业的实质性参与。面向知识产权创造，激励和引导高校、科研院所与企业在前沿技术研究、工程化研究、产品开发、市场服务等各个层次开展合作，通过共享知识产权和收益权密切产学研合作。七是支持面向高技术产业发展前沿和市场需求的以自主知识产权为基础，以企业为主体，以技术标准为纽带的创新联盟发展，创造必要专利等知识产权，构建专利池或专利组合，以价值链整合产业链与创新链，培育和引导知识产权和创新集群发展，推进产学研合作。

专栏：专利质量

近年来，随着全球专利申请量的大幅度增长，专利质量受到越来越多国家的重视。美国已通过改革专利法提高专利质量，建立了包括内部质量、外部质量、诉讼案件质量、一通符合度、检索符合度、诉讼早期审查质量、权利要求正确度等的专利质量综合指数。欧洲专利局正在研究专利质量问题，研究从发明创造权属、检索报告、审查请求、授权后异议、宽限期、隐含申请、适应性、激励和工作量等方面建立专利质量指标体系。

专利质量是指专利技术水平高，撰写较好，能够经得起审查、无效和诉讼程序的具有较大市场价值的情况，其本质是专利满足专利“三性”，即新颖性、创造性和实用性和权利要求书得到说明书充分支持的程度。主要包括两个方面的质量：一是专利技术质量，即专利技术是否有专利法意义上的新颖性、创造性和实用性，尤其是创造性。二是专利文件质量或法定质量，即申请人或代理人与审查员经过对抗程序所确定的专利文件的质量，其中包括申请人或代理人的撰写质量以及审查员的审查质量。

专利质量首先应当有新颖性，审查员相对容易拒绝丧失新颖性的专利。创造性是专利技术质量的核心。判断专利是否具有创造性要以本技术领域的普通技术人员意想不到为标准。欧洲采用三步法判断创造性，即首先找到最接近的现有技术，第二步确定要解决的目标技术问题，第三步从最接近现有技术和目标技术问题出发考虑对普通技术人员而言发明是否显而易见。美国一般采取教导——启示——动机测试方法。美欧还允许从发明解决了人们一直渴望解决但最终未能获得成功的难题、发明克服了技术偏见、发明取得了预料不到的技术效果、发明在商业上获得成功等方面考虑创造性。

“普通技术人员”、“意想不到”或者“显而易见”是创造性的核心概念。由于多数国家实行的是先申请制而非先发明制，很多专利只是一个技术方案，或是刚刚完成了发明创造任务的技术方案，申请人所称的技术问题不一定就是现有技术真正存在的问题，所采取的技术手段并非就是切实可行的技术方案，技术效果有可能是自我宣称的技术效果，而并非实际验证获得的优点或积极效果。所以有关创造性判断的不同案例也有不同的解释。

一个专利是否具有创造性，创造性高度如何关键是要看他所要解决的技术问题是否存在，所用的技术手段是否可行，所得出的技术效果是否真实。但目前国内外《专利审查指南》和有关案例关于“技术问题”并没有特别明确的规定，只是规定如果存在现有技术启示使得申请人有动机去解决技术问题的，有可能导致不具有创造性。而且也没有关于技术效果的明确规定，只要发明人把其认为的优点应当写出来，只要不割裂在先技术和不致产生误导就可。申请人所称的技术问题、所宣称的技术效果不一定准确。由于缺乏判断标准和方法，代理人、审查员和法官在“三性”判断时只能根据经验和主观判断确定创造性。

说明书也存在实际的不充分公开情况。一是本领域普通技术人员无法按照发明所述重现或者以可靠方式获得发明所称的结果。二是由于主观臆断问题不能实施。这可从许多工艺类申请中发现，一些组分的配比、温度湿度和时间长短数值选择并非是从实验得出的，一些不过是发明人或代理人臆想的数值范围，只是这些数值范围在审查过程中能符合审查员的判断而已。《审查指南》认为计算机领域的发明尤其是商业方法专利提供功能描述要比结构描述更好，并不要求提供源代码，只要是程序加公知计算机就可以作为专利申请，但说明书必须以正式语言来写，也可加入流程图和部分易于理解的程序等，而普通技术人员应当是具有编程能力但并非特别程序语言的专家，所以很多此类发明的技术方案或流程图实际就是计算机程序的功能设计。美国本次专利法修改仍保留实施例的最佳模式就是对专利申请质量的重要控制措施。

权利要求要确定的是技术方案的保护范围，欧洲要求“清楚、简洁”（Clear and Consice），美国要求“清楚、准确”（Clarity and Precision），中国要求“完整、简要”，并应得到说明书的支持。这些应当是撰写权利要求和判断创造性的核心，但什么是“完整”、“简要”没有明确的标准，现有的专利法规和《审查指南》没有具体的规定或说明，只能靠代理人和审查员的经验和自己的理解主观把握。

专利技术质量还取决于发明创造实用性的符合程度。发明必须指明实用性，指明在工业上要能够开发利用或产业化应用。在专利审查中，很多审查员可能对实用性关注不够，因为除了永动机等类发明和不授予专利的客体外，专利申请都应是能够在工业上重复制造和使用的，具有实用性。但能够在工业上“使用”或“应用”与“实用”是两个不同的概念，当前很多专利不能实施的主要原因除了专利实施可能还要获得他人专利许可之外，很大程度上是存在实用性不足的问题，申请人所称的实用性不是产业上真正的实际应用，这就要求在专利审查过程中要对这一点高度重视。

专利文件质量包括专利文件撰写质量和专利审查质量。当前，一个很重要的影响专利质量的问题是专利代理问题。一方面，由于市场竞争不充分和各种行政干预，加上专利代理行业的竞争日趋激烈，一部分专利申请目的主要是为了考核验收而非竞争需要，导致对专利代理人的要求降低，恶性竞争导致专利代理费标准下降，代理费的降低必然导致专利申请文件的质量不高，从而导致审查员的负担提高，影响专利的质量。另一方面，市场的激烈竞争导致对专利代理人的要求不断提高，专利代理收费标准也不断提高，导致专利说明书页数和权利要求数量大量增加，过多的权利要求数量不仅会限制改进专利，更会影响专利审查速度，反过来也会影响专利总体审查质量提高。

影响专利审查质量的主要问题：一是专利检索的手段，尤其是能检索到相关文献和对比文献的自动化系统。现有检索系统采取的检索方法仍然较复杂，由于查全率与查准率是一对矛盾，为了不遗漏重要的可能相关的对比文献，检索出的文献数量比较多，审查员需要阅读大量的专利文献。二是审查能力限制。审查员虽然是某个领域的专家，但不是科学家和工程师，由于专利技术都是最新的技术而且呈不断细分和综合发展趋势，审查员不可能对所有技术都能充分把握好。三是审查的程序。公众在现有技术提供中的参与和授权后的异议程序有利于提高专利的审查质量。美国专利商标局采取了一系列措施提高专利质量，如个体技术中心对已授权或未授权专利的评估、审查员培训、客户小组质量调查、审查员 8 个月学习、审查员证书考试与初审审查员的再证书考试等，还通过继续审查、审查有代表性权利要求，授权后的评议，授权前任何第三方现有技术抗辩、加强商业方法专利审查等。欧洲专利局也建立有相应的异议程序和审查员的培训制度保证专利质量，而我国 1992 年《专利法》第一次修改将授权前的异议程序改为授权后的行政撤销程序，第二次《专利法》修改后又取消了行政撤销程序。四是考核指标体系和收费标准也会影响审查质量。我国现行审查员工作考核是按照审查专利的件数确定的，如果一项专利说明书很长，权利要求很多，就会出现每个权利要求所用审查时间不足而影响审查质量的问题[1]，也可能会引起不必要的纠纷。我国也开始出现说明书超项，权利要求数量大量增加的现象，而我国关于超页超项的收费标准一直没有变化，更没有建立累进收费制度。

第二，完善知识产权授权创造政策。一是提高专利技术质量。有必要对专利

---

[1] 美国 NTP 公司 1984 年以来申请的有关手机无线邮件的 8 项专利平均每个有权利要求 240 个，其中名称为“Electronic mail system with RF communications to mobile processors”专利号为 US6317592 的专利权利要求数量高达 665 个，美国专利商标均没有发出审查意见通知书而直接授权。NTP 公司与 RIM 公司经历了长达多年的专利侵权诉讼与无效程序。2006 年 3 月 3 日，在法官的严厉警告下，RIM 与 NTP 达成和解协议，同意支付 NTP 6.125 亿美元作为终局和解，但 RIM 提起 12 次无效宣告案件，其中一部分已被专利局上诉委员会作出无效决定。

创造性三步法中的“技术问题”和“技术效果”进行明确规定。“技术问题”和“技术效果”必须是客观而且能够证明的，而非申请人自我宣称的，是与现有技术发展状况相一致的，是与发明目的和技术效果相一致的技术问题。应对权利要求“清楚、简要”的要求进行详细规定，制定手册或指南，指导代理人和申请人撰写高质量的专利申请文件。“清楚”是指对本领域普通技术的人员来说每个权利要求和全部权利要求在整体上都是清楚的，词句无歧义，说明书要与权利要求书一致。“简要”是指在独立权利要求的必要技术特征完全、不出现遗漏的情况下，权利要求可以写得“上位”一点，“抽象”一点，但越“上位”越抽象越需要较多的实例支撑，否则就会导致不清楚。应要求申请人必须对专利申请的实用性进行客观判断，并提供真实性声明。要在请求书中增加实施可能性、实施需要技术、实施存在问题等内容声明，必要时审查员可以要求申请人或代理人提供实验数据或实物模型和理由说明。二是提高代理质量。强化专利代理人的考录，强化学习、实践经历和实际技能的专业考核，增加外语交流能力考核。建立代理人业务实践制度，尤其是强化法院诉讼和专利局审查实践，并作为报考的必要条件。建立代理人质量信誉档案制度并向全社会公开，加强执业责任考核与惩戒。建立终身学习培训制度、专业技术分类制度和职称晋升制度，强化对代理人的内在激励。建立商标、版权、植物品种代理资格考试和考核制度。要加强对代理机构和代理人的服务，防止代理行业过度市场化倾向，切实保护代理人的合法权益。三是提高知识产权审查质量。专利申请人和审查员必须将检索报告写入专利文件现有技术之中，并将检索报告向全社会公开。建立自动翻译系统，扩大专利检索的范围。开发专利检索系统的全文本检索和自动化分析功能，开发具有同义词库和语义分析功能的检索系统。加强审查员业务培训，扩大审查员到科研机构和高校学习了解科学技术最新进展的规模。建立主要包括检索报告、“三性”判断、救济措施在内的专利质量指标体系，检索报告要包括不同类型文献数量、最接近对比文献准确度、最接近对比文献技术特征与专利文献技术特征对比等指标，“三性”判断要包括创造性大小、实用性大小和发出一通比例、一通要求准确度、申请总体非驳回率等指标，救济措施要包括复审无效案件比例、复审无效案维持比例等指标。引入任何第三方授权前后现有技术抗辩原则，通过各种途径提高专利的质量。四是实现各知识产权部门知识产权审查资源的共享。建立互联互通的知识产权资源和审查资源共享平台与制度，将资源共建共享作为各部门审查绩效考核的重要指标之一。尤其是要推进外观设计专利与商标、计算机软件著作权与专利、植物品种与专利、科学论文与专利审查资源的共享。五是加快知识产权审查。除招收新的审查员和建立审查协作中心之外，还可以探索将部分知识产权审查业务外包给外部高水平的代理服务机构。在保留部分审查员公务员序列审查高技术知识产权和控制知识产权审查质量外，可以探索推动现有主要审查体系逐步转向独立预决算的经营实体。六是设立高新技术、战略性新兴技术和中小企业自主知识产权快速审查机构和制度，加快高技术尤其是战略性新兴产业和现代服务业专利的审查授权，支撑产业自主创新和创新型国家建设。

第三，加大知识产权国外布局的引导和支持。一是完善海外知识产权资助办法，加大知识产权海外专项资助资金力度，在 WTO 框架下，支持我国企事业单位通过 PCT、马德里等途径在海外布局知识产权，抢占制高点，尤其是高技术产业和战略性新兴产业知识产权。二是拓宽海外知识产权资助范围，允许对驰名商标、重要植物新品种、重大软件著作权的国际申请和保护费用也应给予一定比例的资助。三是加强国际协调保护，向我国驻主要国家使馆派驻知识产权专员，向主要国家知识产权局派驻知识产权联络员，协调对我国知识产权的审查和保护。

9.5 知识产权运用政策

知识产权运用主要包括利用知识产权制度强化创新管理和提高竞争力的知识产权制度运用和知识产权转化为生产力的商业化运用两个方面。知识产权商业化实际上又包括知识产权转移扩散、知识产权创业和知识产权产业化三个主要方面。当前，除《科技进步法》、《专利法》等法律法规有明确规定外，我国促进知识产权扩散的政策主要有技术市场政策、产权交易所政策、技术转移中心政策、工程（技术）研究中心政策等。促进知识产权创业的政策主要有知识产权质押贷款政策、科技型中小企业创新基金和创业引导基金政策。促进产业化的政策主要有科技成果产业化及火炬计划政策、高技术产业化项目与基地政策、专利产业化项目与基地政策、产业结构优化升级项目政策以及投融资政策等。

商业化是知识产权运用的最终目的，有效运用知识产权制度提高自主创新能力和竞争力是实现商业化的重要手段。除了运用知识产权战略之外，构建专利池或专利组合、制定自主知识产权技术标准是有效运用知识产权制度提升自主创新能力和竞争力的有效途径。专利制度在专利池、专利组合和技术标准中的运用主要是将自主知识产权尤其是专利在符合有关法律规定的情况下纳入专利池、专利组合和技术标准中。我国的技术标准政策主要是根据国家技术标准战略提出的政策，而专利池政策主要是一些重大技术标准和标准化组织的专利池建设和许可的政策。专利池构建涉及的主要法律是《反不正当竞争法》和《合同法》，政策是科技部《关于推动产业技术创新战略联盟构建的指导意见》和《关于推动产业技术创新战略联盟构建与发展的实施办法》等。

知识产权商业化运用的基础是必须拥有一批有效的知识产权。有效的知识产权是知识产权创造的最重要部分，更是知识产权运用的前提。影响专利有效性和维持率的主要因素是专利的质量和价值，但政策也会产生重要影响，如考核政策和专利收费政策、专利费用减缓政策、专利申请资助政策等。我国当前国民经济和社会发展考核实行的是考核专利数量的政策，很多地方和机构都不太重视专利的质量和收益。另外，我国还实行专利申请、审查、维持和授权后三年年费减缓的政策。由于自主创新能力较弱，也由于政策的问题，我国专利运用水平一直不高。据国家知识产权局规划发展司的数据统计，2010 年 5 年以上有效发明专利维持率全国平均为 63.6%，万人口有效发明专利拥有量全国平均只有 1.68 件，远远低于发达国家，甚至低于韩国的水平。我国 2012 年发布的《国民经济和社会发展第十二个五年规划纲要》提出了万人口发明专利拥有量目标，2015 年每万人口发明专利拥有量提高到 3.3 件，并将考核权重确定为 4 分，这将会极大地改变我国各地方和企事业单位只重视专利数量而不重视专利质量和实施的状况。

知识产权商业化运用的政策工具主要是财政投入、税收优惠、投融资政策和政府采购政策。从激励知识产权运用来看，目前主要的财政投入政策工具是知识产权商业化和产业化的无偿资助政策。主要的税收优惠工具是企业所得税、增值税和营业税优惠政策。主要的金融政策工具是促进知识产权商业化运用的种子资金、风险投资、创业引导基金、银行贷款以及保险政策。主要的政府采购工具是政府或公共机构对自主创新产品的采购政策。从现有政策工具分析，我国知识产权商业化还存在不少问题。

第一，知识产权审查与促进知识产权运用结合不够。一方面，专利质量不高会影响商业化。例如，我国国内的实用新型和外观设计等知识产权实行登记制，又缺乏授权前或授权后任何第三方的异议制度或抗辩制度，实用新型专利和外观设计专利的法律稳定性不足影响商业化运用。过分强调加快专利审查也有可能导致专利审查质量下降。另一方面，收费政策对知识产权的激励作用不够。我国对有困难的机构和个人实行专利申请费用减缓政策，但专利实施后还应当补交已减缓的相关费用。虽然我国从没有再向减缓过的申请人收过已减缓的费用，但该政策与促进专利实施的目的是相悖的。而德国对签订许可合同的专利申请实行减免一半费用的政策，较好地激励了专利商业化。

第二，知识产权中介服务机构能力建设支持不足。多数大学和科研机构没有知识产权管理和技术转移机构。现有技术转移中心、技术交易所、技术市场等多属政府投资机构，人才与资金缺乏，市场竞争力还较弱。懂技术、懂投资和懂知识产权的高水平、复合型、能力型人才更为缺乏。一些工程研究中心、科技孵化器机制不活，工程化、孵化能力一直提高不上来。还有一些中介机构坑蒙拐骗，严重挫伤知识产权权利人转化实施的积极性。另外，面向权利交易的知识产权与技术交易体系还没有建立起来。

第三，税收政策对知识产权运用的激励作用还存在不足。一是我国对当前急需发展的战略性新兴产业、高技术产业没有实行如软件集成电路产业那样3%～6%的低增值税优惠政策，与其他类型企业相比，这些领域企业对增值税问题反映很强烈。二是增值税转型问题。目前的知识产权服务业、研发和技术服务业等高技术服务业仍实行营业税政策，没有推广增值税税收政策。即使实行增值税政策，如果按现在上海等地试点最低一档6%的增值税税率，则高技术服务业的实际税负仍有可能高于原先按营业额5%计征的营业税税率，由于人力成本、固定资产不能列入进项范围，高技术服务业企业进项很少或者根本没有进项，增值税转型对高技术服务企业激励作用可能有限，甚至加重负担。而非一般纳税人则还有可能继续按照议税方式交税，在出现经济困难时由于要完成税收征管任务，实际税负仍有可能增加。三是我国现行营业税政策虽然规定科研机构和大学技术转移低于500万的不需要交纳所得税，但对超过这个额度的专利技术转移却没有实行减税或免税政策，而且也没明确增值税转型后500万元以下是否不用缴纳增值税。从支持知识产权运用角度，知识产权和技术转让的越多，政策支持力度应该越大，但具有独立法人资格的大学和中科院各研究所及行业科研院所，每年的技术转移数量和金额都很大，我国却缺乏相应的税收优惠政策支持。四是我国《个人所得税法》规定“财产转让所得”、“特许权使用费所得”应纳个人所得税，由于许可收入往往一次性发生，超过4000元的许可收入应缴纳的所得税占技术转让收入的16%，负担显然较高。五是我国虽然对列入科技部、原外经贸部《中国高科技技术商品出口目录》而出口退税率未达到征税率标准的产品实行退税优惠，但出口退税政策实际是以鼓励出口资源型、加工型产品为主的政策，缺乏鼓励自主知识产权产品出口的优惠政策，自主知识产权产品与资源类、加工型和外资企业产品出口实行基本相同的出口退税政策，激励专利产业化的效果并不明显。六是国资委《国有资产管理规定》等有关政策为防止国有单位无形资产流失，创新人才无法拥有或分享国家计划项目的知识产权，更无法分红，而且知识产权转移转化项目超过800万元需财政部批准，必须经社会中介机构评估，评估审批的资金和时间成本都会影响知识产权尤其是职务知识产权的转移和产业化。

第四，有关政策对知识产权商业化、产业化的支持不够。一是科技计划项目和高技术产业化基地、特色产业基地，高新技术企业、创新型企业等认定和验收政策与标准不考核知识产权的商业化，不利于促进知识产权的商业化运用。二是多数知识产权运用政策如《企业专利管理办法》、《企业知识产权管理办法》是倡导性政策措施，缺乏实质性和可操作性的政策措施，尤其是缺乏有效的财税政策手段。三是知识产权质押贷款政策实施效果显现不够。由于没有从根本上建立风险共担机制，政策在这方面支持又不足，知识产权质押贷款的规模一直很小，质押贷款多面向已经转移和实施的知识产权，而非即将要创业或创业初期的知识产权。四是科技型中小企业创新基金和创业引导基金政策门槛太高，规模太小，很多地方政府建立不起类似的基金，很多风投企业由于规模低于2亿元因此享受不到投资额可减免企业所得税的优惠政策。五是知识产权权属政策激励知识产权运用的作用还没有发挥出来。我国新修订的《科技进步法》和《专利法》均允许承担财政资助计划的单位拥有知识产权，并规定了国家的相应介入权，但关于国家是谁和国家介入权是哪些权利并没有明确规定。同时，关于职务发明人与单位之间的权属规定也很模糊❶。六是政府采购政策缺乏对知识产权服务的采购。自主创新产品认定标准促进的政府采购有可能是在国内有知识产权的国外创新产品，并不符合自主创新产品的愿意。知识产权属于服务，尤其是具有自主知识产权的共性技术和引进技术，而目前的自主创新政府采购政策支持的主要是产品而非服务，不利于知识产权的扩散和运用。七是法律政策对非职务发明人的歧视。我国《科技进步法》只明确了对科技工作者的支持，但却忽略了民间科技人员在知识产权创造和实施中的重要作用。长期以来，我国非职务发明比例很高，民间发明创造活动极为活跃，但政府对非职务发明人研究开发的投入或其他途径的财政支持几乎没有，缺乏对非职务发明人实施转化其专利的资金支持政策。近几年实行的申请资助制度只资助申请，不资助专利实施。极低的知识产权实施率加上一些中介机构的低水平甚至欺骗行为挫伤了非职务发明人知识产权创造和运用的积极性。

面向市场需求集成知识产权，开发有竞争力的自主知识产权产品是有效运用

---

❶ 法国、英国采取雇主优先原则，职务发明专利权归雇主所有，雇员依雇用合同获得相应的报酬。美国规定，专利权属主要按照雇员与雇主的合同约定，如果没有约定则由雇员取得专利申请权，判例承认雇主取得无偿的非独占实施权。德国采取发明人优先原则，职务发明的原始权利归职务发明人所有，雇员有通知雇主申请专利的义务，雇主有合法获得雇员发明创造知识产权的权利，但只有雇主在对雇员进行相应补偿后，才可就职务发明请求雇员转移权利，得到专利权或非独占实施权。日本2005年4月1日颁布的《特许法修正案》规定，雇主通过雇佣关系或合同从雇员获得职务发明专利申请权、专利权或者专属权实施后，雇员有得到对价报酬的权利，判断雇员得到报酬是否适当的条件和报酬标准包括，事前是否就报酬问题与雇主进行过磋商、雇主是否披露过报酬制定标准、雇主是否让雇员就报酬数额表达过意见等。见：穆荣平、范晓峰、宋河发等．基因技术和计算机相关发明专利性研究．专利法第三次修改专题研究报告．北京：知识产权出版社．2007：113－116.

知识产权制度的重要体现。但我国关于专利池构建和技术标准与知识产权的关联没有实质性政策或指导性意见，国家标准委制定的《国家标准涉及专利的处置规则》只提出了必要专利的概念，规定了专利披露和许可政策，很多企事业单位对技术标准制定中专利池的构建、专利组合和专利国际战略还不了解，不会用。在专利池构建和技术标准制定中对市场机制的作用发挥还不够。国家质检总局一直在推标准化基地建设，科技部一直在推进技术标准专项和创新联盟建设。我国近年来虽然也构建了 AVS、闪联等专利池，但专利池主要是在政府推动下建立的，大多数专利池没有收取过他人的专利许可费。像 MPEG - LA、SISVEL 这样专门经营专利池和专利池组合的私营企业在中国还没有出现。我国虽然制定了许多技术标准，但大多数是采用国际标准，一些自主技术标准往往与专利布局关系不大，相当部分专利根本没有与技术标准产生实质性关联，没有成为必要专利，一些所谓自主技术标准由于在国外没有申请专利或者专利较少，技术标准在国际化和参与国际标准制定中没有多少发言权，影响不大，难以成为国际标准。

另外，由于跨国公司和一些大企业创新能力较强，他们建立的专利池和技术标准在知识产权许可上已涉嫌滥用，并开始对我国国内产业创新发展尤其是高技术产业自主创新能力建设产生损害，而我国一直缺乏限制知识产权滥用的规定。直到 2012 年 8 月 14 日，国家工商行政管理总局负责起草的《关于知识产权领域反垄断执法的指南》才公布，知识产权领域反垄断主要是反“利用知识产权排除、限制相关市场竞争”，涉及包括滥用市场地位的情形、许可中违背交易人意愿的附加交易条件、搭售行为等，但对欺骗性许可限制规定还不充分。

专栏：韩国知识产权管理公司

2010 年 7 月 23 日，为了应对没有实质性产品与服务而只是通过专利许可获取利益的专利钓饵（Patent Troll）公司和 200 多家专利许可公司的竞争，并为了促进专利等知识产权开发、转移和利用，以提升产业增加值和竞争力，韩国知识经济部联合民间资本成立了首家创意资本公司韩国知识产权管理公司“Intelletual Discovery”，专门用于购买核心技术并进行知识产权保护，购买大学、科研机构和企业的研发成果，并将分散的知识产权进行孵化、后续研发和组合包装，通过强化专利及其权利要求，通过市场导向的专利组合提高价值，免费授予投资的私营企业使用，租赁或出售给有需求的私营企业从而来获取收益。

该公司初期投资5000亿韩元，其中政府出资2000亿韩元，民间投资3000亿韩元。公司下设决策公司总体事务的经理人委员会（Board of Directors）、指导委员会（Steering Committee）、制定知识产权战略与监控知识产权组合计划的战略委员会和筛选基金投资与知识产权控股公司投资的投资委员会。该公司坚持新未来（New IP Future）、新价值（New IP Value）、新创新（New IP Innovation）、新形象（SYMBOL Mark）理念，其愿景是成为全球领先的知识产权服务企业，使命是通过保护和商业化优秀知识产权增强韩国产业的竞争力，职责是购买、保护和获取未来具有高商业潜力的知识产权，通过改善运用和商业化条件增强知识产权价值，开发知识产权利用管理的电子商业模式。该公司定位为通过创新知识产权管理模式增强韩国企业的全球竞争力，对象是知识产权生命周期各阶段的知识产权孵化项目和商业化项目。目标是致力于知识社会建设为经济与产业利用知识产权提供便利，管理利用创意资本，促进知识产权创造、转移和利用，指导知识产权孵化企业开发知识产权，培育产生创意和获取利润的知识产权企业，开发核心知识产权，创造高附加值知识产权，发挥创造知识产权生态系统的核心作用。

该公司的业务分为三类。一是知识产权孵化。为开展知识产权研发项目，建立核心知识产权组合和专利池，首先搭建知识产权基础条件，搜寻有前景的技术并进行挖掘，然后购买知识产权，分析和评估之后进行战略性购买，最后扩展权利要求范围，创造新的知识产权，打包和形成知识产权组合。二是许可销售，通过迅速商业化知识产权获取利润和回报研发人员。尤其是向需要知识产权的新创企业、风投企业、投资知识产权的企业、大中规模知识产权组合的企业、拥有优秀知识产权的全球研发型企业等进行知识产权许可。三是定制化知识产权服务，通过建立支撑各领域交易与商业化的知识产权组合满足企业需求，其运营模式如图9－2所示。

IP研发是指建立和强化专利组合，并将创意申请为专利的过程。首先提取概念性的重大技术问题解决方案，获得核心概念并申请专利；如果已获得技术，则将之作为创意种子并深度开发和申请专利。在考虑大企业核心专利和专利申请趋势时，使用相关专利、战略组合或作为创意种子的专利，开发补充技术、周边设计技术或重要实现技术及其应用，并申请专利。在购买专利时，将这些专利作为创意种子，开发补充技术、周边设计技术或重要实现技术及应用，并申请专利。IP研发过程包括先期调查阶段、思想/发明准备申请与IP开发阶段、IP研发回报阶段、确定知识产权研发成果权利阶段、利润分配与共享阶段。

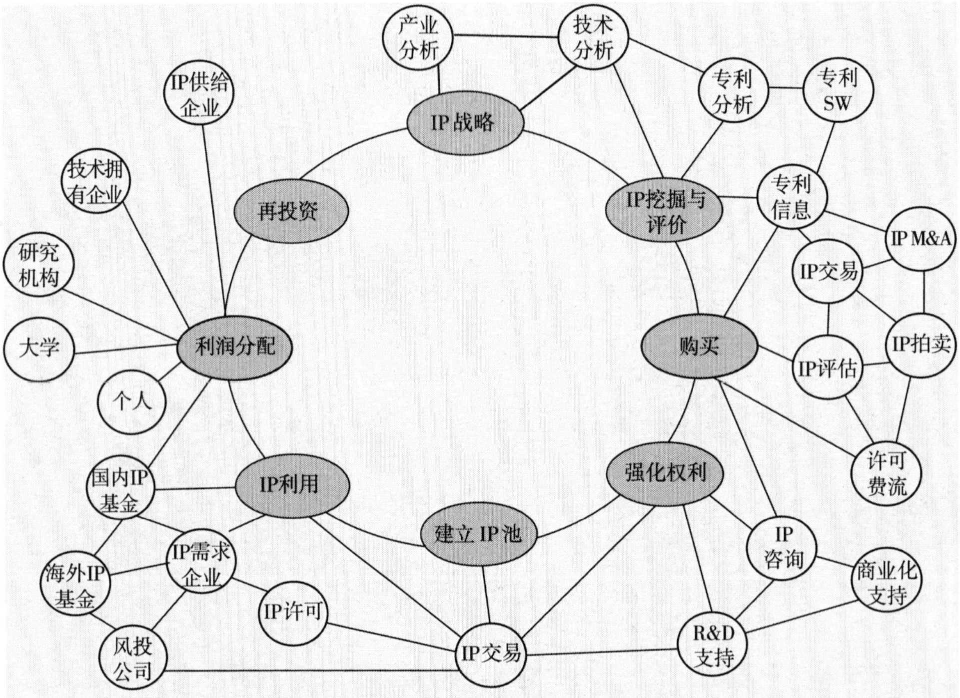

图9-2 韩国知识产权管理公司运营模式

该公司现任总经理是Kwangnam Kim，具有大学研究教学和知识产权局挖掘与经营经历，具有韩国专利代理人资格。目前，韩国三星电子、LG电子公司和现代汽车公司都已加入到该公司中，该公司最大的股东是三星电子，拥有该公司25%的股份，LG集团控制另外20%的股份。其他股东包括浦项制铁、韩电、KT和WOORI银行。现代汽车公司已投资500亿韩元，占据该公司2.5%的股份。

资料来源：http：//www.i-discovery.com/

在有效知识产权方面，我国知识产权总体维持时间较短，知识产权对商业化和创新能力建设的支撑作用发挥不足。据国家知识产权局规划发展司的数据统计，2011年上半年，我国有效发明专利平均维持时间为5.14年。大多数专利是在授权前和授权后三年有费用减缓政策的情况下才维持有效的，与转化实施相关性较低。我国促进知识产权有效的政策规定也存在一定缺陷和冲突。例如，我国财政部《事业单位国有资产管理暂行办法》、《企业国有资产法》和国资委国有资产管理政策只是简单要求“防止无形资产流失”，但没有明确规定知识产权放弃的条件和政策措施，许多高校、科研机构和国有企业通过不缴费方式放弃知识产权权利或者以很低的价格将知识产权转让给国外企业，却没有相应的政策规定和处罚措施。另外，我国对高校科研机构知识产权转让许可的规范不够。一些高校和科研机构制定的知识产权政策对国家产业创新需求考虑不多，以知识产权转让不出去为由，以很低的价格将专利权转让给在国际上很有争议的专利钓饵公司。一些高校和科研机构在与国外企业合作过程中，为了获取经费支持或者省掉国际和国外国家阶段费用，主动放弃知识产权部分权利或全部权利。还有一些高校和科研机构接受这些专门从事知识产权经营而非生产和服务型企业的委托，在出让知识产权权利的情况下，从事研究开发活动，造成另一种形式的国有资产流失。

因此，我国应将知识产权运用尤其是商业化作为未来一段时期的政策重点，通过完善和优化知识产权运用政策，解决目前的各种突出问题。

第一，建立和发展知识产权运用的各类机构和企业。一是组建市场化的知识产权管理公司。以中科院、教育部和行业院所等为主要依托，引入民间资本，建立多元化投资的专业化知识产权管理企业，如信息通讯、新能源知识产权管理公司，将分散的国有企事业单位的知识产权组合打包，以非排他、非可转让许可方式低价或免费许可给国内企业，应对跨国企业、专利许可公司、专利钓饵公司的竞争与打压。二是鼓励和支持建立专利池或专利组合经营企业。发挥行业协会和国家技术转移中心的作用，以技术标准制定和实施为依托，以专利池或专利组合为基本手段引导组建专利许可经营企业。通过引导企业制定合理的专利池、专利组合政策和收费政策，促进技术标准研究开发的针对性和知识产权的实施。三是完善知识产权管理和技术转移机构建设。抛弃第三方技术转移模式，推进国家技术转移机构转制为市场独立经营企业如知识产权许可公司或直接进入高校和研究机构内部，促进知识产权管理与技术转移和科技创新的紧密集合。重点大学和国立科研机构都要建立知识产权管理机构和技术转移办公室，设置相应岗位，建立专门的人才队伍，特别是知识产权协调员或许可专员，要成立科学家、知识产权律师、MBA 商务人才共同组成的工作团队，技术转移机构可以获得技术转移收入不低于技术转移受益 20% 的比例。对现有技术转移机构实行资格认证制度和全面清理，严厉打击以转移技术和专利实施为幌子的欺骗行为。四是建立一批区域知识产权交易中心，以现有专利展示交易中心、技术交易所、产权交易所为依托，建立知识产权网上实时评估系统和竞价系统，促进知识产权的转移转化。

第二，优化知识产权收费结构。一是优化专利费用减免政策。提高专利各项收费标准尤其是专利检索、审查和年费标准，形成申请阶段费用标准较低，申请后维持阶段费用标准开始较低往后较快增高的费用结构，对权利要求书超项如

20 项实行渐进增加的额外收费标准。将授权后三年年费减免期限延长到 5 年。二是建立专利费用转移支付制度。支持地方政府建立专利资助基金，支持各地根据当地专利申请数量和产业发展需要，资助重要专利和国际专利申请的费用，中央转移支付不超过基金年度总额的 50%。三是加大对专利实施的支持力度。除继续对现有五项专利费用实行减缓政策外，提高经济困难企事业单位的费用减缓比例，对签订实施许可合同的专利不再征收减缓的费用，对合理期限如授权后 3 年内没有实施的专利要征收已减缓的费用。三是提高专利实施的标准要求。在说明书发明有益效果和特点部分增加专利实施描述的要求，要对专利实施的可能性、实施条件、实施程度、实施可能存在问题等进行客观说明。四是实行专利收费优惠政策。在提高专利收费标准尤其是年费标准的基础上，要对国内大学、科研机构和中小企业、高技术产业、战略性新兴产业，凡是符合财政资助、规模较小或国家重点发展产业等条件的都可以享受费用优惠政策而非减缓政策，费用标准优惠的比例为现行标准的 50% ~60%。对已签订许可合同或已实施的专利再给予 10% ~20% 的费用优惠。

第三，完善各类知识产权运用投入政策。一是完善科技型中小企业创新和创业引导基金制度。扩大科技型中小企业基金规模，提高资助额度，将引导资金重点向经过自主创新的具有自主知识产权的创新成果及其集成、工程化和创业环节倾斜，贷款贴息向产业化阶段倾斜。在主要高校、科研机构和地方政府建立一批国家扶持、地方投资为主、民间参与的创业引导基金，实行投资额度累进所得税抵扣优惠政策，支持风投、创投公司投资知识产权转化和创业，如投资规模 1 亿元的其投资额的 50% 可抵扣所得税，投资规模 5000 万元的可按 30% 抵扣。二是改革和发展知识产权质押融资制度。支持国家开发银行和各类商业银行开展专利等知识产权质押融资业务，扩大规模。创新担保模式，除支持企业互保、企业与银行建立长期合作关系外，支持开展“银企保”互保模式，贷款企业将知识产权向银行质押，同时将贷款企业法人代表的股权或其他财产质押给银行作为联保。

第四，完善知识产权运用的税收政策。一是扩大对自主知识产权优势产业的增值税税收优惠覆盖面，对高技术企业、战略新兴产业、高技术服务业企业都允许实行按销售收入 3% ~6% 的简易办法或更低税率计征增值税的政策，规模低于 500 万元的自主知识产权高技术企业可以享受免前五年增值税的政策。加快营业税改增值税进程，要根据实际税负测算降低增值税税率，允许高技术服务业、知识产权服务业、研发服务业、设计服务业实行最低税率。二是提高企事业单位知识产权技术转让免营业税的最低额度，通过实行累进优惠政策减免知识产权转移的营业税或增值税，最低额度提高到 1000 万元，1000 万 ~2000 万元可减半征收技术转让方的营业税或增值税。三是对开展知识产权质押贷款业务的商业银行、对开展知识产权商业化保险业务的保险公司实行最低营业税或增值税税收优惠政策，营业税税率可下调1～2个百分点。四是鼓励非职务知识产权交易和商业化，对知识产权转让所得允许减除合理成本，并允许其在知识产权创造的整个时间段内按月计算应税所得额和缴纳个人所得税。五是修改科技部、原外经贸部《中国高科技技术商品出口目录》，享受高技术商品出口退税政策的产品要增加具有自主知识产权的规定。

第五，深化保险政策对知识产权商业化的支持。确定欲转让专利或专利组合的合适保险费率，以知识产权1～3年商业化是否成功实现为保险对象，以实现商业化的知识产权产品为保险产品，推动各类保险公司开展针对知识产权转化的保险和再保险业务试点。比如以知识产权创业平均投资100万元为投保额计算，若转化创业成功概率为30%，则最低保险费率为7%，加上保险企业经费成本和利润，保险费率至少为9%，这显然高过投保人的承受能力，费率过低易导致保险公司承保积极性较低。因此，需要由政府提供一定的支持，如政府担保资金的担保，减免保险公司知识产权保险产品的营业税，允许知识产权商业化保险费列入150%加计扣除范围等。也可以降低投保金额，而仅以知识产权许可转让费为投保额，降低保险费额度，固定资产投保财险。如100万元投资额中，如果知识产权许可费为20万元，则保险费只有1.8万元，加上其他政策优惠就会大大降低知识产权商业化双方的风险，如果许可双方各担一半则只有9000元。要支持保险企业开辟对银行科技贷款和知识产权质押贷款的保险业务，支持金融企业降低促进知识产权商业化贷款的风险。由于知识产权商业化成功的概率较低，要鼓励知识产权供需双方和中介机构都加入保险，还要建立对保险公司的再保险业务。

第六，大力发展知识产权投融资。一是加快和完善创业版发展，加强中小企业上市辅导，大力支持具有或掌握知识产权组合尤其是专利组合的自主知识产权优势企业通过资本市场直接上市融资。建立创业板和中小企业板上市企业知识产权考核指标体系，强化知识产权审核和披露制度建设，发挥上市企业知识产权的核心关键作用。探索资本市场知识产权证券化模式和规则。二是大力发展促进知识产权商业化的股权、债权市场。依托现有技术市场、产权市场和资本市场等，大力推进知识产权为核心的企业股权、债权交易。完善产权市场的交易系统，建立风险投资退出机制，促进知识产权风险资本健康发展。三是要发挥金融政策对知识产权运用的支撑作用。发展和完善政府科技贷款市场和金融借贷市场，大力发展风险资本，鼓励社会资本对知识产权运用和产业化的支持。大力发展担保市场，降低金融资本和风险资本支持知识产权运用的风险。四是大力发展地方小规模风险投资企业，建立国家和省、市共同投资的、多方参与的多元化创投体系，大力发展各类基于知识产权的信托公司。

第七，通过合理界定知识产权权属促进运用。应明确规定国家为公共健康、国家安全等条件下免费使用知识产权、实行强制知识产权许可的部门为国务院相关知识产权主管行政部门，如果不服行政决定的可以提起诉讼。还要明确规定单位必须支付职务发明人报酬的规定，例如，允许完成发明创造的人拥有职务发明的部分申请权和专利权。将职务发明人可以拥有知识产权分红权的政策向全国推广，尤其是具有自主知识产权的高新技术企业。要根据贡献确定职务发明人拥有知识产权和收益权的比例，在技术入股比例不超过35%条件下，主要根据合同约定确定职务发明人拥有知识产权和分红权的比例，以5%～10%为宜。

第八，加强政府采购对知识产权运用的激励。修改完善现有政府采购政策，要增加“政府应采购自主知识产权产品和产业共性技术”、“政府应对关键和重大自主知识产权装备和产业共性技术实行首次采购”、“各级政府和公共机构对自主知识产权产品和行业共性技术的自主知识产权技术采购的比例不低于60%”、“政府采购时必须给予具有自主知识产权的中小内资企业产品和技术一定比例的价格上浮优惠幅度，优惠幅度10%～30%”等内容。要将现有政府采购政策的着力点放在经过自主创新的自主知识产权产品和技术采购上，对于国家资助项目产生的产业共性技术知识产权授权后三年内或申请后四年内未实施的，允许国内企业和自然人以非独占和非可再转让方式实施并向承担单位支付合理的使用费，如五年仍未实施的，可允许国内企业和自然人免费许可实施。同时，也要将非职务发明创造的自主知识产权产品与技术纳入政府采购范围，探索建立社会非职务发明人研发成本补偿式政府采购制度，给予对自主创新具有重要意义或具有较好市场的非职务发明人自主知识产权一定比例的研发投入补偿式采购。

9.6 知识产权保护政策

知识产权保护是多年来我国在国际上受到诟病较多的问题。尽管国外的一些观点有失偏颇，但我国现有知识产权保护状况实际上已影响了我国的国际形象，也影响了“中国制造”和国家自主创新能力的形象。为了改善我国知识产权保护形象，更为了激励自主创新能力建设尤其是高技术产业自主创新能力建设，必须从根本上加强知识产权保护。对这个问题必须有全面和清醒的认识，靠低水平模仿，甚至假冒和侵犯他人知识产权的发展模式永远实现不了知识产权较高水平国家的建设目标，也永远实现不了创新型国家的建设目标。

正是对知识产权保护重要性的清醒认识，我国近年来不断加强知识产权保护的力度。知识产权保护是国家司法机关和行政机关根据法律规定对知识产权权利人的合法权利进行的保护，主要包括知识产权司法保护和行政执法保护两个方面。知识产权保护政策主要分三类：一是知识产权保护的法律，如《专利法》、《商标法》、《著作权法》、《反不正当竞争法》和《科技进步法》及其实施细则，《专利代理条例》《知识产权海关保护条例》、《植物新品种保护条例》、《集成电路布图设计保护条例》等。二是知识产权司法解释和行政保护规章。最高人民法院知识产权保护司法解释主要包括专利、商标和著作权三类，专利司法保护政策涉及申请权纠纷，案件管辖与法律适用，诉前禁令与财产保全、证据保全等；商标司法保护政策涉及案件管辖与法律适用，诉前禁令和财产保全、证据保全，损害赔偿计算等；著作权司法保护政策涉及著作权集体管理、网络著作权纠纷等。最高人民法院2007年发布的《最高人民法院关于审理侵犯知识产权纠纷案件应用法律若干问题的解释》还就办理侵犯知识产权刑事案件具体适用法律问题进行了解释。知识产权行政执法保护政策主要是《专利行政执法办法》、《驰名商标认定和保护规定》、《商标印制管理办法》、《著作权行政处罚实施办法》等。三是知识产权保护专项行动。如有关部门发起的知识产权“雷电行动”、“天网”行动、“反盗版天天行动”、“打击假冒，保护名优”活动、打击利用互联网侵犯知识产权专项行动等政策。

目前我国知识产权司法保护政策已比较完善，但仍存在一些不足。首先，我国知识产权司法保护政策与国家自主创新能力建设关系还不很紧密。我国到底需要什么样的知识产权保护政策，需要什么样的知识产权保护水平，这不仅缺乏明确的法规政策，也缺乏深入的学术理论研究。我国知识产权法律制度主要是迫于国外压力建立的，对知识产权私权和社会利益的平衡考虑还不够，对国家自主创新能力建设的需求考虑还不足，具有灵活性的知识产权保护政策制定得还不多。而国外许多国家和学者在反思知识产权制度的问题，尤其是TRIPs协议带来的不平衡问题，要求改革知识产权法规以保障公共利益和促进创新的呼声越来越高。其次，我国一直缺乏全国统一的专利侵权判定标准司法解释。固然，在不同的法院，不同法官对同一专利侵权案件可能会给出不同的解释，但这不能成为迟迟不出台统一的专利侵权判定司法解释的原因。而且正是因为不统一这个问题，许多国家才成立了专利法院或知识产权法院。因此，需要制定相应的司法解释，统一一直比较混乱的专利侵权判定标准。第三，我国知识产权司法保护资源分散而且严重不足。我国没有建立统一的知识产权司法机构，尤其是统一的专利法院或知识产权法院建设一直没有进展，我国大部分知识产权侵权案件由行政机关承担，这并不是值得骄傲的中国特色，也无法很好适应创新型国家建设的要求。我国还比较缺乏高水平、懂专业、国际化的知识产权法官人才队伍和律师队伍。

在知识产权行政执法保护政策上，一是一些知识产权保护政策存在重复交叉问题。专利、商标、著作权等各类知识产权虽然不同，但其基本性质相同，各部门都制定了一套本部门的知识产权保护政策，很容易出现重复和不统一问题。如专利、商标纠纷案件都规定了诉前禁令、财产保全、证据保全政策。专利司法损害赔偿标准与专利行政处罚标准不同。二是知识产权行政执法与司法保护职能存在重复。我国知识产权行政执法保护尤其是在知识产权权属纠纷和侵权纠纷调解处理与知识产权司法保护没有大的不同，而且案件大多数以调解结案，尤其是专利侵权案件上诉率还较高，这不仅会造成周期延长，也会造成行政保护资源浪费。三是知识产权行政保护大多是被动式保护。现有的知识产权行政执法大多规定有关部门可以应申请人的请求查处知识产权侵权或假冒行为，也可以依职权查处这些行为，这种规定并没有错误，但关键的问题是政府部门是“可以”依职权查处违法行为，而不是“必须”，政策规定的不足容易导致行政执法责任不强，执法保护力度较弱，也容易产生地方保护主义。一些地方知识产权侵权假冒现象长期存在就与此有关。四是知识产权行政执法保护政策规定不一致，且自由裁量空间大。如《专利法》规定对假冒行为的行政机关可以没收违法所得，处4倍以下罚款，而《商标法》及实施条例规定行政机关可没收、销毁侵权商品与工具，并可处3倍以下罚款，《著作权法》规定可以没收侵权、销毁复制品和违法所得并处以3倍以下罚款。与知识产权法规相比，知识产权保护政策对知识产权假冒行为的违法所得处罚上并没有具体化，仍存在较大的自有裁量空间，如《专利行政执法办法》规定了对假冒、冒充行为违法所得的认定和处罚，但没有详细规定假冒行为罚款的额度。五是知识产权行政执法保护实效还不高。我国许多地方虽然建立了举报热线，经常采取联合行政执法行动，由于协调成本高，这种“刮风”式的执法行动效果并不高。一些地方知识产权假冒和恶意侵权行为仍很严重，尤其是计算机软件著作权和商标侵权，使我国知识产权文化和自主创新文化建设进展缓慢，也严重影响了我国的国际形象。六是缺乏合资合作中知识产权保护政策。我国长期缺乏合资合作、兼并收购中保护自主知识产权的政策，由于控股权丧失导致自有知识产权流失的现象较为严重。现有政策只规定了对驰名商标和老字号的保护，而缺乏对兼并收购中专利、商号、地理标志、技术秘密专有权等知识产权的保护规定。一些地方政府只考虑招商引资，在外资兼并收购审批中更较少考虑自主知识产权保护问题。

完善知识产权保护政策，一是要建立高效一致的知识产权司法保护体系。将知识产权无效和侵权案件纳入知识产权司法体系。加强知识产权司法解释制定工作，尽快制定和出台全国统一的专利侵权判定标准，尤其是要制定中国的专利创造性判断标准，必要时举出足够的案例。加强知识产权司法与行政执法人才队伍建设，建设高素质知识产权司法与行政执法人才队伍，尤其是知识产权审判厅长、院长必须具有知识产权法或竞争法知识和科学技术能力，地方知识产权局长必须具备专业背景和知识产权工作经历。

二是加快知识产权行政保护职能转型。应将专利侵权处理行政职能逐步归并到知识产权司法保护机关，加强知识产权法院与复审无效部门之间的结合，加快侵权案件中知识产权有效性的判定，提高知识产权侵权纠纷案件确权效率。将知识产权执法保护常态化，要发动社会力量保护知识产权，尤其是建立知识产权侵权假冒举报网络，奖励举报人，加大知识产权侵权假冒打击力度。

三是加强知识产权政策与其他政策协调。建立重大经济活动知识产权审议制度，加强外商投资、合资合作活动中自主知识产权和产业安全的审查，增加兼并收购与合资合作过程中知识产权和自主创新能力的评估和审批环节。对关系国家安全和国家重大经济利益、具有较好知识产权创造基础或者具有较好知识产权基础的高技术产业骨干和龙头企业，不能放弃控股权，不能造成知识产权流失。制定反知识产权滥用垄断的标准和具体措施，防止知识产权滥用，防止知识产权流失影响产业安全和国家安全。

四是增强知识产权保护对国家自主创新能力建设的支撑。建立知识产权保护水平监测指标体系，根据我国产业创新能力建设需要调整知识产权保护水平，专利保护水平应根据高技术产业发展需要稳步提升，不能过快。尤其是要提高知识产权司法保护水平，通过一批知名知识产权司法案件推动对知识产权的全社会保护。要坚决打击和取缔商标、著作权等知识产权恶意侵权、重复侵权和团伙侵权的违法和犯罪行为，加大对利用互联网直接侵权和间接侵权行为的惩处力度。要将知识产权执法保护行动常态化、主动化、责任化，要在专利、商标、著作权法及其实施细则中进一步明确行政执法责任，行政机关不是“可以”而是“必须”依职权查处知识产权假冒侵权行为。要建立包含知识产权的全国区域发展环境评价指标体系，并逐步列入国民经济和社会发展规划考核指标体系中，地方政府要将知识产权侵权假冒案件查处列入政府年度考核目标。

9.7　知识产权管理政策

知识产权管理涉及知识产权创造、运用和保护的全部，因此知识产权管理政策很容易与创造、运用和保护政策出现交叉重复。除了知识产权创造、运用和保护管理政策外，知识产权管理政策主要包括政府的知识产权行政管理政策和企事业单位自身知识产权管理政策两个方面。

中央一级政府部门知识产权管理的职能主要包括知识产权发展规划、知识产权审查、知识产权行政执法、知识产权国际协调保护、知识产权产业化等。因此，除了知识产权审查、产业化和知识产权行政保护政策分属知识产权创造、运用和保护政策外，中央一级的知识产权管理政策主要包括知识产权发展计划管理政策、知识产权中介机构管理政策、知识产权人才教育培养政策、知识产权国际交流合作政策等。

知识产权发展规划管理政策包括《中长期专利事业发展规划》、《关于贯彻落实〈国家知识产权战略纲要〉大力推进商标战略实施的意见》、《知识产权事业发展“十二五”规划》以及每年度的《知识产权战略推进计划》和《知识产权保护行动计划》等。知识产权中介机构管理政策主要指知识产权代理、咨询服务机构管理政策，专利代理机构政策有《专利代理机构年检办法》、《专利代理条例》、《专利代理管理办法》、《专利代理惩戒规则》和《专利代理人资格考试实施办法》、《专利代理人资格考试违纪行为处理办法》等。知识产权人才管理政策如《知识产权人才“十二五”规划》、《专利代理人执业培训办法（试行）》等。地方的知识产权管理政策主要是制定落实国家知识产权发展规划管理政策、知识产权中介机构管理的政策、知识产权人才教育培养政策、知识产权国际交流合作政策等。

企事业单位的知识产权管理政策主要包括知识产权管理制度与战略制定、知识产权组织机构建设与人员配置、科技创新活动的知识产权管理、知识产权自我保护管理等。知识产权管理政策可以是政府出台的指导性管理政策，也可以是企事业单位自己制定的管理政策。加强企事业单位知识产权管理的指导性政策有国家知识产权局制定的《企业专利工作办法》、《企业专利工作管理办法》、《企业专利工作交流试行办法》、《关于进一步加强企业知识产权工作的若干意见》、《关于实施中小企业知识产权战略推进工程的通知》等。在知识产权管理制度与战略上，主要包括知识产权信息检索、档案管理、教育培训、转移转化、发明人奖励激励等内容。在知识产权组织机构与人员配置管理上，主要包括知识产权披露、申请、评估、转移转化、产业化和管理人员、知识产权实务人员培训等内容。在科技创新项目知识产权管理上，主要包括知识产权检索分析、权利分析、战略布局、专利池与标准分析、价值评估、实施许可等内容。在知识产权自我保护管理上，主要是在人员聘用、合作研究、外出学习、出国交流、权利归属等方面对知识产权侵权的监测、调查和采取保护的措施，以及与知识产权司法和行政执法部门进行合作应对侵权的措施。企事业单位知识产权管理政策主要是政府部门指导企事业单位制定知识产权管理制度与战略，建立知识产权组织机构建设和配置人员，推进知识产权管理与科技项目管理紧密结合政策。

在知识产权管理上，政府干预过渡和干预不足都会造成效率低下。目前，一些地方知识产权行政管理偏重于行政执法保护和专利申请资助，而在培育发展知识产权中介机构、培养知识产权人才、促进知识产权技术转化和创业、专利产业化等方面做得还很不够。知识产权代理机构重审批管理，而监管不够。当前知识产权代理机构垄断与恶性竞争并存，存在竞相压价、借证、挂证、倒证、跑公关、给回扣等问题，代理人队伍发展过快，在职教育和能力提升比较欠缺，学员成为撰写主体，知识产权代理质量难以保障。知识产权高层次人才队伍建设还不适应高技术产业自主创新能力建设的需要，我国虽然命名了一批知识产权高层次人才，也开展了一系列培训，但知识产权高层次人才中研究人员、企事业单位知识产权管理人员较少。企事业单位的知识产权管理政策也存在不足，政策对高校、科研机构和企业科技项目、创新活动的知识产权管理指导还不足，有的政策规定十分宏观，具体措施不多，缺乏指导企事业单位将知识产权管理纳入科技项目创新全过程的指导性意见、手册或指南等。很多企事业单位知识产权保护管理政策可操作性不足，缺乏战略和技术，企事业单位在保护自主知识产权方面缺乏具体有效的手段和政策措施，能力不足。

专栏：ITER知识产权管理政策

ITER是欧盟、中国、印度、日本、韩国、俄罗斯和美国建立的国际热核聚变实验堆计划，其知识产权管理政策主要体现在《联合实施国际热核聚变实验堆计划建立国际聚变能组织协定》的知识产权附件中，总原则是尊重各成员方及国内实体的原有知识产权，共享ITER项目实施过程中新增知识产权。2009年3月3日到5日，由欧洲国内能源局主持的ITER理事会工作组知识产权管理和扩散会议召开，主要目的是基于ITER协议起草知识产权管理和信息扩散的组织规则。ITER知识产权政策主要由以下几部分组成。

（1）ITER组织联合实施项目协议知识产权规定。ITER组织和成员应支持信息的充分扩散和知识产权创造，应坚持非歧视原则。保证科研成果获得恰当保护并在允许的合理期限后公开或广泛应用，任何基于这些成果的著作权除非另有特殊规定应当属于 ITER 组织。当为了执行 ITER 协议签署执行项目的合同时，应包括包含知识产权人为 ITER 或与 ITER 协议及知识产权附件一致的规定，除其他情况外，这些规定应当明确知识产权权利的利用、公开。执行 ITER 协议创造或其包括的知识产权应当视同与其知识产权附件或规则一致。

（2）知识产权附件。ITER 组织和成员在一定条件下通过许可协议或商业安排分享在先知识产权和在后知识产权，用于公共资助的研发项目，用于商业使用或非聚变的其他使用。一是知识产权和信息的扩散利用。ITER 成员应支持知识产权的最广泛扩散，每个成员应保证 ITER 组织其他成员能得到知识产权，公共采购程序也应当符合附件规定。二是信息扩散和科学出版物。每个成员为了非商业目的有权翻译、复制和公开散发直接执行该协议的信息，除非明确公开散发，著作权作品应该标明作者的名字。三是成员、内部机构或实体的知识产权产生与许可。为了公共资助的核聚变研究与开发项目，任何通过国内机构或实体为执行该协议产生的知识产权的成员，应当将知识产权以公平和非歧视基础授予其他成员和 ITER 组织非可撤销、非排他、免许可费权利，授予 ITER 组织分许可权利，授予其他成员在其相应领土的分许可权利。为了商业聚变使用，任何通过国内机构或实体为了执行该协议产生知识产权的成员，应当将知识产权以公平和非歧视基础授予其他成员和 ITER 组织非排他授权，以非不优惠条款授予其他成员在其相应领土内第三方使用的分许可权利（只要这些许可不被拒绝），只有这些许可不符合合同义务时才可以撤销。拥有知识产权的相关方应维护在先知识产权。为了公共资助的聚变研发项目，在各自领土内，如果理事会认为有必要决定，在公共采购之前，应将这些在先知识产权以公平和非歧视基础授予其他成员和 ITER 组织非可撤销、非排他、免许可费的授权，授予 ITER 组织分许可权利和成员分许可给其研发机构或者高等教育机构的权利，应当保障 ITER 组织可非可撤销、非排他、免许可费地使用这些在先机密信息，包括手册或指导性训练材料以构建、运行、维护和修缮 ITER 设施。任何通过国内机构或实体拥有符合 ITER 组织条件规定的在先知识产权或机密信息的成员，应尽最大努力保证能够以合理条件得到部分在先知识产权，或者尽最大努力以公平和非歧视原则授予其他成员商业使用的非排他使用权利，授予这些成员本国领土范围内第三方非不优惠分许可使用的权利。四是 ITER 组织知识产权的产生与许可。ITER 组织执行协议产生知识产权应当属于该组织拥有，并由 ITER 组织以公平非歧视的不可撤销、非排他和免费的条件成员许可，向为聚变研发目的的成员在本国领土内的分许可进行许可。ITER

组织应以公平非歧视、非排他条件向成员授予商业性许可，向为聚变研发目的的成员在本国领土内的第三方商业使用以非比ITER许可不优惠的条件进行许可。当拥有在先知识产权时，ITER组织应在公共采购之前作出必要的安排，在公平和非歧视基础上按照非可撤销、非排他和免许可费的原则向成员授予在先知识产权的分许可，授予成员在其领土范围内热核聚变研发的分许可。五是ITER组织雇员和其他研究人员产生的知识产权。ITER组织直接雇佣或再雇佣的人员产生的知识产权属于ITER组织。六是知识产权保护。当成员获得或寻求保护其产生的知识产权时，他应当及时通知全部其他成员，并向ITER组织提供保护的详细资料。

（3）知识产权规则。知识产权规则主要体现在理事会2006年发布的“为了促进框架成果扩散的原子能共同体欧盟第7框架下研究中心和大学参与规定”中的理事会规定［COUNCIL REGULATION（Euratom）No. 1908］。首先，F4E（核聚变中心，简称F4E）用了资助和采购合同两个合同机制，坚持透明、相称、平等和非歧视原则。首先明确了在先和在后知识产权的概念。

对于采购项目，合同方必须将在先知识产权免费许可给F4E。如果在后知识产权或者商品供应需要在先知识产权，为了实施合同必须在公平和合理条件下以F4E名义授予任何第三方许可，必须根据在先知识产权的特征和使用条件，授予ITER组织或其成员的免费许可。在合同方是在后知识产权拥有者或共同拥有者时，必须向F4E提供免费许可。对于资助项目，在资助协议中，受益人必须提供F4E以下可得权：许可形式的在先知识产权，即F4E有权授予分许可和为任何目的的使用许可；授予免费许可的在后知识产权分许可和任何目的使用许可的权利；如果受益人的雇员有权声明在后知识产权，受益人必须保障这些权利能不受影响地行驶。另外，F4E授予欧洲原子能共同体根据欧洲原子能条约行使权利和义务的必要可得权。

参与者要保护的科技成果是在后知识产权的要在项目完成后24个月内完成。在采购项目中，如果项目执行中产生了可申请专利的发明，F4E有权以自己的名义提交专利申请和转让给欧洲原子能机构。F4E通常有免费许可权，包括分许可，所有权归合同方，但合同方必须申请专利。在资助项目中，如果在后知识产权有工业和商业应用价值，或经济与战略价值，受资助人必须采用合适的保护方法保护它。

在采购项目中，F4E是所有人，他可以无地理与其他限制地以自己合适的方式使用、公开、授权或转移在后知识产权，合同承包方使用则需要经F4E允许和同意其条款。在资助项目中，虽然受资助人有权使用其拥有的在后知识产权，但要受一定条件的限制。参与者必须保证在后知识产权的公开，公众可以较快得到，除非要采取合适的程序来保障扩散能够与F4E任务活动、知识产权保护、保密责任、成员国国防利益相兼容。F4E和参与者必须就可能会阻碍合同执行的知识产权进行交流，如果执行合同涉及第三方的知识产权，合同方必须赔偿F4E任何侵权行为造成的损失，除非是F4E征收的知识产权。

资料来源：(1) AGREEMENT on the Establishment of the ITER International Fusion Energy Organization for the Joint Implementation of the ITER Project; COUNCIL REGULATION (Euratom) No 1908/2006 of 19 December 2006. (2) Seventh Framework Programme of the European Atomic Energy Community and for the dissemination of research results (2007 to 2011). (3) Intellectual Property rules within the Fusion for Energy contractual framework. nov. 2011。http://www.itea.org.

完善我国知识产权管理政策，一是要通过调整优化政府职能，提高知识产权发展公共服务能力。要赋予地方政府传播专利技术信息、组织专利分析、提供知识产权许可交易和促进专利技术创业与产业化的职能。尤其是要建立全国性网络化和全文化的知识产权信息检索分析和公共服务平台，支持地方建立提高企事业单位知识产权管理能力的专项资金，增强地方知识产权部门服务知识产权转化实施和产业化的能力。

二是要推进企事业单位知识产权管理标准化。加强对企业事业单位知识产权工作的指导，通过派出知识产权特派员，或者建立企事业单位与研究人员、审查员或高水平企业结对关系等方式帮助制定企事业单位制定知识产权战略，建立知识产权制度，优化知识产权组织体系，应对知识产权管理问题，推进知识产权管理标准化、规范化，全面提升企事业单位知识产权能力。要着力加强企事业单位知识产权检索分析能力、知识产权布局能力，知识产权对科技创新项目的引导能力建设。

三是推进科技创新项目的知识产权管理。进一步完善《重大科技专项知识产权办法》，制定国家主要科技创新计划知识产权管理办法，引导企业、高校和科研机构强化科技创新活动的知识产权全过程管理，通过知识产权分析引导科技投入和优化科技资源布局，提高知识产权质量，提高科技创新投入的针对性和创新效率。强化研究开发整个过程的知识产权管理，所有研究开发项目要进行前中后的知识产权检索分析。科技计划项目要长期连续支持知识产权创造和运用，尤其是支持知识产权技术的工程化开发与组合集成。

四是加强知识产权中介机构管理。建立知识产权代理机构质量和信誉档案，引导知识产权中介机构优胜劣汰。引进国外代理机构，允许建立合资事务所，促进知识产权中介机构高水平竞争。坚决查处黑代理、无证代理等现象，对低质量和低水平代理进行公示，引导建立公平有序的知识产权中介服务体系。强化代理人审查和诉讼环节的实践和国际化能力型培训，加快知识产权在职学历教育。建立代理人专业技术职称制度，提升中介服务机构的能力。

五是增强全社会知识产权意识。制定知识产权保护社会宣传教育计划，广泛开展知识产权培训，提升全社会知识产权保护意识和能力。推进知识产权学历教育，强化知识产权管理实务课程教育。在大中小学设立知识产权教育公共课程，工科院校要全部设立知识产权核心课程。加强知识产权的宣传，树立知识产权保护典型，深入推进知识产权文化建设。

9.8　本章小结

本章研究了知识产权政策体系的合理性，分析了知识产权政策体系的原理、内涵、分类，提出了构建知识产权政策体系的对策措施。知识产权政策是实现高技术产业知识产权发展战略目标任务，推进高技术产业自主创新能力建设的保障，但我国目前的知识产权政策比较分散，还没有成为政策体系，还存在许多与高技术产业自主创新能力建设不适应的方面。

构建符合知识产权规律的以知识产权创造运用为主体的知识产权政策体系，需要改革现有的财政政策、税收优惠政策、政府采购政策、投融资政策和各类考核验收政策。需要改变过去线性政策思维模式下的僵化思路，建立完善的以转化实施和产业化为目的的知识产权运用政策。需要强化知识产权保护政策尤其是知识产权司法保护政策，完善行政执法保护政策，发挥市场机制的作用，减少对知识产权活动的不必要和不正当干预。适应政府职能调整和体制机制改革的需要，建立以引导为主的知识产权管理政策，关键是要对企事业单位提供知识产权管理的指导性政策。

第十章　结论和建议

10.1　研究结论

本书运用管理学、经济学、法学和政策学的理论，针对我国高技术产业自主创新能力建设中的问题，分析了自主创新、自主创新能力、自主知识产权、专利保护水平、知识产权政策的内涵及特征，揭示了高技术产业自主创新能力建设与知识产权发展的关系，通过理论分析和实证研究提出了一系列政策建议。本书得出如下研究结论。

（1）我国高技术产业知识产权发展很快，一些产业已具备自主知识产权优势，但自主知识产权创造和运用能力仍然较弱，高技术企业还不是我国高技术产业领域自主知识产权创造和运用的主体。我国高技术产业国内专利申请量增长较快，多数行业发明专利申请增长迅速，但专利尤其是发明专利的申请量、授权量和有效量与国外数量有较大差距，一部分行业专利申请量出现下降，高技术产业发明专利申请量占我国高技术领域的比例还很低。国内有效发明专利分布极不平衡，只有一部分产业具有自主知识产权优势，而一些具有自主知识产权优势的产业如雷达与配套设备制造业的国内发明申请量较少，构不成规模优势，核燃料、信息化学品、航空航天等行业不仅专利数量少，而且不具有自主知识产权优势。一些产业如电子通讯、广播电视设备制造业专利申请量还呈下降趋势，自主知识产权优势正在下降。

（2）自主创新是指创新主体通过创造性努力获得主导性创新产权，并能获得主要创新收益的创新活动。其最重要的特征是自主性，而自主性包括主动性和主导性。自主创新是股权自主和知识产权自主条件下的创新，而股权和知识产权的自主性又是可以转化的。我国高技术产业研发投入自主性较高且不断提高，但收益自主性不断下降，专利自主性不断提高，但比例仍然很低。我国技术产业创新自主性最突出的问题是研究开发投入强度太低，自主知识产权不足。极低的创新投入和知识产权自主性，研发优势没有转化为知识产权优势已成为制约我国高技术产业自主创新和自主创新能力建设的瓶颈。

（3）自主创新能力是指创新主体通过创新努力获得主导的创新产权并取得主要创新收益的能力。高技术产业自主创新能力的关键在于知识产权和股权的控制权。近年来，我国高技术产业的自主创新能力上升迅速，但与高技术产业整体创新能力差距拉大。在自主创新能力中，自主创新规模扩大较快，而自主创新的效率提升较慢，自主创新效率低已成为制约高技术产业自主创新能力建设的突出问题。民营集体企业创新能力提升速度最快，已位居三类企业首位，国有企业不但提升最慢，而且近年还出现下降趋势。医疗与仪器设备、电子通讯制造业和计算机办公设备制造业自主创新能力指数列前三位，医疗与仪器设备、计算机与办公设备制造业、医药制造业自主创新能力提升速度列前三位。

（4）知识产权制度的产生发展与创新有着紧密的关系。主要国家知识产权制度的发展历史表明，专利制度是技术创新活动的产物，反过来又极大地激励了创新。各国关于知识产权的争议证明，知识产权是一种垄断权，正是这种垄断权才促进技术创新，但过度的垄断也会影响创新，最重要的是找到适合本国发展需要的合理垄断水平，要使知识产权制度为促进自主创新能力建设和提高竞争力服务。自主知识产权是自主创新的载体和保障，自主创新是获得自主知识产权的主要方式，知识产权战略管理与自主创新能力建设是一致的，高技术产业自主创新能力建设要依靠知识产权发展战略，而知识产权发展战略应面向自主创新能力建设。

（5）高技术产业知识产权发展战略目标要与创新型国家目标一致，要面向自主创新能力建设，总目标是成为高技术产业知识产权强国，战略重点是专利战略、商标品牌战略、技术标准与品牌战略、创新与知识产权人才战略。专利战略重点包括专利创造、专利转化实施和专利产业化环节。在专利创造上，重要的是发展高技术企业的经营模式和完善自主专利政策环境；在专利转化实施上，重要的是提高专利技术的成熟度、集成度和配套性，建立促进转化的平台和网络；在专利产业化上，重要的是要有完善的专利运用政策。在商标与品牌战略上，自主知识产权的价值组合和战略运用很重要；在技术标准战略上，关键是促进专利与技术标准的实质性关联。在创新和知识产权人才战略上，高技术产业对人才的吸引力、产学研人才互动、创新人员的知识产权意识与能力是重要内容。

（6）专利保护是包括立法保护、审查许可保护、司法与执法保护和社会保护在内的完整体系。目前，我国专利保护水平已经达到相当高的水平，与美国的差距并不大而且正在缩小，我国专利立法保护水平较高，但专利司法保护水平近年有所下降。高技术产业自主创新能力建设存在最优的专利保护水平，最优的保护水平随着自主创新投入、自主创新基础设施和技术引进规模的变化而变化。我国高技术产业专利保护水平策略应是稳步渐进提高策略，随着研发投入、技术引进和自主创新能力基础的不断扩大，应不断提高专利保护水平，而不是盲目快速提高。

（7）主要发达国家都采取知识产权审查相对集中统一的政府组织模式，而且知识产权审查管理与技术、产业或贸易紧密结合，设立专门的专利法院或知识产权法院，保障知识产权司法的专业化、一致化和高效率。我国采取的是分散的与科技和产业分开设置的政府组织模式。现行知识产权法规偏重于知识产权的审查和保护，对知识产权创造和运用的激励保障作用不足，而科技创新法律可操作性又存在不足。集中统一、与技术和产业紧密结合的知识产权审查管理体制机制以及完善的法律制度是促进自主创新能力建设的必要制度条件。

（8）知识产权政策是推进高技术产业知识产权发展战略实施和自主创新能力建设的重要保障。我国现有知识产权政策自身还存在较多缺陷，与科技创新政策及其他政策之间又存在交叉重复问题。构建知识产权政策体系，建立涵盖知识产权创造、运用、保护和管理的知识产权政策体系对高技术产业自主创新能力建设具有极其重要的保障作用。

本书主要的政策建议如下。

（1）必须加大对高技术产业自主知识产权研发创造的投入，要努力提高研发投入强度和消化吸收强度。研发经费要重点向以专利池和专利组合为目标的专利研发创造倾斜，提高知识产权创造的针对性、有效性和未来竞争力。要充分发挥高技术企业认定、高新区认定等政策的倒逼机制和动力机制，大幅度提高高技术产业的知识产权研究开发创造投入强度。

（2）要建立以自主知识产权创造和运用为核心的知识产权政策体系。尤其是要改革现有的财政投入政策、税收优惠政策和各类考核验收政策，建立以自主知识产权为核心和基点的具有全过程特点的知识产权创造政策，建立以转化实施和产业化为目的的完善的知识产权运用政策，要强化知识产权保护政策尤其是知识产权司法保护政策，完善行政执法保护政策。知识产权管理政策要适应政府职能调整和体制机制改革的需要，要建立以引导为主的管理政策，关键是要加强对企事业单位知识产权管理的指导和服务。

（3）完善知识产权运用政策。要扩大增值税改革覆盖面和优惠幅度，支持高技术产业知识产权运用。要将知识产权费用纳入研发经费所得税 150% 税抵扣范围，并允许在当期抵扣，提高人力资源投入的税前抵扣比例，允许高技术企业职工教育经费不受工资总额限制，加大对技术转移等高技术服务业的增值税或营业税优惠力度。降低创投、风投企业投资额所得税门槛，建立促进知识产权运用的保险政策和担保政策。推进市场化改革，推进各类创新机构建立知识产权管理和技术转移机构，建立合理的利益分配机制。以支持自主知识产权创造运用为重点，考虑高技术产业安全，完善自主创新产品认定标准。建立以自主知识产权为基础的首台首套高技术装备首次采购政策。

（4）建设集中统一的知识产权审查和专业化的知识产权司法体制，提高知识产权的制度效率。建立与知识产权审查管理与技术和产业紧密结合的体制机制，增强知识产权制度对自主创新能力建设的激励保障作用，整合知识产权法规、科技创新法规、产业创新法规，建立有效促进知识产权创造和运用的完善的知识产权法律制度。

（5）改革外资政策。转变单纯引进的观念，以是否有利于我国高技术产业的自主创新能力建设和产业安全为标准，以真正的利用为主，严格管理外资对高技术产业骨干和龙头企业的兼并收购行为。控制一些重要行业的股权，推进体制机制改革，大力提升国有及国有控股企业的自主创新能力，重点加强航空航天器、医药制造业的自主创新能力建设。

（6）加强高技术产业创新和知识产权人才队伍建设。要推动建立全民社会保障制度，取消不合理政策限制，强化高技术企业对人才的引进和使用，各类项目计划要向高技术企业倾斜，应用开发类科技创新项目应主要以企业牵头。强化知识产权中介服务能力建设，加快市场化改革，以服务能力建设为重点，严格准入门槛，完善退出机制，增强创新服务能力。

（7）培育知识产权文化。以建立公开公平和竞争有序的市场为重点，打破行政垄断和市场垄断对知识产权和自主创新文化的不良影响。规范和减少对知识产权创造运用活动的不当行政干预。主动和坚决打击知识产权侵权和假冒行为，尤其是要提高行政处罚力度。完善各类考核指标体系，考核重点向知识产权质量和运用效益转移。要大力破除低俗媚俗之风，强化知识产权宣传教育和培训。进一步提高对知识产权创造运用的政策激励力度，尤其对职务发明实施分红权和对非职务发明的补偿式采购支持。

10.2　创新点

（1）理论创新。一是深入研究自主创新、自主创新能力的内涵和特征，尤其是从主动性和主导性两个方面研究了自主创新的本质特征，提出了自主创新的机制。二是从科学研究能力、技术开发能力、创新基础能力、创新产出能力、社会应用能力等方面对自主创新能力进行了分类，分析了自主创新能力建设中股权和知识产权控制权的重要作用。三是从知识产权制度历史演变分析了知识产权与创新的关系，提出高技术产业知识产权发展战略必须面向自主创新能力建设。四是分析了主要国家知识产权垄断的争议，研究了知识产权垄断的合理性和界限，提出了我国专利收费制度改革的建议。五是从自主创新能力建设出发，比较主要国家的知识产权体制机制，分析我国知识产权法律制度的不足，提出了我国知识产权体制机制改革的思路和对策。六是从政策学理论出发，研究了知识产权政策体系的合理性，提出了面向自主创新能力建设构建知识产权政策体系的对策和措施。

（2）研究方法创新。一是构建了高技术产业专利检索逻辑，全面检索和分析了我国高技术产业专利的发展状况，分析了高技术产业的自主知识产权优势产业。二是从专利权利要求分析出发，提出了创新自主性问题，从技术、产品和产业三个层次提出了创新自主性的测度方法。三是从自主创新管理能力、自主创新投入能力、自主创新基础能力，自主创新产出能力四方面构建了高技术产业自主创新能力测度指标体系，并对现有的标准化方法尤其是重标度方法进行了改进。四是通过专利保护理论分析构建了包括专利立法保护、专利审查保护、专利司法和行政保护、专利社会保护的专利保护水平测度指标体系，运用综合灰色关联度构建了专利保护水平测度方法。五是构建了知识产权保护水平与自主创新能力建设关系的数学模型，得出了高技术产业自主创新能力建设的最优专利保护水平，提出了加强我国专利保护的策略建议。

（3）实践创新。一是创新自主性测度。以无线订票专利技术为例，运用收益现值法测度了具有前向依赖性专利技术的创新自主性；以 DVD 机为例测度了产品创新的自主性；以高技术产业为例从投入、专利和收益三个维度综合测度了高技术产业创新的自主性。二是从专利长度出发重点研究了专利收费标准，比较了中国和美国、欧洲、日本、韩国专利收费的结构和负担，提出了我国专利收费标准改革的建议。三是案例研究。以斯坦福大学技术转移办公室的成功经验分析市场机制在知识产权转化和运用中的作用。以专利许可公司 SISVEL 为例分析了有利于专利运用的商业模式。以美国《拜杜法案》和一系列技术创新法案为例分析了我国知识产权法规政策存在的问题。对 ITEA 知识产权政策进行了总结。四是法律分析。从技术质量和文件质量两个方面，从专利创造性、实用性和专利代理、专利审查、专利程序、专利费用等方面提出了专利质量存在的问题，从专利法实体、程序和测度指标提出了提高专利质量的建议。五是政策分析。凝练出了影响和制约我国高技术产业自主创新能力建设的主要政策问题，从高技术产业自主创新能力建设需要，构建了知识产权政策体系和完善知识产权创造、运用、保护和管理政策的对策建议。

10.3　研究展望

为实现创新型国家建设目标，最重要的是要制定高技术产业知识产权发展战略，尤其是需要具有可操作性的重要知识产权政策，并将这些政策落到实处。只有建立有效的知识产权政策体系，并在有关各种政策的协调配合下，我国高技术产业自主创新能力建设才会沿着正确的轨道迅速推进，如果政策体系不完善或相关政策不协调，即使很好的知识产权发展战略也无法实施，高技术产业自主创新能力建设也将会受到较大影响。

自主创新能力建设和知识产权发展是一个新课题，也是一个大课题，涉及较多的前沿理论问题和复杂的现实问题。本书只是在自主创新、自主创新能力建设和高技术产业知识产权发展战略与政策上做了一些初步研究工作，得出了一些初步结论。有关高技术产业各不同行业以及小类行业的知识产权战略，包括商标与著作权等知识产权在内的知识产权综合保护水平指标体系、自主创新能力建设背景下知识产权全球治理等问题尚待进一步研究。

参考文献

[1] Abraham B P, Moitra S D. Innovation assessment through patent analysis [J]. Technovation, 2001 (21): 245 -252.

[2] Adler P S, Shenbar, A. Adapting your technological base: The organizational challenge [J]. Sloan Management Review, 1990 (25): 25 -3.

[3] Aeanet. Defing The High - Techn Industry: Aea's New Naics - Based Industry Definition [R]. February 2003. http: //www. aeanet. org/publications/rhmgqrbacczbco. pdf.

[4] Allison J R. , Lemley M A. The growing complexity of the united states patent system [J]. Boston University Iaw Review, 2001.

[5] Andersen E S. , Lundvall, B. - A. , & Sorrn - Friese, H. (Eds.). Innovation system: Special issue of research policy [J]. Research Policy, 2002 (31): 185 -302.

[6] Annual Report of Europe Innovation Trend Chart 2003 [R]. http//www. trendchart. org.

[7] Aoki R Y Spiegel. Public Disclosure of Patent Applications, R&D, and Welfare. Working paper, The Berglas School of Economics, Tel Aviv University. 1999.

[8] Archibug D, Coco A. Measuring technological capabilities at the country level: A survey and a menu for choice. Research Policy [J]. 2005 (34): 175 -194.

[9] Archibug D. A New indicator of technological capabilities for developed and developing countries (Arco) [J]. World Development, 2004 (9): 629 -654.

[10] Archibug D, Coco A. A New Indicator of Technological Capabilities for Developed and Developing Countries" [C]. Paper Delivered to Conferencia International Sobre Sistmas De Inovacade Estrategia De Debenvol Vimentopara Dterceirdmilend . Nov. 2003.

[11] Archibugi D, Pianta M. The Technological Specialization of Advanced Countries. In: A Report to The Eec on International Science and Technology Activities [M]. Kluwer Academic Publishers, 1992.

[12] Archibugi D. The inter - industry distribution or technological capability: A case study in the application of italian patenting in the USA [J]. Technovation, 1988 (7): 259 -274.

[13] Arrow K J. Economic Welfare and the Allocation of Resources for Invention. In: Richard R. Nelson, Ed. The Rate of Inventive Activity [J]. Princeton University Press, 1962.

[14] Arup C. , Caenegen W V. Intllectuall property policy reform: Fostering innovation and development [J]. Edward Elgar Publishing Limitited, 2009: 306.

[15] Augusto López – Claros. The innovation for development report 2009 – 2010: Strenthning innovation for prosperity of Nations [M]. Palgrave MacmiLlan, 2009.

[16] Banks N H, Maguire K M, Tanner D J. Innovation in post harvest handling systems [J]. Journal of Agricultural Engineering Research, 2000 (76): 285 – 295.

[17] Barney J. Organizational Culture: Can it A Sources of Sustainable Competitive Advantage? [J]. Academy of Management Review, 1986: 656 – 665.

[18] Bartlett C, Ghoshal S. Transnational Management: Texts, Cases and Readings in Cross – Border Management [M]. 2nd ed.. Chicago: Irwin, 1995.

[19] Borg E A. Knowledge, information and intellectual property: Implications for marketing relationships [J]. Technovation, 2001 (21): 515 – 524.

[20] Bosworth D L. Foreign patent flows to and from the United Kingdom [J]. Research Policy, 1984 (13): 115 – 124.

[21] Braunstern P. Al Origine Des Privileges D'Invention' [M]. Paris: Mimeo, Ehess, 1984.

[22] Bruno Van Pottelsberghe De La Potterie, Siska Vandecandelaere and Emmanuele De Be′ Thune. Policy recommendations for the belgian patent system [J]. World Patent Information, 2008 (30): 309 – 319.

[23] Buckley C. Eu Parliament Kills Software Patents Law Thursday [C]. July 07, 2005. http: // www. enn. ie/news. html? Code = 9617801.

[24] Burgelman R A, Kosnik T J, Martine van den Poel. Toward an innovative capabilities audit framework [M]. Graduate School of Business, Stanford University, 1985.

[25] Burgelman R, Maidique, M A, Wheelwright S C. Strategic management of technology and innovation [M]. New York: Mcgraw – Hill, 2004.

[26] Caracostas P. The policy – shaper's anxity at the innovation kick: How far do innovation theories really help in the world of policy? [J] In: Perspectives on innovation, edicated by francno malerba and stefano brusoni [M]. Cambrdge University Press, 2008: 464 – 489.

[27] Carlsson B, Eliasson G. The nature and importance of economic competence [J]. Ind. Corp. Change, 1994 (31): 687 – 711.

[28] Center for Regional Development, Purdue University, Indiana Business Research Center, etc. Crossing the Next Regional Frontier: Information and Analytics Linking Regional Competitiveness to Investment in a Knowledge – Based Economy [R]. October, 2009.

[29] Chiang J T. High – Technology Targeting: Its Modes′Strategies and Paradigms [J]. Technology in Society, 1998 (20): 1 – 23.

[30] Chiang J T. Technology policy paradigms and intellectual property strategies: Three national Models [J]. Technological Forecasting and Social Change, 1995 (49): 35 – 48.

[31] Chiesa V, Coughlan P, Voss C A. Development of a technical innovation audit [J]. Journal of Product Innovation Management, 1996 (13): 105 - 136.

[32] Christensen J F. Asset profiles for technological innovation [J]. Research Policy, 1995 (24): 727 - 745.

[33] Cincinnati USA. Definition of high technology [J]. http: //www. cincinnatichamber. com/pdf/tech/ defining. pdf.

[34] Coase R H. The Firm, the market and the law [M]. University of Chicago Press, 1988.

[35] Commission on Intellectual Property Rights. Integrating Intellectual Property Rights and Development Policy [R]. London September 2002. http: //www. iprcommission. org/papers/pdfs/final_ report/ CIPRfullfinal. pdf.

[36] Coobms R, Rechard A. Strategically Control of Technology in Diversified Companies with Decentralized R&D [J]. Technology Analysis and Strategic Management, 1993 (4): 385 - 396.

[37] Davis L. Intellectual property rights, strategy and policy [J]. Economics of Innovation and New Technology, 2004 (13): 399 - 415.

[38] De Rassenfosse, G. and van Pottelsberghe de la Potterie, B. Per un pugno di dollari: A First Look at. the price elasticity of patents [J]. Oxford Review of Economic Policy, 2007 (4): 558 - 604.

[39] Denicolo V. The optimal life of patent when the timing of innovation is stochastic [J]. International Journal of Industrial Organizationl, 1999 (17): 827 - 846.

[40] Department of Homel and Security U. S. Customs and Border Protection and U. S. Intellectually Property Rights - Fiscal Year 2010 Seizure Statistics - Final Report [R]. http: // www. cbp. gov/linkhandler/ cgov/ trade/priority _ trade/ipr/pubs/seizure/seizure _ stats _ fy2010. ctt/seizure_ stats_ fy2010. pdf.

[41] Desai M, Fukuda - Parr S, Johansson C, et al. How well are People Participating in The Benefits of Technological Progress? Technological Achievement Index (Tai) [C]. Background Paper for Undp (2001), United Nations, New York. 2001.

[42] Devaiah V. A History of Patent Law [R]. http: //www. altlaw. com. 2003 (Mar. 30, 2012).

[43] Dominique Guellec, Brunovan Pottelsberghe De La Potteri. The Internationalization of technology analyzed with patent data [J]. Research Policy, 2001 (30): 1253 - 1266.

[44] Dominiquegullec, Bruno Van Potterlsberghe De La Potterie. The economics of the european patent system - IP policy for innovation and competition [M]. Oxford Press, 2007.

[45] Drahos P. A philosophy of intellectuall property [M]. Dartmouth Publishing Company Limited, 1996: 1 - 32.

[46] Drahos P. Thinking strategically about intellectual property rights [J]. Telecommunications Policy, 1997 (21): 201 - 211.

[47] Dratler J J. 王春燕，译. 知识产权许可 [M]. 北京：清华大学出版社，2002.

[48] Dushnitsky G, Lenox M J. When does corporate venture capital investment create firm value? [J]. Journal of Business Venturing, 2006 (21): 753 –772.

[49] Dutta S, Insead. The global innovation index 2011, accelerating growth and development [J]. http: //www. globalinnovationindex. org/gii/main/fullreport/index. html (Mar. 20, 2012).

[50] Edquist C. Ed. Systems of Innovation: Technologies, Institutions and Organizations [M]. Pinter Publishers, 1997.

[51] Erkal N. The Decision to patent, cumulative innovation and optimal Policy [J]. International Journal of Industrial Organization, 2005 (23): 535 –562.

[52] Ernst H. Patenting strategies in the german mechanical engineering industry and their relationship to company performance Technovation [J] . Technovation, 1995 (15): 225 –240.

[53] European Commission. Creating an Innovative Europe: Report of the Independent Expert Group on R&D and Innovation Appointed Following The Hampton Court Summit and Chaired By Mr. Esko Aho [R]. http: //www. eua. be/libraries/page_ files/aho_ report. sflb. ashx (Jan, 2006).

[54] European Commission. Trend Chart Innovation Policy in Europe 2004 [R]. 2004.

[55] European Patent Office. Guidlines for Examination in The European Patent Office [M]. 2005.

[56] European Patent Office. Proposed EU Directive on the Patentability of Computer – Implemented. Inventions [R]. http: //cii. european – patent – office. org/reforms/eu _ prop/index. en. php.

[57] Ezell S J, Atkinson R D. The Good, the bad, and the ugly of innovation policy: Executive summary [J]. 2010.

[58] Fagerberg J, Verspagen Bart. Innovation, Growth and Economic Development: Why Some Countries Succeed and Other Doesn't? " [C]. Paper Delivered to the First Globelics Conference: Innovation System and Development Strategies for the Third, Illennium, Rio. . 2003: 2 –6.

[59] Fahmy H. The political economy of patent: a historical perspective [M]. UMI, 2011: 13.

[60] Federal Justice Statistics Program. Intellectual Property Theft: Performance and accountability Report Fiscal Year 2009 [R]. http: //www. uspto. gov/web/offices/ com/ annual/2009/.

[61] Federal Justice Statistics Program: Intellectual Property Theft [R]. 2002.

[62] Federico P. Renewal fees and other patent fees in foreign countries [J]. Journal of the Patent Office Society, 1954 (11): 827 –861.

[63] Fransman M. Conceptualizing technical change in the third world in the 1980's: an interpretive survey [J]. Journal of Development Studies, 1984 (21): 572 –652.

[64] Fransmans M. , King, K. Technological Capability in the third World [R]. 1984.

[65] Freeman C. The "National system of innovation" in historical perspective [M]. In D. Archibugi & J. Michie (Eds.), Technology, Globalization and Economic Performance. Cambridge:

Cambridge University Press, 1997, 24 -49.

[66] Freeman C. The economics of industrial innovation [M]. 2nd ed. Cambridge (Mass.): MIT Press, 1982.

[67] Fritz M, Tilton M The patent controversy in the 19th century [J]. The Journal of economic history. 1950 (10): 1 -35.

[68] Furman J, Porter M, Stern S. The determinants of national innovative capacity [J]. Research Policy, 2002 (31): 99 -933.

[69] Furman J L, Porter M E, Stern S. The determinants of national innovative capacity [J]. Research Policy, 2002 (31): 33.

[70] Gaetan De Rassenfosse, Bruno Van Pottelsberghe De La Potterie. The role of fees in patent systems: Theory and Evidence [J]. Journal of Economic Surveys, 2012.

[71] Gallini N. Patent policy and costly imitation [J]. Rand Journal of Economics, 1992 (23): 52 -63.

[72] Geroski P A. Intellectuall peoperty rights and competition Policy [J]. In: Perspectives on innovation, edicated by francno malerba and stefano brusoni [M]. Cambrdge University Press, 2008: 455 -463.

[73] Gilbert R, Shapiro C. Optimal patent length and breadth [J]. Rand Journal of Economics, 1990 (21): 106 -112.

[74] Ginarte J C, Park W G. Determinants of patent rights: a cross - national study [J]. Research Policy, 1997 (26): 283 -301.

[75] Gollin M A. Driving innovation: Intellectual property strategies for a dynamic world [M]. Cambridge University Press, 2008: 11 -21.

[76] Gopakumar K M, Amin T. Patents (Amendment) Bill 2005: a Critique [J]. http: //www. altlawforum. org (Mar. 20, 2012).

[77] Gould D M, Gruben W C.. The role of intellectual property rights in economic Growth [J]. Journal of Development Economics, 1996 (48): 323 -350.

[78] Grabowski. Patent and new product development in the pgarmaceutical and biotechnology industries [M]. Duke University, Mimeo. 2002.

[79] Grinols E, Lin H C.. Global patent protection: Channels of north and south welfare Gain [J]. Journal of Economic Dynamic & Control, 2004.

[80] Guvenli T, Sanyal R. Perception and management of legal issues in China by US firms [J]. Journal of Socio - Economics, 2003 (32): 161 -181.

[81] Hall B H, Rosenberg, N. Handbook of the economics of innovation introduction [M]. 2009.

[82] Heald P J. A skeptical look at mansfields famous 1994 survey [J]. Information Economics and Policy, 2004 (16): 57 -65.

[83] Hu M C, Mathews J A. National innovative capacity in East Asia [J]. Research Policy, 2005

(9): 1322 - 1349.

[84] Idris K. Wipo Intellectual Property Handbook: Policy, Law and Use [C]. WIPO Publication No. 489 (E), 2001.

[85] Information Technology and innovation Foundation. The global innovation policy index [R].

[86] INSEAD Business School, Confederation of Indian Industries. The global innovation index 2008 - 2009 [R]. 2009.

[87] Jaffe A B. The U. S. patent system in transition: Policy innovation and the innovation process [J]. Research Policy, 2000 (29): 531 - 557.

[88] James M. Utterback Mastering the dynamics of innovation [M]. 2nd ed. Harvard Business Review Press, 1996.

[89] Johns A. Piracy. The intellectual property wars from gutenberg to gates [M]. The University of Chicago Press, 2009: 274.

[90] Jones C. Was the industrial revolution inevitable? economic growth over the very Long run? [M] Mimeo, Stanford University. 2001 (3).

[91] Jones C, Williams J. Measuring the social return to R&D [J]. Quarterly Journal of Economics, 1998 (113): 1119 - 1135.

[92] Jordan B D. IP Strategies for a green economy [M]. Patent Strategy and Management, 2009 JPO. Corporate Intellectuall Property Right Strategy Trends [R]. 1998.

[93] Kahaner D. Software patents in Japan [J]. http: //www. std. com/obi/Patents/Documents/Kahaner - japan - patent - rep. Dec. 30, 1992.

[94] Kamien M, Schwartz N. Market Structure and Innovation [M]. Cambridge University Press, 1982.

[95] Kanwar S, Evenson, R. Does intellectual property protection spur technological change? [J]. Oxford Economic Papers, 2003 (55): 235 - 264.

[96] Kline J, Rosenberg N. An overview of innovation [J]. in R. Landau and N. Rosenberg (eds). The positive sum strategies: harnessing technology for economic growth [M]. Washington DC, National Academic Press, 1986: 275 - 305.

[97] Knight H J. Patent Strategy for Researchers and Research Managers [M]. 2nd ed. New York: John Wiley & Sons, Ltd. , 2012.

[98] Koichi Futagamia, Tatsuro Iwaisako. Dynamic analysis of patent policy in an endogenous growth model [J]. Journal of Economic Theory, 2007 (132) : 306 - 334.

[99] Korean Intellectual Property Office. 2005 Annual Report [R]. http: //www. kipo. gov. kr (Mar. 20, 2012).

[100] Lai E. International intellectual property rights protection and rate of product innovation [J]. Journal of Development Economics, 1998 (55): 133 - 153.

[101] Lall S. Technological capabilities and industrialization [J]. World Development, 1992 (20):

165 - 186.

[102] Lall S. Technological capabilities and industrialization [J]. World Development, 1992 (20): 165 - 186.

[103] Lawless M J, Fisher, R J. Sources of durable competitive advantage in new products [J]. Journal of Product Innovation Management, 1990 (7): 35 - 43.

[104] Lea G, Hall P. Standards and intellectual property rights: an Economic and legal perspective [J]. Information Economics and Policy, 2004 (16): 67 - 89.

[105] Lemley M A, Burk D L., Policy levers in patent Law [J]. Virginia Law Review, 1989: 1575.

[106] Lippman S, Rumelt R P. Uncertain imitability: an Analysis of inter - firm difference in efficiency under competition [J]. Bell Journal of Economics, 1982 (13): 418 - 38.

[107] Locke J. Second treaties of government. Hackett, Indianapolis, 1980 [J]. In: Resnik D. A pluralistic account of intellectuall property [J]. Journal of Business Ethic, 2003 (46): 319 - 335.

[108] Lowell S W. Evaluating the technical operation [J]. Research Management, 1988: 11 - 18.

[109] Lundvall B - A. (ed.), National systems of innovation. towards a theory of innovation and interactive learning [M]. London. Pinter, 1992.

[110] Mansfield E. Industrial R&D in Japan and United States: a Comparative study [J]. American Economic Review, Papers and Proceedings of The One - Hundredth Annual Meeting of the American Economic Association, 1988 (78): 223 - 228.

[111] Mansfield E. Intellectual property protection, foreign direct investment and technology Transfer [R], Working Paper 19 (World Bank). 1994.

[112] Marco A, Prieger J. Congestion Pricing for Patent Applications [C]. Paper for Workshop on Innovation, Intellectuall Property and Competition Policy, 18December, Tilburg University, 2009.

[113] Marinova D. Eastern European patenting activities in the USA [J]. Technovation, 2001 (21): 571 - 584.

[114] Maskus K E. Integrating Intellectual Property Rights and Development Policy: Report of the Commission on intellectual property rights. Commission on Intellectual Property Rights September 2002 [R]. Journal of International Economics, 2004 (62): 237 - 239.

[115] Mauseth K., Verspagem B. Knowledge spillovers in Europe and its consequences for system of innovation [R]. Ecis Working Paper, 1998: 98 - 101.

[116] May C. The hypocrisy of forgetfulness: The contemporary significance of early innovations in Intelletuall Property [J]. Rivew of Internation Political Economy, 2007 (14): 1 - 25.

[117] Meade B. Eight Species of Patent Strategy - Part 3: How Intellectual Property Management Develops from Level 3 to Level 4 [M]. http: //basicip. wordpress. com/tag/eight - species - of - patent -

strategy – part – 2 – how – intellectual – property – management – develops/ (May 20, 2012).

[118] Merges R, Nelson R. On the complex economics of patent scope [J]. Columbia Law Review, 1990 (90): 839 – 916.

[119] Metcalfe S. Innovation Systems, innovation policy and restless Capitalism [J]. In: Perspectives on innovation [M]. Edicated By Ranco Malerba and Stefano Brusoni. Cambridge University Press, 2008: 441 – 454.

[120] Michael S. Cost Reduction, Competition and Industry Performance [C]. Conometrica, January, 1984: 52.

[121] Miele A L. . Patent Strategy. The Manager's guide to profiting from patent portfolios [M]. Jhon Wiley & Sons (asia) Pte LTD, 2001.

[122] Miller S. Utilitarianim. Hakett. indianpolis, 1979 [J]. In: A pluralistic account of intellectuall property [J]. Journal of Business Ethic, 2003 (46): 319 – 335.

[123] Nagaoka S. Determinants of high royalty contracts and the impact of stronger protection of intellectual property rights in Japan [J]. Journal of the Japanese and International Economies, 2005 (19): 233 – 254.

[124] Nah Soo Hoe (Foreword by Peter J Quinn). Free/Open Source Software [M]. Undp – Apdip, Elsevier, 2006. http: //isotc. iso. org/livelink/livelink. exe/fetch (Mar. 20, 2012).

[125] National Science Foundation Investing in America's Future [R]. Strategic Plan Y2006 – 2011, September 2006.

[126] Nelson R. Wash. Americann Enterprise Institute for Public Policy Research. High – Technology Policies: a Five – Nation Comparison [R], 1984.

[127] Nielsen P E. Evaluating Patent Portfolios – a Danish Initiative [J]. World Patent Information, 2004 (26): 143 – 148.

[128] Nordhaus W D. Invention, growth, and welfare: A theoretical treatment of technological change [J] . MIT Press, 1961.

[129] NSF. Sciences and engering indicatores [M]. 2006.

[130] OECD. Compendium of Patent Statistics [R]. 2005: 17. http: //www. oecd. org/dataoecd/60/24/ 8208325. pdf (Mar. 20, 2012).

[131] OECD. The Measurement of Scientific and Technological Activities: Proposed Guidelines for Collecting and Interpreting Technological Innovation Data [R]. Oslo Manual. 1992.

[132] Oguananam, C. Intellectuall Property in Global Governmence: a Development Question [M]. Routledge Taylor & francis Group, 2012: 230.

[133] Ordish R, Adcock A. China intellectual property – challenges and solutions: An essential business guide [M]. Jhon Wiley & Sons (asia) Pte LTD, 2008.

[134] Palfrey J. Intellectuall property strategy [M]. MIT Press, 2012: 4, 87 – 100.

[135] Pavitt K. Uses and abuses of patent statistics [M]. In: Van Ran, A. (Ed.), Handbook of

quantitative studies of science and technology [J]. Elsevier, Amsterdam, 1988: 509 - 536.

[136] Pavitt P P, Uneven K, Divergent. Technological accumulation among advanced countries: Evidence and a framework of explanation [M]. In: Archibugi D, Michie J (Eds.), Trade, growth and technical change [M]. Cambridge University Press, Cambridge, 1998: 55 - 82.

[137] Petra M. How do patent laws influence innovation? evidence from nineteenth - century world's fairs [J]. The American Economic Review, 2005 (95): 1214 - 1236.

[138] Petroni A. The analysis of dynamic capabilities in a competence - oriented organization [J]. Technovation, 1998 (13): 179 - 189.

[139] Pilkinton A, Romano D, Omid T. The electric vehicle: Patent data as indicators of technological development [J]. World Patent Information, 2002 (24): 5 - 12.

[140] Pillai M. Data Exclusivity - the Indian Diolemma [R]. http//: www.intelproplaw.com (Mar. 20, 2012).

[141] Pitkethly R H. Intellectual property strategy in Japanese and Uk companies: Patent licensing decisions and learning opportunities [J]. Research Policy, 2001 (30): 425 - 442.

[142] Prager F. Historic backgrogd and foundation of American patent law [J] . The American Legal Journal, 1961 (5): 312.

[143] Prahalad C K, Hamel, G. The core competence of the corporation [M]. Harvard Business Review, 1990 (66): 79 - 91.

[144] Prins C, Schliessl M. The new European telecommunication standardization institute Policy: Conflicts between standardization and intellectual property rights [M], Epir, 1993: 263 - 26.

[145] Rapp R T, Rozck R P. Benefits and costs of intellectual property protection in developing countries [J]. Journal of World Trade, 1990 (5): 76 - 102.

[146] Resnik D. A pluralistic account of intellectuall property [J]. Journal of Business Ethic, 2003 (46): 319 - 335.

[147] Ritter T, Gemunden H G. The impact of a Company's Business Strategy on its Technological Competence, Network Competence and Innovation Success [J]. Journal of Business Research, 2004 (57): 548 - 556.

[148] Roessner D, Porter A, Jin X Y, Newman, et al. Indicators of Technology - based Competitiveness: Incorporating Recent Changes in the Concept, "High - technology," and in Data Availability [R]. Final Report to the National Science Foundation Award # 9901310. http: //www.au.af.mil/au/awc/awcgate/nsf/nsf_ tech_ compet_ exsum01.pdf.

[149] Röller L - H, Mohnen, P. Complementarity in innovation policy [J]. European Economic Review, 2005 (49 : 1431 - 1450.

[150] Rubinfeld D, Maness R. The Strategic of Patents: Implications for Antitrust (Draft) [R]. Steptember 18, 2004.

[151] Ruttan V W. Usher and schumpeter on invention, innovation and technological change [J]. Quarterly Journal of Economics, 1959 (73): 596 -606.

[152] Schrier D, Hallin L. Profile of the British Columbia High Technology Sector. A Joint Project of BC Stats. and Leading Edge [R]. British Columbia January 2006. http: //www. leadingedgebc. ca/ usr_ files/hitech2006. pdf.

[153] Schubert T, Neuhäusler, P, Frietsch R, Rammer C et al. Innovation Indicatore Methodology Report [R], October 2011: 15 -20.

[154] Schumpeter J A. Theorie der wirtschaftlichen entwicklung [M]. Berlin 1911.

[155] Schumpeter J A. Business circles: A theoretical, historicl and statistical analysisi of the capitalist process [M]. New York: McGrawHill, 1939.

[156] Schumpeter J A. Capitalism, socialism and democracy [M]. Harper and Row. 1943.

[157] Scotchmer S. On the optimality of the patent renewal system [J]. The RAND Journal of Economics, 1999 (2): 181 -196.

[158] Sharif N. Project evaluation framework for industrial technology capability enhancement [J]. Technology Analysis & Strategic Management, 1994 (6): 83 -106.

[159] Shell S. Intellectuall propert and public policy in historical perspective: Contestation and settlement. In: Christopghr May (Edited) [J]. The political economy of intellectuall propert Rights1, 2005: 259 -260.

[160] Suarez - Villa L. Invention, incentive learning and innovative capacity [J]. Behavioral Science, 1990 (4): 290 -310.

[161] Summary of Document: Europe 2020 Flagship Initiative - Innovation Union [R]. 2010.

[162] Summary of Patent Examining Activities [R]. http: //www. uspto. gov /web/offices (Mar. 25, 2012).

[163] Suttmeier R P. China's Intellectuall Property Transition [R]. May, 2011.

[164] Suttmeier R P, Yao X K. China's IP Transition: Rethingking Intellectuall Property Rights in A Rising China [R]. The National Bureau of Asian Research Special Report 29, 2012 (7): 1 -24.

[165] Tarde G. The laws of imitation (E Clews Parsons, Trans) [M]. New York: H. Holt & Co. , 1903.

[166] Tassey G. Standardization in Technology - Based Markets [J]. Research Policy, 2000 (29): 587 -602.

[167] Teece D J. Profiting from technological innovation: Implications for integration, collaboration, licensing and public policy [J] . Research Policy, 1986 (6): 285 -305.

[168] The Internet and Intellectual Property Committee on the Judiciary U. S. House Of Representatives. Statement of James E. Rogan under Secretary of Commerce for Intellectual Property and Director of the United States Patent and Trademark Office before the Subcommittee on Courts [R]. http: //www. uspto. gov/web/offices/com/strat21/index. htm (Mar. 25, 2012).

[169] The Patent Reform Act of 2007: Report together with Additional and Minority Views [R]. To Accompany S. 1145, Report No. 110 – 259. January 24, 2008.

[170] The Times of India News Service. Call to Protect Intellectual Property Rights [R]. 2001 (12): 28: 35.

[171] The United States Patent and Trademark Office. Strategic Plan 2007 – 2012 [R]. August 21, 2006.

[172] Tidd J. (ed.). From knowledge management to strategic competence measuring technological, market and organizational innovation [M]. Series on Technology Management, Imperial College Press, 2000 (3): 350.

[173] Trilateral Statistical Report (2004 Edition) [R]. Munich, Germany, October, 2005. http: //www. trilateral. net/tsr /tsr_ 2004/tsr2004. pdf (Mar. 25, 2012).

[174] U. S. Intellectual Property Enforcement Coordinator Annual Report on Intellectual Property Enforcement [R]. 2010.

[175] UNESCAP. An over View of the Framework for Technology Based Development [N]. March 6, 1989.

[176] Unice K. Strong Intellectual Property Protection Benefits the Developing Countries [R]. http: //www. natlaw. com/pubs/spmxip11. htm (Mar. 20, 2012).

[177] United States International Trade Commission. China: Effects of Intellectual Property Infringement and Indigenous Innovation Policies on the U. S. Economy: Investigation No. 332 – 519 [R]. March, 2010.

[178] United States International Trade Commission. China: Effects of Intellectual Property Infringement and Indigenous Innovation Policies on the U. S. Economy: Investigation No. 332 – 514. [R]. September, 2010.

[179] Varsakelis N C Varsakelis. The impact of patent protection, economic openness and national culture on R&D investment: a cross – country empirical investigation [J]. Research Policy, 2001 (30): 1059 – 1068.

[180] Watanabe C, Youichirou S Tsuji, Griffy – Brown C. Patent statistics: Deciphering a ‘Real’ versus a ‘Pseudo’ proxy of innovation [J]. Technovation, 2001 (21): 783 – 790.

[181] Weiss P. Patent policy: Legal – economin effects in a national and international framework [M]. Londn and New York: Routledge, Talor & Francis Group, 2010.

[182] Winter S G, Knowledge and competence as strategic assets [M]. In D J Teece (Ed), the competitive challenge [M]. Cambridge, Mass. Balling Books, 1987.

[183] World Economic Forum. The global competitiveness report 2003 – 2004 [M]. New York: Oxford University Press, 2003.

[184] Yam R C., Guan J C, Pun K F, et al. An audit of technological innovation capabilities in chinese firms: some empirical findings in Beijing, China [J]. Research Policy, 2004 (33):

1123 - 1140.

[185] Yiannaka A, Fulton M. Strategic patent breadth and entry deterrence with drastic product Innovations [J]. International Journal of Industrial Organization, 2005.

[186] Yu P. Piracy, prejudice and perspectives: an Attempt to use shakespeare to reconfigure the US - China intellectual property debate [J]. Boston University International Law Journal, 2001 (19): 1 - 87.

[187] 安同良. 企业技术能力发展论 [D]. 南京大学博士论文. 2003 年 6 月.

[188] 包海波. 韩国的知识产权发展战略及其启示 [J]. 杭州师范学院学报 (自然科学版), 2004 (3): 1997 - 1999.

[189] 鲍·埃里克森, 杰伯斯·米克尔森. 企业竞争优势与核心能力论 [J]. 尼古来·福斯, 克里斯蒂安·克努森编, 李东红, 译. 企业万能—面向企业能力理论 [M]. 大连: 东北财经大学出版社, 1998: 92 - 93.

[190] 鲍去病. 对经济制度、经济体制及其运行机制的认识 [J]. 中国工业经济研究, 1994 (10): 16 - 18.

[191] 北京市高级人民法院民三厅. 知识产权审判规范 [M]. 北京: 知识产权出版社, 2003: 151 - 152.

[192] 彼得 K·康纳利斯, 迈克 E·波特, 克劳斯·施瓦布. 世界经济论坛 2002 - 2003 年全球竞争力报告 [M]. 方丽英, 罗志先, 译. 北京: 机械工业出版社, 2003.

[193] 陈昌柏, 刘钧. 中长期科技发展规划中知识产权有关问题的思考 [J]. 科技与经济 (南京), 2004 (1): 16.

[194] 陈高翔, 吴少锐. 美·日·韩知识产权战略及对我国的启示 [J]. 商业经济, 2011 (3): 6 - 8.

[195] 陈小洪, 王怀宇. 中国知识产权制度要突出支持再创新. [J] 中国发展评论, 2011 (13) 1: 54 - 59, 165 - 172.

[196] 陈晓慧. 企业技术创新能力的模糊综合评价 [J]. 科技进步与对策, 2002 (5): 127 - 128.

[197] 程宏. 论标准与自主知识产权 [J]. 大众标准化, 2005 (5): 10 - 13.

[198] 创新型国家战略推进委员. 创新型国家建设白皮书 (2006 - 2020) [M]. http: //www. cxzg. org (2012 年 5 月 12 日).

[199] 辞海编辑委员会. 辞海 [M]. 缩印本. 上海: 上海辞书出版社, 1980: 228.

[200] 从自主知识产权说起 [J]. 电子知识产权, 1999 (4): 12.

[201] 崔伟. 美国知识产权战略特点及对我启示 [J]. 国际技术经济研究, 2004 (7).

[202] 戴尔·尼夫. 知识产权对经济的影响力 [M]. 陈东祥, 危建边, 译. 北京: 新华出版社, 1999: 3.

[203] 岛本久寿弥. 专利战略 [M], 北京: 专利文献出版社, 1989: 13.

[204] 邓寿鹏, 关军, 温烈. 中国企业技术创新政策基础及实证研究 [J]. 管理世界, 1996

(12)：120－129.
[205] 丁道勤. 慎用“自主知识产权”[J]. 电子知识产权，2005（6）：4.
[206] 丁湘城，罗勤辉. 试论中国的技术引进与自主创新的关系[J]. 科技与经济，2006(1)：53.
[207] 董涛. 国家知识产权战略与中国经济发展[J]. 科学学研究，2009（27）5：641－652.
[208] 董涛. 国家知识产权战略制定的战略重点分析[J]. 电子知识产权，2006（6）：37－41.
[209] 董新凯，俞佳. 国家知识产权战略实施的经济法要素[J]. 中国科技论坛，2009(11)：64－67.
[210] 杜栋. 现代综合评价方法[M]. 北京：清华大学出版社，2005.
[211] 樊春良. 全球化时代的科技政策[M]. 北京：北京理工大学出版社，2005.
[212] 范德成，贾爱梅. 中国企业知识产权管理中存在的问题及其对策分析[J]. 商业研究，2004（5）：74－76.
[213] 方新. 建设创新型国家是国家发展的必由之路[J]. 工程质量，2006（3）：63.
[214] 房红琳，杨玲莉. 高新技术产业知识产权战略探析[J]. 中国科技论坛，2004（4）：72－74，110.
[215] 冯晓青. 知识产权法哲学[M]. 北京：中国人民公安大学出版社，2003.
[216] 傅家骥. 技术创新学[M]. 北京：清华大学出版社，1999.
[217] 高桥明夫. 日立的专利战略－开拓企业未来的专利及其战略作用[J]. 魏启学，译. 北京：专利文献出版社，1990：14.
[218] 葛霆，周华东. 国际创新理论的七大进展[J]. 中国科学院院刊，2007（6）：441－447.
[219] 宫建新. 李瑜青. 财产权合理性的哲学基础－自然权利论与工具主义论的交锋[J]. 江苏行政学院学报，2002（4）：114－121.
[220] 郭斌. 对提高中国制造业企业核心能力的思考[J]. 中国软科学，1999（7）：108－112.
[221] 郭斌. 基于核心能力的企业竞争优势理论[M]. 北京：科学出版社，2003：111－126.
[222] 郭昌欣. 新形势下提升自主创新能力的若干思考[N]. 科报网，2005年11月7日.
[223] 郭民生. 知识产权战略实施的综合评价指数[J]. 知识产权，2009（1）：27－34.
[224] 国家发展和改革委产业所. 国家自主创新能力的评价指标体系及国际比较研究[R]. 2006年7月.
[225] 国家统计局工业交通统计司. 中国工业经济统计年鉴（1996－2009）[M]. 北京：中国统计出版社.
[226] 国家统计局中国国情研究会. 中国企业自主创新能力分析报告[R]. 国家统计

局，2005.
[227] 国家知识产权局. 中华人民共和国专利法 [M]. 北京：知识产权出版社，200：3.
[228] 国务院第一次全国经济普查领导小组办公室. 中国经济普查年鉴（第二产业卷）2004 [M]. 北京：中国统计出版社，2005.
[229] 韩玉雄，李怀祖. 关于中国知识产权保护水平的定量分析 [J]. 科学学研究，2005 (3)：377－382.
[230] 何树平. 高技术产业与风险投资 [M]. 重庆：西南财经大学出版社，2000.
[231] 何亚琼，秦沛，苏竣. 中国31省市区域创新能力增长效率评价研究 [J]. 哈尔滨工业大学学报. 2006 (1)：101－103.
[232] 洪蔚. 自主创新是寻求本土化发展路径. [N]. 科学时报. 2005年4月28日.
[233] 胡倬. 初探专利制度对世界经济发展的贡献 [J]. 知识产权. 2003 (5)：14.
[234] 黄鲁成. 区域技术创新生态系统的特征 [J]. 中国科技论坛. 2003 (1)：23－26.
[235] 黄平. WTO环境下中国知识产权领域的SWOT分析和战略思考 [J]. 科技情报开发与经济，2003 (13)：188.
[236] 贾小宁，周艳. 知识产权海关保护 [M]. 北京：中国海关出版社，2005.
[237] 江小涓. 全球化中的科技资源重组与中国产业技术竞争力提升 [M]. 北京：中国社会科学出版社，2005.
[238] 江镇华. 怎样撰写专利文件 [M]. 北京：知识产权出版社，2002：1－2.
[239] 姜颖. 专利制度对技术创新的作用 [M]. 专利法研究. 北京：专利文献出版社，2000 (6)：4－13.
[240] 蒋坡. 论我国知识产权发展战略的核心目标 [J]. 政治与法律，2005 (3)：17.
[241] 金麟洙. 从模仿到创新：韩国技术学习的动力 [M]. 北京：新华出版社，1998.
[242] 鞠树成. 中国专利产出与经济增长关系的实证研究 [J]. 科学管理研究，2005 (5)：102.
[243] 柯瑞莲. 知识产权不是战略 [J]. IT经理世界，2005 (8)：92.
[244] 柯武刚，史漫飞. 制度经济学 [M]. 北京：商务印书馆，2003：23.
[245] 科技竞争力联合研究组. 中国国际竞争力发展报告（1999）. 科技竞争力研究主题研究 [M]. 北京：中国人民大学出版社，1999.
[246] 科斯，A阿尔钦，D诺思. 财产权利与制度变迁 [M]. 上海：上海三联出版社，1985.
[247] 孔令丞，谢家平. 运用灰色系统评估原理综合测评企业的创新能力 [J]. 经济管理，2002 (2)：54－59.
[248] 寇宗来. 专利保护宽度和累积创新竞赛中的信息披露 [J]. 经济学，2004 (3)：743－764.
[249] 李炼. 我国知识产权战略制定与实施的WTO视角 [J]. 经济问题探索，2006 (8)：99－102.
[250] 李琪. 企业技术创新能力评价指标体系及评价模型研究 [J]. 科学学与科学技术管理，

2004（8）：96－100.
[251] 李晓秋，宋宗宇，刘婧．知识产权战略当中的博弈［J］．电子知识产权，2006（3）：31－32.
[252] 李月明．我国实施知识产权战略存在的问题及对策［J］．中共济南市委党校学报，2006（1）：32－3.
[253] 连燕华，石兵，刘兴荣，等．国家科技投入与产出［J］．中国软科学，2002（1）：28－29.
[254] 林小爱，林小利．欧洲创新计分榜的新进展—对构建我国国家知识产权战略实施绩效评估指标的启示［J］．研究与发展管理，2009（5）：73－87.
[255] 刘春田．中国知识产权评论（第一卷）［M］．北京：商务印书馆，2002：105.
[256] 刘风朝等．国家创新能力测度方法及其应用［M］．北京：科学出版社，2009：9.
[257] 刘华，孟奇勋．知识产权公共政策的模式选择与体系构建［J］．中国软科学，2009（7）：10－18.
[258] 刘华．知识产权制度的理性与绩效分析［M］．北京：中国社会科学出版社，2004：186.
[259] 刘平，张静，戚昌文．企业专利战略的规划－基于项目管理方法的运用［J］．电子知识产权，2006（4）：36－39.
[260] 刘思锋，党耀国，方志耕，等．灰色系统理论及其应用［M］．北京：科学出版社，2004.
[261] 刘友金，易秋平．技术创新生态系统结构的生态重组［J］．湖南科技大学学报：社会科学版，2005（5）：67－70.
[262] 刘月娥．知识产权保护与技术创新［M］．北京：知识产权出版社，2003：313－318.
[263] 卢海君．中国应采取知识产权“强保护战略”——以经济分析为视角［J］．中华商标，2006（9）：4－8.
[264] 卢梭．社会契约论［M］．北京：商务印书馆，1963：63.
[265] 陆新明．专利战略定义研究［J］．知识产权，1996（5）.
[266] 路风，封凯栋．为什么自主开发是学习外国技术的最佳途径？以日韩两国汽车工业发展经验为例［J］．中国软科学，2004（4）：6.
[267] 路风．动态企业理论的发展［J］．国外经济评论，2000（10）：46－51.
[268] 路风．走向自主创新寻求中国力量的源泉［M］．桂林：广西师范大学出版社，2006.
[269] 吕薇．抓紧建立国家知识产权战略体系［J］．科技成果纵横，2005（1）：14－17.
[270] 吕薇等．知识产权制度挑战与对策［M］．北京：知识产权出版社，2002.
[271] 罗纳德·科斯．企业的性质．陈郁．企业、市场和法律［M］．上海：上海三联书店，1990：142.
[272] 罗玉中．知识经济与法律［M］．北京：北京大学出版社，2001：296.
[273] 马晓光，连燕华．中国高技术领域发明专利申请与授权分析［J］．高技术发展报告．

北京：科学出版社，2002.
[274] 梅永红. 自主创新是一种政治选择 [J]. 创新科技，2006 (10)：5.
[275] 穆荣平，范晓峰，宋河发，等. 基因技术与计算机相关发明专利性研究. 专利法第三次修改专题研究报告 [M]. 北京：知识产权出版社，2007：113 - 116.
[276] 穆荣平. 中国高技术产业国际竞争力评价指标研究 [J]. 中国科技论坛，2000 (3)：28 - 32.
[277] 彭茂祥. 我国知识产权公共政策体系的构建 [J]. 知识产权，2006 (5)：32 - 37.
[278] 乔永忠，文家春. 国家知识产权战略实施绩效评估基本问题研究 [J]. 科技管理研究，2009 (5)：20 - 23.
[279] 曲国禹，刘学铭. 对建立企业技术创新能力评价指标体系的探讨 [J]. 辽宁工学院学报，1999 (1)：80 - 81.
[280] 曲世友. 二次相对评价法在企业技术创新能力中的应用 [J]. 中国科技论坛，2004 (4)：40 - 43.
[281] 顺应时代发展的法国知识产权政策 [C]. 科技日报，2006 年 1 月 17 日.
[282] 斯通曼. 技术变革的经济分析 [M]. 北京技术经济和管理现代化研究会技术经济学组译. 1989.
[283] 宋河发，穆荣平，彭茂祥. 区域创新能力及其基于熵变计算的建设政策研究 [J]. 科学学研究，2012 (3)：372 - 279.
[284] 宋河发，穆荣平，任中保. 创新型国家特征指标体系与建设目标研究 [J]. 科技促进发展，2010 (1)：14 - 18.
[285] 宋河发，穆荣平，任中保. 自主创新及创新自主性测度研究 [J]. 中国软科学，2006 (6)：60 - 66.
[286] 宋河发，穆荣平. 自主创新能力及其测度方法与实证研究 - 以我国高技术产业为例 [J]. 科学学与科学技术管理，2009 (3)：73 - 8.
[287] 宋河发. 全球最大 500 家跨国公司在华专利战略的特点、问题与对策 [J]. 中国科技论坛，2005 (6)：70 - 75.
[288] 宋河发. 知识产权垄断与知识产权垄断对我国技术引进的影响 [J]. 科技与法律，2006 (1)：43.
[289] 孙宏飞. 发达国家知识产权战略比较与借鉴 [J]. 中国政法大学学报，2009 (6)：133 - 136.
[290] 唐杰，黄颖. 日本知识产权战略指标研究 [J]. 情报杂志，2009 (5)：37 - 41.
[291] 唐炎钊，方旋. 区域科技创新能力的灰色综合评估：广东省科技创新能力的综合分析 [J]. 科学学与科学技术管理，2001 (2)：69 - 74.
[292] 田村善之. 智慧财产法政策学初探 [M]. 知识产权法政策论丛，2009：97 - 114.
[293] 万君康，李华威. 自主创新自主创新能力辨识 [J]. 科学学研究，2008 (1)：205 - 209.
[294] 万君康. 论技术引进与自主创新的关联与差异 [J]. 武汉汽车工业大学学报，2000

(4)：44.
[295] 万小丽. 知识产权战略实施绩效评估中的专利质量指标及其作用研究 [J]. 科学学与科学技术管理，2009 (11)：69 - 74.
[296] 王冰，刘芳，张顺和. 创新型国家测评指标体系研究 [J]. 技术和创新管理，2009 (3)：269 - 272.
[297] 王昌林，史清琪，等. 我国主要产业国际竞争力的评价方法 [J]. 北京统计，2001 (7)：36 - 37.
[298] 王昌林. 推进我国高技术产业由大国向强国转变 [J]. 中国经贸导刊，2006 (14)：28.
[299] 王春法，王昌林. WTO 约束与中国高技术产业政策调整 [J]. 中国科技产业，2002 (2)：21.
[300] 王德禄. 自主创新不是自力更生 [J]. 中关村，2012 (3)：82 - 88.
[301] 王国进，王其藩. 企业技术创新能力评价研究的新进展 [J]. 科技导报，2004 (2)：36 - 39.
[302] 王坚强，刘先建. 企业技术创新能力模糊综合评价 [J]. 技术经济，2002 (7)：51 - 52.
[303] 王晋港，张铁军. 专利化生存 [M]. 北京：知识产权出版社，2005：34.
[304] 王玲，朱瑾，等译，美国专利商标局情况介绍 [J]. 中国交通，2005 - 03 - 25.
[305] 王绍媛. 日本知识产权战略特点与借鉴 [J]. 现代日本经济，2009 (6)：40 - 44.
[306] 王翔，赵泓任. 从商标功能的演变看商标保护理论的发展 [J]. 中国工商管理研究，2006 (7)：28.
[307] 王毅. 企业核心能力与技术创新战略 [M]. 北京：中国金融出版社，2004：25 - 26.
[308] 王志乐. 2004 年跨国公司在华投资报告 [M]. 北京：财政经济出版社，2003：175 - 230.
[309] 威廉·M·兰德斯，理查德·A·博斯纳. 知识产权法的经济结构 [M]. 北京大学出版社. 2005：430.
[310] 魏江. 企业技术能力 [D]. 浙江大学博士论文. 1997 年 6 月.
[311] 文希凯，陈仲华. 专利法 [M]. 北京：中国科学技术出版社. 1993：7.
[312] 翁建兴，罗建华. 企业知识产权战略模式和类型的选择 - 基于 SWOT 分析法和战略聚类模型的理论分析 [J]. 科技管理研究，2006 (7)：168 - 170.
[313] 吴凤平，葛敏. 大型企业技术创新能力评价方法及应用 [J]. 科技与经济，2005 (5)：19 - 20.
[314] 吴汉东. 科技·经济·法律协调机制中的知识产权法 [J]，法学研究，2001 (6)：128.
[315] 吴汉东. 利弊之间：知识产权制度的政策科学分析 [J]. 法商研究，2006 (5)：6 - 15.
[316] 吴汉东. 中国应建立以知识产权为导向的公共政策体系 [J]. 中国发展观察，2007 (5)：4 - 6.

[317] 吴汉东，等. 知识产权基本问题研究 [M]. 北京：中国人民大学出版社. 2004：729.
[318] 吴欣望. 知识产权－经济、规则与政策 [M]. 北京：经济科学出版社，2007：104.
[319] 湘城，罗勤辉. 试论中国的技术引进与自主创新的关系 [J]. 科技与经济，2006 (1)：53.
[320] 谢天勇. 高新区整体研发能力的提升 [J]. 经济，2005 (7)：61.
[321] 徐棣枫，解亘，李友根. 知识产权－制度、理论、案例问题 [M]. 北京：科学出版社，2005.
[322] 徐冠华. 关于自主创新的几个重大问题 [J]. 新华文摘，2006 (11)：139.
[323] 徐俊，徐飞. 浅议适度保护原则在专利审判中的运用. 最高人民法院民三厅. 知识产权审判指导与参考 [M]. 北京：最高人民法院出版社，2005 (8)：47.
[324] 徐勇，王福今，等. 知识管理：如何构建中国的知识型企业 [M]. 广州：广东经济出版杜，1999：190.
[325] 许永兵，徐圣银. 长波·创新与美国经济 [J]. 经济科学，2001 (2)：93.
[326] 薛澜. 创新中国与知识产权战略的几点思考 [C]. 创新中国与知识产权保护论坛，2005.
[327] 杨林村，邓益志，赵立信. 国家专利战略研究 [M]. 北京：知识产权出版社，2004：243.
[328] 杨起全，吕力之. 美国知识产权战略及对中国的启示 [J]. 世界标准信息，2005 (3)：5－6.
[329] 杨起全. 自主创新是我国未来科技发展的战略选择－关于自主创新的内涵 [J]. 中国科技论坛，2006 (2)：3.
[330] 杨武. 技术创新产权 [M]. 北京：清华大学出版社，1999：9.
[331] 耀星. 中国将从四个层面实施知识产权战略 [J]. 粉末冶金工业. 2004 (6)：4.
[332] 游达明，杨文峰. 高新技术企业技术创新能力评价指标的构建及其应用 [J]. 技术经济，2003 (8)：53－55.
[333] 袁真富. 知识产权：从权利到工具——透视跨国公司的知识产权占策略 [J]. 电子知识产权，2003 (12)：53－54.
[334] 约瑟夫·熊彼特. 经济发展理论 [M]. 北京：商务印书馆，1990.
[335] 詹映，余力焓. 国家知识产权战略实施之法治环境完善绩效评价研究 [J]. 科技进步与对策，2011 (21)：123－128.
[336] 张楚，谭华霖，黄韬，等. 专利申请权和专利权归属 [M]. 《专利法》及《专利法实施细则》第三次修改专题研究报告（中卷）. 北京：知识产权出版社，2007：947－951.
[337] 张金马. 公共政策分析 [M]. 北京：人民出版社，2004：41－42.
[338] 张景安. 实现由技术引进为主向自主创新为主转变的战略思考 [J]. 中国软科学，2003 (11)：1－5.

[339] 张凌，刘井建. 基于 DEA 的工业企业技术创新能力的综合评价 [J]. 科技导报，2005 (9)：50 –52.

[340] 张勤. 知识产权—科技经济竞争的制高点—关于国家知识产权战略的几点思考 [J]. 科技成果纵横，2005 (1)：4 –7.

[341] 张韬略. 英美和东亚专利制度历史及其启 [J]. 知识产权，2003：103.

[342] 张玉敏. 知识产权与市场竞争 [M]. 北京：法律出版社，2004：104 –111.

[343] 张志成. 对知识产权战略的法学认识 [M]. 知识产权法政策论丛，2009：128 –156.

[344] 张志成. 知识产权、知识产权战略与民族利益和企业利益 [J]. 中国版权，2004 (6) 50 –51.

[345] 章璠，朱瑾. 韩国知识产权战略 [J]. 知识产权简讯，2005：5 –7.

[346] 赵捷，柳卸林. 从专利申请看中国技术创新之短 [J]. 瞭望东方周刊. 1999 (47)：46 –47.

[347] 郑成思. 知识产权法教程 [M]. 北京：法律出版社，1993：2 –8.

[348] 郑成思. 信息、知识产权与中国知识产权战略若干问题 [J]. 环球法律评论. 2006 (3)：304 –317.

[349] 郑春东，和金生，陈通. 企业技术创新能力评价研究 [J]. 中国软科学，1999 (10)：54 –55.

[350] 郑伟，李廉水. 创新型国家评价指标体系 – 基于科技支撑和引领发展的视角 [J]. http:// www. sts. org. cn/fxyj/zbtx/documents/20070612. htm.

[351] 中国高技术统计年鉴 (2010) [M]. 北京：中国统计出版社，2011.

[352] 中国互联网信息中心. 中国互联网络发展状况统计报告 [R]. http：//www. cnnic. net. cn/dtygg/dtgg/.

[353] 中国科技促进发展研究中心《中国产业技术发展》研究组. 知识产权与国际竞争 – 产业技术知识产权战略 [M]. 北京：中国财政经济出版社，2005.

[354] 中国科技发展战略研究小组. 2003 中国区域创新能力报告 [J]. 北京：经济管理出版社，2003：1 –3.

[355] 中国科学院创新发展研究中心. 中国创新发展报告 2009 [R]. 北京：科学出版社，2010.

[356] 中国社会科学院语言研究所词典编辑室现代汉语词典 [M]. 北京：商务印书馆 (修订版)，1996：582，1241.

[357] 中国未来 20 年技术预见研究组. 中国未来 20 年技术预见 [M]. 北京：科学出版社，2005：118 –134.

[358] 周春慧. 应重视知识产权展露的中的国家利益 [J]. 电子知识产权. 2004 (5)：5.

[359] 周寄中. 科学技术创新管理 [M]. 北京：经济科学出版社，2003：12.

[360] 周肇，于中琴，金剑民. 自主知识产权与产业发展政策研究 [J]. 上海经济研究，2005 (5)：82.

附 录

附表-1　高技术产业各小类产业所属国际专利分类号和检索策略

产业名称	产业代码	小类产业名称	所属分类号(SIC)	检索逻辑式
	2530	核燃料加工	C01G43/00,G21C3/00	(C01G43 or G21C3)/SIC
	2665	信息化学品制造	G03C1/00,G03C5/00,G03C8/00,G03F7/00,G03G9/00,G03G11/00	(G03C1 or G03C3/02 or G03C5 or G03C8 or G03F7 or G03G5 or G03G7 or G03G9 or G03G11)/SIC
医药制造业	2710	化学药品原药制造	C07C,C07D,C07F,C07G,C07H,C07J	(C07C or C07D or C07F or C07G or C07H or C07J)/SIC
	2720	化学药品制剂制造	A61K6/00 - 6/10, A61K9/00 - 51/12	(A61K6 or A61K9 or A61K31 or A61K33 or A61K37 or A61K38 or A61K39 or A61K41 or A61K43 or A61K45 or A61K47 or A61K48 or A61K49 or A61K51)/SIC and (制剂/AB or 制剂/TI)
	2750	兽药制造业	A61K31/00,A61K33/00,A61K35/00,A61K38/00	(A61K31 or A61K33 or A61K35 or A61K38)/SIC and ((兽 or 禽 or 畜 or 动物)/AB or (兽 or 禽 or 畜 or 动物)/TI)
	2760	生物制品制造	C07K1/00 - 1900, C12N7/00 - 15/90,C07H1/00 - 23/00,C12P	(C07K1 or C07K2 or C07K4 or C07K5 or C07K7 or C07K9 or C07K11 or C07K14 or C07K16 or C07K17 or C07K19 or C12N7 or C12N9 or C12N11 or C12N13 or C12N15 or C07H or C12P)/SIC
	2730	中药饮片加工	A61K6/00,A61K35	(A61K6 or A61K35)/SIC and (药/AB or 药/TI) and ((片剂 or 饮片)/AB or 片剂 or 饮片/TI)
	2740	中成药制造业	A61K6/00,A61K35	(A61K6 or A61K35)/SIC not 片/AB or (A61K6 or A61K35)/SIC not 片/TI
	2770	卫生材料及医药用品制造	A61L15/00 - 33/00,C12N1/00, D04H1/00 - 3/00,C08F20/00	(A61L15 or A61L17 or A61L25 or A61L27 or A61L29 or A61L31 or A61L33 or C12N1 or D04H1 or D04H3//SIC

续表

产业名称	产业代码	小类产业名称	所属分类号(SIC)	检索逻辑式
医疗仪器设备及器械制造	3681	医疗诊断、监护及治疗设备制造	A61B,A61N,G06F19,A61M	((A61B or A61N or A61M or G06F19)/SIC and ((%医疗% or %诊断% or %监护% or %治疗%)/AB or(%医疗% or %诊断% or %监护% or %治疗%)/TI)and ((%设备% or %装置% or %器件%)/AB or (%设备% or %装置% or %器件%)/TI))
	3682	口腔科用设备及器具制造	A61C1/00 -9/00C,15/00 -19/00,A61G13/00,A61G15/00	(A61C1 or A61C3 or A61C5 or A61C7 or A61C9 or A61C8 or A61G13 or A61G15)/SIC
	3683	实验室及医用消毒设备和器具制造	A61L2/00,A61L9/00	(A61L2 or A61L9)/SIC
	3684	医疗、外科及兽医用器械制造	A61B5/00, 6/00, 7/00, 8/00,9/00,10/00,13/00,16/00,A61B17/00,A61N,A61D	((A61B5 or A61B6 or A61B7 or A61B8 or A61B9 or A61B10 or A61B13 or A61B16 or A61B17 or A61N or A61D)/SIC and %器械%/TI)
	3685	机械治疗及病房护理设备制造	A61N, A61F5/00, A61M25/00, A61B17/00, A61F5/048;A61G, A61H, G06F15/00, H04B5/00, G08B7/00, A61G7/00	(((A61)/SIC and (%治疗%/AB or %治疗%/TI)) or ((A61 or G06F15 or H04B5 or G08B7) /SIC and (%护理%/AB or %护理%/TI) and ((%设备% or %装置% or %装备% or %系统)/AB or (%设备% or %装置% or %装备% or %系统)/TI)))
	3686	假肢、人工器官及植入器械制造	A61F2/00, 3/00, 4/00, 5/00,A61G5/00	(A61F2 or A61F3 or A61F4 or A61F5)/SIC
	3689	其他医疗设备及器械制造	A61H, A61M, A61G1/00, A61G 3/00	((A61H or A61M or A61G1 or A61G3) /SIC and ((%仪% or %仪器% or %器械% or %设备% or %装置% or %装备% or %系统)/AB or (%仪% or %仪器% or %器械% or %设备% or %装置% or %装备% or %系统)/TI))

续表

产业名称	产业代码	小类产业名称	所属分类号(SIC)	检索逻辑式
航空航天器制造业	3761	飞机制造业修理	B64B,B64C,B64D,B64F	(B64B or B64C or B64D or B64F)/SIC not (B64C39 or B64D47 or B64F5)/SIC
	3762	航天器制造	B64G	(B64G not B64G9)/SIC
	3769	其他飞行器制造	B64C39/00,B64D/4700,B64F5/00,B64G9/00	(B64C39 or B64D/47 or B64F5 or B64G9)/SIC
电子与通讯设备制造业	4011	通讯传输设备制造	H04B1/00 –14/00,H04L25/00 –25/00,27/00 –29/00,H04Q,H04M,H04N	(H04B1 or H04B3 or H04B5 or H04B7 or H04B10 or H04B11 or H04B13 or H04B14 or H04L25 or H04L27 or H04L29 or H04Q or H04M or H04N)/SIC and (%传输%/AB or %传输%/TI)
	4012	通讯交换设备制造	H04Q11/00 –11/08,H04M3/00 –5/20,H04L12/50 –12/64	(H04Q11 or H04M3 or H04M5 or H04L12)/SIC and(%交换%/AB or %交换%/TI)
	4013	通讯终端设备制造	H04B1/00 – 1/76, H04M1/00 – 11/00, H04Q7/06 – 7/00	(H04Q11 or H04M3 or H04M5 or H04L12)/SIC and (%终端%/AB or %终端%/TI)
	4014	移动通讯设备制造	H04M1/00 – 1900, H04Q7/00 H04L12/00	(H04M or H04Q or H04L)/SIC and (%移动%/AB or %手机%/AB or %移动%/TI or %手机%/TI)
	4019	其他通讯设备制造业	H04K, H04L9/00 – 9/00,H04M11/00 –11/10,H04M1/00	(H04K or H04L9 or H04M11/ or H04M1/64)/SIC
雷达与配套设备制造业	402	雷达与配套设备制造	G01S7/00 –17/00,G01C21/00, G01N21/00,G01F,G02F,B60K,60R21/00	(G01S or G01C21 or G01N21 or G01F or G02F or B60K or B60R21)/SIC and(%雷达%/AB or %雷达%/TI)
广播电视设备制造业	4031	广播电视节目制作及发射设备制造	H04H7/00,H04H9/00;H04N5/222 –5/28,H04N5/445;H04N3/00,H04N5/00 –5/217,H04N5/30 – 5/335,H04N5/38 –5/42	(H04H7 or H04H9 or H04N5/445 or H04N3 or H04N5/0 or H04N5/1 or H04N5/2 or H04N5/3 or H04N5/7 or H04N5/8 or H04N5/9)/SIC

续表

产业名称	产业代码	小类产业名称	所属分类号(SIC)	检索逻辑式
广播电视设备制造业	4032	广播电视接收设备及器材制造	H04B1/06 - 1/30;H04N5/44,H04N5/45 - 70	(((H04B1/06 or H04B1/08 or H04B1/1 or H04B1/2 or H04B1/30)/SIC and (%收音机%/AB or %收音机%/TI)) or (H04N5/4 or H04N5/5 or H04N5/6)/SIC not H04N5/445/SIC)
	4039	应用广播电视及其他广播电视设备	H04N7/00, 9/00, 13/00, 17/00;H04N101:00	(H04N7 or H04N9 or H04N13 or H04N17 or H04N101)/SIC
计算机与办公设备制造业	4041	电子计算机整机制造	G06F15/00 - 19/00	(G06F15 or G06F17 or G06F19) /SIC
	4042	计算机网络设备制造	G06F13/00, G06F12/00, H04L12/00	((G06F or H04L12) and (%网络%/AB or %网络%/TI))
	4043	电子计算机外部设备制造	G06F1/00 - 3/00,13/00 G09G1/00 - 5/00	((G06F1 or G06F3 or G06F5 or G06F7 or G06F9 or G09G1 or G09G3 or G09G5) /SIC and ((%显示器% or %键盘% or %鼠标% or %扫描仪%)/AB or (%显示器% or %键盘% or %鼠标% or %扫描仪%)/TI))
电子器件制造	4051	电真空器件制造	H01J	H01J/SIC
	4052	半导体分立器件制造	H01L	H01L/SIC
	4053	集成电路制造	H01L,H03K19/00	(H01L or H03K19)/SIC and (%集成% or %逻辑% or %电路%)/(AB or TI)
	4059	光电子器件(及其他电子器件制造)	(H01L, H01S, H05B, H05K,G02F)	(H01L or H01S or H05B or H05K or G02F) and (%光% and %电子%)/(AB or TI)
电子元件制造业	4061	电子元件及组件制造	H01B,H01C,H01F,H01G,H01H, H01M, H01M,H01Q,H01R,H01T	(H01B or H01C or H01F or H01G or H01H or H01J or H01K or H01M or H01Q or H01R or H01T)/SIC and (%组件% or %元件%)/(AB or TI)
	4062	印刷电路板制造	H05K1/00 H05K3/00	H05K1 and H05K3

续表

产业名称	产业代码	小类产业名称	所属分类号(SIC)	检索逻辑式
家用视听设备制造业	4071	家用影视设备制造	H04N3/00－15/00	(H04N3 or H04N5 or H04N7 or H04N9 or H04N11 or H04N13 or H04N15) /SIC
	4072	家用音响设备制造	G10H,H04R	(G10H or H04R) /SIC
其他电子设备制造业	409	其他电子设备制造	A61N1/00 － 1/64, 5/00 － 7/00	(A61N1 or A61N5 or A61N7) /SIC
通用仪器仪表制造业	4111	工业自动控制系统装置制造	G05B,G05D,G05F,G05G	(G05B or G05D or G05F or G05G) /SIC
	4112	电工仪器仪表制造	G01R1/00－35/00	G01R/SIC
	4113	绘图、计算机测量仪器制造	B43L9/00－11,15/00; G01B, G01C, G01D, G01F, G01G, G01H, G01J, G01K, G01L, G01M, G01P, G01R, G01T,G01V,G01W	((B43L/SIC and %仪%/(AB or TI)) or (G01 and (%计算机% or %测量%)/(AB or TI)))
	4114	实验分析仪器制造	G01N37100－37/00	G01N /SIC and (%实验% or %分析)%/(AB or TI)
	4115	试验机制造	G01N3/08, G05B19/18, G01B9/021,G01R27/02	(G01N or G05B or G01B9 or G01R27)/SIC and %试验机%/(AB or TI))
	4119	供应用仪表(及其他通用仪器制造)	G01F; G01B, G01C, G01D, G01G, G01H, G01J, G01K, G01L,G01M	(G01B or G01C or G01D or G01F or G01G or G01H or G01J or G01K or G01L or G01M or G01N)/SIC and (%仪表% or %仪器 % or %计%)/(AB or TI)) not (G01 and (%计算机% or %测量%)/(AB or TI))

续表

产业名称	产业代码	小类产业名称	所属分类号(SIC)	检索逻辑式
专用仪器仪表制造	4121	环境监测专用仪器仪表制造	C12Q1/68,G01B7/06,G01F23/22,G01N21/33 G01W1/14	((C12Q or G01) /SIC and ((%环境% and %检测%)/AB or (%环境% and %检测%)/TI))
	4122	汽车及其他计数仪表制造	G01B3/00,G01B5/00,G01B7/00 G01B13/00,G01F1/00-13/00,17-25/00, G01G19/08, B60K35-37/00G07B13/00,H03K23/00,G01P	(((G01B3 or G01B5 or G01B7 or G01B13 or G01F or G01G19 or B60K35 or B60K37) /SIC and (%车%/AB or %车%/TI)) or ((%计数%仪% or %计数%装置% or %计数%系统% or %计数%方法%)/AB or (%计数%仪% or %计数%装置% or %计数%系统% or %计数%方法%)/TI))
	4123	导航、气象及海洋专用仪器仪表制造	G01C17 - 21/00, 23/00, G01S1,3,5/00,G01W1/00, G01F25/00,G01F1/37, G017/00,G05D1/00, G05D11/00,G05D15/00	((G01C17 or G01C19 or G01C21 or G01C23 or G01S1 or G01S3 or G01S5 or G01W1) or ((G01) /SIC and (%海洋%/AB or %海洋%/TI)))
	4124	农林牧渔专用仪器仪表制造	G01N21/00, G01N 30/00, G01B21/00, G06F17/00, G06F19/00, H01L21/00, H01S3/00,H06T15/20	((G01 or G06 or H01 or H06)/SIC and (%农% or %林% or %副业% or %牧% or %渔% or %水果% or %菜% or %鱼% or %蜂% or %种子% or %农药% or %花%)/(AB or TI)) and (%仪% or %仪器% or %仪表%)/(AB or TI)
	4125	地质勘探和地震专用仪器制造	E21B, G01N30/00; G01V1/00-5/00	((E21B or G01N30)/SIC and 地质) or ((G01V1 or G01V3 or G01V5)/SIC and 地震)
	4126	教学专用仪器制造	G09B	G09B/SIC and (%仪% or %装置% or %模具% or %教具% or %设备% or %系统% or %机%)/(AB or TI)
	127	核子及核辐射测量仪器制造	G01T	G01T
	4128	电子测量仪器制造	G01R,G01V3/00	(G01R or G01V3)/SIC and (%仪器% or %仪% or %表% or %装置% or %装备% or %系统%)/(AB or TI)
	4129	其他专用仪器制造		

续表

产业名称	产业代码	小类产业名称	所属分类号(SIC)	检索逻辑式
专用仪器仪表制造	4141	光学仪器制造	G02B19/00 - 27/00	(G02B19 or G02B21 or G02B23 or G02B25 or G02B27) /SIC
	4154	复印和胶印设备制造	G03G15/00, 16/00, 21/00, G06T, B65H, C09K; B41K, B41L, B41F, B41C, B41N	(((G03G15 or G03G16 or G03G21 or G06 or B65H or C09K) /SIC and (%复印%/AB or %复印%/TI)) or ((B41K or B41L or B41F or B41C or B41N) and ((%胶印% or %印刷%)/AB or (%胶印% or %印刷%)/TI)))
	4155	计算器及货币专用设备制造	G06F7/00, G06F15/00, G06F19/00, G06C1/0; G06F15/02, G06F17/00, G07D, G07F, G07G	(G06F/SIC and (%计算器%/AB or %计算器%/TI)) or ((G06F15 or G06F17 or G07D or G07F or G07G) /SIC and (%币%/AB or %币%/TI)) or G01N37
	4190	其他仪器仪表制造与修理	G01N37/00	
软件业	6211	基础软件服务	G01C21/00, G01S1/00 - 17/00, G01V1/00 - 15/00, G03G13/00 - 21/00, G06F, G06K, G05B, G07B, G07F, G08B, H04B, H04J, H04L, H04M1/00, 3/00, 7/00 - 19/00, H04N, H04Q	(G01S or G01C or G01V or G03G or G05B or G06F or G08B or G06K or H04B or H04J or H04L or H04M H04N or H04Q or G08F or G06T)/SIC and %方法%/TI and(%计算机% or %流程% or %程序 or %软件%)/(AB or TI) and (%系统% or %网络% or %支持% or %开发% or 测评% or %界面% or %转换% or %管理% or %语言% or %数据库% or %网络% or %服务器% or %压缩% or %显示% or %声音% or %卡% or %鼠标% or %键盘%)/(AB or TI)
	6212	应用软件服务	G01C21/00, G01S1/00 - 17/00, G01V1/00 - 15/00, G03G13/00 - 21/00, G06F, G06K, G05B, G07B, G07F, G08B, H04B, H04J, H04L, H04M1/00, 3/00, 7/00 - 19/00, H04N, H04Q	(G01S or G01C or G01V or G03G or G05B or G06F or G08B or G06K or H04B or H04J or H04L or H04M H04N or H04Q or G08F or G06T)/SIC and %方法%/TI and(%计算机% or %流程% or %程序 or %软件%)/(AB or TI) and (%计算% or %安全% or %仿真% or %设计% or %智能% or %辅助% or %图% or %图像% or %保密% or %文字% or %数据% or %事务% or %控制% or %网络% or %音乐% or %游戏% or %表% or %模拟% or %语音% or %聊天% or %财务% or %办公% or %杀毒% or %翻译% or %词% or %播放%)

附表－2　高技术产业专利检索结果数据

	申请量	授权量	失效专利	有效专利	1995	1996	1997	1998	1999	2000	2001	2002	2003	2004	2005	2006	2007	2008	2009
总量	1304961	388337	435982	868979	16439	19280	21574	23840	28064	40194	46334	60576	81766	97257	120718	141374	152921	167483	185680
发明总量	981856	388337	305370	676486	12489	15032	17228	19119	22277	33040	37386	48706	66685	80546	100916	116786	123525	129628	133706
实用新型总量	323105	–	130612	192493	3950	4248	4346	4721	5787	7154	8948	11870	15081	16711	19802	24588	29396	37855	51974
国外总量	584554	227003	193568	390986	9272	11347	13448	15156	16895	20315	24725	33048	44173	53751	63861	70472	69893	70327	73369
国外发明	503350	227003	163603	339747	8482	10436	12518	14129	15681	18826	22912	30497	40830	49790	58819	64048	62075	59545	58662
国外新型	81204	–	29965	51239	790	911	930	1027	1214	1489	1813	2551	3343	3961	5042	6424	7818	10782	14707
国内总量	720407	161334	242414	477993	7167	7933	8126	8684	11169	19879	21609	27528	37593	43506	56857	70902	83028	97156	112311
国内发明申	478506	161334	141767	336739	4007	4596	4710	4990	6596	14214	14474	18209	25855	30756	42097	52738	61450	70083	75044
国内新型	241901	–	100647	141254	3160	3337	3416	3694	4573	5665	7135	9319	11738	12750	14760	18164	21578	27073	37267
产业总量	947657	304605	264678	682979	9773	11915	14318	16413	19603	29494	31937	44930	60499	75335	94688	110671	116817	126227	141557
产业发明	758553	304605	214223	544330	8534	10397	12579	14307	16928	25763	26825	37516	50342	63373	79750	92178	94869	97572	102311
产业新型	189104	–	50455	138649	1239	1518	1739	2106	2675	3731	5112	7414	10157	11962	14938	18493	21948	28655	39246
外国企业量	563022	213768	172879	390143	8876	10761	12816	14497	16134	19368	23560	31777	42562	52053	62128	68648	68003	68348	71382
外国企业发明	482396	213768	143109	339287	8095	9867	11899	13487	14935	17893	21767	29253	39244	48139	57140	62248	60243	57598	56722
外国企业新型	80626	–	29770	50856	781	894	917	1010	1199	1475	1793	2524	3318	3914	4988	6400	7760	10750	14660
国内产业总量	384635	90837	91799	292836	897	1154	1502	1916	3469	10126	8377	13153	17937	23282	32560	42023	48814	57879	70175
国内产业发明	276157	90837	71114	205043	439	530	680	820	1993	7870	5058	8263	11098	15234	22610	29930	34626	39974	45589
国内产业新型	108478	–	20685	87793	458	624	822	1096	1476	2256	3319	4890	6839	8048	9950	12093	14188	17905	24586

附表 -3 高技术产业自主创新能力数据

二级指标	三级指标	四级指标	1995	1996	1997	1998	1999	2000	2001	2002	2003	2004	2005	2006	2007	2008
自主创新管理能力	高技术产业自主创新政策	财政投入政策	1	1	1	1	1	1	1	1	1	1	1	2	3	3
		税收优惠政策	2	2	2	2	2	2	2	2	2	2	2	5	5	5
		政府采购政策	1	1	1	1	1	1	1	1	1	1	1	2	2	2
		知识产权保护政策	1	1	1	1	1	1	1	1	1	1	1	1	1	1
		人才政策	1	1	1	1	1	1	1	2	2	2	2	3	3	3
		公平竞争政策	1	1	1	1	1	1	1	1	1	1	1	1	1	2
	自主创新规划、计划与战略	科技发展规划	1	1	1	1	1	1	1	1	1	1	1	2	2	2
		主体科技计划	2	2	2	2	2	2	2	2	2	2	2	2	2	2
		科技条件环境建设与创新能力建设计划	3	4	6	6	8	8	8	8	8	8	8	8	8	8
		科技创新战略	1	1	1	1	1	1	1	2	2	2	2	2	2	3
	自有企业创新倾向	企业科技机构数量	1875	1579	1396	1314	1163	860	811	783	675	892	725	864	969	1131
		科技经费筹集中来自企业的部分比例	0.6430	0.5878	0.6313	0.6800	0.7518	0.7855	0.8247	0.7714	0.8023	0.8550	0.8644	0.8444	0.8554	0.8697

续表

二级指标	三级指标	四级指标	1995	1996	1997	1998	1999	2000	2001	2002	2003	2004	2005	2006	2007	2008
自主创新投入能力	经费开发投入能力	R&D 投入总量（亿元）	5. 1687	7. 8887	10. 3597	12. 7804	13. 1715	20. 9323	27. 8356	32. 2338	35. 6477	43. 2862	45. 8541	56. 8787	63. 2797	73. 3581
		投入强度（R&D 总量/销售收入）	0. 0497	0. 0640	0. 0658	0. 0767	0. 0795	0. 1010	0. 1176	0. 1171	0. 0973	0. 0868	0. 1039	0. 1042	0. 0925	0. 0829
	自有科技人力投入能力	R&D 活动人员全时当量（万人年）	5. 0719	7. 5659	7. 9868	5. 3661	5. 9517	5. 7138	6. 5927	6. 7512	6. 8553	6. 2252	7. 7524	8. 4609	10. 8451	12. 7259
		科学家工程师占科技活动人员比例	0. 3718	0. 5204	0. 5511	0. 4662	0. 4812	0. 5789	0. 6191	0. 6332	0. 6560	0. 6288	0. 6926	0. 6696	0. 7182	0. 7158
	自有技术消化能力	技术消化投入（亿元）	0. 6587	0. 5688	0. 8102	0. 9377	0. 6548	0. 6350	0. 6332	0. 9032	0. 9057	1. 8531	3. 4782	1. 3713	1. 5945	1. 6813
		技术消化投入强度（技术消化投入经费/技术引进经费）	0. 0780	0. 0987	0. 1035	0. 2055	0. 1469	0. 0716	0. 0470	0. 0559	0. 0604	0. 1118	0. 3242	0. 1400	0. 1050	0. 1781
	自有技术改造投入能力	技术改造投入	23. 8262	19. 9913	20. 0987	15. 4398	13. 5024	19. 7458	20. 7823	26. 2802	24. 8449	27. 8424	20. 1153	21. 4220	24. 4831	24. 4751
		技术改造投入强度（技术改造投入经费/销售收入）	0. 0210	0. 0174	0. 0145	0. 0104	0. 0089	0. 0104	0. 0098	0. 0104	0. 0076	0. 0067	0. 0057	0. 0051	0. 0051	0. 0044

续表

二级指标	三级指标	四级指标	1995	1996	1997	1998	1999	2000	2001	2002	2003	2004	2005	2006	2007	2008
自主创新基础能力	自有资产基础投资能力	新增固定资产投资额（亿元）	40. 8991	60. 8742	61. 4924	59. 7246	74. 4695	79. 3657	77. 2941	106. 9375	150. 5463	177. 3284	185. 1880	236. 5534	240. 3582	288. 2117
		项目建成率	0. 4628	0. 4731	0. 3646	0. 4665	0. 5177	0. 4689	0. 4001	0. 3573	0. 3760	0. 4032	0. 4451	0. 4299	0. 4364	0. 5027
	自有装备能力	微电子设备原值（亿元）	38. 8676	41. 5153	44. 6491	65. 2872	102. 5646	104. 0880	111. 3688	112. 4148	21. 5074	170. 6150	147. 4347	235. 8648	276. 1718	285. 4044
		微电子设备原值占年末固定资产的比重	0. 0809	0. 0829	0. 0816	0. 1156	0. 1876	0. 1758	0. 1564	0. 1109	0. 1424	0. 1663	0. 1337	0. 1884	0. 1963	0. 1766
	自有工程化能力	工程人员数量（万人）	28. 4912	29. 6510	30. 3135	27. 0582	23. 0446	22. 5063	22. 5069	23. 1693	22. 2043	17. 8208	17. 0126	16. 2493	16. 2297	16. 3924
		工程技术人员占从业人员比例	0. 0725	0. 0770	0. 0847	0. 0910	0. 0932	0. 0925	0. 0956	0. 0959	0. 0868	0. 0589	0. 0573	0. 0488	0. 0441	0. 0389
自主创新产出能力	自有专利产出能力	发明专利申请数量（项）	537	455	593	815	953	1401	1997	3186	4434	5681	7532	10880	15049	17702
		R&D 投入产出专利数量（项/万元）	103. 8326	57. 7257	57. 2061	63. 7403	72. 3255	66. 9204	71. 7288	98. 8444	124. 3957	131. 2333	164. 2526	191. 2766	237. 8243	241. 3155
		R&D 全时活动人员产出专利（项/万人）	105. 8128	60. 1884	74. 2020	151. 8080	160. 0622	245. 1596	302. 8538	471. 9371	646. 8568	912. 5217	971. 5236	1285. 8560	1387. 6760	1391. 0530

续表

二级指标	三级指标	四级指标	1995	1996	1997	1998	1999	2000	2001	2002	2003	2004	2005	2006	2007	2008
自主创新产出能力	自有新产品产出能力	新产品利润（亿元）	19. 8839	19. 1457	26. 2052	27. 9714	28. 3942	42. 7134	38. 5845	50. 2202	56. 4261	64. 3548	66. 4089	79. 8888	90. 8425	106. 7618
		R&D 投入产出新产品利润（元/元）	3. 8470	2. 4270	2. 5295	2. 1886	2. 1557	2. 0406	1. 3862	1. 5580	1. 5829	1. 4867	1. 4483	1. 4045	1. 4356	1. 4554
		R&D 全时活动人员产出新产品利润（万元/人）	3. 9204	2. 5305	3. 2811	5. 2126	4. 7708	7. 4755	5. 8527	7. 4387	8. 2310	10. 3379	8. 5662	9. 4421	8. 3764	8. 3893
	竞争能力	工业增加值（亿元）	312. 9233	324. 1199	379. 7095	404. 2005	410. 8181	520. 0469	548. 6607	649. 7210	806. 7160	939. 6140	1028. 1480	1253. 1240	1348. 5070	1503. 6230
		工业增加值率	0. 2637	0. 2591	0. 2623	0. 2511	0. 2564	0. 2650	0. 2524	0. 2496	0. 2449	0. 2284	0. 2365	0. 2395	0. 2303	0. 2352
		总利润（亿元）	51. 5612	52. 8194	76. 2324	70. 3881	84. 2392	126. 9527	122. 0176	127. 7640	155. 6712	184. 4170	157. 4857	177. 3266	206. 2040	268. 2632
		增加值利润率	0. 1648	0. 1630	0. 2008	0. 1741	0. 2051	0. 2441	0. 2224	0. 1966	0. 1930	0. 1963	0. 1532	0. 1415	0. 1529	0. 1784
		出口额（亿元）	325. 8049	403. 5095	492. 7106	462. 3109	470. 4545	638. 6656	759. 1306	1037. 8760	1457. 9800	2197. 5640	2230. 8580	2925. 4520	3298. 2190	3527. 2810
		出口额占销售收入比例	0. 2872	0. 3521	0. 3557	0. 3103	0. 3086	0. 3377	0. 3564	0. 4119	0. 4457	0. 5326	0. 6333	0. 6921	0. 6835	0. 6337

后　记

此书是在本人博士学位论文基础上修改完成的，也是本人近年来关于自主创新、自主创新能力和知识产权战略与政策等问题研究中的一些思考总结。我深深体会到，自主创新能力是一个国家发展的根本，自主创新能力建设必须依靠自主知识产权的创造、运用、保护和管理，没有自主知识产权创造运用，自主创新能力建设根本不可能进行；知识产权战略是一个发展战略，必须面向自主创新能力建设，面向创新型国家建设；高技术产业自主创新能力建设在国家自主创新能力建设中具有极其重要的战略地位，必须制定和实施有效的知识产权战略。

特别感谢中科院科技政策与管理科学研究所所长穆荣平研究员长期以来对我的热情鼓励和对本书出版的大力支持。自 2004 年师从穆老师攻读博士学位开始，本人就时时被他渊博的学问学识、严谨求实的治学态度、兢兢业业的工作精神，启发着，激励着，鞭策着。穆老师在科技政策和创新研究领域做出了大量卓有成效的开创性工作，他领导的团队在国内外享有盛誉。他经常讲解所训“志同气合，经世致用”的深刻含义，使我明确了一个创新政策和知识产权研究人员的人生追求，他所独宠的“道不远人”更使我感受到创新政策与知识产权研究的无穷魅力。

非常感谢国家发改委高技术产业司有关领导的支持，本人近年来参与了《中长期科技规划纲要》配套政策和《国家自主创新能力建设“十二五”规划》等规划的研究起草，参与了科技部软科学计划《我国创新能力建设发展政策研究》、《〈中长期科技规划纲要〉配套政策与实施细则关联性研究》等项目研究，对自主创新和自主创新能力建设的认识不断加深；非常感谢中科院计划财务局和规划战略局，我参与了一系列中科院战略规划和知识产权项目，对高技术产业知识产权战略有了更深入的理解；非常感谢国家知识产权局办公室、专利管理司、发展规划司和保护协调司，他们的资助项目《专利保护水平评价指标体系》、《科研院所专利转移转化调研》、《专利技术展示交易中心评价指标体系研究》、《我国自主知识产权优势产业专利运用调查》、《专利产业化推进问题研究》、《万人口有效发明专利拥有量评价指标体系研究》等有力地支撑了本书的研究；非常感谢北京市科学技术委员对本人博士学位论文的资助，非常感谢中科院科技政策与管理科学研究所所长基金对本书出版的资助。

特别感谢知识产权出版社编辑李潇老师，她在百忙之中挤出时间研究本书的设计、版式，认真校对每一个文字，终于使本书能与读者见面。

还要感谢妻子许彦军女士和儿子宋奕霄的大力支持，他们殷切期望，无私奉献，给了我不断学习和研究的无穷动力。

由于创新与知识产权关系的复杂性，更由于自主创新和自主创新能力是一个新课题和大课题，本书定还有很多不足之处，敬请专家学者和广大读者不吝赐教。

宋河发

2012 年 11 月 30 日